古典文獻研究輯刊

三二編

潘美月・杜潔祥 主編

第 22 冊

雜家文獻書錄解題
（第二冊）

司馬朝軍 著

國家圖書館出版品預行編目資料

雜家文獻書錄解題(第二冊)／司馬朝軍 著 -- 初版 -- 新北市：
花木蘭文化事業有限公司，2021〔民110〕
目 2+238 面；19×26 公分
（古典文獻研究輯刊 三二編；第 22 冊）
ISBN 978-986-518-403-2（精裝）
1. 雜家 2. 文獻學 3. 解題目錄
011.08   110000606

ISBN-978-986-518-403-2

9 789865 184032

古典文獻研究輯刊
三二編　第二二冊　　　　　　ISBN：978-986-518-403-2

雜家文獻書錄解題（第二冊）

作　　　者	司馬朝軍
主　　　編	潘美月、杜潔祥
總 編 輯	杜潔祥
副總編輯	楊嘉樂
編　　　輯	許郁翎、張雅淋　美術編輯　陳逸婷
出　　　版	花木蘭文化事業有限公司
發 行 人	高小娟
聯絡地址	235 新北市中和區中安街七二號十三樓
	電話：02-2923-1455／傳真：02-2923-1452
網　　　址	http://www.huamulan.tw 信箱 service@huamulans.com
印　　　刷	普羅文化出版廣告事業
初　　　版	2021 年 3 月
全書字數	1516793 字
定　　　價	三二編 47 冊（精裝）台幣 120,000 元

雜家文獻書錄解題
（第二冊）

司馬朝軍　著

目次

第二冊

篷底浮談十五卷附錄一卷　（明）張元諭撰 ……… 195

千一錄二十六卷　（明）方弘靜撰 ……………… 198

近溪羅先生一貫編十一卷　（明）羅汝芳撰　（明）
熊儐輯 …………………………………………… 204

近溪子明道錄八卷　（明）羅汝芳撰 …………… 210

筠齋漫錄十卷續集二卷別集一卷　（明）黃學海撰
………………………………………………… 218

續羊棗集九卷附二卷　（明）駱問禮撰 ………… 219

明燈道古錄二卷　（明）李贄、劉東星同撰 …… 231

譚輅三卷　（明）張鳳翼撰 ……………………… 235

閒適劇談五卷　（明）鄧球撰 …………………… 240

重刻來瞿唐先生日錄內篇七卷外篇五卷　（明）來
知德撰 …………………………………………… 246

推篷寤語九卷餘錄一卷　（明）李豫亨撰 ……… 250

寶顏堂訂正脈望八卷　（明）趙臺鼎撰 ………… 257

河上楮談三卷　（明）朱孟震撰 ………………… 260

汾上續談一卷　（明）朱孟震撰 ………………… 264

穀山筆塵十八卷 （明）于慎行撰 …………… 265

留青日劄三十九卷 （明）田藝衡撰 ………… 277

太史楊復所先生證學編卷首一卷證學論一卷策一
　卷 （明）楊起元撰 ………………………… 284

焦氏筆乘六卷續八卷 （明）焦竑撰 ………… 292

鬱岡齋筆塵四卷 （明）王肯堂撰 …………… 299

塵餘四卷 （明）謝肇淛撰 …………………… 302

文海披沙八卷 （明）謝肇淛撰 ……………… 305

五雜組十六卷 （明）謝肇淛撰 ……………… 310

珊瑚林二卷金屑編一卷 （明）袁宏道撰 …… 317

沈氏弋說六卷 （明）沈長卿撰 ……………… 320

沈氏日旦十二卷 （明）沈長卿撰 …………… 328

聞雁齋筆談六卷 （明）張大復撰 …………… 332

道聽錄五卷 （明）李春熙撰 ………………… 339

五先堂文市榷酤四卷 （明）袁子讓撰 ……… 342

密庵卮言六卷 （明）樊良樞撰 ……………… 345

剩言十七卷 （明）戴君恩撰 ………………… 348

剡溪漫筆六卷 （明）孫能傳撰 ……………… 350

讀書雜錄二卷 （明）胡震亨撰 ……………… 352

息齋筆記二卷 （明）吳桂森撰 ……………… 355

露書十四卷 （明）姚旅撰 …………………… 362

炳燭齋隨筆一卷 （明）顧大韶撰 …………… 367

樗齋漫錄十二卷 （明）許自昌撰 …………… 376

菜根譚前集一卷後集一卷 （明）洪自誠撰 …… 382

幾亭外書九卷 （明）陳龍正撰 ……………… 384

客問篇一卷 （明）吳易撰 …………………… 389

三戌叢譚十三卷 （明）茅元儀撰 …………… 395

野航史話四卷 （明）茅元儀撰 ……………… 398

暇老齋雜記三十二卷 （明）茅元儀撰 ……… 400

吹景集十四卷 （明）董斯張撰 ……………… 403

谷簾先生遺書八卷 （明）黃淵耀撰 ………… 408

政餘筆錄四卷 （清）蔣鳴玉撰 ……………… 410

因樹屋書影十卷 （清）周亮工撰 …………… 413

篷底浮談十五卷附錄一卷　（明）張元諭撰

張元諭，字伯啟，自號月泉，生而右眉白，人稱白眉公，浙江金華府浦江人。幼穎而嗜學，博洽經史，討論注疏，以折衷朱傳，多所發明。讀史凡所評斷皆確。論文追秦漢，詩步盛唐。嘉靖二十六年（1547）成進士，授工部主事。度支節慎，庫盡裁宿弊，修廳事，於郎署地閣下見遺金六千兩，以入公儲，時銓長張華陽疑其詭以市名，元諭置不校。後臺省清稽核庫，所缺適符遺金之數，追究之，乃知前主事所運藏，暴卒未攜者，其事乃白。擢雲南觀察副使。奉表至京，峻卻諸賂，無敢饋者。至湖廣辰州，以勤勞得疾，卒。元諭性孝友清介，與人交不立城府。至臨節守義，雖賁育不能奪。趾不妄入公庭，亦未嘗私通一刺。歷官二十四載，守先業，無少增置，所有俸餘，悉以周族之貧乏及不能娶者。處鄉黨似無官者，人亦不覺其為鄉縉紳也。鄒東廓甚禮重之。著有《詹詹集》《篷底浮談》等書，行於世。萬曆中督學洪啟濬題請崇祀鄉賢，所至五郡俱祀名宦，吉安再祀鷺洲書院，後學翕然仰瞻，私諡貞肅先生。事蹟見《（萬曆）吉安府志》卷十七、《兩浙名賢錄》卷四十二、《本朝分省人物考》卷五十三及《（光緒）浦江縣志》卷八。

書前有徐栻隆慶四年（1570）序，稱其有憑虛御風之趣，著為確然不易之正論。又有隆慶二年（1568）元諭《篷底浮談引》，稱隆慶改元北上，往返舟中，讀書有得，輒書於冊。自以得之水上，而妄論亦如流萍飄梗，泛泛悠悠，不根著於理道，故命之曰「浮談」云云。

全書九萬言，凡十五卷，分九門，曰談道，曰談理，曰談治，曰談學，曰談文，曰談子，曰談史，曰談經，曰談書。其書大旨宗濂、洛、關、閩之學，一本庸恕立言。其中警策語曰：「誠者，純篤一心，而足以動天地，感鬼神。」曰：「貪者常不足，非不足也，心無厭也；廉者常有餘，非有餘也，所願約也。」曰：「容忍足以成萬事，褊急不能勝一人。」曰：「治己貴剛，剛則奮發而不怠。接物貴柔，柔則含忍而少禍。」曰：「士大夫之大節，不過進退二字，有一毫苟且之心，即流於鄙夫無所不至矣。」曰：「居家貴儉，儉可以久居，交友貴淡，淡可以久交，必然之勢也。」談治能識大體，不免偶失於泛；談學能務所要，不免時流於固。其佳者如曰：「或問：『去聖日遠，論學者高入於禪，卑入於俗，將何所適從耶？』予曰：『聖門專事求仁，即《大學》之「正心誠意」、《孟子》之「存心養性」也。今論學者必欲先究性

命之源，神化之妙，而以踐履為緩，不亦過乎！』」曰：「陽明謂今人氣質難變，以客氣為患，後世學術不明，出勝心為患，其切中病根者乎？」談文、談子亦能切中肯綮，如曰：「今世講學之文，粗俚淺俗，直野人之鄙談耳。」曰：「荀子謂莊子『蔽於天而不知人』，楊子謂莊子『蕩而不法』，皆善論莊子者也。」其餘談經、談史、談書諸卷，瑕瑜互見。元諭具有懷疑精神，如曰：「程、朱謂能求放心，方可上達，恐非孟子之本意，予不敢盡信也。」附錄一卷，乃其隆慶戊辰六月為縷泉邵子所作之《適適園四景曲》。

此書《千頃堂書目》卷十二入雜家類，然其主旨純正，應入儒家類。

此本據國家圖書館藏明隆慶四年董原道刻本影印。

【附錄】

【張元諭《篷底浮談引》】隆慶改元北上，往返舟中，自夏徂冬，凡五月。客窗唯貯經史百家及攜黃、項、揭諸生而已。盡日清閒無事，或整襟危坐，或展卷泛觀，或彼此辯論，有臆有疑有得，輒書於冊，以備遺忘。之官永昌，復於暇日派別之，將就正於有道也。自以得之水上，而妄論亦如流萍飄梗，泛泛悠悠，不根著於理道，故命之曰「浮談」云耳。隆慶戊辰十有二月丙午，浦江張元諭伯啟識。

【徐栻《篷底浮談序》】風行水上曰渙，言天下之至文也。四以柔順居正，卒能佐九五，濟天下之渙，以成不大之業焉。公茲談也，適於舟中得之，逍遙水上，謝脫塵坋，翛然有憑虛御風之趣，宜其遐思睿構，旋吐旋露，著為確然不易之正論也。曰「浮談」者，公之自名，則然爾然乎？否也。異日當鉅任，以裹贊昭代文明之治，其執此以往，學者將浴德飭躬，博聞詳說，以趾芳先哲，而造六經四子之淵泓，沿於是究心焉。若徒以資博物，供談柄而已也，則亦淺淺乎論文矣，豈公立言意哉？於是授雲南守董君原道刻之，而僭序其首云。大明隆慶四年庚午季春吉旦，賜進士第、嘉議大夫、雲南等處提刑、按察司按察使、前奉敕提督湖廣學政副使、監察御史吳郡鳳竹徐栻謹撰。

【續修四庫全書總目提要（稿本）35—39～40】《篷底浮談》十五卷（明隆慶間刊本），明張元諭撰。元諭字伯啟，號月泉，浙江之浦江人。生而右眉白，人因號之為白眉。幼穎嗜學，博洽經史，於諸書多所討論，能折衷諸說，不苟為同異，且工於詩文。嘉靖丁未成進士，授工部主事，進員外郎。為時相之黨所羅織，擬重辟，特旨赦減。出判常州，擢至吉安太守……諡貞肅先生。是編則隆慶初由滇赴北，往返舟中，與諸生談論所得。自序曰：「隆慶改元，

北上，往返舟中，自夏至冬，凡五月。篷底惟儲經史百家，及攜黃、項、揭諸生而已。自以得之水上，而妄論亦如流萍飄梗，泛泛悠悠，不根著於理道也，故命之曰浮談云耳。」徐栻序稱：「闡幽灼微，稽治達化，綜理該物，曰談理，曰談治，曰談學，曰談文，曰談子，曰談史，曰談經，曰談書，凡十五卷，卮言醇議，種種互陳。」其書大旨宗濂、洛、關、閩之學，一本庸恕立言。其失不免於門戶膚淺。其中警策語曰：「貧賤富貴，命也。然而有安貧賤處富貴之道焉。故君子不委於命也。」……曰：「士大夫之大節不過進退二字，有一毫苟且之心，即流於鄙夫無所不至矣。」談治能識大體，不免偶失於泛；談學能務所要，不免時流於固。其佳者如曰：「學者大病，惟傲、惰二字最難除。傲由氣盈，有一毫自高自是之心，皆傲也。傲則其本病，而無以善其始矣。惰由氣歉，有一毫自畫自厭之心，皆惰也。惰則其功廢，而無以要其終矣。」談文談子，類能中乎肯綮，如曰：「六朝以偶儷為文，文之所由弊也。謂文中有詩誤矣，宋人以議論為詩，詩之所由鄙也。謂詩中有文誤矣，宋人以議論為詩，詩之所由鄙也。」……其餘談經、談史、談書諸卷，瑕瑜互見。褒之謂可於百尺竿頭更進步，貶之亦可謂吹求苛刻，責難無已也。是則見仁見智，惟在讀者會心矣。所著尚有《詹詹集》云。

【兩浙名賢錄·雲南按察司副使張伯啟元諭】張元諭，字伯啟，浦江人。嘉靖丁未進士。授工部虞衡司主事，督修內殿，中貴無所染指，羨餘悉歸於上，中貴多銜之，會有誣諭他事，聞於銓司者，銓司詰有諸，諭從容答曰：「有之，不過罷官爾，何足辯？」銓司服其雅量，誣者喙息。歷本司郎中，以忤權要，左遷常州通判，即日就道，無慍容。歷守吉安、桂林、永昌三郡，清白不渝，咸著政績，擢雲南按察司副使，奉表北上，卒於塗。居官之日，家積餘租，悉以周族之貧乏及不能娶者。所著有《詹詹集》《篷底浮談》等書，行於世。（徐象梅《兩浙名賢錄》卷四十二）

【所樂非窮通】莊生記子貢之言曰：「古之得道者，窮亦樂，通亦樂，所樂非窮通也。道得於此，則窮通為寒暑風雨之序矣。」有味哉，真子貢之言也！然非子貢之可及也。程子謂「顏子非樂道也」，意亦相似。（《篷底浮談》卷一）

【見人之心】程子曰：「先儒皆以靜為見天地之心，不知動之端乃天地之心也。」有味哉其言乎？推之於人，則寐極方寤，孟子所謂「夜氣」是也。故即夜氣足以見人之心。又曰：「惻隱之心，仁之端也。夫吾心莫非仁也，無所

感觸，而仁無所見矣。乍見孺子入井，而惻隱生焉。則吾心本具天地生物之心者。」於此可見，故即惻隱亦足以見人之心。（《篷底浮談》卷一）

【求其放心】「學問之道無他，求其放心而已矣。」人能求其放心，則欲去理還，性無不盡，德無不全，而聖賢之能事畢矣。故曰「而已矣」者，竭盡而無餘之詞也。程、朱謂能求放心，方可上達，恐非孟子之本意。予不敢盡信也。（《篷底浮談》卷十五）

千一錄二十六卷　　（明）方弘靜撰

方弘靜（1517～1611），字定之，號採山，又號素園，歙縣人。嘉靖二十九年（1550）成進士。授東平知州，築堤弭盜，審戶徵賦，亦有異政。升南戶部員外郎，歷四川水利道僉事、山東參議、江西副使，備兵饒州散礦，徙廣西督學，訓士以務學敦行為主，升江西參政，理分宜獄，平反株連屬袁守，葬分宜，相以禮。先是，起家時為分宜父子所抑，至是恤其死，人服其雅量。晉左右轄太僕寺卿，旋以右副都御史巡撫浙江，請增費去宂，下令禦倭必有外洋有功，賚金幣，尋中飛語去，歸十年，起撫鄖陽，擢南少司徒，請老歸，至是卒。簡靜肅穆，屬羔羊素絲之節。詔贈南京工部尚書。著有《四禮議》《均輸議》《復古編》《素園稿》《千一錄》《素園存稿》。生平事蹟見《國榷》卷八一、《國朝列卿紀》卷一一二、顧起元《方公行狀》、葉向高《通議大夫南京戶部右侍郎方公墓誌銘》（《蒼霞續草》卷十一）。

全書二十七萬言，凡二十六卷，自卷一至四為經解，卷五至八為子評，卷九至十二為詩釋，卷十三至二十二為客談，卷二十三至二十六為家訓。名「千一錄」者，萬曆三十五年（1607）弘靜自序曰：「千載之上有奧義焉，未有盡其旨者，余偶發之；有妙詞焉，未有逆其志者，余幸得之，則庶幾云爾者，未可誣也，故曰千一。」所錄由少及老，隨筆記成，未能易稿，多駁雜未純。其說經大旨以經解經，惟程朱之學是宗。評子則攻駁多而闡發少。釋詩偏重於杜甫，皆以己意駁斥注者之言。綜合以觀，曰返經而已。凡不經之人、不經之事、不經之言，皆所屏斥。如曰：「聖人之言有一言盡天下之道者，萬世不可易者也；言有有為而發者，教有因人而施者，則非一端而已也。《論語》論孝，言人人殊，此因人而施也。」曰：「聖人之道，中而已矣。」曰：「博學將以反約，溫故乃可知新。」曰：「程朱之學，居敬窮理，聖人復起，必不易

其言矣。朱之訓詁為始學也,如其曰:聖人之言,徹上徹下,一言而盡,何多言也?多言多岐。此懸空之談,可隔壁聽者也。」曰:「古之學以適用,故終身如不及;今之學以干祿,猶筌蹄也。」曰:「入德之門,始於格物,即《易》之窮理、《中庸》之學問思辯也。程朱之學,百世以俟,不可易也。今之鼓異說者,匪誣則惑。苟欲闢道者,其惟正人心乎?」葉向高稱:「《千一》之言,以示道極。」《素園存稿序》亦稱:「其人礙然如山,而其學排斥百氏,粹然一出於正。所著《千一錄》,足為六籍鼓吹。」弘靜反對援墨入儒,曰:「今之儒名者,好以南華、華嚴之語釋經,畔道侮聖,誠何心也?」曰:「蓋自陸子『六經皆我注腳』之語,大誤後學,小人之不知天命,而侮聖言者遂紛如矣。鄙夫之『空』遂以為顏氏之『屢空』,顏氏之『空』,遂以為釋氏之『空』,學者不知尊所聞,而求異乎所聞,不知闕所疑,而務附會其所疑,幾以天下惑矣,彼簧鼓者不仁哉!」

此本據北京大學圖書館藏明萬曆間刻本影印。

【附錄】

【方弘靜《千一錄自序》】聖人之言非一端也,其在當時門人固有發所未發,而為夫子所取者矣。雍之言然偃之言,是商賜可與言詩是也。子路率爾乃曰「何必讀書」,又曰「子之迂也」,夫子惡而鄙之。然門人不敬之,則曰「由也升堂」矣,豈以徑直者固賢於苟合乎?顏子幾於聖,終日言無所不說,而夫子以為非助我,其餘門人不能無疑也,疑斯問,問斯辯,辯之弗明弗措也。洙泗之答問,即虞廷之籲咈,其遺風可想已。自聖人以下,容未能一言盡天下之道也,則旁通觸類,教學相長,雖門人於其師無嫌於就正請益,百世之下,聞風而起,弗慮胡獲事師無隱,非背也。今謹願者或固守訓詁,尊所聞而不能知所亡,猶置身井中,不得他有所見,是自小,且小夫道也。乃狂斐之士偶舉一隅,未睹全體,遂操戈自喜,簧鼓洗索,其視先儒若前薪然,日務凌而上之。議者謂楊雄擬經,比之僭王,今之標幟而劘墨者,罪浮於雄。張此其尤,胡可效哉?余耄矣,少所涉獵,時而有疑,今大半遺忘矣。鄙臺齋中偶與客談,稍存其略,蓋愚者之慮,庶幾千之一也。置之篋中,以俟知言君子。萬曆乙酉仲冬望。

【方弘靜《千一錄自序》】《千一錄》,錄經解也,而子附焉。子有輔經者,有畔經者,於是乎有評矣,評子所以明經也。詩者,經之流乎?三百之後,可

觀而興者未盡亡焉。君子是以游於藝也。作者邈矣，逆志以意得於心，未必契於古也，而存之，以俟其庶乎客談以廣聞也。多聞而擇知之，次也。余未之能，蓋嘗從大夫之後，故及政從事四方，東西南北之人談非無稽也，識之將以有擇也。必也其折諸經乎？俗之降也，懼其拂於經而未已也。君子思以閑其家焉，亦日反經而已矣。古之君子以身教，而疑者日遠其子。《易》之《家人》則云嗃嗃者吉，有嚴君焉能勿誨乎？如之何其不屑之也。余則不能寡於辭焉，無亦日耄及之幾智焉，聊以示後之人乎？若其有裨於經也庶幾哉。「千一」之云也，是錄也，集於郢臺齋中，今十有四年矣，帙之為卷二十有六，其續也，則各從其卷焉。余少也嗜於辭，既冠而疾登第，而無能優於仕也，學則荒焉。今老矣，記日老，而學猶室中之燭，所照者近也。古之人乎，日知其所亡，月無忘，焉安能無所用心而徒求飽乎？然余非日知之，乃好之者也。衛武有言，母以耄而棄我，余友二三子將就而止焉。萬曆戊戌季夏既望。

【《千一錄跋》】右錄二十六卷，中多隨筆，未能易稿也。更閱之，可刪可論者非一矣。自後精力亦足以發否邪？古之人所以惜時也，姑識之。辛丑季夏望。

【謝陛《千一錄序》】在昔藏書，自六家七略之後，則有崇文、四庫，定為經子史集也。迄今中秘因之。余閱方定之先生《千一錄》，深有所當於衷。初惜無史，閱至客談，則強半史也。乃請於先生，平分客談以其傳諸今者，仍為本部，而以其傳諸古者，抽作史詮，與原定經解、子評、詩釋、客談、家訓共為六焉。先生欣焉從之，因謂小子：「楊子雲草《玄》，門有侯芭、桓譚已是知己，何不令有一言，而乃遙俟於千載之下乎？子謬好我，則為我序之。」小子不敏，其何以序先生？竊以為，集莫盛於近世矣，而說家興焉，亦集之流也。先生此錄亦說家也，然而非諸家之說也，其心不同也，故其文不同也。古今說家，種種不一，余因說而知其心，蓋有騁博之心者，所列多猥瑣，而乾饌、隨巢之說侈矣；有炫奇之心者，所列多荒唐，而棘猴、輪虱之說侈矣；有弔詭之心者，所列多冥怪，而宣室、睒車之說侈矣；有綴淫之心者，所列多冶豔，而金樓、錦帶之說侈矣；有喜之心者，所列多恢諧，而軒渠絕倒之說侈矣；有工訶之心者，所列多誹訕，而吹求洗索之說侈矣。以為匪是，則無以肝炙人而波流市也。乃先生於六者之心並無一焉，而要之其心則關於性命身心之微、綱常倫理之重、風聲名教之正、典謨訓詁之精、洙泗齊梁之宗、濂洛關閩之旨，故其於經解則曰：「以經解經，此一言也。易

簡而天下之理得矣，粗之而以人論人，精之而惟聖知聖，蓋作者本一揆，而解者互相發。」此不易之論也。其於詩釋，則雜詩文賦，固皆中款，而獨釋杜詩，概以風雅，以意逆志合下作者之心，而盡掃注者之陋。少陵之遇先生，豈不猶旦暮乎？其於子評，則董、韓墨守，蒙苦輪攻，二氏膏肓，多方廢疾，盡當領受，安在其不廓如？其於史詮，則比劉氏之《通》而無其舛，比胡氏之《管》而無其龐，比鄭氏之《略》而無其支，比楊氏之《鉞》而無其刻，比王氏之《筍》而無其疵。至論季漢之際，則誠先得我心矣。其於客談，則異同於稷下而不涉其迂，月旦於汝南而不其吁，陽秋轄江左而不沿其虛，所謂不必驚四筵而能驚獨坐者哉？其於家訓，則郭石氏之躬行，守顏氏之身範，為涑水之長計，採藍田之芳規，兩不失陳，華雍熙之軌焉。蓋先生之心，如彼故先生之說如此，然而先生無六者之心，則惟有一心而已。一心者何？反經而已矣。則凡不經之人、不經之事、不經之言一切屏斥，由是執經以宰評，而子之苗莠分矣；執經以臨釋，而詩之雌黃判矣；執經以品詮，而史之衡石程矣；執經以立談，而客之塵蠅靡矣；執經以垂訓，而家之象魏森矣。大綱既正，而細目自張。中扃既嚴，而外防自固。先生之有功於世道也其在斯乎？而安可以近世之說鈴者擬也。雖然，先生之錄，蓋達意之辭，非修辭之文也。小子之序不免費辭之文，猶然近世之習也。小子愧矣，其何足以尚於先生。萬曆丁未七夕前一日，後學謝陛撰。

【汪元功《千一錄序》】蓋自《素園存稿》行，而無不人人膾炙也，咸謂詩逼陶、謝，文軼韓、蘇，其必傳無疑。至《千一錄》比於雜著，間肆業及之，鮮有能博其旨趣者。余獨三復百憬，然礨心焉。先生道德文章俱足千古，豈止鑿悅之工？惟其有之，是以似之，無論性命之修、經濟之略與閒家涉世之方，燦若列眉，恢如導竅，即一咳一唾，靡不珠璣，亦靡不絃韋也。至於經解，多抉前蒙，大暢名理，共期羽翼，豈嫌異同？猶之北面杏壇，揖程朱於一堂之上，疑端交發，妙義互酬，有蘊必宣，無言不悅，所謂知其解者，旦暮遇之，豈與倒前戈、標異幟、湛溺二氏、薄蝕聖真者等哉？此放淫距詖之旨，惓惓於錄中，不啻三致意也。憂在人心，功在先聖，意幾乎好辨，寧直如昌黎氏《原道》之說爾耶？余生也晚，幸與先生同里閈，而又託於甥舅之世親，目擊道存，模楷不遠，即東西南北，而茲錄在，模楷在也，敢委於步趨之後耶？是用識之，以自勗云。萬曆辛亥上元日，愚甥汪元功頓首識。

【續修四庫全書總目提要（稿本）35—66～67】《千一錄》二十六卷（明

萬曆間刊本），明方弘靜撰。弘靜字定之，號素園，安徽歙縣人。嘉靖進士。
官至南京戶部右侍郎。嘗奉使入浙，擊水寨寇，平之，論功當敘，以中蜚語，
遂歸。著有《素園存稿》《史詮》等。是編自謂因季兒晉始講《論語》，聞其
師訓有不能煥然者，遂自作經解，自後歲有所增，並及於史、於子、於詩、
於談、於訓，又因友人謝陛字少連者之言，去說史者別為一部，名曰《史詮》，
凡四卷。是書凡二十六卷，自卷一至卷四為經解，卷五至卷八為子評，卷九
至卷十二為詩釋，卷十三至卷二十二為《客談》，卷二十三至卷二十六為《家
訓》。名「千一錄」者，丁未自序曰：「千載之上有奧義焉，未有盡其旨者，
余偶發之；有妙詞焉，未有逆其志者，余幸得之，則庶幾云爾者，未可誣也，
故曰千一。」乙酉自序又曰：「……蓋愚者之慮，庶幾千之一也。」所錄由
少及老，隨筆記成，未能易稿，多駁雜未純。其說經大旨以經解經，惟濂、
洛、關、閩之是宗。評子則攻駁多而闡發少。釋詩偏重於杜甫，皆以己意駁
斥注者之言。《客談》《家訓》，不出理欲議論範圍。綜合以觀，卷帙雖多，
一言可以概其凡，曰返經而已。凡不經之人、不經之事、不經之言，皆所屏
斥。（下略）

【方弘靜傳略】原任南京戶部右侍郎方弘靜卒。弘靜歙縣人，嘉靖庚戌
進士，授東平知州，築堤弭盜，審戶徵賦，亦有異政。升南戶部員外郎，歷四
川水利道僉事、山東參議、江西副使，備兵饒州散礦，徒廣西督學，訓士以務
學敦行為主，升江西參政，理分宜獄，平反株連屬袁守，葬分宜，相以禮。先
是，起家時為分宜父子所抑，至是恤其死，人服其雅量。晉左右轄太僕寺卿，
旋以右副都御史巡撫浙江，請增費去宂，下令禦倭必有外洋有功，費金幣，
尋中飛語去，歸十年，起撫鄖陽，擢南少司徒，請老歸，至是卒。簡靜肅穆，
厲羔羊素絲之節。著《四禮議》《均輸議》《復古編》《素園稿》《千一錄》諸
書。詔贈南京工部尚書，予祭葬。（《明神宗顯皇帝實錄》卷四八七）

【李杜之相得】王荊公以杜詩後來莫繼，信矣！若子美第一，太白第四，
無乃太遠？子美「憐君如弟兄」之句，正可為二家詩評耳。或謂杜稱李太過，
反為所誚，不然也。斗酒百篇遺逸多矣，韓退之詩已有泰山毫芒之慨，當時
相贈答者可盡見耶？太白雖天仙之才，豈無心人，黃鶴樓推崔顥，不嘗己出，
乃輕子美耶？或又以杜比李於庾、鮑為輕之，又不然。庾、鮑豈可易者耶？
文人齊名，如李、杜之相得者，足為古今美談。後人乃以浮薄意妄測前賢耳。
（《千一錄》卷十七）

【史何所徵】少時讀韓、柳二氏，論史則從子厚，而以退之為過。今而知韓子之有激云爾也。孔子言文獻足則能徵之。今之史何所徵乎？誌狀、文集不足徵者十九，即國人道路之言至公矣，如亥豕之訛，何而欲因之以為史，不亦誣天下後世耶？莊生「堯、桀之是非，不若相忘」，其言痛矣！（《千一錄》卷十七）

【詞人習氣】洛、蜀之黨，雖同出於門人，然有辯焉。程無同異之心，蘇有縱橫之氣。其醇疵無庸論矣，大抵詞人之習多矜己而忽人，蘇固詞人也。蘇嘗譏荀卿子敢為高論而不顧，而己則甚之，故以聖人之徒許荀文，若而湯、武順天應人之舉，反不得為聖人，此敢為高論之失也。吾鄉篁墩程宗伯數而攻之，比之檮杌，無亦《春秋》責備賢者之旨與？孟氏距楊、墨，充其禍至於率獸食人。夫楊、墨世所謂賢者也，蘇子未必賢於楊、墨，則檮杌之比，非深文矣。（《千一錄》卷十七）

【遊士浮辭】今天下遊士近於戰國之季矣。在位者務矜誇而鮮篤行，謂一切浮辭可以簧鼓，斯世其交也大率顏率之於公仲也。公仲好內，率曰好士，公仲嗇於財，率曰散施，公仲無行，率曰好義。苟失其意，則且正言之矣。士大夫不能潔己自樹，而借譽於人，人亦孰能信之，故溝澮之盈涸，君子所恥也。（《千一錄》卷十七）

【資格限人】近年科場之議紛然，苟有如李文饒者，宜不樂應舉矣。夫世德象賢，盛世事也。苟其賢也，用之宜亟，何必進士？議者以為資格限人，使豪傑不能自奮信矣。雖然，世重進士科久矣，進士非無賢不肖也。使賢者陟，不肖者黜，則天下不憂不治。如其不爾，雖復鄉舉里選，亦何補哉！（《千一錄》卷十七）

【二氏之罪人】老、佛二氏，聖之偏者歟？偏則害道，聖王所屏也。其徒黠僧、妄道士，不獨誣民以惑世，蓋誣二氏者也。逢衣之徒，談玄談空，志不存焉，豈惟畔儒，乃二氏之罪人也。

【諛墓誣善】古之良史，善善長矣，而弗過溢也，猶病其勝質焉。今之諛墓者架空而無稽，誣善者鬼責而不畏，何以言文哉？與其史也寧野。（《千一錄》卷十七）

【記言之體】客有言記之體主於事，不兼議論。余曰不然。古者左史記言，右史記事，其言可述則記之，其事可紀則記之。《左傳》記事之書，其辭命議論何可遺也？若因一事有所辯難則曰論，有所發揮則曰說，此其體也。

昌黎雜記本王會圖無用記言體之一也，非必以此為縠率也。使韓集中記十數篇，篇篇如雜記，讀者且厭之矣，謂記體乎？（《千一錄》卷十八）

【中庸惟儒者能之】儒者言廣大、高明、精微三者，二氏無讓，獨中庸為德，惟儒者能之耳。是何言之易也。「中庸其至矣乎？民鮮能久矣夫？惟中庸不可能也。」故廣大而非中庸，則為無當；高明而非中庸，則為過高；精微而非中庸，則為虛無。天下未有不中庸，而能不畔於道者也。（《千一錄》卷十八）

近溪羅先生一貫編十一卷　（明）羅汝芳撰　（明）熊儐輯

羅汝芳（1515～1588），字維德，號近溪，南城人。客居海陵，師事王艮，與從遊者講心性之學，掃除枝葉，教人以體驗方寸，學者稱為近溪先生。嘉靖二十二年（1543）中舉，次年既中式，自認為「吾學未信，不可以仕」，十年不赴殿試。四處訪友，一日謁鄒東廓於書院，坐定，問曰：「十年專工問學，可得聞乎？」對曰：「只悟得無字。」東廓曰：「如此尚是門外人。」時顏鈞在座，聞之，出而恚曰：「不遠千里到此，何不打點幾句好話，卻倒了門面。」聞者為之失笑。嘉靖三十二年（1553）登進士第。除太湖知縣。召諸生論學，公事多決於講座。遷刑部主事，歷寧國知府。民兄弟爭產，汝芳對之泣，民亦泣，訟乃已。創開元會，罪囚亦令聽講。入觀，勸徐階聚四方計吏講學。階遂大會於靈濟宮，聽者數千人。父艱，服闋，起補東昌，移雲南屯田副使，進參政，分守永昌。刑科都給事中周良寅劾汝芳奏稱，汝芳事完出城，潛住應節，往與談禪，輒坐移日，宜罷斥，以為人臣玩旨廢職之戒。皇上責問：「汝芳既已辭朝，又潛住城外何為？」吏部查參以聞。部覆汝芳先移病乞休，亦令致仕。初，汝芳從顏鈞講學，後鈞繫南京獄當死，汝芳供養獄中，鬻產救之，得減戍。汝芳既罷官，鈞亦赦歸。汝芳事之，飲食必躬進，人以為難。鈞詭怪猖狂，其學歸釋氏，故汝芳之學亦近釋。張居正方惡講學，汝芳被劾罷，未幾卒。天啟初，追諡文懿。楊時喬最不喜王守仁之學，闢之甚力，尤惡羅汝芳，官通政時具疏斥之曰：「佛氏之學，初不溷於儒。乃汝芳假聖賢仁義心性之言，倡為見性成佛之教，謂吾學直捷，不假修為。於是以傳注為支離，以經書為糟粕，以躬行實踐為迂腐，以綱紀法度為桎梏。逾閑蕩檢，反道亂德，莫此為甚。望敕所司明禁，用彰風教。」詔

從其言。著有《孝經宗旨》《明通寶義》《廣通寶義》《一貫編》《明道錄》《會語續錄》《識仁編》《盱壇直詮》《近溪子文集》等書。今人彙編整理為《羅汝芳集》。《明史·儒林傳》附見王畿傳中。事蹟詳見吳震《羅汝芳評傳》。

書前有萬曆二十六年（1598）門人楊起元序，稱一貫者，孔、曾授受之微言也，是即所謂「一日克己復禮，而天下歸仁者也」，又即所謂良知良能，而達之天下者云云。萬曆二十六年（1598）其門人熊儐序稱述其一貫之旨曰：「貫天貫地，貫人貫物，貫古貫今，毫髮不閒，須臾不離，故富貴而藐權勢，貧賤而甘蔬水，夷狄而感泣莽達，死生而從容寢簀，逢人好問好察，樂與善誘，無非一以貫之。」〔註91〕

全書十五萬言，分十一卷。是編為熊儐編次，錢啟忠重訂。此書以四書五經為綱，以羅子會語為目，類輯成書。冠以《一貫說》，以明其宗旨。又附以《像贊》：「學本羲皇，何思何慮？老安少懷，入孝出弟。肫肫其仁，德配天地。孔孟之後，期文在是。」次為講論五經四書之說，次為心性之說。汝芳曰：「大道只在自身，擬不學為學，以不慮為慮，不學不慮，即可造就良知良能，聖愚差別只在於覺迷之間，成聖、成賢易於反掌。」又曰：「人生天地間，須要有頂天立地志氣，不可一毫落寞。」又曰：「仁者，人也，人渾然只是一個仁，便是修身為本。」又啟發其友曰：「當此靜默之時，澄慮反求：如平時躁動，今覺凝定；平時昏昧，今覺虛朗；平時怠散，今覺整肅。使此心良知，炯炯光徹，則人人坐間，各抱一明鏡於懷中，卻請諸子將自己頭面對鏡觀照，若心事端莊，則如冠裳濟楚，意態自然精明；若念頭塵俗，則蓬頭垢面，不待旁觀者恥笑，而自心惶恐，又何能頃刻安耶？」其學至簡，其說極具煽動性，俄頃之間能令愚夫愚婦心境開明。

王守仁之學，一傳而為王艮，再傳而為徐樾，三傳而為顏鈞。汝芳出顏氏之門，習其師說，得泰州學派之真傳。提倡用「赤子良心」「不學不慮」去「體仁」，一掃宋明理學之迂氣。然《四庫全書總目》稱其持論洸洋恣肆，純涉禪宗，並失守仁之本旨。《四庫全書總目》列入雜家類存目，稱運當末造，風氣澆漓，好異者終不絕也，所以世道人心日加佻薄，相率而趨於亂亡。今按：《四庫全書總目》反王學不遺餘力，未免誤導後學矣。

此本據中國科學院圖書館藏明長松館刻本影印。

〔註91〕《續修四庫全書》第 1126 冊，上海古籍出版社，2002 年版，第 498～501 頁。

【附錄】

【楊起元《近溪羅先生一貫編序》】一貫者，孔、曾授受之微言也，是即所謂一日克己復禮，而天下歸仁者也，又即所謂良知良能，而達之天下者也。是故惟顏請事之，曾唯之，而孟私淑之。其穎悟如子貢，且不得而聞焉，後世儒者或獨契於絕學之後，或推明於繼續之餘，綜之莫有如我高皇帝揭六諭以作君師，而吾師羅子憲章之直指孝悌慈為生民命脈者也。吾師羅子之言曰：「天命不已者，生而又生也。生而又生者，父母而己身，己身而子，子而又孫，以至曾而且玄也。故父母兄弟子孫者，為天命，顯其皮膚。天命生生不已者，為孝悌慈通其骨髓，直而豎之，便成上下，古今橫而互之，便作國家天下。」又曰：「我高皇帝六諭，天人精髓盡數捧在目前，學問樞機頃刻轉回掌上。」故愚嘗為之說曰：我皇帝其大智也與？中庸之道行矣。吾師其仁者與？中庸之道明矣。道故若是，愚不得而掩也。是故吾師之學易而知險，簡而知阻，約而達，微而彰，罕譬而諭，其言也樸而有章，淡而不厭，潔淨精微而疏通知遠，溫柔敦厚而廣博易良，恭儉莊敬而畏命執法，兼六經之致焉。知德者希，孰識其貴哉？南康熊子儐少奉父兄之命，遊吾師之門。吾師既歿，而熊子之學始有得也。喟然歎曰：「吾師以孝悌慈盡人物之性，其即孔子一貫之旨乎？性一而已，一何在？一之於孝悌慈也。儒先皆謂一不可說，以予觀之，安在其不可說也？孔子引其端，吾師竟其說也，後聖復起，不易吾師之言矣。於是以四書五經為綱，以羅子會語為目，類輯成書，命之曰《一貫編》。」又曰：「吾師會語不獨貫天下之道，而孔子隨義立名，言天下之至賾而不可紀者亦於是乎貫之。」又曰：「儐不自量力，欲使四方學者皆得吾師之全書而後已。」是編也，儐節衣食以充梓費，雖貧不悔，熊子青袍而徒步，其言吶吶不出口，探其中，浩乎淵乎，未可以耳目聞見窮也。其尚絅之心歟？予愧不若，以著文也。雖然，予亦有所不得已也。

【熊儐《近溪羅先生一貫編序》】或問儐曰：「子編子羅子語，言以『一貫』名編，何也？」曰：天地為物不二，萬物一體。夫道一而已矣。此個大道原來無名無象，造化顯靈，生我伏羲，畫此一畫，名象始立。帝堯悟來，此個一畫圓則為○，直則為丨，○丨相貫，命而曰中。舜、禹加以惟一，湯、尹有之一德，幸周命維新，誕生文王、周公，純一不已……儐辛卯冬刻《孝經傳義》。乙未之秋八月朔，禮拜天地神祇，復謁先師祠，請教諸友收集全書，乃孫懷智等盡發師舊篋親筆，儐見居官清淡，待人艱苦，遺訓子姓善言於殘篇

片紙之間，令人泣下。歸忘寒忘暑，繼日繼夜，剛其重複，揭其要領，編為一貫，壽之梨棗。首以《易》，次以《書》《詩》《禮》《樂》《春秋》略節及《四書》總旨，《語》《孟》《學》《庸》心性上下等集，終以別言。其中次第皆非潦率，精義顯旨悟者得之。惟首以學《易》來歷，見羅子窮理盡性以至於命，終以別言，見羅子理窮性盡而命至矣。寧非一以貫之，孔子之後一人哉！儐非過為師譽，敢謂有知只見學有真脈，道貴早聞。議論橫生，空負賢聖。乞後之君子動惻隱云。萬曆戊戌，白鹿洞門人熊儐序。

【四庫提要】《一貫編》四卷（江西巡撫採進本），明羅汝芳撰。汝芳有《孝經宗旨》，已著錄。王守仁之學一傳而為王艮，再傳而為徐樾，三傳而為顏鈞。鈞即所謂顏山農，凡弟子投謁，必先毆三拳以為贄禮者也。汝芳習其師說，故持論洸洋恣肆，純涉禪宗，並失守仁之本旨。是編為其門人熊濱所輯。冠以《一貫說》，次為講論五經四書之說，次為心性之說。前有濱序，又有楊起元序。起元亦汝芳之門人也。案《明史·楊時喬傳》曰：「時喬受業永豐呂懷，最不喜王守仁之學，闢之甚力，尤惡羅汝芳。官通政時，具疏斥之曰：『佛氏之學初不潤於儒，乃汝芳假聖賢仁義心性之言，倡為見性成佛之教，謂吾學直捷，不假修為，於是以傳注為支離，以經書為糟粕，以躬行實踐為迂腐，以綱紀法度為桎梏。逾閑蕩檢，反道亂德，莫此為甚。』請敕所司明禁，用彰風教。詔從其言。」云云。是當時持正之士已糾其謬，朝廷且懸為禁令。然運當末造，風氣澆漓，好異者終不絕也。所以世道人心日加佻薄，相率而趨於亂亡歟？（《四庫全書總目》卷一百二十四「子部三十四·雜家類存目一」）

【千聖宗旨】或問：《易》乃千聖宗旨，夫子屢屢言之。若於乾坤神理、人物性情、古今編謨一一脗合，果何從悟入？羅子曰：某原日亦未便曉得去宗那個聖人，亦未便曉得去理會聖人身上宗旨工夫，其初只是日夜想做個好人，而科名宦業皆不足了平生。想得無奈，卻把《近思錄》《性理大全》所說工夫信受奉行也，到忘食寢忘死生地位，又病得無奈，卻看見《傳習錄》說諸儒工夫，未是始去尋求象山、慈湖等書，然於三先生所為工夫每有窒礙。病雖小，愈終沉滯不安。時年已弱冠，先君極為憂苦，幸自幼蒙父母憐愛過甚，而自心於父母及弟妹亦互相愛惜，真比世人十分切至，因此自讀《論》《孟》孝悌之言，則必感動，或長要涕淚。以先只把當做尋常人情，不為緊要，不想後來諸家之書，做得著累吃苦，又在省中逢著大會，與聞同志師友發揮，卻

翻然悟得，只此就是做好人的路徑，奈何不把當數，卻去東奔西走，而幾至亡身也哉？從此回頭將《論語》再來細讀，真覺字字句句重於至寶。又看《孟子》工夫，又看《大學》《中庸》，更無一字一句不相照映，由是卻想孔孟極口稱頌堯舜，而說其道孝悌而已矣，豈非也是學得沒奈何，然後遇此機竅。故曰：「我非生而知之者，好古敏以求之者也。」又曰：「規矩，方員之至也。聖人，人倫之至也。」其時孔孟一段精神，似覺渾融在中，一切宗旨，一切工夫，橫穿直貫，處處自相湊合。但有《易經》一書卻又貫串不來。時又天幸楚中一友胡宗正先生來從某改舉業，他談《易經》與諸家甚是不同，後因科舉辭別，及在京得第，殊悔當面錯過。皇皇無策，乃告病歸侍老親，因遣人請至山中，細細叩問，始言渠得異傳，不敢輕授某，復以師事之，閉戶三月，亦幾亡生，方蒙見許。反而求之，又不外前時孝悌之良究極本源而已。從此一切經書皆必會歸孔孟，孔孟之言皆必歸孝悌。以之而學，學果不厭；以之而教，教果不倦；以之而仁，仁果萬物一體，而萬世一心也已。竊觀今時同志極是眾多，但每談心性者，便不肯小心看書，間一二肯讀者，又泛觀博覽於子史諸家，便著精神，於《論語》《孟子》反枯淡冷落，叩之則曰：「此個章句我已久曉了，何待今日贅贅耶？」噫！五穀之味固難比海錯珍羞，而要延軀命，則捨此不能。偶因吾子之問，而敬陳之，亦思軀命是人之所同受用此味，穀食亦未必不是人之所共飱也。至若謂悟千聖宗旨與否，則非某之所敢知也已。（《一貫編》卷一）

【參政羅近溪先生汝芳】羅汝芳，字惟德，號近溪，江西南城人。嘉靖三十二年進士。知太湖縣，擢刑部主事。出守寧國府，以講會鄉約為治。丁憂起復，江陵問山中功課，先生曰：「讀《論語》《大學》，視昔差有味耳。」江陵默然。補守東昌。遷雲南副使，悉修境內水利。莽人掠迤西，迤西告急。先生下教六宣慰使滅莽，分其地。莽人恐，乞降。轉參政。萬曆五年，進表，講學於廣慧寺，朝士多從之者，江陵惡焉。給事中周良寅劾其事畢不行，潛住京師，遂勒令致仕。歸與門下走安成，下劍江，趨兩浙、金陵，往來閩、廣，益張皇此學。所至弟子滿座，而未嘗以師席自居。十六年，從姑山崩，大風拔木，刻期以九月朔觀化。諸生請留一日，明日午刻乃卒，年七十四。少時讀薛文清語，謂：「萬起萬滅之私，亂吾心久矣，今當一切決去，以全吾澄然湛然之體。」決志行之。閉關臨田寺，置水鏡几上，對之默坐，使心與水鏡無二。久之而病心火。偶過僧寺，見有榜急救心火者，以為名醫，訪之，則聚而講學

者也。先生從眾中聽良久，喜曰：「此真能救我心火。」問之，為顏山農。山農者，名鈞，吉安人也。得泰州心齋之傳。先生自述其不動心於生死得失之故，山農曰：「是制欲，非體仁也。」先生曰：「克去己私，復還天理，非制欲，安能體仁？」山農曰：「子不觀孟子之論四端乎？知皆擴而充之，若火之始然，泉之始達，如此體仁，何等直截！故子患當下日用而不知，勿妄疑天性生生之或息也。」先生時如大夢得醒。明日五鼓，即往納拜稱弟子，盡受其學。山農謂先生曰：「此後子病當自愈，舉業當自工，科第當自致，不然者，非吾弟子也。」已而先生病果愈。其後山農以事繫留京獄，先生盡鬻田產脫之。侍養於獄六年，不赴廷試。先生歸田後，身已老，山農至，先生不離左右，一茗一果，必親進之。諸孫以為勞，先生曰：「吾師非汝輩所能事也。」楚人胡宗正，故先生舉業弟子，已聞其有得於《易》，反北面之。宗正曰：「伏羲平地著此一畫，何也？」先生累呈注腳，宗正不契，三月而後得其傳。嘗苦格物之論不一，錯綜者久之，一日而釋然，謂：「《大學》之道，必在先知，能先知之則盡。《大學》一書，無非是此物事。盡《大學》一書物事，無非是此本末始終。盡《大學》一書之本末始終，無非是古聖『六經』之嘉言善行。格之為義，是即所謂法程，而吾儕學為大人之妙術也。」夜趨其父錦臥榻陳之，父曰：「然則經傳不分乎？」曰：「《大學》在《禮記》中，本是一篇文字，初則概而舉之，繼則詳而實之，總是慎選至善之格言，明定至大之學術耳。」父深然之。又嘗過臨清，劇病恍惚，見老人語之曰：「君自有生以來，觸而氣每不動，倦而目輒不瞑，擾攘而意自不分，夢寐而境悉不忘，此皆心之痼疾也。」先生愕然曰：「是則予之心得豈病乎？」老人曰：「人之心體出自天常，隨物感通，原無定執。君以夙生操持強力太甚，一念耿光，遂成結習。不悟天體漸失，豈惟心病，而身亦隨之矣。」先生驚起叩首，流汗如雨，從此執念漸消，血脈循軌。先生十有五而定志於張洵水，二十六而正學於山農，三十四而悟《易》於胡生，四十六而證道於泰山丈人，七十而問心於武夷先生。先生之學，以赤子良心、不學不慮為的，以天地萬物同體、徹形骸、忘物我為大。此理生生不息，不須把持，不須接續，當下渾淪順適。工夫難得湊泊，即以不屑湊泊為工夫，胸次茫無畔岸，便以不依畔岸為胸次，解纜放船，順風張棹，無之非是。學人不省，妄以澄然湛然為心之本體，沉滯胸膈，留戀景光，是為鬼窟活計，非天明也。論者謂龍溪筆勝舌，近溪舌勝筆。顧盼咳欠，微談劇論，所觸若春行雷動，雖素不識學之人，俄頃之間，能令其心地開明，道在現前。

一洗理學膚淺套括之氣，當下便有受用，顧未有如先生者也。然所謂渾淪順
適者，正是佛法一切現成，所謂鬼窟活計者，亦是寂子速道，莫入陰界之呵，
不落義理，不落想像，先生真得祖師禪之精者。蓋生生之機，洋溢天地間，是
其流行之體也。自流行而至畫一，有川流便有敦化，故儒者於流行見其畫一，
方謂之知性。若徒見氣機之鼓蕩，而翫弄不已，猶在陰陽邊事，先生未免有
一間之未達也。夫儒釋之辨，真在毫釐。今言其偏於內，而不可以治天下國
家，又言其只自私自利，又言只消在跡上斷，終是判斷不下。以義論之，此流
行之體，儒者悟得，釋氏亦悟得，然悟此之後，復大有事，始究竟得流行。今
觀流行之中，何以不散漫無紀？何以萬殊而一本？主宰歷然。釋氏更不深造，
則其流行者亦歸之野馬塵埃之聚散而已，故吾謂釋氏是學焉而未至者也。其
所見固未嘗有差，蓋離流行亦無所為主宰耳。若以先生近禪，並棄其說，則
是俗儒之見，去聖亦遠矣。許敬庵言先生「大而無統，博而未純」，已深中其
病也。王塘南言先生「早歲於釋典玄宗，無不探討，緇流羽客，延納弗拒，人
所共知。而不知其取長棄短，迄有定裁。《會語》出晚年者，一本諸《大學》
孝悌慈之旨，絕口不及二氏。其孫懷智嘗閱《中峰廣錄》，先生輒命屏去，曰：
『禪家之說，最令人躲閃，一入其中，如落陷阱，更能轉頭出來，復歸聖學
者，百無一二。』」可謂知先生之長矣。楊止菴《上士習疏》云：「羅汝芳師事
顏鈞，談理學；師事胡清虛（即宗正），談燒煉，採取飛昇；師僧玄覺，談因
果，單傳直指。其守寧國，集諸生，會文講學，令訟者跏趺公庭，斂目觀心，
用庫藏充饋遺，歸者如市。其在東昌、雲南，置印公堂，胥吏雜用，歸來請託
煩數，取厭有司。每見士大夫，輒言三十三天，憑指箕仙，稱呂純陽自終南寄
書。其子從丹師，死於廣，乃言日在左右。其誕妄如此。」此則賓客雜沓，流
傳錯誤，毀譽失真，不足以掩先生之好學也。（黃宗羲《明儒學案》卷三十四
《泰州學案三》）

近溪子明道錄八卷　（明）羅汝芳撰

　　萬曆十一年（1583）耿定向序稱集中發明孔孟學脈，一軌於正。萬曆十
年（1582）胡僖序稱其襟次灑落，心體平易。萬曆四年（1576）昆明郭斗序，
稱汝芳以家居富美堂及雲南五華書院，所集講義二卷，其言有裨風教，合而
刻之，一題曰《五華會語》，一題曰《雙玉會語》，其門人杜應奎又附以所記汝

芳論學編，分為三卷，題曰《近溪先生會語》。後有萬曆十二年（1584）門人杜應奎跋，稱其學術接孔門正脈。又有萬曆十三年（1585）詹事講跋，稱其見足以悟，其氣足以充，讀先生會語，宛然姚江宗派云云。

全書九萬言，分八卷。汝芳重視《大學》，以為入門之書，如謂孔門之學在於求仁，而《大學》正是孔門求仁全書。或問：「《中庸》比之《大學》似更深奧。」答曰：「先賢亦云《大學》為入道之門。」再論宗旨曰：「赤子之心渾然天理，果已明白矣。但謂群聖之打對同與孔子之尤加親切，卻認只是個覺悟，所以說『復其見天地之心』便其覺悟處也。」又曰：「謂之復者，正是原日已是如此，而今始見得如此，便天地不在天地而在吾心。所以又說『復以自知』，『自知』云者，知得自家原日的心也。」又曰：「嘗觀吾人卻也有一種生來便世味淡薄、物慾輕少者，然於此一著亦往往不悟，縱說亦往往不信，此卻果如陽明先生所謂『個個人心有仲尼，自將聞見苦遮迷』也。蓋人自幼年讀書，便用集說講解，其支離甚可鄙笑。何止集說，即漢儒去聖人未遠之日，注疏汗牛充棟，而孝悌之道卻看得偏輕，不以為意，蔓延以至後世，又何足怪？故某嘗謂：人之不悟蔽於物慾者固多，而迷於聞見者實不少也。」明儒論學多有宗旨，然汝芳頗有去宗旨之傾向，故其論學不顯標宗旨，在似有似無之間。如問：「今時談學，皆有個宗旨，而先生獨無。自我細細看來，則似無而有，似有而無也。」羅子曰：「如何似無而有？」曰：「先生隨言對答，多歸之赤子之心。」曰：「如何似有而無？」曰：「才說赤子之心，便說不慮不學，卻不是似有而無，茫然莫可措手耶？」曰：「吾子亦善於形容矣。其實不然。我今問子初生亦是赤子否？」曰：「然。」曰：「初生既是赤子，難說今日此身不是赤子。長成此時，我問子答，是知能之良否？」曰：「然。」曰：「即此問答，用學慮否？」曰：「不用。」曰：「如此則宗旨確有矣。」曰：「若只是我問你答，隨口應聲，個個皆然，時時如是，雖至白首，終同凡夫，安望有道可得耶？」曰：「其端只在能自信從，其機則始於善自覺悟。虞廷言道，原說其心惟微，而所示工夫，卻要惟精惟一。有精妙的工夫，方入得微妙的心體。」曰：「赤子之心，如何用工？」曰：「心為身主，身為神舍，身心二端，原樂於會合，苦於支離。故赤子孩提，欣欣長是歡笑，蓋其時身心猶相凝聚。及少少長成，心思雜亂，便愁苦難當。世人於此隨俗習非，往往馳求外物，以圖安樂。不思外求愈多，中懷愈苦，老死不肯回頭。惟是有根器的人，自然會尋轉路。曉夜皇皇，或聽好人半句言語，或見古先一段訓詞，憬然有個悟處，

方信大道只在此身。此身渾是赤子，赤子渾解知能，知能本非學慮，至是精神自是體貼，方寸頓覺虛明，天心道脈，信為潔淨精微也已。」曰：「此後卻又如何用工？」曰：「吾子只患不到此處，莫患此後工夫。請看慈母之字嬰兒，調停斟酌，不知其然而然矣。」卷八為《五華書院會講》《武定會講》《彌勒會講》《臨安會講》《謁廟會講》《洱海會講》《海春書院會講》《丁祭會講》《騰越會講》《鳳山書屋會講》《演武場會講》，師生互動，相互啟發，皆極為生動，宛如課堂實錄，頗有身臨其境之現場感矣。

卷端題「門人樂安詹事講校梓」，蓋應奎編於前，事講又編於後，故書名、卷帙各不同。王重民云：「此即詹事講所刻《明道錄》，曾經耿定向手批，而季膺重刻之，因易為此名也。」《四庫全書總目》列入雜家類存目，用以排擊王學焉。

此本據明萬曆十三年詹事講刻本影印。

【附錄】

【耿定向《近溪子集序》】余讀《近溪子集》，掩卷歎曰：「嗟！羅子之學，日新如此耶？」蓋余自嘉靖戊午獲交羅子，於時羅子談道，直指當下，今人反身默識，不效世儒者占占然訓解文義，譬則韓、白用兵，直搗中堅，搴旗斬將，不為野戰者。甲子以後，羅子博綜富蓄，所學益弘，以肆其時談道，間為寓言提激朋儕，而淺膚者或訝其惝恍，譬則武王克商，借兵庸、盧、彭、濮，蓋有不得已焉耳。余家兄弟雖甚不敏，顧能引觸於言詮外也。雖然，伊川之祭用夷禮耳，辛有豫知其為戎杜鵑禽族也。一鳴洛陽，堯夫惻心，蓋謂地氣自南而北也。近日高明賢俊，往往左祖西方之教，而弁髦孔孟，以為不足與擬，則失近溪子借兵意矣。余切痛之，且重懼焉。今視近溪子集中發明孔孟學脈甚的，指示孔孟路灣，是明粹然一軌於正，更無隻字片言剿襲仙釋家語柄，而仙釋之奧窔精髓故亦已包括其中矣。殆譬之今聖天子當陽雕題辮髮之醜，來享來王，大明一統，而內外界防亦自嚴峻，狩與休哉！余為是益邑快無已也。集凡六帙，無慮數千萬言，總其指歸，大都明人之即天，而人之所以同天者，以具此良知也。知之所以為良者，只此赤子不學不慮之真機也。於戲盡矣！學者循近溪子之言，而自悟自信，將沛乎如鴻毛之遇順風，悠然如涸鱗之縱巨壑，即一介凡夫，倏然而立陟天人，豈不愉快乎哉！吁！近溪子之功德，吾儕者弘且遠矣。抑堯夫有言曰：「吾道自足，何事旁求？」即近溪子集中道已自口足，願覽者深翫毋他求也。（耿定向《耿天台先生文

集》卷十一）

【胡僖《敘近溪羅先生明道錄》】往歲以督楚漕艘赴淮徐，邂逅近溪羅先生於真州，時舟次語間，見先生之襟次灑落，心體平易，而舉中和之說為余告，尚在耳也。別後參商，無從緝晤。萬曆己卯，予叨役滇之金滄，則先生已還盱江，然先生之去滇才二季，其宦績昭昭人耳目，矧予攝金騰兵務日，尤稔聞先生政事之大，蓋實能行其所學，而非徒騰口說爾也。當其時，緬勢猖獗，諸土司為騰藩蔽者被其迫脅，兼翼以木邦之駕點，焰逼金齒，先生以總屯握該道符節，駐騰沖，策應其急，議主出兵，為角莽者聲援，以遙制之。事雖中阻，迄今士大夫壯其氣，其勇於有為如此，則豈徒空譚者哉？今先生還盱江矣，迤西及東公署多先生手澤，而一字句皆喫緊為人盛心。予於先生投分雖淺，神交則深，即所發義理之勇，認真持定，不奪於利害，不怵於毀譽，不搖於榮辱，固子輿氏所謂浩然氣也。使得竟其施為，於邊方禆益豈淺鮮哉？頃予從金滄邅洱海，甫及期，而先生之門下士杜君應奎者，以先生平日存稿若干篇來乞予言，重以滇中長者麓池郭方伯公命，方伯公予公祖，杜君又不遠萬里而至，則焉能辭。予惟言者心之聲也，行者言之實也。學者心有所見，則宣諸言，而成章為文，措諸行而成章為業。子輿氏曰：「誦其詩，讀其書，論其世，是尚友也。」則學者固有行不逮言，味空虛而鮮實用者矣。要之不盡然也。論先生之世之概，可印證矣。空譚云乎哉！予於文未能學，間學弗工，奚足闚先生所得之蘊？第於先生之躬行其言者偶聞一二於滇雲，故摭以塞杜君之請，而復郭方伯公之命。若夫品藻斯文，自有知言者為之。秉筆非予事也，於是乎敘。時萬曆壬午歲仲秋之吉，賜進士第、朝列大夫、雲南布政使司右參議、前禮部儀制司郎中、奉敕督理湖廣糧儲蘭溪公泉胡僖撰。

【郭斗《刻近溪羅先生明道錄》】余與近溪羅公同舉癸丑進士，為相國存齋先生門人。先生嘗講道京師，公獨篤志，先生與同年十數輩，日侍先生側，余亦叨與，得聞所未聞。後授官，各各散去之四方，不得會者數年矣。乃後有事京師，復得會於靈濟宮中，各質所得，殊多禆益。別來又數年矣。萬曆甲戌冬，公始以副憲來滇，再得會公於滇中。公學益精力益，而從遊者日益眾。欲倡道西南，會同野李公繼至，與公同志，又合併暘谷方公、西顧公、禹江張公、漸江張公、一水陳公諸君子，講學五華書院，日孜孜不倦，諸生不惟得領諸君子文學之教，其所薰陶培養者多矣。幸不大哉！公一旦出家居富美堂，及今五華書院所集公與諸公講義二卷，視諸生，諸君子見而喜之，恐其久而

或散也，屬同年暘谷公敘之。暘谷公謂其言有裨風教，當傳焉，合而刻之，一題以《五華會語》，一題以《雙玉會語》，既敘其端。而近溪公之門人杜生應奎又欲歸之書坊，以廣其傳，附公近日巡歷六詔，與余鄉中溪李公、寅所嚴公筆論學之辭數章入梓焉，類而編之，分為三卷，題曰《近溪先生會語》，徵敘於余，以識歲月。余喜得附名諸君子後，故樂為之書。萬曆丙子孟夏月朔日，賜進士第、通奉大夫、浙江布政使司左布政使、前兵科左給事中昆明麓池郭斗書。

【杜應奎《近溪羅先生明道錄跋》】先生自弱冠時聞道，即以興起斯文為己任。厥後，服官中外，訖於還山，日夜孜孜，以此自勵，以此誨人。以故會中多問答語，而應酬詩文亦時時禿筆為之。顧稿多散佚，海內來學者願刻以傳，而卒不可得。奎自丙寅獲侍以來，十九年所矣！凡會中肯綮語皆謹錄之。曩與先生之伯子軒、仲子輅匯緝成卷，無何，復軼去。今即錄中之一二藏於家者，固請於先生刻之，以惠同志。刻成，奎得綴數語卷末。至其學術接孔門正脈，則覽者當自得之。所謂因文可以見道也。非奎之愚所能贊也。子贛曰：「臣譽仲尼，猶兩手捧土，置之泰山之顛，其無益於泰山之高明矣！」奎於學術亦云。萬曆甲申夏五月，門人臨川杜應奎百拜跋。

【詹事講《敘羅近師明道錄後》】今之譚學者皆曰：「道不易言。」夫道曷難言哉！難於聞之而悟，悟之而皆道耳。夫孺子歌滄人恒言，天下國家有者所共聞，惟宣尼、子輿知其為至理所寓，而明之以迪人。彼固有所以合之而一理渾融，充塞無間，要亦見之真而感通為甚速也。講幼從外傳，則為言「《中庸》之『誠』，天則實理，人則實心矣」。稍長，侍先君訥齋遊安城，先達則又為言「實理之在天者即吾心，實心之在我者即天理矣」。然形體心知，天人迥隔，敏蒞從事，泮渙猶初。比丙寅歲，近溪羅先生會講疏山，錄達道達德三重九經要皆行之以一，而所發一之義甚明且切，時則心若有契，乃修贄及先生之門，往還將十餘載，未之敢怠。惟繹一之，一言亦未敢忘也。至丁丑成進士去，知宣城，幸先生以贄捧出都門，相與並舟而南。於時，寢興食息，形跡渾忘；俯察仰觀，喫緊活潑。偶而若有所覺，不覺大呼，起曰：「塞乎天地之間，非謂實邪？斯之實也，非所謂一邪？」心理神靈，虛含昭曠；物我天地，妙合圓融。乃知聖人為言初無二理，吾人自得斯可逢源也。先生亦躍然喜曰：「異哉！吾不意子乃亦悟及此。此之謂知天地化育也。從茲而立本以經綸天下，特易易爾。」久之，竊敢以學脈請諸先生。先生曰：「此道自孟子後

實難其人。蓋直養無害，由於性善之信而不疑。性善不疑，由於天人之一而不二。後儒以氣質譚性，則天且疑之矣，況於人邪？疑則性根且斬矣，又安能以無害而養之以直邪？我明幸生陽明先師，其見足以悟，其氣足以充，孔孟性命之脈，誠自一線而引之，普天無復支離間隔之病。其有功吾道，真可稱罔極者。昨備員言責於從祀之議，輒不自量，首陳之，已得議允，而此學益以大明。」顧陽明之後，誰與得其宗旨？茲讀先生會語，宛然姚江宗派也。是足以明道，故名為《明道錄》。因敬述夙所承教者以附末簡如是云。萬曆乙酉歲仲冬之吉，賜進士第、河南道監察御史、奉敕巡按浙江等處督理鹽策安門人詹事講頓首撰。

【四庫提要】《近溪子明道錄》八卷（江蘇巡撫採進本），明羅汝芳撰。前有昆明郭斗序，稱汝芳以家居富美堂及雲南五華書院所集講義二卷，合而刻之。一題曰《五華會語》，一題曰《雙玉會語》。其門人杜應奎又附以所記汝芳《論學編》為三卷，題曰《近溪先生會語》。此本題曰《明道錄》，作八卷，又每卷但題會語，不標其地。卷端題門人樂安詹事講校梓，蓋應奎編於前，事講又編於後，故書名卷帙各不同也。（《四庫全書總目》卷一百二十四「子部三十四．雜家類存目一」）

【四庫提要】《近溪子文集》五卷（江蘇巡撫採進本），明羅汝芳撰。汝芳有《孝經宗旨》，已著錄。其學出於顏鈞，承姚江之末流，而極於泛濫。故其說放誕自如，敢為高論。著述最易成編，多至四五十種，即其集亦非一刻。有《近溪子集》，其門人杜應奎編；有《近溪子全集》，其孫懷祖刊；有《批點近溪子集》，耿定向所編；有《批點近溪子續集》，楊起元所編；有《明德公文集》《近溪先生詩集》《近溪子附集》《近溪子外編》，有《從姑山集》《續集》，並其孫懷智所編；有《明德詩集》，其門人左宗郢刊。今多散佚。此集則其曾孫萬先所刊也。（《四庫全書總目》卷一百七十八「集部三十一．別集類存目五」）

【明道錄目錄】卷一：古本《大學》通解／《中庸》通解／《大學》宗旨／《大學》「止至善」解／論《大學》無分經傳／《大學》與「禮」的關係／「至善」何以要求諸古聖？／《大學》《中庸》乃孔子所著／日用皆是性，人性皆是善／說「恐懼」／「喜怒哀樂」與「已發」「未發」／「致中和」之「致」解／尊德性與道問學；卷二：顏子「不違如愚」解／「知之為知之」解／「子與人歌而善，必使反之」解／鬼神與生死／「明」解／「仁，人心也」解／

「充」「達」仁義解／「四書五經」同是格物一義／「《易》有太極」解／「先王以至日閉關，商旅不行，後不省方」解／「時」解／「克己復禮」解／乾元之生理在人／「乾乾」解／論知能先後／「道心人心」說；卷三：自述「宗旨」：「赤子之心，不慮不學」／舟中問答／「信」為由善入聖之門限／「君子有三畏」解／論「理之親切」／捧茶童子是道／「工夫」與「頭腦」／吾儒衣鉢／《坤》「直方大，不習無不利」解／「形色天性」解／自述為學經歷／評告子／「誠者自成」解／中庸本自平常／論「天」／信而直任是工夫；卷四：堯夫「天根月窟」說／再論「宗旨」／如何「成人」／父子之間如何相處／通論「心」「性」「命」／「時」義大矣哉！／「天則」怎可「見」得？／乾、坤之知、能有別乎？／「復」「禮」何以並言／「敬畏」抵得百般工夫／己所言「良知」與陽明「良知」異同／「天命之性」與「氣質之性」通論／如何悟得實落？／無愁便是樂／靜定如何可得？／良知如何不慮而知／學問如何不要著力／仕優則學，學優則仕；卷五：「君子反經」何謂？／識得本真／心性分別何如？／由當下念頭識心體／何謂「經」？／「學而不厭，誨人不倦」解／「慎獨」解／「由仁義行」與「行仁義」何別？／「人不知而不慍」非無動於中／聖賢之「大」／易與不易／看書冊與面命之不同／聖與凡若金與礦／學「規矩」／畏天命之嚴／再論「時」／從人去求仁／身家不足為學累／知與見聞；卷六：「多學」與「一貫」／如何用「工夫」／論「戒」／看我此身／「知」：為又為不得，蔽又蔽不得／《中庸》首章解／大人不失赤子之心／心體之親切／「心」：體與用・本體與工夫／「深造以道」，其道是率性之道否？／「萬物皆備」章解／渾淪到底／天若無知，也做主不成／「可欲之謂善」，起手也在是，結果也在是／心之宗法；卷七：《大學》宗旨：大人者不失其赤子之心／自述讀《論語》進境／論周子、程子、朱子與陽明學之異同／體貼「恕」上致力／良知完具於人／一切放下／自赤子即已無所不知、無所不能也／學亦只是學其不學，慮亦只是慮其不慮／良知面目／招牌非可恥，鄉愿則可恥也／由日用而不知到聖人／以變幻為此心喜／聖人吃緊著力處只在不厭不倦／子貢到老不信夫子／形色與天性／仲尼祖述堯舜／仁義是替孝悌安個名／學問工夫／迷與覺如冰之與水／聖人者，常人而肯安心者也；常人者，聖人而不可安心者也／心之本明／學必以習，習必以苦；卷八：五華書院會講／武定會講／彌勒會講／臨安會講／謁廟會講／洱海會講／海春書院會講／丁祭會講／騰越會講／鳳山書屋會講／演武場會講。

【再論宗旨】問：「聖賢學問，須要有個宗旨，方好用工，請指示何如？」曰：「愚質蠢樸，原不曉得去覓宗旨，但處書而論。《中庸》專談性道，而性道首之天命，故曰：『道之大原出於天。』又曰：『聖希天。』夫天則『莫之為而為，莫之致而至』者也。聖則不思而得，不勉而自中者也。今日吾人之學，則希聖、希天者也。既欲求以希聖而直至希天，乃不尋思自己有甚東西可與他打得對同，不差毫髮，卻如何希得他、而與之同歸一致也耶？反思原日天初生我，只是個赤子，而赤子之心，卻說渾然天理。細看其知不必慮，能不必學，果然與莫之為而為、莫之致而至的體段渾然打得對同過也。然則聖人之為聖人，只是把自己不慮不學的現在，對同莫為莫致的源頭。我常敬順乎天，天常生化乎我，久久便自然成個不思不勉而從容中道的聖人也。聖如孔子，又對同得更加親切，看見赤子出胎，最初啼叫一聲，想其叫時，只是愛戀母親懷抱，卻指著這個愛根而名為仁，推充這個愛根以來做人，合而言之曰仁者人也，親親為大。若做人的常是親親，則愛深而其氣自和，氣和而其容自婉，一些不忍惡人，一些不敢慢人，所以時時中庸而位天育物，其氣象出之自然，其功化成之渾然也。」

【以意念為心】予復歎曰：「謂之是心亦可，謂之不是心亦可。蓋天下無心外之事，何獨所持而不是心。但有所持在必有一物矣！諸君試看，許多老幼在此講談，一段精神，千千萬萬、變變化化，倏然而聚，倏然而散，倏然而喜，倏然而悲，彼既不可得而知，我亦不可得而測，非惟無待於持，而亦無所容其持也。林子於此心渾淪圓活處，曾未見得而遽云持守而不放下，則其所執者，或只意念之端倪，或只見聞之想像。持守益堅而去心益遠矣。故謂之不是心亦可也。」林生復進而質曰：「諸生平日讀書，把心與意看得原不相遠。今公祖斷然以所持只可是意念而不可是心，不知心與意念如何相爭如此之遠也？予浩然發歎曰：「以意念為心，自孔孟以後大抵皆然矣！又何怪夫諸君之錯認也耶？但此個卻是學問一大頭腦，此處不清而謾謂有志學聖，是猶煮沙而求作粥，縱教水乾柴盡而粥終不可入口也。」諸縉紳請曰：「意念與心既是不同也，須為諸生指破，渠方不至錯用工也。」予歎曰：「若使某可得用言指破，則林生亦可得以用力執持矣。」諸君聞而歎曰：「然則不可著句指破便即是心、而稍可著力執持處便總是意念矣！《易》曰『《復》其見天地之心』，林生欲得天地之心而持循之，其尚自《復》以自見始。(《近溪子明道錄》卷八)

筠齋漫錄十卷續集二卷別集一卷　　（明）黃學海撰

　　黃學海，字宗於，號筠齋，延陵（今屬江蘇鎮江）人。妙齡通籍，早歲掛冠。生卒年及事蹟均不詳。

　　此書《千頃堂書目》著錄為：《漫錄》十卷，又《續錄》一卷，又《新錄》一卷，又《別錄》一卷，又《外錄》一卷。全書十萬言，分正、續、別三集。《漫錄》十卷，卷一抄錄《憲章錄》，卷二抄錄《震澤長語》《餘冬稿》《天順日錄》諸書，卷三節錄《國語》《戰國策》，卷四節錄《史記》《唐世說新語》《蓬底浮談》《續通鑒》，卷五節錄《西京雜記》《述異記》《博物志》《世說新語》《韻語陽秋》，卷六、卷七、卷八節錄《何氏語林》，卷九節錄《四友齋叢說》，附錄《老子》《莊子》《晏子》《孔叢子》《尹文子》，卷十節錄《蓬底浮談》《王氏耳談》《省心錄》《自警編》《續觀感錄》《玄敬詩話》《養生類纂》《桯史》《省約三書》《白沙遺言》《景行錄》《窒病錄》《橘壯錄》《橘如錄》《近代名臣錄》《松窗寤言》。《續集》二卷，上卷先抄《韓詩外傳》《拾遺記》《抱朴子》，又分神仙、異僧、報應、定數、廉儉五目，下卷分知人、精察、神明、俊辨、將帥、豪俠、畫、醫、相、賢婦、交友、詭詐、雜錄諸類。《別集》一卷抄《經鉏堂雜志》，又分雜錄、談林二目，又抄《西湖遊覽志》四條，殿以隨筆數條。

　　今考，此書隨意抄錄，漫無體例，毫無原創，乃至為拙劣之雜抄。詳勘此書，全係抄襲。一書或抄一條，或抄數條。書名「漫錄」，跋稱「自纂」，瞞天過海，掩耳盜鈴，不過自欺欺人而已。

　　此本據上海圖書館藏明萬曆三十年刻本影印。

【附錄】

　　【黃學海《筠齋漫錄小引》】陶元亮曰：「詩書敦宿好，園林無俗情。」斯定幽棲真境哉？鄙性頗樸素，鮮嗜好。囊革敝廬，度間故貯群籍，可以永日，可以療饑，爰築斗室於叢篁深樹間，日手一編，顧緗帙浩瀚，久輒善忘，時擷其最可喜愕而有當於衷者，手錄一二，實之奚囊，積歲蠹蝕，乃衰其存者，僅十之二三，匯之成帙，青燈之畔，黑甜之餘，時展翫焉。上以方之雲英、韶護，下亦何必減綿謳、趙舞、傳奇、新劇也。蚤歲得《先哲憲章錄》卒業焉，廟謨炳朗，尤臣子所當三復服膺而不能釋者矣。之卷首而國朝名臣逸事，次之餘若漢、晉而下，以次臚列。客有過齋頭曰：「盍付剞劂氏。」余謂：「此於

藝苑不當管中一班、禁庖一臠，胡以蓄木為？」客曰：「唯唯，否否。」覆載之大，肇自杯隙。流峙之廣，昉於卷勺。斯亦可當二廣之前茅乎？故謨訓之著，可資紹繩；經綸之跡，堪備參考……一可貫萬，約可該博，要不越聖門軌轍也。由是充之，而探今古之賾，體天地之撰。此其權輿矣，間有未遑倫次者，蓋隨筆漫識，尚冀同志補其遺而正之，爰敘其概而識歲月云。萬曆歲在重光赤奮若孟夏穀旦，延陵黃學海書於翠微館。

【黃懋孝《跋筠齋漫錄後》】蓋聞溟渤匯於蹄涔，岡陵積於嶵嶁，日新富有，基於識蓄，故南村貯缶，爰有輟耕，鶴林弄管，遂成玉露。學士大夫，景行先哲，留心當世，即單辭隻語，足自表見，何必逞腹笥，誇墨莊哉？總角時好觀古文詞，旁及稗官野史，累累滿案，幾作魚其中。既弱冠，以青衿縛身，遂一切棄去，弁其帙，亦半屬烏有。然習心未忌，每譚及，輒津津技癢，恨載籍浩繁，何當殫三餘之力而窺二酉之藏也。今春仲齋居叔氏，忽以《筠齋漫錄》一編見授，曰：「此余所乎自纂述者也。小子為我訂之。」拜受而卒業焉，見其冥搜醜記，灑灑乎若武庫之錯陳也。彰善癉惡，昭昭乎若袞鉞之無爽也。凡記載以來之可法可懲、可駭可愕、可被絃歌、可勒金石、可垂千萬祀者，鑒鑒乎如入天廚而饋禁臠，遊鄧林而採豫章也。觀止矣！余口平日所為臨岐而思指南，望洋而求寶筏者，叔氏其有以造我哉？是編首述聖祖，禁採礦，戒梧斂，鄙宋室之內藏，拯蘇、松之水患，凡審官求賢，防邊治河，薄賦益下之說，罔不略具，而尤諄切於崇恬惡競，惇倫激濁之旨，抑因是而有感於叔氏之用心也。叔氏妙齡通籍，蚤歲掛冠，不蠅營鼠腐於一切，而獨漱潤遺編，剗心群籍，盟煙霞而友泉石，此其際豈碌碌者所能窺哉？即是編亦有託而逃焉耳。壬寅春仲，猶子懋孝百拜敬。

續羊棗集九卷附二卷　（明）駱問禮撰

駱問禮（1527～1608），字子本，號續亭、萬一樓居士，諸暨人。嘉靖四十四年（1565）進士。歷南京刑科給事中。隆慶三年，陳皇后移別宮，問禮偕同官張應治等上言：「皇后正位中闈，即有疾，豈宜移宮。望亟返坤寧，毋使後世謂變禮自陛下始。」不報。給事張齊劾徐階，為廷臣所排，下獄削籍。問禮獨言齊贓可疑，不當以糾彈大臣實其罪。張居正請大閱，問禮謂：「大閱古禮，非今時所急，不必仰煩聖駕親臨。」而請帝日親萬幾，詳覽奏章。未幾，

劾誠意伯劉世延、福建巡撫涂澤民不職,帝並留之。帝初納言官請,將令諸政務悉面奏於便殿,問禮遂條上面奏事宜。一言「陛下躬攬萬幾,宜酌用群言,不執己見」。二言「陛下宜日居便殿,使侍從官常在左右,非向晦不入宮闈」。三言「內閣,政事根本,宜參用諸司,無拘翰林,則講明義理,通達政事,皆得其人」。四言「詔旨必由六科,諸司始得奉行,脫有未當,許封還執奏。如六科不封駁,諸司失檢察者,許御史糾彈」。五言「宜益廣言路,凡臣民章奏,不惟其人惟其言,令匹夫皆得自效」。六言「陛下臨朝決事,凡給事左右,如傳旨、接奏章之類,宜用文武侍從,毋使中官參與」。七言「凡議國事,惟論是非,不徇好惡。眾人言未必得,一人言未必非,則公論日明,士氣可振」。八言「政令之出,宜在必行」。九言「面奏之儀,宜略去繁文、務求實用」。十言「修撰、編檢諸臣,宜令更番入直,密邇乘輿,一切言動,執簡侍書」。疏奏,帝不悅。宦侍復從中構之,謫楚雄知事。明年,吏部舉雜職官當遷者,問禮及御史楊松在舉中。帝曰:「此兩人安得遽遷,俟三年後議之。」萬曆初,屢遷湖廣副使。著有《萬一樓集》。事蹟見《明史》本傳。書中引一士人柱聯曰:「閒裏清光那裏知他忙裏去,夢時好景幾時逐我醒時來。」問禮讀之,每為喟然而歎:「予一生倥傯,雖夢時亦無好景爾!」

曾晳獨食羊棗,其父溪園名集曰「羊棗」,昭其獨也。問禮則為之續貂,故以名其書也。此集即其《萬一樓集》中之一部分,似應入集部。書前有問禮自序,稱山居無事,集平日迂僻之談,得八卷,翫之以為適,然其不合於世俗者多矣,因名之曰《續羊棗》,非敢謂能繼美前人,其性所獨好則然耳。[註92] 高承埏《續羊棗集序》稱其書紀核淵通,鴻細兼舉,蓋說部之雋,大者在論治論學云云。[註93]

全書七萬言,分九卷,大旨在揚朱抑王。謂陽明良知之說與朱子大相矛盾,其為《晚年定論》,誣朱子也。論朱、陸同異,謂陽明與朱子,其學則同,而其說終異。朱子心口相應者也,陽明、象山未免操異說以勝人。又指斥陽明學術,謂《大學》恐不可直以宋儒改本為是,而以漢儒舊本為非。所以指陽明學術之偏者,謂其不當言知必兼行,必行過然後能知,恐非《大學》宗旨。謂陳白沙語錄多腐詞,王陽明語錄多遁詞。謂王學末流所言者皆古人小學工夫。謂今之講學者皆好善,惜不明理。駁陽明「知行合一」之說,謂不須別

[註92] 駱問禮:《萬一樓集》卷四十八。
[註93] 《續修四庫全書》第1127冊,上海古籍出版社,2002年版,第271~272頁。

解，即陽明合一之言，已知其為兩事矣。謂《泳化類編》載王文成於理學者，正以明其為理學之害耳。書後附錄《蕉聲石論》五篇，其中即有《王文成公論》，一曰：「陽明先生，今之荀卿也。蘇子瞻有言：『荀卿者，喜為異說而不讓，敢為高論而不顧者也。』而陽明為甚。」二曰：「世皆曰陽明禪學也，為其有空虛之病也。」三曰：「陽明先生文章似蘇子瞻，氣節似韓退之，功用近郭令公，其論道則似荀卿，而陰祖《壇經》。」

　　問禮之集曰「羊棗」，亦喻其細，然細中亦頗見精粹，如曰：「立法貴簡，行法貴詳；立法貴恕，行法貴嚴。」曰：「夫頑鄙無恥之徒，譽之則自負，辱之終無慚，惟富貴是嗜。廉潔自重者，一為人所辱，則恐恐然引避自白之不暇。此君子小人之死生進退，所以難易迴別。而有國家者，知志士之不可辱，其亦慎所以保之者。而自好之君子，亦思廣其器量，不為人所輕亂哉！」曰：「如今講道學者，凡言陽明先生，則同聲和之，與之少異，共詆之矣。」曰：「作史者事詞浩繁，安免矛盾？在讀者以意逆之耳。」曰：「人之無恥，至唐極矣。」曰：「作文之法：人之所詳，我之所略；人之所略，我之所詳。」曰：「李贄大抵清奇可怪，而不近人情，終非儒者正道。」曰：「講學者詆大儒，而稽首於彌陀；仕宦者畏中官，而甘心於鄉愿，可以為仁乎？」

　　此書有高承埏抄本（藏中國科學院圖書館）、清抄本（藏中國國家圖書館）。此本據中國科學院圖書館藏清抄本影印。

【附錄】

　　【高承埏《續羊棗集序》】暨陽駱續亭先生以進士起家，隆慶初為留京給諫。數上封事，忤執政意，謫楚雄幕，邅迴久之。稍遷，至滇藩少參。旋以楚臬副歸，老鄉園者二十餘年。日以讀書撰述自娛，所著有《萬一樓集》七十二卷。若《續羊棗集》九卷，即集中之一，紀籑淵通，鴻細兼舉，益說部之雋。予讀而好之，因為錄出。然先生高負鉅節，不僅以著述琅琅也，大者在論治、論學。當莊皇帝朝奏，進《喉論》三篇，曰：「親聽政，汰中官，令閣臣備顧問，三者皆咽喉之司也。」大指以政權宜在朝廷，在內閣則治亂半入宮闈，則未有不亂者。其於學，守紫陽之垣墊，仰攻金谿甚力。雅不喜王文成之說，時時發乎論著。署所居樓曰「萬一」，以為世儒競言一貫，不言博約，必匯萬然後能一。是先生之侃侃高氣不能與時協，可想見其大致矣。惟趙內江嘗以豪傑見稱，而張江陵每有迂闊之目。予考先生之在滇也，溫陵李卓吾方守姚安，先生傾契特至。洎晚年，自為墓碣，襮期卓犖乃如此。為傑為迂，後世當有篤

論哉！先生六世祖溪園公名象賢，洪、永間人，著有《羊棗集》。續之命名，以此合則雙美，何時庶幾遇之，予既備著之，俾讀其書者知其人焉。復以《蕉聲石論》《大人一指》附之卷末，即不能盡全集，而全集碎金已盡於此。前進士、尚書虞部郎秀州高承埏書於雙溪草堂。

【駱問禮《續羊棗集自序》】心之於理義，猶口之於味也。膾炙人所同嗜，而曾皙獨食羊棗，得無非口之性哉？而先溪園公以名其集，昭其獨也。山居無事，集平日迂僻之談，得八卷，翫之以為適，然其不合於世俗者多矣，因名之曰《續羊棗》，非敢謂能繼美前人，其性所獨好則然耳。嗟夫！以零星雜語為書，自漢、唐、宋以來，或曰遺事，或曰詩話，或曰隨筆，尊之則曰玉露，謙之則曰叢書，充棟汗牛，不可殫述。而逮入我朝，益致浩繁。雖雅俗不同，莫不足備芸窗翻閱，所謂膾炙不足言矣。若羊棗，豈盡無食之者哉？國醫之籠篋，枯枝敗骨，無所不收，一時用之，有過於參苓者，翅羊棗哉？先溪園公有知其以不肖為續貂否也。（《續羊棗集》卷首）

【尚左】古人尚右，獨我朝尚左。洪武初年猶以右丞相為尊也。後人不得此意，往往錯誤。曾見幾大家列祖先神主皆以西為尊，詢之，云此朱文公《家禮》神道尚右也，不知文公之禮固非我朝之禮矣。（《續羊棗集》卷一）

【王文成】王文成公文章、節義、政事、勳業無不表表，其講良知，謂知行合一，曷嘗不可？若謂必行過然後能知，知字定兼行字，則自是一偏之說，然無害其為文成也。而議者紛紛指之者，既為不情，而褒之者亦未免太過。今有美玉於此，不免有方寸之瑕，瑕固不掩其瑜也。作惡者疵之曰：「有瑕，非玉也！」固未為然。其作好者執其瑕以示人曰：「此正玉之所以為美。」恐亦未得為通論。今之尊信文成者，皆指瑕為瑜也。夫自有書傳以來，皆以知行對言。文成憂天下之徒知者未必能行也，則誨天下以力行可矣，而必謂「知」已兼「行」，然則「行」字又何為乎？○古者諡以尊名，節以壹惠。王陽明先生文矣，其講良知必竟為文之一蠹。若戡亂定國，則鑿鑿無得，而議欲壹其惠，終有所在。借曰孔文子且為文，則亦烏在其為尊陽明也。○昔人謂王文成節氣、勳業、詞章皆足以師表一世，惟除卻講學一節，即為完人者，指其講良知而言也。文成自謂從事講學一節即盡捐三者，亦無愧全人者，陽不解言者之意，而泛言之也。○王文成良知之說，與朱文公大相矛盾。其為《晚年定論》，誣朱子也。夫孔子之德，亦因年而進，朱子晚年所得豈無進於中年者？若謂其致知力行之說散見於經傳者盡非，而晚年有得，又未及盡改日前著述，

在朱子則朝聞道，夕死可矣，而貽其謬偽之談，以惑後世，可與？且其晚年既有定論矣，而誠意一章易簣所定，乃復尋舊說，蔡沈傳《書》於朱子既沒之後，必得與聞其說矣，乃不循其已定之論，而乃襲中年未定之說，何與至其門人。又謂其師與文公入門雖異，所造則同，夫循朱子之說亦可以入道，則陽明又何必更立一門戶，而排之不遺餘力。又謂其定論之同也，由前之說，似於援儒以入墨；由後之說，似於推墨以附儒。○世儒論朱陸同異，必曰朱子道問學而未始不尊德性，陸子尊德性而未始不道問學。若是，則何言之有？夫尊德性而道問學，《中庸》之言也，五尺童子亦能誦之，朱子訓注之功也。至其自修，顧乃以問學為重，而德性為輕，可以為朱子乎？今世浮誇之士固有所言在此，所學又在彼者。聖賢不如是也，朱子為之乎？至於問學，亦聖賢所必不能廢者，陸子又豈能外之？恐其意向則終以此為輕，而又欲執其說以勝人，不覺旨之愈遠。如陽明先生曷嘗不讀書，不多識，但其開口必以聞見為遮迷，自是豪傑一種籠絡人說話，學者不察，喜其新奇，遂忘真實，而且欲為兩可之說。愚謂陽明與朱子其學則同，而其說終異。朱子心口相應者也，陽明、象山未免操異說以勝人矣。(《續羊棗集》卷一)

【讀書當讀全部】薛文清公《讀書錄》小本甚多，竊嘗讀之，皆切近精實，非王文成、陳白沙二公比。今讀其全書，乃知文清篤信程、朱者也。諸小本皆陳、王二氏之徒所節，蓋去其異己者，以是知讀書當讀全部，嘗鼎一臠，非具體也。況腳注六經，而欲束之高閣者哉？嗟夫！世方謂陸子易簡，朱子支離，使朱子而果支離，吾所不譁也。況支離者為文清，而易簡者為文成，人亦何獨樂為文成而不為文清耶？(《續羊棗集》卷一)

【講學好善】今之講學者皆好善，惜不明理。如近日孫淮海《雍論》腐爛尤甚，而劉小鶴以為格言，刻之南中。孫淮海自以為孔子而小鶴，又以孔子視之大率好善之過爾。孟子曰：我知言，安得起斯人而與之正今人論學之訛哉？(《續羊棗集》卷一)

【葬經】世傳《葬經》，郭璞所著。予讀其書，實淺陋無意，使璞為之，即不經，必有可觀。及讀《文獻通考》相墓書載《八五經》，謂黃帝所作《狐首經》，謂景純所序《續葬書青囊補注》謂景純所撰，有識者謂其皆出依託，而不載《葬經》，則知此書之出甚晚，其非璞筆可知矣。若其他書，淺陋尤甚，俗子不足言，而士大夫且信之，不啻聖經賢傳，不知其何說也。(《續羊棗集》卷一)

【立法行法】立法貴簡，行法貴詳；立法貴恕，行法貴嚴。（《續羊棗集》卷一）

【黃鶴樓詩】崔顥《黃鶴樓詩》：「昔人已乘黃鶴去，此地空餘黃鶴樓。黃鶴一去不復返，白雲千載空悠悠。晴川歷歷漢陽樹，芳草淒淒鸚鵡洲。日暮鄉關何處是，煙波江上使人愁。」古體也，而諸家皆以為律，不知何意？獨《古文大全》收之，而首句作「昔人已乘黃鶴去」，似於文義為順。夫唐人律體甚嚴，凡不黏與不偶者皆古體也，而曰變體，曰蜂腰，曰偷春，曰盛唐，多作此體，取瓊以投之瑤，而多為之名，孰若歸諸瓊類之不費夫詞乎？若曰古，與律氣格自然不同，不在黏與對也，則愈不可曉矣。（《續羊棗集》卷二）

【李滄溟論文】李滄溟謂：「國朝作者無慮數十家，稱於世，即北地李獻吉輩其人也。視古修詞，寧失諸理，今之文章，如晉江、崑陵二三君子，豈不亦家傳戶誦，而持論太過，動傷氣格，憚於修詞，理勝相掩，彼豈以左丘明所載為皆侏離之語，而司馬遷敘事不近人情乎？」此其意在宗《左傳》《史記》，殆未聞宋潛溪之論焉爾。潛溪謂：「六籍之外，當以孟子為宗，韓子次之，歐陽子又次之，此則國之通衢無榛葭之塞，無蛇虎之禍，可以直趨聖賢之大道，去此則曲狹僻徑耳，犖确邪蹊耳，胡可行哉？」愚未知文，然左氏、史遷、孟、韓之優劣，則不待知者而後辨爾。朱兩涯謂：「今之作文者，必曰先秦、兩漢、左氏，不知文章與時高下，典謨訓誥已自不同，古今文評安可盡了？一言以蔽之曰，辭達而已矣。」吾不敢謂兩涯之論過於滄溟，然辭達而已，則孔子之言也。余同麓曾謂余言：「今人捨韓、柳、歐、蘇而直學《史記》，不知韓、柳、歐、蘇固善學《史記》者也。」此四君子之論，知者擇之。（《續羊棗集》卷二）

【士夫習尚】今之士大夫無有不言佛老、談陰陽家術者，每至一方，改學邊治，自謂郭璞復生，偶旱祈雨，愚謂儒者自有正禮，而召巫師，設雷壇，無處不然。（《續羊棗集》卷二）

【革華傳】韓退之《革華傳》，視《毛穎傳》不大相遠，而集中不載，即外集亦不及之，文亦有幸不幸與？（《續羊棗集》卷二）

【德性問學注】愚嘗疑《中庸》尊德性而道問學一條，道《中庸》崇禮，分明是行，朱子注作致知，似有未盡，原來所以能道《中庸》崇禮，皆自致知來，故曰道問學。程子謂「涵養須用敬，進學則在致知」，正此意也。不然，居敬以立其本，窮理以致其知，反躬以踐其實，固朱子平日所常言者，顧於

此而自遺之哉？（《續羊棗集》卷四）

【忌不可用】才高者忌，世態之常。然忌之一字，實天所厭，不惟同事共好，雖敵國外禦有不可為者。漢高祖與項籍共起草莽，戮力攻秦，籍未嘗有他志也。范增以高祖志不在小，勸之急擊，增不畜羽，增修其德，而惟以殺沛公為事，何益羽之成敗？卒至疽死彭城。雖曰羽不能用增，增之年已不為天，而要不可謂令終矣。曹孟德強大，且挾天子以令諸侯，吳、蜀非其敵也，宜相唇齒，故孔明每勸昭烈通吳，而孫權借之以地，妻之以妹，亦自有為援之意，惟周瑜以蛟龍得雲雨，終非池中物，每每圖之。及瑜與昭烈俱終，而後吳、蜀之交始固。瑜之早促，安知非天奪之也。夫增之忌高祖，瑜之忌昭烈，各為其主，且不可以得志，而況其他乎？《詩》曰：「不忮不求，何用不臧？」旨哉！（《續羊棗集》卷四）

【廉潔易辱】優施為驪姬謀作大事曰：「必於申生，其為人也，小心精潔，而大志重，又不忍人辱之近行。」公叔害吳起，其僕曰：「起易去也，其為人節廉而自喜名。」慘哉二言！古今謀君子者，孰不以是哉？屈原之沉湘，賈生之悲死，三士之殺於二桃，皆是物也。夫頑鄙無恥之徒，譽之則自負，辱之終無慚，惟富貴是嗜；廉潔自重者，一為人所辱，則恐恐然引避自白之不暇。噫！此君子小人之死生進退所以難易迥別，而有國家者，知志士之不可辱，其亦慎所以保之者。而自好之君子亦思廣其器量，不為人所輕亂哉！（《續羊棗集》卷四）

【朱子不喜二蘇】朱文公極不喜二蘇，楊升庵太史病其好惡頗偏，說甚公平。緣東坡素與程明道不合。文公固程子一邊人也，故亦不免習氣。如今講道學者，凡言陽明先生，則同聲和之，與之少異，共詆之矣。嗚呼！今與昔一也。或曰：「是則然矣，其不與韓文公何與？」曰：「是亦宜然矣。陽明先生肯與朱子乎？雖然，此余以小人之心度君子之腹爾，恐二公未必有是也，而不幸有其跡。孔子小管仲之器，或疑其不死，則每稱其仁，而由求諸賢概不之許，良有所謂也，豈當時皆有為言之與？」（《續羊棗集》卷四）

【呂文穆雅量】呂文穆初參政事入朝，有朝士於簾內指之曰：「此子亦參政耶？」文穆佯為不知。同列令詰其姓名，文穆曰：「一知則終身不復能忘，不如毋知也。」時人服其雅量。然文穆未第時，有「撥盡寒爐一夜灰」之句，胡且謂此渴睡漢，爾後及第，洪聲曰：「渴睡漢狀元及第矣。」又似非能容物者。豈初得第與入仕之後其識度自別耶？（《續羊棗集》卷四）

【論行到然後知】一日，與龍溪王先生論王陽明先生「行到然後知」之說，先生曰：「不難明。假如不行，安得至公之堂？惟實心拜公，然後行，行始登公堂，然後見堂上有倚，有卓，有棋枰，有圍屏。使不到公堂，其能知耶？」予曰：「公見予此倚，知乎？行乎？必坐此倚方為行，豈有不知其為倚而坐，坐而始知其為倚者乎？」先生不能對，予遂繼之曰：「陽明先生言堯、舜、禹、湯事否？亦行過堯、舜、禹、湯事而後知之乎？陽明先生不言天文乎？亦行上天而知之乎？陽明先生善用兵，亦知其如此則敗，必如此則勝，而後發兵乎？亦漫然發兵，待有勝敗而後知乎？且吾輩居官，貪酷可乎？」先生曰：「是何待言？」曰：「然則亦必先貪酷而後知乎？」先生忿然作揖而別。（《續羊棗集》卷五）

【論知行合一】一日，與尚書趙公錦論陽明先生知行合一之說，予曰：「不須別解，即陽明先生合一之言，已知其為兩事矣。」時方燕予舉一箸，曰：「此一箸何必言合一？言合一為有二物。如有盤底有盤蓋，然後合而為一器。有夫有婦，然後言夫婦合體。有君有臣，然後言君臣合德。有知有行，然後言知行合一。若原是一物，何須言合哉？」公曰：「先師之意，只要人行如肯行，則謂知行為兩物也，得如不肯行，即看作一物也沒用。」予曰：「若是，則私心愈疑矣。醫者之治病，真見人之用藥已誤，然後詆其非，而易以己方。若曰：但要服藥，能服藥，則彼方我方皆可。不服藥，則我方亦無用，何不勸彼服藥，而顧醜詆其短，衒己之長耶？」公大怒，予降色不語，乃及別說。（《續羊棗集》卷五）

【韓子闢異端】《居業錄》謂：「韓子闢異端手段低，是從末上闢。孟子、程子、朱子是從本上說，所以非韓子所及。」愚謂不然。韓子謂佛、老，以煦煦為仁，孑孑為義，未嘗不及其本。然當時所以惑世者，只以禍福末節，故韓子只從其末闢之，為風俗也；至程、朱之時，而禪定、玄默乘其高明，大為學術之累矣，故程、朱從其本闢之，為學術也。禍福之說窮，而後玄禪之談盛。使韓子生程、朱之時，未必不能為程、朱之言，而韓子手段大有不可及者，只佛者夷狄之一法爾，一言何其簡而中、溫而厲，千古能易之耶？（《續羊棗集》卷五）

【古禮所當更】古道之不可復，大者如封建、肉刑、井田，小者如祭用尸坐用席之類，不必言矣，其當復而不能復者，姑置弗論，亦有當更而不能更者。（《續羊棗集》卷六）

【經義】古今文藝三代以上勿論。自漢以來，字至王右軍止矣，古文至韓吏部止矣，詩至杜工部止矣。若後之舉業論，至陳止齋止矣，舉業策蘇長公止矣。獨經書義雖至我朝為極盛，而卒無稱獨步者。擅場者或局於時，及時者或拘於才。自嘉靖以來，荊川唐公、昆湖瞿公表表矣，而尚不能無未到處。人謂時文決不可傳，豈其然哉？文至則不可加於今，必有其人矣。（《續羊棗集》卷六）

【士習】風俗日薄，不特大者，即士人業舉，少年自詫其英發，視前輩蔑如。嘗聞嘉靖年間山陰郁寧野公文，少年俊才，正為當道所重，同輩所推。張晉野公牧初罷府，同知歸，具贄請教，後雖蹭蹬數年，終第進士。同邑陳州同公仕華，徐華亭督學時，以為兩浙奇才，薦為董中峰侍郎館客，居半歲，閱其文，因為改擅二十餘篇，曰：「如我作，方成舉子。」陳不以為意也，晚年始得一貢夫。一府同，視會元吏侍遠矣。郁公知師張，而陳忽董，後竟何如，小子可以警矣。（《續羊棗集》卷六）

【科舉文】科舉之文自弘、正以來日盛，至嘉靖年間辭理燦然，隆慶中未改也。至今萬曆日趨於敝，天下士子厭薄宋儒，堂奧莊、列，宗主佛、老。《性理大全》一書，無窮妙理，皆以發明六經，有習之者詆為俗儒。山林老僧一字不知，得之者以為奇貨。及作為時文，全無體認，但能與章句背者便為奇士。每開科，禮部文移必有正文體一條，無不剴切時敝，而及至中式，文卷猶然，舛謬至今。萬曆辛丑科極矣，豈秉文衡者樂取紕繆？鰍籃中取鱔，不得不然，而後生小子以為文章，以時高下自富如此，反謂議者不達時變，人心不正，邪說橫行，有識者坐歎而已。（《續羊棗集》卷六）

【唐人無恥】人之無恥，至唐極矣。朱敬則諫武曌曰：「陛下內寵有薛懷義、張易之、昌宗足矣，近聞上舍奉御柳摸自言子良潔白美鬚眉，左監門衛長史侯祥等雲陽道壯偉，過於薛懷義，專欲自進，堪內供奉，溢於朝聽。臣職在諫諍，不敢不奏。」武勞之曰：「非卿直言，朕不知此。」賜綵百段。此何等語，而可形之章奏，聞之者愧死不暇，而從容聽納，可謂盛德事乎？而一時豪俊無不食其祿，任其事，天下可謂有人乎？當時知恥者一人，狄梁公之盧姨耳。（《續羊棗集》卷七）

【惡書】秦始皇惡書，非惡書也，惡人讀之而詐謀其社稷，不知讀書多則忠孝之道明，忠孝乃社稷之福也。王文成公惡書，非惡書也，惡人讀之而遮迷其德性。不知讀書多則聞見之益廣，聞見固德性之資也。（《續羊棗集》

卷八）

【變通】人謂事當變通，不知變通，極害事。不肖在制因有別，故承當道意，一出謝初正，謂事當變通後遂室礙，至今為恨。孔子曰：「可與立，未可與權。」與其權而失，不若立之有據耳。（《續羊棗集》卷八）

【作文詳略】人謂作文之法：「人之所詳，我之所略；人之所略，我之所詳。」予竊怪之。近見論文者同然一套，或不然之，曰時尚如此，不可改也。則此言正為對病之藥。始知前人立論皆有所謂不可遽疑之也。（《續羊棗集》卷八）

【王荊公】楊升庵言：「朱文公不當取王荊公而詆蘇文忠公兄弟。」今其《名臣言行錄》具在，曷嘗不見荊公之短與蘇公兄弟之長？其載荊公於《名臣錄》者，正以見其非名臣，如《泳化類編》載王文成於理學者，正以明其為理學之害耳。（《續羊棗集》卷九）

【治生】許魯齋謂：「學者治生最為急務。苟生理不足，則於為學之道有所妨。彼旁求妄進，及作官嗜利，殆亦窘於生理之所致也。士君子當以務農為主，商賈雖為逐末，亦有可為者。果處之不失義理，或以姑濟一時，亦無不可。若以教學與作官規圖生計，恐非古人之意也。」此真切平允議論。若一概以顏淵屢空、子貢貨殖為勸誡，則終身窒礙，無以自存，即為黔敖，何取於學哉？（《續羊棗集》卷九）

【李太守好奇】姚安李知府，名載贄，號卓吾，善文能書，好講學。時講學者多入於禪，而此公尤甚。然廉靖明達，上下愛之。一月出一對於觀海樓曰：「禪緣乘入，有下乘，有中乘，有上乘，有上上乘，參得透，一乘便了；佛以法修，無滅法，無作法，無非法，無非非法，解得脫，萬法皆通。」一日，學道出巡，予燕之於樓，謂予曰：「此非禪寺，胡揭此聯？」予曰：「此李太守漫筆，愛其奇巧，不欲去之耳。」後李公求致仕，人以予親臨守道不能留之，為言且有傳子去之之說，為去其官者，又招致一書生，文辭清雅，儀容秀發，而無姓名、籍貫。予疑之，行文府中，查明而竟不回文。予曰：「查之本道事已畢，倘有違礙事，在該府人。」又有謂予不能為太守留賢者，然予出滇時，李公尚未致仕，及致仕，竟不歸鄉，寄住耿楚侗家，以其為道學宗主也。不知何故遊至京師，死於非命。大抵清奇可怪，而不近人情，終非儒者正道。（《續羊棗集》卷九）

【有感】不能勤耕苦讀，而望富貴於家中之枯壘，不思繼志，蓋怨而懟

罪，過於化外之畸流，何如其智也。講學者詆大儒，而稽首於彌陀；仕宦者畏中官，而甘心於鄉愿，可以為仁乎？（《續羊棗集》卷九）

【造化有差】人動處有差，造化亦有差，如寒暑不時，福善禍淫之不當者。朱文公云然，薛文清公亦云然。愚謂造化雖差，出於無心，所以不害其為造化。人則未免有心，有心即私矣，可不慎乎！（《續羊棗集》卷九）

【鐵崖正統論】元人修宋、遼、金三史，楊廉夫著論，謂元當續宋統，於世祖混一之日不當以金繼遼，而以元繼金，富時莫不韙之。以予觀之，廉夫之論固得，而不知當時史臣之意尤深也。夷狄而主天下，此萬古乾坤之大變，不當以正統予之。元之史官，元之臣子也，敢謂元非正統哉？故不忍正言，而繼金繼遼，隱然見夷狄自有統緒，不可以干夫華夏之大統云爾。然則廉夫之論非與？曰：是也。廉夫之論，直為元也，一時之論也，臣子之事也。史官之論婉，亦為元也，萬世之論也，華夷之辨也。或曰：恐元之史臣意未必及此。曰：即本無此意，而偶合，焉其得為正論則均矣。（《續羊棗集》卷九）

【學術】我朝學術極正。自孔、孟之後，於宋取周、張、二程，而尤以朱文公為的。自陳獻章尊信陸學，而王文成公濫觴其說，世之學者遂持兩端。學校諸君主朱子，而遊談諸公主陸九淵。然當嘉靖初年，廟廊議論甚正，學校不以之造士，文場不以之取士也。及王文成公從祀，而子弟之所以為學，父師之所以立教，主司之所以取士者，咸以朱文公之說為糟粕。雖朝堂之文移日下，莫不以遵朱為言，而反以為腐濫，不惟詆訾朱子，並孔孟亦公然嘩之，甚者尊崇佛、老，自以為得志矣。世無真儒，寧有純臣哉？（《續羊棗集》卷九）

【舉業】朝廷以四書五經造士，所造者何物？在《大學》謂之「明德新民」，在《中庸》謂之「盡性」，在《孟子》謂之「明人倫」，而謂必自四書五經始造，其理則曰「博文」，曰「惟精履」，其事則曰「約禮」，曰「惟一」，皆所以修道也。而以文章驗其所學之淺深，考其文者，正考其德，考其道也。自後進取之心勝，而一意為文，竟不知所學者何事，而名之曰舉業。一日成名，則目之為敲門磚，而不復留心。自舉業之風盛，而好尚者捨學校之教，而自立門戶曰道學，不知所謂道者能有出於學校所教之外否也？而棄本領，宗外家，有志者將化而為異端，作為文字，不惟背於先儒，並孔孟亦詆忤之。朝廷之功，今日下視為虛文，吾不知所稅也。（《續羊棗集》卷九）

【季陳二先生論三年喪】人莫難於平好惡。季彭山先生，貫穿「六經」，

所著之書無不大有發明，而讀其《說理會編》，唯恐睡去。尤可訝者，三年之喪二十五月而畢，經有明文，漢人三十六日，蓋葬後大紅十五日，小紅十四日，纖七日，非以日易月也。而王元感之論已為當時所辟。陳墨山學術之正，我所深服，而亦為所誤。二先生，我紹之表表者也。恐其說一出，世俗之不知者至多唇舌。（《續羊棗集》卷九）

【鄉約】鄉約之法亦始於王文成公，語亦在其文集中。讀其文，非不爛然可觀，而其可行與否，亦未可定。所幸者亦賴下司具空文塞上人之責而已。然奸民之緣此以濟其欲者不少矣。若著實行之，將驅其廢正業，而聚訟不暇，其害將不在保甲之下。夫政教之行在人。鄉人中恐未必有身體力行之人，不若無事之為愈耳。如必欲行之，祖宗之法載在會典，原使十甲里長每年輪一人為首，又十甲中擇一年老識事者為老人，具禮物以祭社，畢鄉飲讀法一如儒學，所行儀因使之講信備睦，辦納差徭役，分別善惡，則官司之事今非古比，恐未可責之鄉人也。（《續羊棗集》卷九）

【社倉】社倉之法，人多不明其所由始。竊嘗考之於宋，有所為常平倉，民間米賤，則官出錢而糴米；民間米貴，則官出米而入錢，使其價常平。後又以倉在治城，鄉民未必能盡及也，分置其倉於鄉鎮，名曰社倉，此則社倉之在官者也。後朱文公與鄉人立為會，借常平倉米六百石，春放秋穫，每石出息二斗，行十一年，將六百石，還府倉，餘者仍舊以時收斂，不復起息，此社倉之在民者也。民倉所以起息，以府米不可不還，亦以同社之人恩義相聯，其不願者不與，又以有行誼者為之主，故得以時收時放，雖出息而無害。若官倉，則以時糴糶，使其價常平而已，固不聞收放，況復出之息乎？唯王安石青苗法行，民間大病久之，始復常平之舊。今上下以為美法而行之，行之得其人者，猶可但具穀本，不知出之何處，而本縣則斂民之穀，或以斗計，或以石計，或以十餘石計，至百石者有之。使近倉見年里長常管夏放秋收，每石出息二斗，方其放也，持擔而來者不知其為何人，及其收也，坐倉而待者不能為之，期約官司，唯執數以取盈而已。而今年糴銀若干，明年糴銀若干，皆以充官用，而無分毫及民也，何益於民而為之乎？且賑濟饑荒，各縣原有預備等倉，不修其法，而另立一倉，以滋弊，其害甚於加賦，斯民何不幸至此也？且預備唯一倉，關防百出，而不免於弊。今社倉有一縣十餘倉，忽變而為三四倉者，皆用官封，而文移又有毋得混入官倉之文，觀聽者不能無惑，人或言之，而有司反以為阻撓，吾不知其所終也。（《續羊棗集》卷九）

【執拗】語治術之執拗者，古莫如宋王荊公；語學術之執拗者，今莫如王文成公。王荊公學術無可驗，而大要見於《三經新義》。王文成治術不可議，而大要見於十家牌鄉約、書院諸制。使荊公講學，未必不為文成；文成當國，未必不為荊公。蓋學術、治術未有不相須者也。予未及讀《三經新義》，其排聖經而執己見，則大約似王文成耳。（《續羊棗集》卷九）

【理訟】夫親民之道，莫先於教養。養道非一端，而賦役為重。教道非一端，而造士為重。賦役之法，莫善於一條編。造士之法，莫先於使之讀書。條編不修，則橫斂出，保甲、社倉贅耳。士不讀書，則聞見陋，鄉約講學文耳。背朱崇陸，目以為禪，而不知其入於空虛。（《續羊棗集》卷九）

明燈道古錄二卷　　（明）李贄、劉東星同撰

李贄（1527～1602），初名載贄，字宏甫，號卓吾，又號溫陵、禿翁，晉江人。領鄉薦，不再上公車，授教官，歷南京刑部主事，出為姚安太守，政令清簡。公座或與禪衲俱簿書之間，時與參論，又輒至伽藍判了公事，逾年，入雞足山，閱《藏》不出。御史劉維奇其人，疏令致仕。與黃安耿子庸善，罷郡，遂客黃安。子庸死，遂至麻城龍潭湖上，閉門下楗，日以讀書為事。卓吾多病寡欲，妻莊夫人生一女，莊歿後不復近女色。平生痛惡偽學，每入書院講堂，峨冠大帶，執經請問，輒奮袖曰：「此時正不如攜歌姬舞女，淺斟低唱，諸生有挾妓女者，見之或破顏微笑，曰也強似與道學先生作伴。」於是麻黃之間登壇講學者銜恨次骨，遂有宣淫敗俗之謗。馬御史經綸迎之於通州，尋以妖人逮，下詔獄，獄詞上議，勒還原籍。卓吾曰：「我年七十有六，死耳，何以歸為？」遂奪薙髮刀自剄，兩日而死。御史收葬之通州北門外。譽之者稱其風骨棱棱，中燠外冷，參求理乘，剔膚見骨，迥絕理路，出語皆刀劍上事。毀之者又以為「名教罪人」。生平事蹟見《明史稿》。劉東星，字子明，號晉川，沁水人。隆慶二年（1568）進士，官至工部尚書，諡莊靖。生平事蹟見《本朝分省人物考》卷一〇一。

書名曰「明燈道古」者，則籌燈談古云爾，非燃燈傳火之意。書前有李贄《道古錄引》，稱訪東星於沁水之坪上村，喜其岑寂，留天寒夜永語，遂有此對話錄。又稱是錄乃彼二人明燈道古之實錄。〔註94〕又有劉東星《書道古

〔註94〕《續修四庫全書》第1127冊，上海古籍出版社，2002年版，第395頁。

錄首》，自稱西鄙之人，拘守章句，不知性命為何物。〔註95〕

全書二萬餘言，分為二十四章，是對《四書》之「拷問錄」。溫和者如曰：「人與禽獸全然不同，孟子何以但言幾希？曰：禽獸雖殊類，然亦有良知，亦有良能，亦知貪生，亦知畏死，亦知怕怖刑法，何嘗有一點與人不同？只是全不知廉恥為可恨耳。若人，則必有羞惡之心，是其稍稍不同於禽獸者賴有此耳，非幾希而何？所賴者正以有此幾希之異，故可以自別於禽獸，而所患者又以所異不過只於幾希，亦容易遂入於禽獸也。是以庶民不知幾希之可懼，而遂去之，以入於禽獸之中，而唯君子知此幾希之有賴，每兢惕以存之，而遂自異於禽獸之倫焉。故言幾希，正以見其大可畏，而又有大可喜者在焉耳。若舜也、禹也、湯也、文武也、周公、孔子也，皆所以存此幾希者，所謂君子也。豈其初真有異於禽獸哉？亦曰存之而已。存之者初無難事，異之者不過幾希，而其究也，一為聖賢，一為禽獸，天淵懸矣。嗚呼！可不存與？若我則私淑夫子之道者也，其亦幸免於禽獸之歸哉，此孟子志也。」書中公開非禮非儒，反對中庸之道，曰：「既說唯聖者能，則不必曰中庸不可能，蓋唯中庸不可能，故非聖人則必不能，聖人之能，能其所不可能者耳。」又稱「予實不知中庸之可以免死」。又重新闡釋「道」，稱「人即道也，道即人也，人外無道，道外亦無人」。此書薄有啟蒙特色。李贄《續焚書》卷一《與耿子健》稱此書乃萬世治平之書，經筵當以進讀，科場當以選士云云，可謂高自位置。其學出姚江之末流，似大而實疏，似達而實放，似誠而實詭。錢謙益《列朝詩集》閏集卷三曰：「卓吾所著書，於上下數千年之間別出手眼，而其掊擊道學，抉摘情偽。與耿天台往復書，累累萬言，胥天下之為偽學者，莫不膽張心動，惡其害己，於是咸以為妖為幻，噪而逐之。」卓吾劍走偏鋒，思想超前，以異端而不見容於當道。

此書收入《李溫陵集》。此本據上海圖書館藏明萬曆間刻本影印。

【附錄】

【續修四庫全書總目提要（稿本）35—6～7】《明燈道古錄》二卷（明萬曆間刊本），明劉東星、李贄同撰。東星字子明，號晉川，山西沁水人。隆慶二年進士，改庶吉士，授兵科給事中，以大學士高拱非時考察，謫蒲城縣丞，

〔註95〕《續修四庫全書》第1127冊，上海古籍出版社，2002年版，第396頁。今按：關於此書的評介，詳參張建業《李贄明燈道古錄的產生及其價值》，《首都師範大學學報》20000年第4期。

累遷湖廣左布政史，因公安袁宏道識李贄，時延主署中，事以師禮。萬曆二十年擢右僉都御史，巡撫保定。官至工部尚書，卒天啟初，諡莊靖。李贄初名載贄，後改贄，字卓吾，號宏甫，又號溫父，繼改思齊，晚年著書署名老苦，福建晉江人。《明書》謂為溫陵人，誤。生於嘉靖六年，少孤露，性慧異，專習《易經》。嘉靖三十一年壬子，年二十六，鄉試及第。越三年，授共城教官，居百泉，因又號溫陵居士、百泉居士等。歷仕至雲南姚安知府，資滿辭官，入雞足山。年六十二，落髮為僧。六十四，遊行至黃州，以持論不協於俗，謗聲四起，郡官捕之，急去之衡州、武昌，受庇於劉東星……是編為東星因艱家居，遣子迎李贄至沁水時所作。自序「天寒夜永，贄與東星互相問答之辭」，為東星子用相、猶子用健等所錄，然實贄多而東星少。全書分為二十四章，皆取《學》《庸》《論》《孟》之言而議論之。其學蓋出姚江之末流，似大而實疏，似達而實放，似誠而實詭。然衡心論之，亦不能謂為無得於道，大抵陽明之徒，著書立行，中人以下謹願者多攘程朱，而入於拘腐，豪縱者多雜佛老，而出於狂放。是編亦不能免縱肆，而尚為近純……曰「明燈道古」者，則籌燈談古云爾，非燃燈傳火之意也。

【李贄《道古錄引》】晉川昔轄楚藩，始會予，與余善。至是讀禮山中，予往弔焉。晉川喜予至，故留予，謂予無家屬童僕，何所不可以棲託。晉川，沁水人，而家於沁之坪上村，坪上去沁百里，村居不足數十家，頗岑寂。予喜其岑寂也，亦遂留。天寒夜永，語話遂長。或時予問而晉川答，或時晉川問而予應，使平子若在，不知幾番絕倒矣。惜哉無人記錄也！故予亦每日自歎息焉。晉川之子用相、用健者二人有時在坐，與聞之而心喜，然亦不過十之一二矣，退而咸錄其所聞之最親切者，其不甚親切者又不錄，則又不過百之一二矣。然時日既多，積久亦成帙，予取而復視之，不覺俯幾歎曰：「是錄也，乃吾二人明燈道古之實錄也。」宜題其由，曰《明燈道古錄》。遠之不足以繼周、邵，近之不足以繼陳、王，然此四先生者，精爽可畏，亦必喜而讀之曰：「是明燈道古之錄也，是猶在門庭之內也，真不謬為吾家的統子孫也。」然則晉川之留予也，果不虛坪上，於今不岑寂矣，宜梓而傳之，俾天下後世知吾二人並其二子不虛度時光也與哉！晉川姓劉，名東星。予四方之人也，無名姓，但聞有呼之為李卓吾者，即自以為李卓吾。至坪上，又聞有呼之為「七十一歲李老子」者，即自以為李老子云。（李贄《李溫陵集》卷之十）

【劉晉川《書道古錄首》】予西鄙之人也，拘守章句，不知性命為何物。

入楚期年，而暑患作，思親之念轉亟，欲息此念，則不能欲從此念，亦不能真令人彷徨無皈依處。聞有李卓吾先生者，棄官與家，隱於龍湖。龍湖在麻城東去，會城稍遠，予雖欲與之會而不得。又聞有譏之者，予亦且信且疑之，然私心終以去官為難，去家尤難，必自有道存焉，欲會之心未始置也。會公安袁生，今吳令者，與之偕遊黃鵠磯，而棲託於二十里外之洪山寺。予就而往見焉，然後知其果有道者。雖棄髮，蓋有為也。嗟夫！此身若棄，又何有於家？何有於官乎？乃區區以形跡議之，以皮毛相之者，失之遠矣。嗣後，或迎養別院，或偃息宦邸，朝夕談吐，始恨相識之晚云。兒相時亦在側，聞其言，若有默契者。一時吾鄉趙新盤、王正吾參政楚藩，皆獲見其面。李克庵時撫三楚，亦獲讀其書。三公者遂皆信之以為真人矣。別後宦遊燕、趙，雖聞問不絕，而欲從末由。比者讀禮山中，草土餘息，懼有顛墜，特遣兒相就龍湖問業，先生欣然不遠千餘里與兒偕來，從此山中，歷秋至春，夜夜相對，猶子用健復夜夜入室，質問《學》《庸》大義。蓋先生不喜紛雜，唯終日閉戶讀書，每見其不釋手抄寫，雖新學小生不能當其勤苦也。彼謗先生者或未見先生耳，倘一見先生，即暴強亦投戈拜矣，又何忍謗？又何能謗之耶？相與健等既獲錄其所聞之百二，予遂亟令梓行。雖先生之意，亦予意也，亦相與健等之同意也。（李贄《李溫陵集》卷之十）

【李卓吾墓】卓吾生平求友，晚始得通州馬侍御經綸也。其葬通州。卓吾老，馬迎之，生與俱也，死於馬乎殯。冢高一丈，周列白楊百餘株。碑二，一曰李卓吾先生墓，秣陵焦竑題；一卓吾老子碑，黃梅汪可受撰，碑不誌姓名、鄉里，但稱卓吾老子也。卓吾名贄，字宏甫，溫陵人。以孝廉為姚安太守，中燠外冷，強力任性。為守日，政令清簡，公座或與髡俱，簿書之間時與參論。又輒至伽藍，判了公事，人怪之。逾年，入雞足山，閱藏不出。御史劉維奇其人，疏令致仕歸。初，善楚黃安耿子庸，遂攜妻女客黃安，曰：「吾老矣，得一二友以永日，吾樂之，何必吾故鄉也。」性癖潔，惡近婦人，無子，亦不置妾。後妻女欲歸，趨歸之，稱流寓客子。自是參求乘理，剝膚見骨，少有酬其機者，人以為罵，又怪之。子庸死，遂至麻城龍潭，築芝佛院以居。龍潭石址，潭周遭，至必以舟，而河流沙淺，外舟莫至。以是隔遠縉素，日獨與僧深有、周司空思敬語，然對之竟日讀書，已復危坐，不甚交語也。其讀書也，不以目，使一人高誦，傍聽之。讀書外，有二嗜，掃地、湔浴也。日數人膚帚、具湯，不給焉。鼻畏客氣，客至，但一交手，即令遠坐。一日搔髮，自

嫌蒸蒸作死人氣，適見侍者剃，遂去髮，獨存髭鬚，禿而方巾。先是論學不合者，愈怪之，以幻語聞當事，逐之。時劉左轄東星迎之武昌，梅中丞國楨迎之雲中，焦翰撰竑迎之秣陵，皆暫往，無何復歸麻城，著《藏書》《焚書》，又為梅中丞著《孫子參同》，成。先是有與中丞構者，幻語又聞，當事又逐之，至火其居。於是馬侍御經綸迎之通州。至，與馬公讀《易》，每卦千遍，一年而《九正易因》成。時欲老盤山，會當道疏上，指為妖人，逮詔獄。尋得其實，議發還籍矣，曰：「我年七十六，作客平生，何歸為！」遂以剃髮刀自刎。馬公痛哭曰：「天乎，先生妖人哉？有官棄官，有家棄家，有髮棄髮，其後一著書老學究，其前一廉二千石也！」乃收葬之，葬之通州北門外迎福寺側。（劉侗《帝京景物略》卷八）

譚輅三卷　（明）張鳳翼撰

張鳳翼（1527～1613），字伯起，號陵虛，又署靈虛先生、冷然居士，長洲（今江蘇蘇州）人。曾祖泉，字景春，著《吳中人物志》。祖準，父沖，皆有聞於時。鳳翼生五齡，始能言。稍長，日益開敏。年十六，以詩贄文徵明，徵明語其徒陸子傳曰：「吾與子俱弗如也。」補諸生。入太學，祭酒姜寶停車造門。歸而與皇甫汸、黃姬水、徐緯刻意為詩。嘉靖四十三年（1564）舉於鄉。四上禮闈，四被黜落，困躓場屋甚矣，歎曰：「母老矣，尚僕僕三千里外，幸不可得之名而忘朝夕倚閭耶？」遂棄舉子業，讀書養母，杜門不出，以終其身。家道日落，乃鬻書賣字以自給。日得百十錢，即閉門卻軌，恒自比於季主君平。冠蓋造門，多謝病不出。母年九十餘卒。鳳翼年七十一，先是鬚髮黝然，至是一夕而白。晚年與王稚登爭名，不能勝，頹然自放。為人狂誕，年七十餘，猶攜妓居荒圃中。著有《夢占類考》《處實堂集》《海內名家工畫能事》《文選纂注》《四書句解》《瑞蘭閣景行錄》《清河逸事》《自訂年譜》《國朝詩管花集》等；另有《敲月軒詞稿》，久已散佚。善度曲，自朝至夕，嗚嗚不離口。曾與其次子合演《琵琶記》，觀者如堵。著有傳奇《紅拂記》《祝髮記》《竊符記》《灌園記》《扊扅記》《虎符記》，合題《陽春六集》。《明代傳奇全目》尚著錄《平播記》《蘆衣記》《玉燕記》三種，均未見傳本。與弟獻翼、燕翼並有才名，時人號為「三張」。然朱彝尊《靜志居詩話》卷十三稱其詞乃俗筆，其弟叔貽詩亦庸庸，惟幼于小有才，然亦頹惰自

放，比於四皇甫，判若雲淵。生平事蹟附見《明史‧文苑傳》皇甫涍傳末。

全書四萬言，分三卷。《千頃堂書目》小說類著錄為三卷。《四庫全書總目》未見著錄，而《處實堂集提要》稱：「《處實堂集》末一卷曰《談輅》，則其筆記也。」書名「譚輅」，蓋取《三國志》管輅「老生常譚」之典故。其書於漢儒、宋儒皆有尖銳之批評，如曰：「漢人明經而經絕。」曰：「道學之禍，甚於清談。」曰：「其（指程頤——引者注）門人李定、舒亶等摭拾詩語，必欲置之死，程坐視而私心快之。且身入安石門，甘為小兒王雱所侮不恥，如此心術，如此學術，而悻悻自以為聖賢。倘人心不死，後世必自有公論。」其書多駁朱熹之說，如《孟子》「為長者折枝」，朱氏釋作「折草木之枝」，鳳翼認為可笑，當釋為按摩；朱熹以淫奔之辭釋《詩‧鄭風‧將仲子》三章，鳳翼認為殊失作者之旨；又笑其《綱目》學《春秋》，且腐儒論史學，動輒推重《綱目》，殊不知書法、敘事中紕繆有不可勝舉者云云。鳳翼長於持論，頗多名句，如曰：「凡作史，當舉時之所希者為貴。」曰：「宋人多色厲而內荏，已入於偽。」曰：「大都偽君子即欲為非，尚畏清議，真小人為非，則肆無忌憚矣。」曰：「仁者不近名，君子罕言利。」曰：「爭名者名必損，爭利者利必奪。」曰：「學古人詩亦須擇其佳境。」曰：「今人營營謀利，不知止足將為身計，則身之壽考不可知。將為子孫計，則子孫之賢否不可必。」曰：「論學者自周、孔而後言必推宋儒，然則漢、唐諸儒若董、若韓豈出宋儒下哉？即今論詩者必以為唐不如漢，宋、元不如唐。似矣，獨不思風會之流，時各有盛。古詩則盛於漢、魏，流而六朝，漸覺綺靡，初唐諸賢力挽之，其體漸正近體。至盛唐固臻妙境，至晚唐、宋、元亦有合調者，必曰兩漢、盛唐後無詩，直至何、李始復古，然則宋、元以至國初諸君豈無一言幾於古哉？要之，作詩者不必有蹊徑，論詩者不必有成心。」曰：「論詩當觀樹木：其心術，根也；人品，幹也；學力，枝葉也；辭華，花萼也。若專就詩論詩，而不求其心，亦非深於詩者。」曰：「昔人作文，但言所長，則其短自見；或言一人之長，則一人之短自見，猶有忠厚之意焉。晚近世好於文字中譏評人，甚者至於罵詈。吾聞罵詈成文章，不聞文章成罵詈也。此習不戒，必有以筆舌賈禍者。」曰：「坑儒之禍，萌於橫議；黃河之投，起於清流。士之處世，可不思明哲保身哉？」清盧世㴶《尊水園集略》卷七「張伯起《譚輅》」條稱其據評諸史，大有見地，比物連類，尤資引觸云云，可謂公允之論矣。伯起自謂：「調高雖寡和，千載之下自有知音者。」可謂果於自信，勇於放論矣。

此本據遼寧圖書館藏明萬曆間刻本影印。

【四庫提要】《處實堂集》八卷（江蘇周厚堉家藏本），明張鳳翼撰。鳳翼有《夢占類考》，已著錄。是編詩四卷、文三卷，末一卷曰《談輅》，則其筆記也。鳳翼才氣亞於其弟獻翼，故不似獻翼之狂誕，而詞采亦復少遜。生平好填詞，集中多論傳奇之語。《千頃堂書目》載：鳳翼《處實堂前集》十二卷、《後集》六卷，與此本皆不符，未喻其故。（《四庫全書總目》卷一百七十八「集部三十一‧別集類存目五」）

【張鳳翼傳】張鳳翼，字伯起。曾祖泉字景春，好讀書，著《吳中人物志》。祖準，以心計起家。父沖，賈而俠，皆有聞於時。鳳翼生五齡，猶不言，一日見大父掃除，遽謂姆：「汝當代掃。」聞者異之。稍長，日益開敏。補諸生，已入太學，皆屈其曹。嘉靖甲子舉於鄉。四上春官報罷，遂棄去。讀書養母，杜門不出，以終其身。家本素封，以不事生產，日落，乃鬻書自給。性至孝，童子時父怒捽其髮，遽曰：「徐之，是中有簪末銳，懼傷大人手。」父意遂解。母年九十餘卒。鳳翼年七十一，鬚髮一夕盡白。卒年八十七。初，鳳翼與弟獻翼、燕翼並有才名，吳人以比皇甫氏兄弟，曰「前有四皇，後有三張」。獻翼字幼于，一名敉，年十六，以詩贄文徵明，徵明語其徒陸子傳曰：「吾與子俱弗如也。」入贄為國學生，祭酒姜寶停車造門。歸而與皇甫汸、黃姬水、徐緯刻意為詩，於是三張之名獨獻翼籍甚。獻翼好《易》，十年中箋注凡三易，好遊大人，狎聲妓，以通隱自擬。晚年與王稚登爭名，不能勝，頹然自放，與所善張生孝資行越禮任誕之事。年七十餘，攜妓居荒圃中，盜逾垣，殺之。燕翼字叔貽，亦有文，與鳳翼同舉於鄉，早卒。（《蘇州府志》卷八六）

【恥其言過其行】君子恥其言而過其行，猶云言過其行君子之所恥也。此「恥」字直貫下，朱注以恥其言，過其行，分作兩項，又以過字為欲有餘之辭，誤人不淺。（《譚輅》卷一）

【折枝乃按摩】《孟子》「為長者折枝」，朱氏釋作折草木之枝，可笑。蓋折枝乃按摩，折手足，解罷枝也。劉峻《廣絕交論》有「折枝舐痔」，可推類而見。若謂折草木之枝，則「為長者」三字頗無著落。（《譚輅》卷一）

【妻妾不羞】《孟子‧齊人章》後云：「其妻妾不羞也，而不相泣者幾希。」語意謂其妻妾不知求富貴利達之可羞，是以不至於相泣耳，誠知其可羞無異

於齊人，則不至於相泣者幾希。蓋婦人語以夫之乞墦則知其可羞，語以夫之求富貴利達，則不知其可羞，而孰知求富貴利達之可羞，固無異於乞墦也，何朱子添一見字，謂其妻妾見之而不羞而泣者少矣。若然，則求富貴利達者之妻妾豈皆老萊之妻、梁鴻之婦耶？大失《孟子》語意矣。（《譚輅》卷一）

【我以吾仁】《孟子》「彼以其富，我以吾仁」等語，似有較量意在。至左思詩：「貴者雖自貴，視之若埃塵。賤者雖自賤，重之若千鈞。」即是此伎倆，畢竟不若孔子飯蔬食飲水數言渾然兩忘也。（《譚輅》卷一）

【盜人國者身絕】嘗考善盜人國者，莫如黃歇之於楚，呂不韋之於秦。然歇之子未王，而歇之頭已斷；不韋之子王未久，而不韋已遷蜀，無何而秦並黃楚，漢滅呂秦，不惟身不得享，而子孫亦不得而有之，然則非分之不可妄奸也。如是，此班氏《王命論》之所由作也夫。（《譚輅》卷一）

【長門賦】陳后買《長門賦》一事，千古以為美談。予獨謂此事之所必無者，以武帝之明察，能讀子虛而稱美，則非不知文者。倘讀長門，獨不能辨其非后筆耶？究所從來，死有餘罪矣。相如何利百金取酒，而冒為之哉？當是相如知后失寵擬而作此賦，一時好事者添為此說耳。（《譚輅》卷一）

【馬遷作謗史】予嘗讀《後漢書》至王允以武帝不殺司馬遷，令作謗史，未嘗不謂其言之過。及讀《史記‧武帝紀》，所言不過神仙事，語多同《封禪書》，且《食貨》《河渠》等志多言武帝好大喜功，若其雄才大略，則多略之。固知允之言非無因也。（《譚輅》卷一）

【始發其奸】魏武帝顧命，至分香賣履，實欲掩覆禪代，已瞞過一世人。雖陸士衡亦用此作文弔之。至司馬君實方看破。宋高宗南渡以後，岳、韓、劉、吳諸名將數破金虜，中原唾手可復，而反害其垂成之功。讀《宋史》者但知扼腕宋高，切齒奸檜，至文待詔始發其奸。其《滿江紅》詞云：「徽欽既返，此身何屬？千古空談南渡錯，當時自怕中原復。笑區區、一檜亦何能，逢其欲。」〔註96〕使起宋高於九京，而以此言作公案質之，亦知無辭以對。（《譚輅》卷一）

【魏是篡逆】司馬公作《通鑑》，朱氏非其帝魏，乃作《綱目》，黜魏帝

〔註96〕文徵明《滿江紅》詞云：「拂拭殘碑，敕飛字，依稀堪讀。慨當初，倚飛何重，後來何酷。豈是功成身合死，可憐事去言難贖。最無辜，堪恨更堪悲，風波獄。豈不念，封疆蹙；豈不念，徽欽辱。念徽欽既返，此身何屬？千載休談南渡錯，當時自怕中原復。笑區區、一檜亦何能，逢其欲。」

蜀，自以為獨得之見。不知其說昉於習鑿齒之《漢晉春秋》。蓋其書以蜀乃宗室，得為正統，魏雖受禪，尚是篡逆。至晉文帝平蜀，始為漢亡，而晉始興焉。是在晉已有此議論，非創見於《綱目》也。（《譚輅》卷一）

【希者為貴】凡作史當舉時之所希者為貴。論晉人不患不曠達，而患不慎勤，故所載但當以運覽為難，若奪婢裸體等事，自可無載。（《譚輅》卷一）

【六朝無史骨】史自三國而下，漸入綺靡。至六朝，轉多詔令，益無史骨。且一事見於二三傳，若張禕、張暢傳，語及張敷感扇之類，且又有相牴牾者。回視遷、固，相去遠矣。（《譚輅》卷一）

【燭影斧聲】燭影斧聲一事，為千古不決之疑。論者以弟侄不得其死為致疑之故，愚則據其更名改元，而不敢信其大惡之必無也。夫光義之名，太祖錫之也，太祖崩未幾，而汲汲於更名，何哉？且太祖之崩在十月，而改元在十二月，何不可少俟元旦乎？即此二事，不能少忍，即可以逆知其渝盟之必然，而大逆之跡難乎其掩矣。（《譚輅》卷一）

【偷閒】張伯起《譚輅》：天下有大盜，而跖其小者也。曹、馬盜人天下，呂、黃盜人國，可謂能盜，其竟皆不免禍。至有欺世盜名者，所盜無形，宜若可免禍，而亦有報。蓋名者造物所忌，不可以大位厚貲盜之也。計世間惟一閒字可盜。語云偷閒。偷即盜之謂也。盜此庶幾無禍。〇有貴人遊僧舍，酒酣，誦唐人詩曰：「因過竹院逢僧話，偷得浮生半日閒。」僧聞之而笑，貴人問僧何笑，僧曰：「尊官得半日閒，老僧卻惱了三日。」（褚人穫《堅瓠集》二集卷之二）

【好詆詞】《譚輅》云：「劉季緒好詆詞文章，捃摭利病。徐陵為一代文宗，未嘗詆詞作者。」昔予與故友汪鈍翁在京師，鈍翁好詆詞人，前輩自錢公牧翁而下無得免者，後進以詩文請質，亦無恕詞。予每勸之。故友計甫草東嘗序予門人汪蛟門（懋麟）集云：「鈍翁性悁急，不能容物，意所不可，雖百賁育不能撟其口也。其所稱述於當世人物之眾，不能數人焉。阮亭性和易寬簡，好獎引氣類，然以詩文投謁者必與盡言其得失，不少寬假。」此數語頗得予二人梗概。顧施愚山又嘗謂予：「公好獎引人物，自是盛德。然後進之士，學未有成，得公一言，便自詡名士，不復虛懷請益，非公誤之耶？」予思其言，亦極有理。（王士禛《香祖筆記》卷一）

閒適劇談五卷 （明）鄧球撰

鄧球，字應明，一字應鳴，自號寄漫子、三吾寄漫子，祁陽人。沉酣墳典，淹粹弘遠，岐嶷雋異，樂道好善，英量高偉，風骨凝峭。年十四，督學試雍齒先侯論，甚合法度。應鳴與伍慎齋同讀於祁山觀，去城十五里，祁山迭翠，為八景之一山林觀，伍家更在城北二十里崇山峻嶺之間。先伍鄉雋，及伍捷南宮，益感憤下帷，幾忘寢食寒暑。嘗云：「人於載籍中看古人，更說得古人心緒出，是讀書工夫。」嘉靖十四年（1535）登進士第。歷宜興、弋陽令，遷戶部主事，轉員外郎中，以事忤時，出麾銅仁，不數月解綬歸里，投閒水石。纂集經史，著作等身。所著有《明代泳化類編》一百三十六卷、《續編》十七卷及《雜記》，又著《老子注》《理學宗旨》《閒適劇譚》等書行世，又增修《隆慶祁陽縣志》（見《光緒湖南通志》卷二四九《藝文志五·史部地理類下》）。當事爭購其書，紙為之貴。年七十餘卒。子雲臺，登萬曆初賢書。球視其子試政邯鄲，人稱濟美。初，球鄉人都御史某父事江陵，時球掌選事，與之不迭，以此拂衣，則球之為人可知矣。當時學者稱為來溪先生。生平事蹟見《皇明貢舉考》卷七、《古今圖書集成·理學彙編·文學典》第一百九卷。今考，明代另為二人亦名鄧球。《楚紀》卷四十四《考履外紀後篇》載：「鄧球字廷鳴，寧遠人，天順甲申，進士授主事。」《廣東通志》卷二百八十九：「鄧球字俊圭，韶州樂昌人。進士忠毅容次子，僉憲瑗弟，成化甲午舉人。禮闈數蹶，遂遊陳白沙之門，質美好學。」

全書二十三萬言，分五卷，用問答體。《千頃堂書目》小說類著錄為五卷。《四庫全書總目》列入雜家類存目，稱其書雜論理氣，兼涉三教，設為客問己答，尋其體例，似乎先隸諸書，條分件繫，而後各命一意，以融貫之，故每徵一事，輒連錄舊文，不能運化云云。所注《太極圖說》《西銘》《老子》諸書，皆全部收入，亦設為問答，難免臃腫之譏。然披沙簡金，往往見寶。如曰：「傳道本不在言語間，亦非言之所能傳。」曰：「吾輩先在造詣，有一分造詣，才出一分說話，自契要領，無效銀工辨金也。」曰：「前代剝民之政，祇巧立名色。」曰：「士風所繫，扶持正人，則善類慶而士風以振。獎進邪人，則善類阻而士風以頹。」曰：「今世秀才窗下作策語，或論古人，提筆便指斥——某也廉，某也貪，某也賢，某也不肖，何耿耿下輕放過。至他一官到手，往往以墨以酷敗。」曰：「心有所愛，不可深愛；心有所憎，不可深憎。」曰：「學者將聖賢言語句句如此實踐之，才是道問學工夫。」

曰：「孔孟之博，博於文理；後人之博，博於考據。」曰：「禮義者，勝佛之本也。」曰：「天地之心，非聖人無以見之。」曰：「竊謂性學不明，佛以神論性，吾儒則以理論性。」雖涉三教，仍歸本於儒。其學主張經世致用，如云：「夫士者立心初時即如世明得之矣。程伊川有言：『今僧家讀一卷經，便要一卷經中道理受用。儒者讀書，卻只閒讀了，都無用處。』吁，使士人讀書行時，縱位至宰相而不能用，其視世明之讀岐黃書以濟世者為何如哉？」又指斥科舉曰：「訓詁是讀書一桎梏也。四書六經等遵守宋儒注釋，今人自六七歲為童時出就塾，而父兄令其殺念苦守，以把束其心，有人稍出格，說個道理者，便指之曰狂而癲也。視桎梏不尤甚乎？唐孔穎達《十三經注疏》（當作《五經正義》——引者注）今人視之如何？然宋人亦往往有襲其語也。我太祖攻乎異端之解，亦切近理，豈在宋儒右也？」

　　書中間附己詩，如《性吟》曰：「性字從心執主張，細將此意入商量。誠明會處源頭活，仁義於中耳目光。體用不分分體用，陰陽無始始陰陽。盡心知性知天處，始悟前人命字長。」《江東秋即事六首堯夫天岸韻》其一曰：「江詠瀟湘眼底流，古來禹跡幾千秋。閒中廟貌風煙處，能了漁翁一夜愁。」全作《擊壤集》體。末有補遺十九章，探玉章第一，毀龜章第二，呼吸章第三，浴氣章第四，動靜章第五，訊靜章第六，叩關章第七，返還章第八，有無虛實章第九，作用章第十，恬淡章第十一，聞見章第十二，明辨章第十三，遇師章第十四，忘章第十五，樂章第十六，議章第十七，聖章第十八，歸餘章第十九。如第十九章云：「禪氏之學餘於欲，故善戒；老子之學餘於積，故善退；吾儒之學餘於德，故善謙。」可見其學兼儒釋道，欲合三教為一焉。

　　此本據南京圖書館藏明萬曆鄧雲臺刻本影印。

【附錄】

　　【鄧球《閒適劇談自跋》】萬曆癸未之夏孟，晴槐浴影，風竹引觴，座相知者幾人，顯然遺世而談。忽一遠朋隱冠野服，不對姓名，漫而向余曰：「若非閒適君耶？今欲恃談為耶？凡在座者非君客耶？惜哉君之拙，暨夫偕拙，與君憂憂者固至是哉？按六經四書而談，則孔、孟不世。執子史百家而談，則班、馬非時。談元、白、李、杜詩，則誰若與？談周、程、張、朱學，則誰若信？退而閒一嘯，可把風霆，適一敩，可了王侯，不劇不談，可遊宇宙，吾將多若此耳，而奚亞亞為？」余汗然拜曰：「聞教矣。予非好談也，應時也。不欲然而不得不然也。鳴春之鳥，鳴秋之蟬，時其然而不自知其然也。」時且

西輪，不挽東白，又乘生生，曷已望漁舟有火，客蹤漸改，蒼蒼乎，茫茫乎，萬物乎歸虛。余於斯乎契而默然，遂為跋。寄漫子逸。

【四庫提要】《閒適劇談》五卷（浙江汪汝瑮家藏本），明鄧球撰。球自號三吾寄漫子，祁陽人。嘉靖乙未進士，官至銅仁府知府。是編前四卷題「元集」、「亨集」、「利集」、「貞集」，後一卷題「起元集」，蓋取「貞下起元」之義。末載自跋，託言萬曆癸未遇，隱君子悟忘言之意，蓋書止於是矣。其書雜論象理，兼涉三教，設為客問己答。所注《太極圖說》《西銘》《老子》諸書，皆全部收入，亦設為問答。尋其體例，似乎先隸諸書，條分件繫，而後各命一意以融貫之。故每徵一事，輒連錄舊文，多臃腫，不能運化。亦有僅徵其事而未及排比者，如問人不問位，受弔不受慶諸條，皆痕跡宛然也。（《四庫全書總目》卷一百二十四「子部三十四・雜家類存目一」）

【鄧球傳略】按《祁陽縣志》：球字應鳴，沈酣典籍，淹粹弘遠，岐嶷儁異，他無嗜好。年十四，督學試雍齒先侯論，甚有法律，聲名籍甚。先伍慎齋鄉雋，及伍捷南宮，益感憤下帷，幾忘寢食寒暑，遂相繼登第。歷宜興、弋陽令，遷戶部主事，轉員外郎中，以凝峭忤時出麾銅仁，不數月，解綬歸，投閒水石。纂集經史，著作等身。所著有《明代泳化類編》百三十六卷、《續編》十七卷，又著《理學宗旨》《閒適劇談》及《縣志》等書行世。自號寄漫子。當事爭購其書，紙為之貴。年七十餘卒。子雲臺，登萬曆初賢書。球視其子試政邯鄲，人稱濟美。初，球鄉人都御史某父事江陵，時球掌選事，與之不迭，以此拂衣，則球之為人可知矣。當時學者稱為來溪先生。（《古今圖書集成・理學彙編・文學典・第一百九卷・文學名家列傳九十七》）

【天心無改移】太極者，其天之性乎？陰陽者，其天之心乎？客曰：陰陽，氣耳。曰陰陽進退，為生長收藏，而生萬物。每冬至，便轉天，以生物為心，只此便見，卻不是陰陽。天之心生處，是心生底，是太極。堯夫詩：「冬至子之半，天心無改移。」是也。（《閒適劇談》卷一）

【死生關】客因談死生，予曰：「人透了死生關，亦是學問漢。」裏楷曰：「浮屠不三宿桑下，不欲久生恩愛，精之至也。」注云：浮屠之人寄桑下者不經三宿便即去，示無愛戀之心。佛氏滅情復性，緣他出家本心，只是要斷除情慾耳。莊子云：「生與死與，天地並與，神明往與，上與造物者遊，而下與外死生、無終始者為友。」此雖莊生曼言，後釋氏衍為不生不滅之說，要於神識超脫死生皆莊子之遺也。（《閒適劇談》卷一）

【天地之中】客有談天地之中，而謂即今之中國是也。予曰：初時論中國與見同，及觀張騫嘗使大夏，在蜀漢西南，即中天竺也，以天地之中，故曰大夏。漢地偏東不正，故曰東夏，即我中國也。故西佛稱我中國為東。又觀成光子曰：中天竺國，東至震旦，五萬八千里，南至金地國，西至阿拘遮國，北至小香火阿耨達，亦各五萬八千里。則知彼為中國矣。（《閒適劇談》卷一）

【靜坐味】客談靜坐，予曰：嘗見楊升庵《藝林伐山》集引古語：「榮枯枕上三更，傀儡場中四並，人生幻化如泡影，幾個臨危自省。」只此四字，須深造自得，稱其高古，不減東坡、稼軒。又東坡《題息軒》云：「無事此靜坐，一日似兩日。若活七十年，便是百四十。」東坡自注云：無事靜坐，便覺一日似兩日也。若能處置，此生常似，今日得至七十，便是一百四十歲，人世間何樂能有此效？既無歹惡，又省藥錢，此方人人收得，但苦無好湯使多咽而下。後胡苕溪誦某言，自署云：「余連蹇選調四十年，在官之日少，投閒之日多，能知靜坐之味矣，第尚乎婚嫁之志，未畢退之啼號之患，方正所謂無好湯使多咽不下也。」竊謂苕溪竟是涉影響耳，未知靜坐味也。此味正在景中識取，豈以投閒日心而後知婚嫁，此是尋常世味，世人誰不經歷此者？既說個無事直須與太虛同體，恁地風雲變態，而太虛自若耳。禪家謂無念為本，六用不行，只此意同。邵堯夫四十五歲生男，何嘗一日掛去念頭不樂，可謂得之矣。（《閒適劇談》卷一）

【性即仁也】客談性字義。予曰：「性字從心，心之生生處便是性，即仁也。人性從那太極中來，是太極者天地萬物皆此理也。探尋得時，便見得天地萬物與吾一體。」薛文清先生曰：「須知己與物皆從陰陽造化中來，則知天地萬物為一體矣。」又曰：「今早讀書得一性字，正是先生見道處。」程明道曰：「嘗喻以心知天，猶居京師往長安，但出西門便可到長安，此猶言作兩處。若要誠實，只在京師便是到長安，更不可別求長安。只心便是天，盡之便知性，知性便知天。當處便認取，更不可外求。」學者覷此有得，可以語性矣。（《閒適劇談》卷一）

【以名利驅天下】客坐而歎曰：三代以上，以道德治天下，而天下日休休焉，適其性也。秦、漢以下，以名利驅天下，而天下日擾擾焉，馳其情也。情一潰不可戢，雖志乎古，莫與告於世也。予由旨哉言乎？莊子曰：「榮辱立，然後睹所病；貨利聚，然後睹所爭。今立人之所病，聚人之所爭，窮困人之身，使無休息已矣。」嗚呼！居今而欲逃名利，譚道德，是謂已往之墓人。世

間之狂顛者，其誰矜之？（《閒適劇談》卷一）

【《咸卦》取交感之義】客一日談《咸卦》，予曰：「此卦取彼此交感之義，世間唯男女之感最真，故聖人取焉。」因言君子之受善一如此也。蓋其感人與夫受人感者惟一虛耳。（《閒適劇談》卷一）

【佛性】客談佛性，予曰：「圓而寂者佛性之體，圓而照者佛性之用。然與吾儒之論性則異矣。佛以神言，儒以理言。以神言者，體用專於內也。以理言者，體用內外合也。」（《閒適劇談》卷一）

【《易》以道陰陽】客問：「莊子云《易》以道陰陽，何謂也？」予曰：「此句最得聖人作《易》之義。蓋天地間事事物物皆陰陽之所為，只可說個陰陽。故《易》之卦爻不過是個陰陽而已。至其所以然處，是太極了。若太極如何道，得觀《繫辭》第五章，首曰『一陰一陽之謂道』，是說太極，亦只說個陰陽，終曰『陰陽不測之謂神』，是說仁藏用之妙處，亦只說個陰陽。所謂《易》以道陰陽者，類如此。若上一面才離了陰陽，便是難言。」（《閒適劇談》卷一）

【羅念庵之學】嘉靖中羅念庵不仕，以講學聞。予初聞其名，不知其何學。一日余於僧舍見一本子云：「嘉靖丁未九月，圓明洞楚石上人示寂。明年戊申春社，其徒圓寧來報。是冬十一月，復為峋嶁、道林兩君子致書，並攜煙霞茶二斤以贈意，則告行，臨岐出廣丹山趙君所遺詩，意若有望於余者。余與楚石為方外友，且有無窮之期，而見違。見其徒，如見其人也，故於其行次丹山之音而為別。『曾倚高峰望海涯，天門靈曜散輕霞。不知錫杖今何處，空望星河問去槎。』『一別衡山歲月賒，思如遊子憶還家。高臺別處應迷雪，龕下殘燈對法華。』『歲寒不厭去途賒，幾宿長沙野客家。煙霧瑤華勿掇採，卻從醒裏憶袈裟。』『杖頭五嶽是生涯，足感應虛紫蓋霞。好去松門勤拂掃，湘川有待泛秋槎。』『報導雙旌過海涯，書來石室動青霞。青原山色還如舊，為泛薪春送客槎。』右五首，弔楚石於塔前，作梵音長哦，道此寸心。然自今歲，與釋家別作徑路，當不訝其賒途轍也。是月晦日，石蓮洞主人念庵道人書。」余因誦所述，可以知所學矣。念庵諱洪先，江西吉水人，嘉靖己丑狀元。（《閒適劇談》卷一）

【養智藏巧】聖人養智，而世人則矜智；聖人藏巧，而世人則衒巧。智巧太盡，則福慶自薄。（《閒適劇談》卷一）

【《姤》《復》二卦】一日避暑鎮祁樓，適夏至，有客云：「夏至一陰生，

《姤卦》也。《易》《姤》《復》非道歟？」余曰：「《姤》《復》二卦以陰陽之氣言也。夫道至微而至大，至無而至有，無來無去，無始無終。堯夫以之弄丸，周子太極圖上面一大圈是也。吾儒識為理，禪宗認為神，老氏名之曰道，然亦孰得而言說之，孰得而名狀之，可言說可名狀者，道不在是也。朱子謂氣之升降祇有六層，蓋謂純奇為乾，純耦為坤，此特定體言耳。陰陽卻純然分不得，故祇以《姤》《復》二卦為升降，為始終，上到六層，便轉下來，故謂之《復》。《姤》之一耦為陰為坤，為母之孕，《復》之一奇為陽，為乾，為父之生不孕，則不能生。儒者曰『天地以生物為心』，故《姤》《復》以氣言耳。而道不在是。」客曰：「道何指？」余曰：「汝不聞程子云：『人生而靜，以上不容說，若說便不是性。』竊亦謂《姤》《復》以上不可名。若可名，便不是道。」（《閒適劇談》卷一）

【不近人情】漢公孫弘布被，詐矣，汲黯切責之。宋王安石未貴時，名震京師，性不好華腴，自奉至儉，或衣垢不澣，面垢不洗，世多稱其賢，蜀人蘇洵獨曰「是不近人情，鮮不為大奸慝」，作《辯奸論》以刺之。然論者又有稱公孫弘矯當時公卿之奢，然未至若安石之壞宋也。竊謂「不近人情」四字最有味。蓋情發乎自然，人人所同，但以禮節之耳，不必矯也。（《閒適劇談》卷一）

【言易行難】子思曰：「天地之本也，人有所憾，而況於人乎？」所以儒者云：「言天下之事易，行天下之事難。」又云：「放言易，力行難。」故自修者慎之。（《閒適劇談》卷一）

【漢宋之文】近見書肆中時文本子，謂何仲默云：「漢之文人，工於文而昧於道，故其言雜而不可據，疵而不可訓。宋之大儒，知乎道而嗇乎文，故長於循轍，守訓而不能比事聯類，開其未發，故嘗病漢之文其道駁，宋之文其道拘。」客曰：「果確論歟？」答曰：「未也。文是道之華，道是文之精，非二也。宋大儒所作，自是發揮性命，既不可例與漢人論，秦漢文字，彼自一家古作耳，亦不當宋儒例也。況道豈有可駁，抑豈有可拘乎？仲默失之矣。謂漢人工於文而昧於道，是豪傑而不聖賢者有之矣，謂宋儒知乎道而嗇乎文，豈有聖賢而不豪傑乎？」（《閒適劇談》卷一）

【讀《易》之法】《易》之卦爻，聖人皆從理上說到事去。後人讀《易》，須從事上以研窮而得其理。（《閒適劇談》卷一）

【毀書院】江陵秉軸，極斥毒講學一節，此甚取罪聖教。海內有道者不

取之朝，遣直指使，江陵往往密授意毀其巡歷處書院。或曰惡書院聚徒議己也，直指無恥者，每於所李書院毀裂甚，此亦斯文一變。或曰與李斯焚書同案。萬曆乙酉，廷議陳白沙、胡敬齋、王陽明入祀，矯江陵也。講學不必惡，惡夫託於講學名門，以高門第，以取榮進者盡可斥之。夫白沙之「詩教」，敬齋之「主敬」，陽明之「良知」，皆有聖人之一體，皆可脫鄙陋而向高明。近時講學寂，而士不尚志競學，業耀榮肥，市井縉紳而已。（《閒適劇談》卷一）

【陽明大氣魄】王陽明譽雄海內，而毀亦相當，然自是一代理學之宗。其論誠意，論格物，論致良知，學者靜中探識，的然得所歸宿，自是顏子請事四勿，克復為仁也。幾微之際，有佛氏印心之疑。可惜者，先生每每稍縱必他說，致文士訾議，先生亦以陳說附和，未必能沙裏取金也。陽明氣魄甚大，見道尤極高明，而立言亦根要精確，若其擔當宇宙而才識亦宏大，非無用之學也。江西事人多議之。籲乎！議者在事平後閒議論也。使議者處當時之事之勢，倉皇縮手，欲為先生所為，以報明主，可易易耶？（《閒適劇談》卷一）

重刻來瞿唐先生日錄內篇七卷外篇五卷　（明）來知德撰

來知德（1526～1604），字矣鮮，號瞿塘，梁山人。幼有至行，有司舉為孝童。嘉靖三十一年（1552）舉於鄉。四上春官不第，託以親疾，遂不就銓。二親相繼歿，盧墓六年，守制盡禮。服除，傷不及祿養，麻衣蔬食，誓不見官，優游林下，盡心治學。其學以致知為本，盡倫為要。所著有《周易集注》《大學古本章句》《謹言工夫條目》《省覺錄》《省事錄》《理學辨疑》《心學晦明解》《字義格物諸圖》《遊吳稿》諸書，而《周易集注》一篇用功尤篤。自言學莫邃於《易》。初，結盧釜山，學之六年，一無所得。自此之後，移居萬縣深山溪谷之中，覃思數年，漸修頓悟，仰觀俯察，得江山之助，始明《易》象。越數年，始悟文王《序卦》、孔子《雜卦》之意。越數年，始悟卦變之非。自隆慶庚午至萬曆戊戌，閱二十九春，而後其書始告成。其立說專取《繫辭》中「錯綜其數」以論《易》象，而以《雜卦》治之。知德自謂「《易》自孔子沒，而亡至今日矣」，「四聖之《易》，不在四聖，而在我矣」，「德因四聖人之《易》千載長夜，乃將纂修《性理大全》去取於其間，更附以數年所悟之象數，以成明時一代之書」，「一部《易經》，不在四聖，而在

我矣」，未免高自位置矣。萬曆三十年（1602），總督王象乾、巡撫郭子章合詞論薦，特授翰林待詔。知德力辭，詔以所授官致仕，有司月給米三石，終其身。額其閣曰優哉。郭青螺素相善，聞之，驚曰：「來不久矣！優哉游哉，聊以卒歲。」未幾，果歿。生平事蹟見《明史·儒林傳》、朱國禎《湧幢小品》。

全書十六萬言，分內篇七卷、外篇五卷。內篇分十五種：一曰《弄圓篇》，作一大圈，虛其中以象無極，外圍則用陳敷文所傳蜀中太極圖，來氏以此圖為宇宙模式。篇首冠以通俗之《弄圓歌》，曰：「將此圖玩得久，就曉得長生所必無之事，而講空寂者亦不知無不終無必至於有，有不終有必至於無也，二氏自不能入我之心矣。」彼於太極中見氣，不為無識；然未能將二氏之學消化，似未達一間矣。二曰《河圖洛書論》，皆其《易》說之緒餘。三曰《格物諸圖》，大旨以《論語》三戒為三欲。四曰《大學古本》，大旨以明德為五倫。五曰《入聖工夫字義》，其體例略如陳淳《北溪字義》。六曰《省覺錄》，皆講學之語。七曰《孔子謹言工夫》，以《論語》四十條聯貫其文，分為八段。八曰《省事錄》，與《省覺錄》相近，但彼多講學，此多論事耳。九曰《九喜榻記》，十曰《四箴》，十一曰《諭俗俚語》，十二曰《革喪葬夷俗》，並有錄無書。十三曰《理學辨疑》，所論皆陰陽天象之事。十四曰《心學晦明解》，自述所以攻駁先儒之意。十五曰《讀易悟言》，亦有錄無書。外篇為所作詩文，凡十三種，多為遊記。知德嘗手書圓刻云：「欲為世丈夫，須立丈夫志。欲為一等人，須做一等事。人間大丈夫，挺然擔道義。切莫學婦人，一團脂粉氣。」夷考其行，不愧此言。

萬曆八年（1580）郭棐序稱其獨探理窟，不落言筌。然《四庫全書總目》列入雜家類存目，稱知德既無師友之切劘，又無典籍之考證，冥心孤想，時有所見，遂堅執所得，自以為然，不知天下之數可以坐推，故所注《周易》，雖穿鑿而成理，至於天下之事物，非實有所見云云。

此本據中國社會科學院考古研究所藏圖書館藏明萬曆間刻本影印。

【附錄】

【四庫提要】《瞿塘日錄》十二卷（浙江朱彝尊家曝書亭藏本），明來知德撰。知德有《瞿塘易注》，已著錄。是編分內篇七卷，外篇五卷。內篇分十五種。一曰《弄圓篇》，作一大圈，虛其中以象無極，外圍則用陳敷文所傳蜀中太極圖形，以黑白互包，象陰陽遞相消長，而以人事世運繞圈旋轉而注之。

二曰《河圖洛書論》,皆其《易》說之緒餘。三曰《格物諸圖》,大旨以《論語》三戒為三欲,務格而正之。四曰《大學古本》。不取朱子之說,亦不取王守仁之說,大旨以明德為五倫,以明明德為明人倫,以親民為親親而仁民,歸本於修身,而以格物為克己。猶然格去物慾之說也。五曰《入聖工夫字義》,其體例略如陳淳《北溪字義》,但立說不同耳。六曰《省覺錄》,皆講學之語。七曰《孔子謹言工夫》,以《論語》四十條聯貫其文,分為八段。其首一段云:「天何言哉?四時行焉,百物生焉,天何言哉?君子欲訥於言而敏於行。」末一段云:「言寡尤,行寡悔,祿在其中矣。夫我則不暇,始吾於人也,誰毀誰譽。今吾於人也,慎言其餘,言思忠,非禮勿言,似不能言者,時然後言,言必有中。」其大概可以想見矣。八曰《省事錄》,與《省覺錄》相近,但彼多講學,此多論事耳。九曰《九善櫥記》,十曰《四箴》,十一曰《諭俗俚語》,十二曰《革喪葬之俗》,並有錄無書,殆此本偶佚歟?十三曰《理學辨疑》,所論皆陰陽天象之事,純以臆斷。如論晝夜長短不以南北至為度,而謂冬至一陽生,陽氣主升,則日隨而高,夏至一陰生,陰氣主沈,則日隨而低。論日月謂如一鏡在桌上,一鏡在桌下,如何月能受日之光。論交食謂日月如兩飛球,疾馳而過,彼此安能相掩,其食不過如氛祲之類,偶然有變。諸儒不明造化陰陽大頭腦,所以信曆家之說。十四曰《心學晦明解》,自述所以攻駁先儒之意。十五曰《讀易悟言》,亦有錄無書,但注於標目下曰:「有《易注》別刻單行。」朱彝尊《經義考》載是書,謂見《日錄》中,或彝尊所見又別一本歟?蓋知德自嘉靖壬子舉於鄉,後因公車不第,退居空山,自求解悟。既無師友之切劘,又無典籍之考證,冥心孤想,時有所見,遂堅執所得,自以為然,不知天下之數可以坐推。故所注《周易》,雖穿鑿而成理,至於天下之事物,非實有所見,則茫乎無據。朱子之學必以格物致知為本,正慮師心懸想,其弊必至此也。知德以是譏朱子,宜其敝精神於無用之地,至老死而終不悟矣。外篇為所作詩文,曰《斧山稿》,曰《悟山稿》,曰《遊峨嵋稿》,曰《快活庵稿》,曰《八關稿》,曰《遊足稿》,曰《重遊白帝稿》,曰《求溪稿》,曰《買月亭稿》,曰《鐵鳳稿》,曰《遊華山稿》,曰《遊太和稿》,曰《續求溪稿》,凡十三集。大抵自為知德之詩文而已。(《四庫全書總目》卷一百二十四「子部三十四・雜家類存目一」)

【徵君來瞿塘先生知德】來知德,字矣鮮,號瞿塘,川之梁山人。十歲通舉子業,舉嘉靖壬子鄉試,以終養不上公車。親歿,廬墓六年,遂無宦情,

至萬縣山中，潛心三十年，以求《易》象，著《錯綜圖》，一左一右曰錯，六爻相反，如《乾》《坤》是也，一上一下曰綜，反對如《屯》《蒙》是也，以觀陰陽之變化。著《黑白圖》，以驗理欲之消長。萬曆壬寅，司馬王象乾、中丞郭子章交薦，除授翰林院待詔，疏辭，令以原銜致仕。年八十卒。先生之學，與程子、陽明有異同者二端，謂「格物之物，乃物慾之物，物格而後知至」；「克己復禮為仁」；「養心莫善於寡欲」。此三句話乃一句話也。何也？物也，己也，欲也，皆有我之私也；格也，克也，寡也，皆除去有我之私也。紫陽是說前一步工夫，陽明是說後一步工夫。謂明德即五達道也，自其共由於人謂之道，自其實得於己謂之德，自其通於天下曰達，自其昭於天下曰明，非有二物也，即敬止仁敬孝慈信之德也，言齊家孝悌慈之德也，言治國宜家人宜兄弟父子足法之德也，言平天下老老長長恤孤之德也。一部《大學》，綰結於此二字，不言道而言德者，有諸己而後求諸人也，此正五帝、三皇以德服人之王道耳。若以人之所得乎天，而虛靈不昧為明德，則尚未見之施為，以何事明明德於天下哉？愚按：以物為欲，《或問》中孔周翰已有是說，但孔以為外物之誘，先生以為有我之私，雖稍不同；然有我之私，未有不從外誘者也。夫格物為初下手工夫，學者未識本體，而先事於防欲，猶無主人而逐賊也。克己之主腦在復禮，寡欲之主腦在養心，格物即識仁也，即是主腦，不可與克己寡欲相例耳。明德為虛靈不昧，無一象之可言，而萬象森然，此體不失，而行之君臣、父子、兄弟、夫婦、朋友之間，自無隔閡，故謂之達。故謂五達道在明德中則可，謂明德即五達道，則體用倒置矣。其論心學晦明，天實囿之，若是一陰一陽之道，繼之者未必善矣。嗚呼！人自囿之，而歸咎於天，可乎？（黃宗羲《明儒學案》卷五十三）

【語錄】仁、義、禮、智、信之理一也。自天命而言謂之性，自率性而言謂之道，自物則而言謂之理，自無偏倚過不及而言謂之中，自有諸己而言謂之德，自極至而言謂之太極。譬如起屋相似，「性」字自根基上說，「道」字自道路上說，「理」字自尺寸不可易上說，「中」字自規矩上說，「得」字自畜積上說，「極」字自關門一掃統括微妙上說。○凡處不要緊之人，與不要緊之事，不可狎侮忽略，通要謹慎細密，就是聖人不泄邇工夫，吉、凶、悔、吝都在此上面生。○世間千條萬緒，消不得我一箇「理」字，千思萬想，消不得我一箇「數」字，千橫萬逆，消不得我一箇「忍」字。

【弄圓歌】我有一丸，黑白相和。雖是兩分，還是一個。大之莫載，小之

莫破。無始無終，無右無左。八卦九疇，縱橫交錯。今古參前，乾坤在坐。堯、舜、周、孔，約為一堂。我弄其中，琴瑟鏗鏘。孔曰太極，惟陰惟陽。是定吉凶，大業斯張。形即五形，神即五常。惟其能圓，是以能方。孟曰弄此，有事勿忘。名為浩然，至大至剛。充塞天地，長揖義皇。

【太極圖】《易》以道陰陽，其理止此矣。世道之治亂，國家之因革，山川之興廢，王伯之誠偽，風俗之厚薄，學術之邪正，理學之晦明，文章之醇漓，士子之貴賤，賢不肖之進退，華夷之強弱，百姓之勞逸，財賦之盈虛，戶口之增減，年歲之豐凶，舉闢之詳略，以至一草一木之賤，一飲一食之微，皆不外此圖。程子曰：「天地萬物之理，無獨必有對，皆自然而然，非有安排也。」於此圖見之矣。

推蓬寤語九卷餘錄一卷 　（明）李豫亨撰

明李豫亨，字元薦，號中條長公，松江（今屬上海）人。李霆之孫，日宣之侄，日章之子。日宣字尚德，號春樓，少與弟日章齊名。霆每撫二子，喜曰：「天以此償我也。」後日章第進士，日宣歎曰：「有親在堂，弟足祿養，吾何能與命爭衡？」遂隱居自樂。日章字尚綱，號海樓，嘉靖二年（1523）成進士，授刑部主事，升郎中。有鉅璫欲有所逮捕，干之，日章曰：「越百里而逮人，非法也。」不聽，出守襄陽，徙長沙。先是，大潙寇數千人屢招輒叛，日章督兵往討，縛其酋，斬獲甚眾，餘寇悉降，事聞賜金綺，晉山東副使，尋有忌者，遂歸。豫亨篤於孝友，博極群書，官鴻臚序班。子紹箕，字懋承，官江西都昌主簿。能詩工書畫，品行端介，見重於時。豫亨自幼性耽博覽，歸築室西湖上，與龍溪王公講學，多從遊者，抵武夷生，徒益眾。自五經子史，旁及山川、象緯、兵農、財賦、醫卜、堪輿暨二氏之學，咸窺精蘊。著有《自樂編》《三事遡真》《格致明辯》等，所輯書有《寒谷回音》《藥籃春意》《廣記攬玄》《珊瑚枝》。生平事蹟見《皇明詞林人物考》卷十一、《重修華亭縣志》卷十四。

全書十萬言，分九卷，內分《測微》《原教》《本術》《還真》《訂疑》《毗政》諸篇，共三十類五百五十章。書中精語頗多，以「富民論」最為卓見，文曰：「善役民者，譬如植柳，薪其枝葉，培其本根。不善役民者，譬如翦韭，日翦一畦，明日復翦，不盡其根不止也。每見江南差役，率先富民。今年如

此，明年復然。富民不支，折為貧竇。復遣中戶，中戶復然。遂致村落成墟，廛市寥寂。語曰：富民，國之元氣。為人上者，當時時培養。如公家有大徵發、大差遣，亦有所賴，大兵燹、大饑荒亦有所藉。不然，富民盡亡，奸頑獨存，亦何利之有焉。」又論聖人曰：「聖人以天地為法象，明人身之安危。」論攝生曰：「善攝生者，吾之天地陰陽無愆，則榮、衛周密，而六淫無自入矣。」又曰：「人生類以眠臥為晏息，飲食為頤養。不知睡臥最不可嗜，禪家以為六欲之首，嗜臥則損神氣；飲食不可過多，多能抑塞陽氣，不能上升，將以養生，實以殘生也。君子夙興夜寐，常使清明在躬，淡餐少食，常使腸胃清虛，則神氣周流，陰陽得位，此最養生之大要。」曰：「夫人應世之術，非必盡廢諸事而後謂之攝養也。特消息否泰而行之藏之，量其才能而負之荷之。若才不逮而強思，力不勝而強，沉憂重恚，悲哀憔悴，喜樂過度，汲汲所欲，戚戚所患，談笑不節，興寢失時，挽弓引弩，沉醉嘔吐，飽食即臥，跳走喘乏，歡呼哭泣，皆為過傷。此古人所戒之節也。」曰：「外獲其身如惜干霄之茂樹，勿縱一斧之刃伐傷；內獲其行如惜渡海之浮囊，勿容一針之鋒穿破。」論治國曰：「善理家者忘其身，善理國者忘其家。」曰：「聖人以肢體為國，以精氣為民，治其身而家無不齊，治其家而國無不理。」曰：「聖人以身為國，以心為君，以精氣為民，抱一守中，心不妄用，故精充氣住，戰退百邪，丹田有寶，四大輕安，修之不已，內功外行，乃證真仙。」論修身曰：「以道全者，只是修性工夫；以術延者，只是修命工夫。」曰：「身中六賊，惟眼最緊，身中提防六賊，亦惟眼為最難。」曰：「男子能過六十八九，女子能過五十三四，則可躋上壽無難。故知命者於此耗竭之時尤宜加謹，此真人鬼關捩也。」曰：「少思以養神，少欲以養精，少勞以養力，少言以養氣。」曰：「若能保身養性者，常須善言莫離口，良藥莫離手。」法式善《陶廬雜錄》卷五撮錄十一條，皆論經世之術，極為精到，可謂擅於鉤玄提要矣。

黃虞稷《千頃堂書目》作十二卷，今原剽實止九卷。《毗政》二卷，多涉違礙，故《四庫全書總目》列入雜家類存目，又稱其書參掇前聞，附以己見，多涉釋、道二家言；《原教》《還真》兩篇尤為駁雜；《餘錄》一卷，則豫亨哀其友人周思兼往返書翰，附綴於後，所談皆修真煉性之說，益不足道云。〔註97〕又稱「王畿序稱其卓然有見，能私淑良知之學。然豫亨篤好內典，

────────────

〔註97〕今按：《四庫提要》此則提要完全失敗，沒有抓住原著要點，只知道打棍子、戴帽子，請問修真煉性之說為何益不足道？四庫館臣奉行之文化獨裁正是當

所作《推篷寤語》已淪虛寂之宗」云云。〔註98〕未免排抑過甚。

此本據北京大學圖書館藏明隆慶五年李氏思敬堂刻本影印。

【附錄】

【李豫亨《推篷寤語自敍》】舟之亡所見者，篷蔽之；人之懵所知者，寐障之。舟匪篷，則丹崖碧流在望矣；人匪寐，則開戶發牖昭如矣。非心目不及也，物翳之也。物翳去，則心光目色朗然暢矣。余夙慕古人奇節軼行，操鉛槧以干有司之知，恒欲稍稍施用於世，顧性拙命奇，迄不如志，馳逐而不知止。久矣夫余之寐也！歲庚午，始捐舉子業，謁天曹選，將從遊縉紳先生，以求通余寐焉。掛帆北徵，時適春暮，每推篷坐舟次，縱觀淮、徐、齊、魯之風物，仰瞻泰山之磅礴，北顧黃河之奔流，蓋天下之大觀幾得其半矣。乃喟然歎曰：偉哉山川，天其假此以通余之瞶瞶耶？夫六藝之圃至廣，道德之淵至深，其高達於無上，其卑入於無下，藏若江海，達若康莊，學者曠然而通，爽然而明，則內外之分弗淆，榮辱之情靡忒，即鐘彝竹帛猶且與吾性不相涉入也，況乎挈量進退於咫尺間哉！余自少迄茲，鑽研故紙，泛濫諸家，窮晝夜之力不廢，且濡染先公遺訓，諮諏先達名言，孜孜惟恐不逮者，歷念餘年矣。茲遊也，乃因舟中之暇，擷夙昔所知解表見，古今嘉聞懿行可垂世則者，間附己意，形之楮素，累數百條，總若干卷。庶幾哉啟昔之寐而為今之覺乎？雖然，昔人有言夢中說夢自以為寤矣，匆匆然與人言之不知其尚寐也。余之寤也，毋乃類此。其方夢也，不自知也。夢之真醒也，不自知也。同余夢者，亦不知也。惟先覺者知之。今學士大夫高明俊爽，暉映先後，其於道德閫奧，固有神悟而心解矣。余也幸觀泰山之崇高與黃河之縈帶，且仰觀天子宮闕之宏麗矣。而非求如歐陽子之文章與韓文公之才抱，若蘇子所稱者以盡余之大觀，則又烏能自己也。因名曰《推篷寤語》，以俟當世之先覺君子。時隆慶庚午四月既望，雲間李豫亨元薦甫。

【王壽芝《推篷寤語序》】醫不三世，不服其藥。又曰：九折肱方能為活人之術。醫學自前清季年，由不工商者廁身其間，荒落益不堪言。華洋交通，東西醫輸入，文秀之士始留心科學，本格致而旁及醫術。蒐古籍，研新術，雖他族有一日千里之勢，我岐黃家學亦群競發明，以與相抗衡。往往內瘍經他

時朝廷之政策，可謂荒唐至極！《四庫全書總目》在根本上是靠不住的，誤導學界二百年，必須徹底清算！筆者擬撰《四庫提要批判》一書。

〔註98〕《四庫全書總目》卷一百二十四《三事溯真》提要。

族告絕不理者，經我醫對癥進方，立起沉痾。同社裘君吉生有搜刊醫書之舉，不佞於無錫孫君文修處見《推蓬寤語》一書，係前明松江李豫亨，字元薦所著，此書原版已毀。先生自幼性耽博覽，始從師好詩，輒學詩，見祈禱有驗，輒學祈禱。嘉靖丙申從其父海樓憲副，收大潙寇，多集兵書，輒喜談兵，兼習韜鈐、星遁、射弩諸法。自楚歸吳，即捐夙好，專習舉業，遊膠庠間有聲。時文衡山諸公以書畫鳴，輒學書，旁及古蹟名繪，善鑒賞。繼而有以養生說進者，輒喜談養生，搜輯玄家梵莢數百種，更及於醫卜星相，莫不窺其奧妙。顧數奇迄不如志，隆慶庚午始捐舉業，以鴻臚謁選，自蘇赴京，舟行多暇，撼夙昔所知能表見者，匯為《推蓬寤語》計九卷，內分《測微》、《原教》、《本術》、《還真》、《訂疑》、《毗政》諸篇。該洽古今，貫穿百家，蓮蓮焉足起人意。末附以往來論學函牘一卷，共十卷，隆慶辛未秋梓行。不佞因《原教》、《本術》二篇有關醫術摘抄以貢同仁，可見先生當日談醫之一斑。何今之以醫名世者墨守一家言，《靈素》諸書既少涉獵，欲其旁通格致，學究天人，不益戛戛乎其難之哉？詎知百凡學術，不進即退，勢無中立。將來地軸遷移，空氣變換，寒溫帶冷熱長縮，有違舊序，萬匯在交氣之中呼吸醞釀，病日出而日多，則術亦宜日進而日精。現在西醫黴菌、血清、電氣療治諸法，較之古人已上一層，再經數十年精益求精，後之視今，亦猶今之視昔，此亦進化之公理也。先生不以醫名世，而能博學周知若此，吾儕在醫界適當學術競爭潮流，而不融洽中外之書，以拯斯人疾苦，讀先生遺篇當亦廢然自返矣。是為序。中華民國七年十月下浣，新安古黟王壽芝蘭遠序於江村遊六軒。

【四庫提要】《推蓬寤語》九卷《餘錄》一卷（浙江范懋柱家天一閣藏本），明李豫亨撰。豫亨字元薦，松江人。自序謂舟之亡所見者，蓬蔽之。人之懵所知者，寐障之。此書欲啟昔之寐，為今之覺，故曰《推蓬寤語》。分《測微》《原教》《本術》《還真》《訂疑》《毗政》六篇，共三十類五百五十章。黃虞稷《千頃堂書目》作十二卷，今原刻實止九卷，蓋虞稷誤也。其書參掇前聞，附以己見，多涉釋、道二家言，《原教》《還真》兩篇尤為駁雜。《餘錄》一卷，則豫亨裒其友人周思兼往返書翰，附綴於後，所談皆修真煉性之說，益不足道矣。（《四庫全書總目》卷一百二十四「子部三十四・雜家類存目一」）

【原養生之教】聖人以天地為法象，明人身之安危。天地之氣一歲十二卦，一卦六爻，共七十二爻。半陰半陽，總候三百六十日，陰消陽長，暑往寒來。故十一月《復卦》，坤下陽生，井泉即溫。至於正月三陽，陽氣平地，故

云內陽而外陰。及乎四月，六陽將盡，陰氣下生，則井底寒泉。至於七月，三陰平地，故曰外陰而內陽也。天地之氣相去八萬四千里，日月周天，動經一歲。人於天地，具體而微。心腎之氣相去僅八寸四分，元氣周流止於百刻，故以子為一陽生，午為一陰生，七十二爻半陰半陽，盈虛消息比之天地之氣特倏忽耳。善攝生者，吾之天地陰陽無愆，則榮衛周密而六淫無自入矣。夫人應世之術非必盡廢諸事而後謂之攝養也。特消息否泰而行之藏之，量其才能而負之荷之。若才不逮而強思，力不勝而強舉，沉憂重患，悲哀憔悴，喜樂過度，汲汲所欲，戚戚所患，談笑不節，興寢失時，挽弓引弩，沉醉嘔吐，飽食即臥，跳走喘乏，歡呼哭泣，皆為過傷。此古人所戒之節也。況風前月下，竹徑花邊，俯仰傷懷，杯餘疏散，或進退維谷而干祿，或衝煙冒瘴以求榮，呼吸雜邪，停留寵辱，飲食異味，荏苒暴患，尤不可不知戒焉。外獲其身如惜干霄之茂樹，勿縱一斧之刃伐傷；內獲其行如惜渡海之浮囊，勿容一針之鋒穿破。妙道之士當知二護之法，有味哉其言之也！君子修身慎行，必須常存此意始得。善理家者忘其身，善理國者忘其家，何也？為富不仁則忘其身矣，為天下不顧家則忘其家矣。聖人以肢體為國，以精氣為民，治其身而家無不齊，治其家而國無不理。因馬念車，因車念蓋，趑趄囁嚅而未決，寤寐驚悸而不安。夫二五之精妙，合而凝兩腎中間白膜。膜內一點動氣，大如筋頭，鼓舞變化，開合周身，薰蒸三焦，消化水穀，外禦六淫，內當萬應，晝夜無停，八面受敵。由是神隨物化，氣逐神消，榮衛告衰，七竅反常矣。噫！業識茫茫，安有止極，是在人知足知止耳。

【天下之全才】執古誼以律今，則近於迂，如伊川之諫折柳是矣。繩時憲而忘本，則近於流，如桑弘羊之創均輸是矣。徒粉飾而無其心，則近於虛，如王荊公之行新法是矣。事浮華而無其政，則近於浮，如蘇東坡之耽蘇、張是矣。若夫敦樸淳厚而無其迂，圓活詳委而無其流，宏博愷悌而無其虛，黼黻昭朗而無其浮，斯之謂天下之全才也夫。

【驅民思亂】輿圖各有所產，物性各有所宜。如橘過淮則為枳，貉逾汶則死是矣。君子之為治也亦若是。齊其教，不易其宜，同其政，不易其俗，要使不過其則可也。若概以吾法一切整齊之，把持之，則徒驅民思亂而已。非吾法不善也，駭其所未見也。

【富民之術】今之論治者，率欲禁奢崇儉，以為富民之術。殊不知天地生財止有此數，彼虧則此盈，彼益則此損。富商大賈、豪家巨室自侈其宮室、

車馬、飲食、衣服之奉，正使以力食人者，得以分其利，得以均其不平，《孟子》所謂通功易事是也。上之人從而禁之，則富者益富，貧者愈貧也。吳俗尚奢，而蘇、杭細民，多易為生。越俗尚儉，而寧、紹、金、衢諸郡小民恒不能自給，半遊食於四方。此可見矣。則知崇儉長久，此特一身一家之計，非長民者因俗為治之道也。予聞諸長者云。

【鹽池之稅】魏甄琛請罷鹽池之稅。其言曰：「一家必惠養子孫，天下之君必惠養小民，未有為民父母而吝其一物者也。立官障護，是專奉口腹而不及四體也，宜弛其禁。」彭城王勰覆議曰：「聖人斂山澤之利，以寬田賦，收關市之稅，以助國儲，取此與彼，皆非為身。所以資天地之產，惠天地之民，宜如舊。」胡寅以為琛、勰之言皆未得中道。官為屬禁，俾民取之，而裁入其稅，則政平而害息矣。

【宋世楮幣】宋世楮幣多行，而今不行者，非時異也，實由官不蓄現錢以權之耳。宋世自祥符初行於蜀，其時以富人十六戶主之，其後富民稍衰，官始置務，諸路行之，民以為便，行之浸廣，以一千萬緡為一界，至以兩界相沓而行。原其本始，實由官中常蓄椿錢數百萬緡，稍寓交子法。減價，即官買之，故其價愈重。此當時斂散之微權也。今散在民間，一色惟楮，而不見現錢，又不可以納官稅，民間豈肯行用。楮幣不行，朝廷坐失百萬之利矣。善理國者宜亟圖之。

【溢錢】宋蜀中交子，自祥符辛亥至熙寧丙辰，六十五年，二十二界，雖知巧有不能易。至熙寧五年，接續兼放兩界，遂遍於蜀之四路。天聖措置之初，一界一百二十五萬。至紹聖，則增為一百四十萬。至元符，則增為一百八十萬。辛巳用兵，中外之數，有數百萬。淳熙而後，十倍於此。紹熙、慶元而後，溢錢至千萬之數。向者止行兩界，每界所印三千六百萬為率。寶祐增至三界，共有一億四千餘萬。則宋世所行楮幣何其盛也。天下增一億四千餘萬緡，又增市舶錢二百萬緡，宜乎其富於今日也。

【依仿鈔法】交子之法，起自宋之祥符，流通於蜀，其後民以為便，遂行江、淮、閩、浙間。楮賤，官出錢以斂之；楮貴，官出楮以散之。居者以藏鏹為得，行者以挾券為便。一夫可帶千萬緡，而無關津譏徵之費。官府之折納，商坊之課稅，悉取足於楮。是以錢楮兩重，宋世賴之。今則不然。官徵見錢，而予民則以楮幣，宜乎楮幣之難行也。須依仿鈔法，不泥其跡。用銅鑄造，如漢世貨布契刀之式。當千當百之制，貨布闊下而銳首，中為一竅，以通

貫索。契刀其上如錢，而下如刀式，當千當百，制亦如錢，而形體稍大，須規模其式而損益之。周遭鑄成花紋，明著當千當百字樣，如鈔法行用。每省置官務，官為散斂，如宋四川、河東、湖北、兩淮交子之法，凡州縣交納稅銀，許納銅幣，準數收貯。民間赴遠地生理，許納現銀，給領銅幣前路行用。如此則權其利於民。握其利於官，斂散周流，錢幣為一。誠能行用百萬，則朝廷增錢百萬；行用千萬，則朝廷增錢千萬。不必征斂民間，而坐收千萬緡之利。下省民力，上紓國計，捨是而別無策矣。

【賞罰得宜】動大兵，役大眾，鼓舞之機，全在賞罰得宜。然古今多有異論，或欲輕賞重罰，或欲輕罰重賞，皆非屬世摩鈍之術。嘗觀兵法曰：「民無兩畏，畏我侮敵，畏敵侮我。」又曰：「古之善用兵者，能殺士卒之半。」言重誅也。《三略》曰：「投膠於河，以飲三軍。」又曰：「重賞之下，必有勇夫。」言重賞也。罰不重不足以鼓避，賞不重不足以歆趨。古今成大事者，皆恃此趨避之權耳。為治者亦復如是。駕言蒲鞭示辱，或印刑忍不能予者，何足與成事哉？

【應變全眾之道】嘗讀《武經七書》，其所言量敵應勝，應變全眾之道。雖變化萬端，動若神明，皆一將之任也。《孫子》曰：「令民與上同意，可與之死，可與之生，而不畏危。」《吳子》曰：「必先教百姓而親萬民。」又曰：「將用其民，先和而造事。」《司馬法》曰：「以仁為本，以義治之。」又曰：「殺人以安人，殺之可也。」《尉繚子》曰：「未有不信其心而能得其力，未有不得其力而能致其死戰者矣。」《三略》曰：「為國之道，恃賢與民，信賢如腹心，使民如四肢。」《六韜》曰：「以同欲勵士。」此七子者，未嘗相沿襲為書，而其語若合符契，皆有得於王師說以犯難之旨，則為將道，斷可睹矣。若因敵之情，因地之形，因事之變，而神智可生焉。見便則戰，見不便則止。行吾所明者，師之常也，而何庸述焉。

【寓兵於農】唐李抱真節度澤潞，荒亂之餘，土瘠民困，無以贍軍，乃藉民三丁，選一壯者，免其租徭，使農隙習射，歲暮都試，行其賞罰，三年得精兵二萬。既不費廩給，府庫充實，遂雄視山東。宋張方平曰：「昔太宗藉兩河強壯為兵，使之捍邊，壯者入籍，衰者出役，不衣庫帛，不食廩粟，邊不缺戍，民不去農，何在乎蓄之營堡而後為官軍也。」此二者，所以庶幾古寓兵於農之遺意。其視竭四方之力以養無用之兵者，利害蓋相懸矣。

寶顏堂訂正脈望八卷 （明）趙臺鼎撰

明趙臺鼎，字長玄，自號丹華洞主，內江人。大學士趙貞吉（1508～1576）之子。貞吉，《明儒學案》列之《泰州學案》。長玄能傳家學。生平事蹟待考。

脈望者，傳說蠹魚所化之物。名以脈望，自比於書內蠹魚，三食神仙之字。此書卷首有作者自識，稱華函蕊笈，幾於汗牛，結果成胎，見如角兔走也，窮搜廣獵，仰拾俯取，積久盈笥，食固無味，棄亦可惜，姑存而置之。又稱識者若見，寧免蠹魚之誚耶？雖然是蠹也，其諸異乎蠹之為蠹也。與嘗聞蠹魚三食神仙字，則化為脈望，遂以「脈望」名之。〔註99〕

全書近六萬言，分三卷。其書多論養生之術，大旨主於養氣修身。如引《規中圖訣》云：「一陽潛動，處萬物未生時。跏趺大坐，凝神內照，調息綿綿，默而守之，則一氣從虛無中來，杳杳冥冥，無色無形，兆於玄冥坤癸之地，生於腎中，以育元精，補續元氣，續續不耗，日益月強，始之去痾，次以返嬰，積為內丹之基本矣。」《三聖玉訣》謂：「世人不解死陰。」夫陽者生之本，陰者死之根。但吸靈龜而死陰莖，其神自生。彼修者只知禁慾，殊不知一念心動，氣隨心散，精逐氣亡。長春云：「一念色心動，百骸和氣傷。」惟得法者，陰莖一死而如無，六欲七情，當體消滅。故得正念實相，對景無心。或言陰不死而頓無欲者，吾未之見也。馬丹陽曰：「修行先要死陰莖，陰莖不死萬緣侵。個中不識真消息，牢捉牢擒走不禁。」《楞嚴》云：「必使淫機身心永斷，斷性亦無，於佛菩提方可冀及。」又曰：「天機者，臍下一寸三分也，聖人下手養胎仙之處。」又曰：「道人要妙，不過養氣。夫人汩沒於名利，往往消耗其氣。學道者別無它事，惟至清至靜，頤養神氣而已。心液下降，腎氣上騰，至於脾元，氤氳則丹自聚矣。若肝與肺，但往來之徑路習靜無念絕想，神自靈，丹自結。」又曰：「二氏之學，以養氣為主。誠能內視返聽，此氣自充，精神自固，仙丹在人腹中即此氣是也。故曰氣不耗散，再無別訣。老子曰：『君子為腹，不為目。』丹書云：『黃帝內視三月而道成。』即此法也。」又曰：「一點靈光在太虛，只因念起結成軀。若能放下回光照，伏舊清虛一物無。」又曰：「儒者論學多在言詮知解上作活計，安得不落言詮解脫知見者而與之議道哉？」又曰：「讀書貴有眼。如《道德經》則有無二字是眼，《楞嚴經》則心

〔註99〕《續修四庫全書》第1128冊，上海古籍出版社，2002年版，第460頁。

目二字是眼，《心經》則觀照二字是眼之類。」

《四庫全書總目》列入雜家類存目，稱其陳因相襲，未能獨抽奇秘〔註100〕，只見其表象，未能探其底蘊。然此書末有云：「或嘲《脈望》所錄枝葉扶疏，無當於世用。焉知予意欲留之以貽後人，使知世外別有一種道理，不全在食色勢利間也。萬一有宿根者出焉，則提醒之功豈讓尠耶？」今考，此書以道理見長，內容博雜，既有自身體認，亦有臨證經驗，為修習丹道醫學之要籍。

此書有明李伯東刻本、《寶顏堂秘籍》本。此本據北京大學圖書館藏明萬曆間沈氏尚白齋刻《陳眉公家藏秘籍續函》本影印。

【附錄】

【曹代蕭《脈望序》】《脈望》乃趙文肅公家嗣長玄所著。計部李伯東氏刻之北平分署。余來守是郡，學士大夫索之者眾。板已為東伯攜去，余仍付之剞劂氏，更為袖珍，便於觀覽。昔何諷書中得一髮卷，規四寸許，如環而無端，用力絕之，兩端滴水。方士曰：「此名脈望。蠹魚三食神仙字則化為此。夜持向天，從規中望星，星立降。可求丹度世。」嗟夫！此脈望所從來，長玄君著書大旨可窺已。余讀《脈望》而知三教之趣合也。佛教深而廣，道教精而顯，儒者以維世，故作用稍近。然百行能全，一切無染，即儒教亦可登乘。心性不明，癡著用事，雖二氏不免墮落，是在學人生一悟境。總之在養生者，心息相依。養生之妙義。所謂依者，非移心以就息，亦非攝息以就心，要在此心湛然晏靜。自然照見呼吸之根，從調至微，不覺自相依附。《參同契》云：「至人潛深淵，浮遊守規中。」有味乎其言之也。夫意在無人，便成我相。若謂無人，我即是人人。不能無我，我不可有。人我相忘，乃真獨境。此自吾輩慧根，即仙即佛。即吾儒所從來遠矣。因憶檇李錢穀刑名甲天下。往余守檇李，躁而靜制之，煩而簡御之。非棄刑名錢穀於無所事事也。隨緣應機，都無染著。縱心自在，亦無束縛，憂喜不遂境生。智慧每從內照，似與脈望之旨若合符節。夫因應者，道之用也。昔匠石因於郢人，莊周因於惠施，慧能因於神秀，故曰道有以因為貴者。余之袖珍是編也，倘有因之者，又奚啻三食神仙字已耶？不然，羽翼胸臆，而騶鸞鶴者。世鮮不以為迂怪。是脈望也得無益其怪。吾家尼父所不語者，乃曰天竺苦懸。賜同進士出身、

〔註100〕《四庫全書總目》卷一百二十五《脈望》提要。

中憲大夫、直隸永平府知府商丘曹代蕭謹序。〔註101〕

【龔懋賢《脈望跋》】五邑代傳道學，至吾師文肅趙先生始大闡其秘。蓋道不外性命……乃世之談學者，往往守其粗跡，至稍涉性命，則輒詆之為二氏，使人醜二氏不啻非族，且曰道如斯止矣。惟先生獨能張膽明目，公然取二氏與吾儒並頫，而稱曰：「三氏一聖，三聖一人，三聖人一道也。」以是吾儕小子始得剖破拘攣，略聞性命宗風，而知子思子所以得傳道學特在《中庸》之一書，《中庸》一書特專在性命之一章，性命一章特在喜怒哀樂之四言。而以此遂通於顏子不遷，曾子不傷，孟子不動，子貢不得聞。又以此通於仙之養命兼夫性……長玄公，先生之家嗣君也。趨庭之訓，得之更真，聞之獨早。其留心性命，蓋自垂髫而然，年五十，即屏絕世緣，日夜為收拾人心是務。厭薄書吏，勞苦身心，則丐散局以居。今觀所著《脈望》一書，則公之深造性命，入彼實際，可想矣。愚敢為之說曰：「欲知子思子得孔氏之傳，當求之《中庸》，欲知長玄公得文肅先生之傳，當求之《脈望》。」〔註102〕

【四庫提要】《脈望》八卷（內府藏本），明趙臺鼎撰。臺鼎字長玄，自號丹華洞主，內江人，大學士貞吉之子也。其書雜論三教，於《道藏》尤為詳悉。故名以《脈望》，自比於書內蠹魚三食神仙之字。然陳因相襲，未能獨抽奇秘也。(《四庫全書總目》卷一百二十五「子部三十五‧雜家類存目二」)

【芥子納須彌】唐李渤問歸宗，曰：「芥子納須彌，恐無是理。」答曰：「人言學士讀萬卷書，是否？」渤曰：「然。」曰：「是心如椰大，萬卷書從何處著？王荊公曰：『巫醫之所知，瞽史之所業，載車必百輛，獨以方寸攝。』即歸宗之意。故曰：『放之彌六合，卷之藏於密。』又曰：『促之在方寸，延之一切處。』」(《脈望》卷四)

【無勞爾形】《南華經》云：「無勞爾形，無搖爾精，乃可長生。」未聞有御女之術也。誰生厲階，至今為梗。故葛稚川以為「冰杯盛湯，羽苞畜火」，陶隱君以為「抱玉赴火」，李玉溪稱為「地獄種子」，以其害人，而終亦自害其身也。(《脈望》卷四)

【學問全在精神】《研幾錄》云：學問全在精神。精神不足，未有能立者。蓋精神者，二五之萃，人之本，德之輿也。二氏合下愛養完固，其學易明易成。吾儒獨忽此，欠講明也。(《脈望》卷四)

〔註101〕《續修四庫全書》第1128冊，上海古籍出版社，2002年版，第459頁。
〔註102〕《續修四庫全書》第1128冊，上海古籍出版社，2002年版，第572頁。

【生死之際】伊川渡涪，風浪大作，舟人失色，伊川正襟端坐，神色泰然。及岸，有樵夫問曰：「公是達後如此？是捨後如此？知此，可以言生死之際矣。」予嘗有語云：「若要臨時不獐狂，須是平時有主張。平時是達，臨時是捨。」（《脈望》卷四）

【《易》行乎天地】天地定位，而《易》行乎其中者。天地者，吾身之天地也；《易》行者，吾身之《易》行也。乾坤毀則無以見《易》，是形滅而神無所附也。《易》不可見，乾坤或幾乎息，是神去而形亦滅也。《易》者其吾身之生理乎？其天地之根乎？《易》者，呼吸也，真息也，非口鼻之呼吸也，故曰，出日入月，呼吸存皆在心，內運天經。（《脈望》卷四）

【空華幻泡】釋氏以世界為空華，以有為生死為幻泡，則躁心、競心、鄙吝之心雖未盡去，亦可暫消。（《脈望》卷五）

【玄牝工夫】玄牝者是命家第一節工夫。莊云：「真人之息以踵。」契云：「真人潛深淵，浮遊守規中。」陳虛白云：「當於真息中求之。即神氣交結之際，陰陽往來之鄉，若非見性，玄牝雖立，不能久也。」大修行人塵緣不染，廓然大空，至神氣凝結處，即玄牝立也。其中造化妙不可言，豈以後天積聚作為處為玄牝哉？（《脈望》卷五）

【此謂知命】物之有成必有壞。譬如人之有生必有死，國之有興必有亡也。雖知其然，而君子之養身也，凡可以久生而緩死者，無不用其治國也。凡可以存存而救亡者，無不為，至於不可奈何而後安之，此謂知命。（《脈望》卷五）

【儒道一氣】老子沖氣以為和，莊子純氣之守，孟子善養浩然之氣，其道一也。孟子又言夜氣，則直指氣之生機，乃和之、守之、養之之端，更真切矣。（《脈望》卷五）

河上楮談三卷　（明）朱孟震撰

朱孟震（1530～1593），字秉器，號鬱木生、鬱木山人，自號秦關散吏，新淦（今江西新幹）人。隆慶二年（1568）進士，除南京刑部主事。歷郎中，出知重慶府，升河南按察副使，累官通政使，以右副都御史巡撫山西。孟震知麻陽時，嘗作登樓詩，有「英雄未解平苗憤，長劍倚天天為傾」之句。又撰《敬天勤民箴》，曰：「惟皇上帝，降茲下民。作之君師，以奠玉京……曰

敬曰勤，時自抑畏。敬之維何？曰惟軫念。惟天惟民，上敬下勤。民心既得，天眷益殷……悖之則亂，循之則昌……小臣何知，仰窺聖真。所期曝獻，愈敬愈勤。毋曰崇高，淵冰是履。毋曰治安，朽索是馭。惟命惟懷，自昔靡常。曰敬曰勤，以保無疆。」任少海云：「使君詩閎閟瀟灑，了無塵俗氣。」陳於韶云：「秉器才情婉附，流調閟發，若孤桐朗玉，自有天律。」張助甫云：「秉器詩爾雅深厚，緣情達理。」吳明卿云：「秉器負用世才，以餘力為詩，諸體錯陳，意匠所極，才亦副之。」陳玉叔云：「秉器詩本於才，體氣高妙。」著有《鬱木生吟稿》《遊宦餘談》《河上楮談》《汾上續談》《浣水續談》《玉笥詩談》《秉器文集》《秉器詩集》等書，萬曆間匯為《朱秉器全集》六種。生平事蹟見《明史》本傳。

書前有萬曆七年（1579）孟震自序，稱往從諸長者遊，得聞所未聞，雜取可以代客言者，都而命之曰《河上楮談》。其言漫無詮次，惟所手錄為先後云云。朱彝尊《明詩綜》云：「秉器津津以詩家自許，其在南曹結清溪社，一時名士聲應氣求，所緝《楮談》《續談》《餘談》，述先哲之舊聞，綜同人之麗句，可謂好事也已。」

全書六萬言，分三卷。多述軼聞。如卷一記建文遺事極詳。又多記練子寧、金幼孜遺事。練為其鄉人，而得諸長老傳聞，故於子寧之死尤表同情。卷三曰《停雲小志》，記當時文士頗詳，如孔克晦之獨造、李襲美之高才、胡汝煥之奇氣，文士風骨，一一躍然紙上，頓時栩栩如生。其中所載詩篇亦多可採錄。「紀事差誤」「著書遺誤」諸條，皆考證典籍。卷一「枝山志怪」條批評祝允明《野記》《志怪錄》不可信：「枝山好集異聞，而書為吳中第一。每客來談，吳則命之酒，或與之書。輕佻者欲得先生書，多撰為異聞，以為先生不知，其偽輒錄之。今所撰《志怪》，蓋數百卷中可信者十不一。《野記》所書，大率類是矣。」此條後為《四庫提要》所採信。要之，朱彝尊所謂「述先哲之舊聞，綜同人之麗句」，堪稱定評矣。

此書《千頃堂書目》小說類著錄為三卷。《四庫全書總目》列入雜家類存目。開卷第一條「高皇聖度」以朱元璋比劉邦：「高皇帝廓清海宇，驅逐腥膻，而又不階尺土以有六合，自有帝王以來，功烈之盛無與為比，惟漢高是泗上亭長滅秦誅項為幾近之。」第二條「報應之巧」稱：「自古盜竊之君，瑉聲紫色，雖能暫奸天位，然不旋踵而禍敗隨之，至得失之際，造化者又獨巧為報應，不爽毫髮。」編次之間似隱寓譏諷之意，與其《敬天勤民箴》形

成強烈之反諷焉。

此本據明萬曆間刻本影印。

【附錄】

【朱孟震《河上楮談自敘》】曩余在金陵，往從諸長者遊，得聞所未聞，遇曹中無事，時取架上書誦一二過，稍紬繹其義，偶見管一班，又憶往昔長老所稱說，一一命楮生錄之，積幾成帙。會領渝州，守郡故繁，又多奔走之役，更不暇理。既由渝守移潼關，關地雖當險塞，然簿書少暇，賓客軒蓋來有時。是歲夏五月，天雨，閉門獨坐琴鶴軒中。取曩所錄閱之，意少會，又更益數語，追念金陵舊好及生平所知，亦略疏其出處大概，存之為《停雲小志》，以示不忘，蓋旬有二日而畢。視曩日三倍之，乃刪其繁雜，取可以代客言者，都而命之曰《河上楮談》。其言漫無詮次，惟所手錄為先後……萬曆己卯夏六月朔，秦關散吏鬱水山人朱孟震書。

【四庫提要】《河上楮談》三卷（浙江巡撫採進本）明朱孟震撰。孟震字秉器，新淦人。隆慶戊辰進士，官至右副都御史，巡撫山西。是書多述舊聞軼事，間或評論詩文，考證典籍，亦頗喜談神怪。其《停雲小志》一卷，記當時文士頗詳，所載詩篇多可採錄。其論文宗王世貞，推為明代第一，則當時耳目所染，無足深怪。其辨王禕、吳雲事甚有典據，而遜國一事，全沿史彬《致身錄》之訛，引證愈多，舛謬愈甚，與所論元順帝出宋後事同一誤信之失。其論《史記》訛字最確，而前輩博雅一條，不知《清江集》之現存。又誤以孔傳《六帖》為三孔所作，疏駁亦甚矣。（《四庫全書總目》卷一百二十八「子部三十八·雜家類存目五」）

【花狀元書樓】花狀元家藏書甚富。魯之先有隱者某，博學嗜書，尤善象棋，曾授徒東魯，積束脩幾二百金。歸道錢塘，適鄉富商數人以象棋與他賈角，輸直百金，見魯至，請與之角。魯先從傍觀，知其以二馬勝，次日與角，盡還諸商直，並得瑪瑙衫一，乃從花氏遊，盡捐所得書，以大舶載歸。魯故藏書，諸達官過淦，必從魯借觀。今微矣，書散逸殆盡，余家所得第大倉一稊耳。（《河上楮談》卷一）

【枝山志怪】《野記》作於祝枝山允明。枝山好集異聞，而書為吳中第一。每客來談吳，則命之酒，或與之書，輕佻者欲得先生書，多撰為異聞，以為先生不知其偽，輒錄之。今所撰志怪蓋數百卷，中可信者十不及一。《野記》所書，大率類是矣。（《河上楮談》卷一）

【桃川洞】桃川洞在常德武陵縣，洞出方竹，即晉漁人遇秦隱者處。然洞當孔道，又乏流泉，似非當時舊跡，疑好事者因陶記而附和之與？邑有楊生者，題對聯二頗佳，其一云：「仙跡久荒，方竹依然環洞口；神機誤泄，清流無復到人間。」其一云：「年空夙雨灑天台，樵子留連，直要看盡了這一番棋局；滿壁煙霞迷石洞，漁郎消息，只因誤放出那幾片桃花。」先大父有詩云：「故事相傳始晉秦，桃花依舊往年春。明庭萬里來重譯，流盡殘紅誰問津。」（《河上楮談》卷一）

【紀事差誤】事有出於前古，而好異者引以傳諸當今。曩毛兵書徵安南，相傳世皇贈以詩云：「大將征南膽氣豪，腰懸秋水呂虔刀。」然不知為高皇送楊文詩也。麻苗亂時，有「錦鱗個個密如針」之詩，不知為滇中夷酋作也。趙風子亂時，有「虎賁三千直抵幽燕之地，龍飛九五重開混沌之天」之句，不知為元末韓林兒語也，第以混沌易大宋耳。近有作《道聽錄》者，指黃巢《詠菊》元梁王曉行之作，以為高皇宋人，讖高宗《養鴿詩》載葉子奇《草木子》，而以為武宗北狩書非異聞，時非久遠，尚謬妄若此，況遠且僻者哉！（《河上楮談》卷二）

【著書遺誤】校書之難久矣！謂風中掃葉旋掃旋生，況著書者以一人上下千載，網羅捃摭，繕寫勘磨，即平生精力有不能給。太史公父子世其業，然史傳矛盾不少，又況其下者哉？近鄭莊簡《吾學編》、薛憲使《憲章錄》俱稱名筆，然中紀載有一人一事而重出者，又或事一而二年並見者，豈緝錄之時或有誤筆，而校讎者未必盡當耶？馮方伯汝言《詩紀》最號該博，余試取《漢紀》閱之，《淮南》招隱之篇已逸不存矣，豈公有去取或刪之與？他不及悉校之，然無從請質也。（《河上楮談》卷二）

【古今詩誤傳】「茫茫黃出塞，漠漠白鋪汀。鳥去風平篆，潮回日射星。」相傳為宋詩人龍大初《詠沙詩》也。然余少時觀陸天隨《魯望集》已有之矣，豈宋人誤耶？又「處士不生巫峽夢，空勞神女到陽臺」，乃唐洪都西山處士陳陶辭妓詩也，而相傳以為陳希夷，蓋緣姓而誤也。（《河上楮談》卷二）

【雁門太守行】李賀《雁門太守行》云：「黑雲壓城城欲摧，甲光向日金鱗開。」王荊公云：「此兒誤矣！方黑雲壓城，豈有向日之甲光也？」不知此詩之妙正在此句，蓋黑雲壓城，正言敵氣方惡，而我兵氣盛，則甲光向日而氛祲為開，猶言「開青雲見白日」，「撥雲霧而睹青天」也。韓昌黎讀而奇之，信矣！楊用修云：「凡兵圍城，必有怪雲變氣。昔人賦鴻門，有『東龍白日西

龍雨』之句，此意也。」荊公大儒乃有此失，良工心苦，知我者希，自古然矣。（《河上楮談》卷二）

【升菴在滇南】先生在滇南，每出遊，乘一木肩輿，僅僅容膝，狀如升，即所謂升菴也。菴之前題曰：「士到東都須節義，地當西晉且風流。」為張愈光筆。與人遊，無問貴賤，酒間吟次，時命聲伎佐之，舞裙歌扇，笑擁彌日，不知者有登徒之譏，然先生意不在是也。在瀘州，嘗醉，胡粉塗面，作雙丫髻插花，門生舁之，諸伎捧觴，遊行城市。王中丞元美曰：「壯心不堪牢落，故耗磨之耳。」真知言哉！（《河上楮談》卷二）

汾上續談一卷　（明）朱孟震撰

此書《千頃堂書目》小說類著錄為一卷。《四庫全書總目》列入雜家類存目。其書成於汾上任職時，實為《河上楮談》之續編。

全書不足兩萬言，僅一卷。書前有萬曆十年（1582）孟震自序，稱其書旨在存故實，闡幽微，捕逸漏，糾訛謬，託諷諭，考文辭，又有隱僻怪異，可資抵掌者。至於闡幽微、補逸漏、糾訛謬、託諷諭者，書中實不多見，究以志怪、故實、文辭三者為較勝。志怪異者，如「裸亭虎」條，人虎相戀，頗具人情意味。又如「東山狐」「傅君狐異」「潼關異」諸條，皆可入《聊齋》。存故實者，如「雲麾將軍碑」條：「唐雲麾將軍碑，李北海邕所書也。其石在蒲城縣，苦塌者之眾，不知自何時裂為三段。河南劉遠夫先生謫官其地，惜名跡久殘，以鐵葉束完，遂為全璧。涿州良鄉學宮亦有石　久不傳，友人邵長孺博雅士也，過其地，見學宮柱礎一面，以告　秘書，惟敬時李襲美比部為宛平令，聞之移書縣官，取而置之衙齋。」此可謂古代文物保護之先例。考文辭者，如「黃巢菊詩」條：「『待到秋來九月八，我開花後百花殺。衝天香陣透長安，滿籬盡掛黃金甲。』後舉進士不第，聚眾為盜，號衝天大將軍。此事載《貴耳集》及《清夜錄》中。然記曩有一小說中載此詩云：『百花發，我不發，我開花後百花殺。衝天香陣透長安，滿籬盡掛黃金甲。』與前小異，覺壯質類巢語。前二詩或記載者稍潤色之，未可知也。又宋太祖少時詠日云：『欲出海時光辣撻，千山萬山如火發。頓時捧上一輪紅，趕退殘星並殘月。』後史臣潤色之曰：『未離海底千山暗，才到中天萬國明。』大與此相類。」宋太祖詠日詩版本較多，頗有異文。

《四庫提要》稱其體例與《河上楮談》同，而所記多瑣事，惟「安南國試錄」一條敘述頗詳，足資考證云云。所評甚允。寧稼雨《中國文言小說總目提要》亦稱其故事別致，引人入勝。

此書現有萬曆中刊《朱秉器全集》本、萬曆間四種小說合刻本。此本據明萬曆間刻本影印。

【附錄】

【四庫提要】《汾上續談》一卷（浙江巡撫採進本），明朱孟震撰。其體例與《河上楮談》同，而所記多瑣事，惟「安南國試錄」一條敘述頗詳，足資考證。（《四庫全書總目》卷一百二十八「子部三十八・雜家類存目五」）

【鄱湖火攻】鄱湖之戰，《資治通鑒》等書皆以為郭興建火攻之策，遂獲全勝。偶睹他載記，謂偽漢以火舟來攻，而天忽反風，敵舟悉自焚焉。此殆有天助者。余初不謂然，及觀鄉先達周所立先生《康浪山歌》，始知聖明之興，固天所命，大風揚沙，實基漢業，千載而下，異事同符，固不誣也。歌云：「康浪歌鯨鯢，振鬐揚洪波。天子親乘六龍，駕樓舡，鉅舸高嵯峨。翠華搖搖縣日月，左秉白旄右黃鉞。縱橫大戰數十圍，錦浪翻紅漲腥血。敵常脂葦張毒氛，北風反火輒自焚。焦頭爛額沉波裏，奄忽蛟飛水上軍。山為組分水為練，自古英雄無此戰。威聲振撼馮夷宮，殺氣奔騰龍伯殿。康浪水，康浪山，霸氣奄忽煙焰間。黿鼉蝦蟳總淪沒，猰貐梟獍無生還。軒轅指南輾飛轂，康浪坐令為涿鹿。小鯢中身赴鬱攸，大鯨左目中箭鏃。我皇笳鼓震溟洲，凱歌歸奏丹鳳樓。降軍十萬散海浦，太白曉掛蚩尤頭。康浪山，康浪水，王業艱難自茲始。海宇清平垂萬年，敬獻頌歌繼青史。」周先生，國初人，所傳聞當不謬也。赤壁之戰，阿瞞以數十萬眾火於東吳，而杜紫薇云：「東風不與周郎便，銅雀春深鎖二喬。」此言似辯而理。孫武《火攻篇》亦云：「候火有時，舉火有日。」蓋用火攻之策，當察風之有無逆順，此於水戰尤當審之。若田單火牛其尾，必往以奔敵軍，固無俟他虞矣。（《汾上續談》卷一）

穀山筆塵十八卷 （明）于慎行撰

于慎行（1545～1608），字可遠，更字無垢，山東東阿人。西漢于定國之苗裔。其母莊慧，嫻書史，嘗自教讀。慎行貴且老，每思幼時燈下受課之景，輒廢食。隆慶二年（1568）進士，選翰林院庶吉士，授編修。慎行少而穎異，

在詞林有聲，多識故事。甲戌分考禮闈，以穆史成進，修撰《重修會典》及編六曹章奏，時上方典學，日御講幄，就史局選日講官，慎行與南昌張位與焉。丙子晉侍講，賜御書「責難陳善」四大字。明年，江陵奪情，吳、趙抗疏，杖闕下，慎行為諸詞林具疏，亦上輔臣，以講官故持不達，然猶示草於江陵。己卯急歸，癸未入為左諭德，而江陵已敗，有旨籍江陵家，遣刑部侍郎丘橓及中官往，中外快者咸蹴，江陵比於分宜、馮保，慎行獨為書貽橓言江陵所視二家者蓋萬未得一也，且江陵有母老矣，諸孤少未更事，宜與中貴熟數之，毋使朝廷失帷蓋之仁，自是士論稍有寬江陵者。官至禮部尚書。萬曆十八年（1590）致仕，家居十七年，以讀書著述為事。著有《讀史漫錄》《穀城山館詩集》《穀城山館文集》等書。生平事蹟見《明史》本傳、《東阿于文定公年譜》、范知歐《于慎行研究》。

此篇乃其退居穀城山中時所著，門人郭應寵編次，凡分三十五類，所紀多明代萬曆以前典章、人物、兵刑、財賦、禮樂、釋道、邊塞諸事，亦兼及前明諸朝史實。其中所載嘉靖、隆慶、萬曆時期朝廷內閣排擠傾軋、官場腐敗、士大夫寡廉鮮恥及社會、經濟、文化諸狀況，多出親歷親聞，尤具史料價值。慎行詩文春容宏麗，一時推為大手筆。其論詩文曰：「學術不可不純也，關乎心術；文體不可不正也，關乎政體。」曰：「今之文體當正者三，其一，科場經義為制舉之文；其一，士人纂述為著作之文；其一，朝廷方國上下所用為經濟之文。然三者亦自相因，經濟之文由著作而敝，著作之文由制舉而敝，同條共貫，則一物也。雅則俱雅，敝則俱敝，己亦不知，人亦不知也。」曰：「夫文者，取裁於學，根極於理。不足於學，則務剽剝以為富，纂組以為奇，而譌與駁之弊生；不足以理，則以索隱為鉤深，淡虛為致遠，而華與巧之弊生。」

書首有馮琦題辭：「世言新都博而不核，弇州核而不精。博而核，核而精，余於先生見之矣。」〔註103〕周中孚稱其援引舊聞，亦無不切劘時事，信經國之大業，不僅資清暇之談柄已也。〔註104〕李慈銘稱其中載朝章國故甚為賅備，於隆、萬間事尤詳，足以參核史傳。自卷一《制典》至卷六《閣令》，卷九《官制》至卷十三《稱謂》，皆論明代典故，而上溯宋、唐及漢，敘述簡核，議論平允，最為可觀。卷十五《雜記雜聞》諸條，卷十八《夷考》

〔註103〕《續修四庫全書》第1128冊，上海古籍出版社，2002年版，第699頁。
〔註104〕周中孚：《鄭堂讀書記》卷五十三。

亦多可備採掇。其餘考證經史，殊非所長。《雜說瑣言》等亦有佳者，然多雜以迂腐語，此宋、明人通弊耳。〔註105〕今覈其書，筆記為體，類書為用，精心結撰，形成「類書型筆記」矣。

此書有明萬曆四十一年由於緯刻本、天啟五年沈域刻本、。此本據中國科學院圖書館藏於緯刻本影印。

【附錄】

【馮琦《筆麈題辭》】余幸以年家子事先生，於詞林為後進，辱先生不鄙夷，時相過從，與之談論今古，揚於文藝。余聆其言，若驚河漢，趫其識，如陟泰岱而望吳門。世言新都博而不核，弇州核而不精，博而核，核而精，余於先生見之矣。比歸臥東山，益得以其閒討探當世得失之故。於是傍搜博採，屬詞比事，《史摘漫錄》《筆麈》次第而成書。客歲，余赴召，約先生晤別於岱，夜語良洽，因手筆麈稿以示余。余受而北徵，輆焉舟焉，而稿具焉。展之，則朝家之典章，人物之權衡，經籍、子史、禮樂、兵刑，以至財賦、阨塞之區，耳目睹聞之概，纖悉具備，而又綜二氏之異同，考四裔之源委，運折衝於寸管，總經緯於毫端，信經國之大業，寧尾尾詹詹資清暇之談柄已乎？乃若瑣、夢諸篇，託寄遠而切劘深，士大夫不可不置一通於座側者。余每恨曩侍先生日，猶未能少盡先生之奧，今幸於此而復睹一斑也。既卒業，爰綴其拳拳服膺者如此，以復於先生。且有請曰：蒲輪且至，執斗魁而不妨揮麈，惟先生饒為之。余謹闡呼以俟。年家子北海馮琦。

【郭應寵《筆麈跋》】吾師文定于公有《穀城全集》及《讀史漫錄》行世，小子寵間嘗少效編次之役矣。第恨史錄坊刻，謬付傭書，罔識校讎，猶仍魚魯，意甚嗛焉。茲歲公車報罷，適公子中翰君緯奉使東還，與之昕夕聯舟，因復出師所為《筆麈》手稿視，寵澣然卒業，慨慕彌深。大都錯綜今昔，揮霍見聞，無論國故、典章，觀若懸象，即間雜齊諧，亦屬勸百。此其意旨所向，則略與《史錄》同。而牆籬載筆，有觸輒書，標置未遑，良亦有待也。寵竊寅緣緒言，紃繹條貫，敬釐為卷者十有八，為類三十有五，實不能贊乎一詞，亦匪敢秘其鴻寶。編摩既竣，用歸其副於中翰君。蘭臺石室，不可無此一編，知非獨王、謝家物耳。萬曆癸丑秋七月既望，福唐門人郭應寵薰沐勒於黃石山堂。

【筆麈目錄】卷之一：制典上‧制典下，卷之二：紀述一‧紀述二，卷之

〔註105〕李慈銘：《越縵堂讀書記》，上海書店出版社，2000年版，第708頁。

三：迎鑾‧藩封‧恩澤‧國體，卷之四：相鑒，卷之五：臣品，卷之六：勳戚‧
閹伶，卷之七：經子‧典籍，卷之八：詩文‧選舉，卷之九：官制‧月俸，卷
之十：謹禮‧建言‧明刑，卷之十一：籌邊，卷之十二：形勢‧賦幣，卷之十
三：儀音‧冠服‧稱謂，卷之十四：雜解‧雜考，卷之十五：雜記一‧雜記二‧
雜記三‧雜記四‧雜聞，卷之十六：雜說‧瑣言‧論略‧夢語，卷之十七：釋
道。

【明史本傳】于慎行，字無垢，東阿人。年十七，舉於鄉。御史欲即鹿鳴
宴冠之，以未奉父命辭。隆慶二年成進士。改庶吉士，授編修。萬曆初，穆宗
實錄作，進修撰，充日講官。故事，率以翰林大僚值日講，無及史官者。慎行
與張位及王家屏、沈一貫、陳于陛咸以史官得之，異數也。嘗講罷，帝出御府
圖畫，令講官分題。慎行不善書，詩成，屬人書之，具以實對。帝悅，嘗大書
「責難陳善」四字賜之，詞林傳為盛事。御史劉臺以劾張居正被逮，僚友悉
避匿，慎行獨往視之。及居正奪情，偕同官具疏諫。呂調陽格之，不得上。居
正聞而怒，他日謂慎行曰：「子吾所厚，亦為此耶？」慎行從容對曰：「正以公
見厚故耳。」居正怫然。慎行尋以疾歸。居正卒，起故官。進左諭德，日講如
故。時居正已敗，侍郎邱橓往籍其家。慎行遺書，言居正母老，諸子覆巢之
下，顛沛可傷，宜推明主帷蓋恩，全大臣簪履之誼。詞極懇摯，時論韙之。由
侍講學士擢禮部右侍郎。轉左，改吏部，掌詹事府。尋遷禮部尚書。慎行明習
典制，諸大禮多所裁定。先是，嘉靖中孝烈後升祔，祧仁宗。萬曆改元，穆宗
升祔，復祧宣宗。慎行謂非禮，作《太廟祧遷考》，言：「古七廟之制，三昭三
穆，與太祖之廟而七。劉歆、王肅並以高、曾、祖、禰及五世、六世為三昭三
穆。其兄弟相傳，則同堂異室，不可為一世。國朝，成祖既為世室，與太祖百
世不遷，則仁宗以下，必實歷六世，而後三昭三穆始備。孝宗與睿宗兄弟，武
宗與世宗兄弟，昭穆同，不當各為一世。世宗升祔，距仁宗止六世，不當祧仁
宗。穆宗升祔，當祧仁宗，不當祧宣宗。」引晉、唐、宋故事為據，其言辨而
核。事雖不行，識者服其知禮。又言：「南昌、壽春等十六王，世次既遠，宜
別祭陵園，不宜祔享太廟。」亦寢不行。十八年正月疏請早建東宮，出合講
讀。及冬，又請。帝怒，再嚴旨詰責。慎行不為懾，明日復言：「冊立，臣部
職掌，臣等不言，罪有所歸。幸速決大計，放歸田里。」帝益不悅，責以要君
疑上，淆亂國本，及僚屬皆奪俸。山東鄉試，預傳典試者名，已而果然。言者
遂劾禮官，皆停俸。慎行引罪乞休。章累上，乃許。家居十餘年，中外屢薦，

率報寢。三十三年始起掌詹事府。疏辭，復留不下。居二年，廷推閣臣七人，首慎行。詔加太子少保兼東閣大學士，入參機務。再辭不允，乃就道。時慎行已得疾。及廷謝，拜起不如儀，上疏請罪。歸臥於家，遂草遺疏，請帝親大臣、錄遺逸、補言官。數日卒，年六十三。贈太子太保，諡文定。慎行學有原委，貫串百家。神宗時，詞館中以慎行及臨朐馮琦文學為一時冠。

【四庫提要】《筆塵》十八卷（兩江總督採進本），明于慎行撰。慎行有《讀史漫錄》，已著錄。此編乃其退居轂城山中時所著。凡分三十五類，所紀多明代故典，亦頗及雜記。（《四庫全書總目》卷一百二十五「子部三十五・雜家類存目二」）

【紀述一】純皇之誕孝廟也，時萬貴妃寵冠後廷，宮中有孕者，百方墮之。孝穆太后舊為宮人入侍，已而有孕。貴妃使醫墮之，竟不能下，乃潛育之西宮，報曰：「已墮。」上不知也。一日，上坐內殿，咄嗟自歎，一內使跪問故，上曰：「汝不見百官奏耶？」小內使應曰：「萬歲已有皇子，第不知耳。」上愕然，問：「安在？」對曰：「奴言即死。」於是太監懷恩頓首曰：「內使言是。皇子潛養西宮，今已三歲，匿不敢聞。」上即敕百官語狀。明日，廷臣吉服入賀，遣使往迎皇子。使至，宣詔，孝穆抱皇子泣曰：「兒去，吾不得活。兒見黃袍有鬚者，即而父也。」皇子衣小緋袍，乘小轎子，擁至奉天門下。上抱置之膝，皇子輒抱上頸，呼曰：「爹爹。」上悲泣下。是日頒詔天下。時孝肅居仁壽宮，恐皇子為皇妃所傷，乃語上曰：「以兒付我。」皇子遂居東朝。自是，諸宮報生皇子者相繼矣。一日，上出，貴妃召太子食，孝肅謂太子曰：「兒去毋食也。」太子至中宮，貴妃賜食，曰：「已飽。」進羹，曰：「羹疑有毒。」貴妃大恚，曰：「是兒數歲即如是，他日魚肉我矣。」恚不能語，以致成疾。初，孝穆為宮人時，有宮人當直宿者病，而強孝穆代之，遂有孕云。孝廟既生，頂上有數寸許無髮，蓋藥所中也。傳云：太子迎入東朝，貴妃使使賜孝穆死。或曰孝穆自縊。萬曆甲戌，一老中官為予道說如此。（《筆塵》卷二）

【迎鑾】天下之事有機，機之所在，有不可以理論而可以勢解者，以策士之所以勝也。凡天下之事，有可為而不為者，此其心必有所在而難於言，拂而語之，千百言而不入，探而操之，一二語而有餘，此所謂機也。秦檜之殺岳王，世以為守金人之盟，綜其實，不然，殺岳者，高宗之志也，高宗志不在於迎淵聖而檜知之耳。我英宗北狩，群臣疏請迎復，至再三不報，虜酋伯顏、

也先索人出迎，至再三不報，及送至都門，竟無一介行李及於迎駕，勢窮情極，遂至自入，景帝之心可知也。其語諸大臣曰：「當時大位，是卿等要朕為之。」及遣使入虜，又命之曰：「若見也先等，好生說話，不要弱了國勢。」蓋欲激怒而絕之也。當是之時，君臣大義、骨肉至情，豈足動其聽哉？唯有利害可陳耳。設有戰國策士，必將說之曰：「今不亟迎上皇，虜日以上皇為名，擁車駕於前行，入居塞上，攻剽城邑，守邊將吏不敢北向發一矢，又迫上皇傳旨，索金犒虜，邊臣何以予之？一年不迎，一年不止，是坐而自困也。此其小也。萬一上皇怨陛下不迎，扈從諸臣有如喜寧輩進策，擁胡騎數萬，結一二邊將，由甘肅、寧夏而入，直至咸陽，復正位號，布告天下，東向而請命於太后，陛下胡以處之？周王以狄兵入，有故事矣。此其遠者。萬一邊鎮親王有為不軌之謀者，以迎駕為名，稱兵塞上，假託祖訓，合從諸藩，即其謀不遂，而朝廷固已多事矣。惟有亟迎上皇，奉入大內，則陰謀自解，禍難彌消，陛下安枕九重之上，孰與懸口實於天下而陰受其害耶？」此言一出，奉迎之使立遣矣。而在廷諸公，不聞有言及此者，乃徒以君臣骨肉之說進，宜其不入也。何也？利害之念重，必有甚於所慮者，乃可進也。（《筆塵》卷三）

【藩封】高皇帝創建藩國，封二十四王，且半天下，惟吳、越不以封，以其膏腴，閩、廣、滇、夔不以封，以其險遠，慮至深也。然事有便利，不可不變通者。即如雲南一省，上古所不臣，自入版圖，即以西平世守，黔寧之烈，民吏畏服，二百餘年來，聲教洽暨（天啟本作「洎」），可謂便矣。然沐氏盤據既久，人心頗附，漸有跋扈之志，如朝弼兇殘不道，自干法紀，朝廷索二婦人，至二十年而不得，非今上英明，縛而付之法吏，不幾唐之中葉哉？夫沐氏強，則尾大不掉，朝廷之法不伸，沐氏衰，則屏翰不固，朝廷之威不振，皆非長計也。莫如建一親王，開府其地，將鎮守之兵改為護衛，使得統兵御吏，與國初諸王等，黔國以下，悉聽節制，內可以裁沐氏不共之心，下可以堅滇人向化之志，即使夔、滇之路聲教有梗，雲南猶國家有也。假如交趾未棄時，建一藩國，使得握兵御吏，毋與內諸侯同，其人以為有王，不復生心，而交南長為國家有矣，孰與捐之夷狄乎？故元混一華夏，六詔、西域皆王其子弟，厥後，元帝北遁，梁王保有雲南，蜀夏既平，乃入王化。其在西方者，亦竟不得剪除，則封以為王，哈密是也。此非其已效耶？或曰：王而握兵，不有江右之慮耶？此不達地勢者也。寧濠據江漢之上游，謂之建瓴而下，滇南處一隅之絕徼，謂之仰面而攻，安有仰面而攻可以取勝者耶？且夫萬里遐荒之徼，

而欲與中國爭衡，則公孫不國於白帝，尉陀不帝於南海矣。或曰：炎荒遐裔之區，以王親子弟，不幾於竄耶？此又不然。夫閩、廣、滇、貴皆膏腴樂土，百物所生，而齊、魯、燕、趙之地有不及也，其視山、陝邊郡，苦樂又相懸絕，試取山、陝邊郡一府宗室頗少者遷之雲南有不樂就者耶？嗟夫！天下無事而為迂恢之談，人必笑以為狂，且言於時禁，動慮後患，誰肯倡不急之議以駭眾聽？姑記之，以備一策耳。（《筆塵》卷三）

【相鑒】宋時，宰相省閱進奏文書，同列多不與聞。熙寧初，唐介參政，謂首相曾公亮曰：「身在政府而事不與知，上或有問，何辭以對？」乃與同視。後遂為常。介之請，公亮之從，皆政體也。朝廷防宰相之專，設參知以為陪貳，而不與省閱，職守安在？勢之所歸，不免專擅，有自來矣。本朝六部奏疏，例皆三堂同署，而謀畫源委，左右二卿往往不得與聞，惟奏牘已成，吏銜紙尾請署，二卿以形跡顧避，亦不問所從，至於曹銓進退人才，頗關要秘，甚或在廷已聞，而兩堂不知，惟太宰一人與選郎決之，此非與眾共之之義也。正卿與郎吏為密，視同列為外人，及有不當上心，奉旨對狀，左右二卿又難以不知為解，是不使之與其謀而使之同其譴也。豈但政體有失，亦非人情矣，而積重難返，至於成習，不亦異哉！內閣本揭署名，體亦類此，往往復有密揭，則更無從與聞矣。臺衡之地，遂樹荊榛，可慨矣！（《筆塵》卷四）

【臣品】古豪傑用事，求其才略，固亦可企而及，惟氣魄與望不可強。何謂氣魄？與人同恩，而能使天下感其恩，與人同威，而能使天下畏其威，此必有出於慶賞刑法之外者，所謂氣魄也。何謂望？位有與之齊而其勢獨尊，功有與之並而其名獨著，求其故，則不可得而指，此所謂望也。人臣之望有三：有德望，有才望，有清望。然近世，若御史大夫德平葛端肅公所謂德望，若太宰蒲阪楊襄毅公所謂才望，若大宗伯華亭陸文定公所謂清望。（《筆塵》卷五）

【閹伶】國朝既罷丞相，大臣體輕，以故權歸宦豎，士鮮廉節。如成化間，汪直用事，至使卿佐伏謁，尚書跪見，書之簡策，貽笑千古。嗟夫！士氣所關甚重，惟在主上振作，平時若不甚要，一旦緩急，為害不淺。今上御極六日，顧命元臣以片言譴罷，如叱一奴。平時輔弼重臣，多夤緣中官，進退在手，積為所輕，故敢以片言易置耳。今廷中品階，如奉命出使，公、侯、師、保皆在中官之下，不知起自何時，決非高皇帝之法。中官之秩，極於四品，其腰玉服蟒，皆出特賜，非其官品所得，奈何以師保重臣反出其下？周禮：奄

人巷伯，皆屬太宰。漢法：丞相位諸侯王上。今之公孤，即古太宰、丞相，何至列於奄人之下？若曰，王人雖微，列於諸侯之上，則在廷公孤不但王人而已，豈有於闕廷之間自分內外者耶？（《筆塵》卷六）

【經子】《易》「本隱以之顯」，由隱而顯也，是以天道合之人事；《春秋》「推見至隱」，由顯而隱也，是以人事本之天道。《易》理從內向外說，《春秋》是從外向內說。「見」字讀作「現」字，與「顯」字同。今世讀者，以「推見」見字作「見物」見字，而謂《春秋》能推見至隱處，左矣。只將本文添一「以」字，云《易》「本隱以之顯」，《春秋》「推顯以至隱」，即知之矣。「神以知來，智以藏往」，神屬目為明，智屬耳為聰。「神以知來」，即人之悟性，謂之明，「智以藏往」，即人之記性，謂之聰，世所稱聰明者是也。有悟性者，資質發揚，屬陽魂之精也；有記性者，資質雋穎，屬陰魄之精也。有一等術數，能推人已往，洞見纖毫，而不能知前，所謂藏往；有一等術數，能推未來事多驗，而已過事不能懸曉，所謂知來也。大抵神可兼智，智不能神，智則聖人以下有幾之者，神則非聖人不能也……申、韓刑名之學。刑者，形也，其法在審合刑名，故曰：「不知其名，復修其形，形名參同，用其所生。」又曰：「君操其名，臣效其形，形名參同，上下和調也。」蓋以事考言，以功考事，所謂施於名實者耳。形，或作形，或作刑，其意一也。今直以為刑法之刑，過矣。所謂本於道德者，韓子之書有之，其言曰：「道者，萬物之始，是非之紀也。明君守始以知萬物之原，治紀以知善敗之端，故虛靜以待令。」又曰：「道在不可見，用在不可知。」又曰：「虛靜無為，道之情也。」又曰：「道不同於萬物，德不同於陰陽。」至如《解老》《喻老》諸篇，大抵本虛靜無為之指，第其言專主於用，非道之本體也。漢儒以反經合道為權，此駁論也。至陸贄始正其非，謂權之為義，取類權衡，若重其所輕，輕其所重，則非權矣。程子曰：「權只是經字。」正此意也。親親而仁民，仁民而愛物，較量其親疏，權也；修身而齊家，齊家而治國，斟酌其厚薄，權也。近日高少師發策會場，論輕重之義，極為了徹，可為萬古不磨之見矣。（《筆塵》卷七）

【典籍】劉歆典領「五經」，總群書奏，其《七略》有《輯略》，有《六藝略》，有《諸子略》，有《詩賦略》，有《兵書略》，有《術數略》，有《方技略》，凡書五百九十六家，萬二千二百卷。其敘諸子，分為九流：曰儒、曰道、曰陰陽、曰法、曰名、曰墨、曰縱橫、曰雜、曰農。漢靈帝詔諸儒校定「五經」文字，命議郎蔡邕為古文、篆、隸三體書之，刻石太學門外。古文，蝌蚪書也；

篆，大篆也；隸書，今之八分。今關中郡學有「十三經」石刻，非其舊矣。（《筆塵》卷七）

【選舉】漢世用人之法，皆自州縣補署，公府辟召，然後陞於朝廷，當時未設選部，百官進退，屬之丞相。魏、晉以來，始專委選部。及唐亦然，猶分東西兩銓，使左右侍郎分領。及東都、嶺表復別有銓選，不盡領於吏部，而吏部侍郎魏玄同上言銓選之弊，猶謂以天下之大、士人之眾，而委之數人之手，力有所極，照有所窮。後世以天下之大、士人之眾，而委之一郎之手，不尤舛耶？宋法文選屬審官院，武選屬樞密院，王安石欲奪樞密之權，乃以文選、武選皆屬吏部，尚書左選主文，侍郎一人主之，謂之審官東院；尚書右選主武，侍郎一人主之，謂之審官西院。蓋文彥博為樞使，安石為此以阻之耳。（《筆塵》卷八）

【官制】漢時，有中書，有尚書。霍山錄尚書，有上書言其罪者，山屏不奏其書，後上書者盡奏封事，輒使中書令出取，不關尚書，可見尚書是士人，中書則宦官也。及江左以後，乃以中書、尚書列為兩省，中書傳命，尚書受而行之，則尚書外廷吏也。又設翰林學士於禁中，專掌制命，而中書亦少疏矣。及元設中書省，而以尚書隸之，則中書外廷臣也。今之內閣，則漢之尚書令、唐之中書省，而司禮中官，則漢之中書令也。漢制，大將軍位三公下，及竇憲伐匈奴還，位次太傅，而在三公之上。自是，東漢官制：太傅第一，大將軍次之，太尉次之，司徒故丞相也，又次之，司空故御史大夫也，又次之。東漢以三公為三司，鄧騭為車騎將軍儀同三司，自是，江左以來有「儀同」之名。西漢有三府：丞相、御史大夫、大將軍也。其後增二將軍，謂之五府。東漢有五府：太傅、大尉、司徒、司空、大將軍也。（《筆塵》卷九）

【謹禮】本朝承勝國之後，上下之分太嚴，二祖、仁、宣時猶與侍臣坐論，英廟稚年即位，相接頗稀，以後中貴日倨，堂陛日隔，即密勿大臣，無坐對之禮矣。今上禮御儒臣，優於前世，講筵接以揖讓，稱以先生，皆殊禮也。第行在講幄，歲時從相君以下與賜服食，每有宣賜，相君第具一公疏上謝，遣閣校領至私第，竟不詣廷一拜，即次日進講，亦不一叩首，竊甚以為嗤。古人君臣之禮極嚴，即《萬石君傳》所載：「上賜食於家，必稽首俯伏而食，如在上前。」其恭謹如此。今平交執友有所問遺，未有見而不一揖者，況君上之賜，直受而無一言，心何以安？業從眾人之後，不敢有異，惟御賜頒及，無問服食時鮮，即一魚一蔬，皆頓首拜受，焚香獻之祖考，乃敢嘗爾。又目睹江陵

一事，如班賜誥命，百官朝服，唱名給散，而內閣不出，止遣典籍代領。夫賜命之典，古之所謂虎拜稽首者，內閣到橋南不數武，而安坐閣中，使從吏代受，甚非事君之禮也……近日大臣多因予被攻擊稱病求去，盡廢面辭之禮，聞命之日，促裝就道，早夜啟行，惟車而出，故舊官僚或不及面。具疏辭謝，往往自謂得請，故作出樊之態，此皆內含悻憤，外示狷潔，既非人情，亦非臣禮，吾甚不取也。辛卯九月，九疏陳請，蒙恩予告，敕使再臨，予方以為榮寵，而諸公狃於故習，謂予必朝發夕行，不肯信宿。予笑曰：「何為乃爾？人臣位至上卿，得請而去，主上恩禮周渥，有光行色，此在古人，方且侈為畫圖，耀諸簡冊，有何不榮？而故為悻悻之跡！吾必不然。」翌日，具疏陳謝，又三日，具疏辭。疏中數語曰：「江湖跡遠，雖稍隔於瞻依；臣子情深，實無分於去就。舉頭見日，終身戴天，擊壤可以詠太平，呼嵩可以祝聖壽。」末綴數聯，勸上講學勤政，早正大本云云。又數日出城，以日高登車，送客滿路，皆與揖別，惟請告之禮不設酒爾。是日，諸公以予必循故事，未明而出，皆遣吏持刺候於郊門，及至日高未出，乃始趨至城外，相候一別。予謂，去就之禮，自覺不差。惟葛端肅公去時頗同此意，他公皆不爾也。（《筆塵》卷十）

【建言】今制，相傳臺諫風聞言事，考之令典，無所證據，心竊疑之。後讀唐史，武后以術制誥下，諫官御史得以風聞言事，自御史大夫至監察御史，得互相彈劾，率以隱誠相傾覆，此風聞言事之始也。夫人之功罪必有其實，按名責實，猶恐不稱，況以風聞？武后之令，蓋羅織告密之別名耳，而承平之世習為典故，不知其出於此也。門籍之名起於唐，其制，記官爵姓名，一月一易，非遷解不除，即今制也。第彼時有門籍者，皆得出入殿廷，直至御前，如其無門籍者，如有急奏，許門司仗家引奏，無得關礙。故貞觀以來，群臣士庶皆得進言。李林甫擅權，群臣奏事有不諮宰相者，則託以他事陰中之，然猶未敢明禁百司之奏事也。元載為相，乃請百官論事先白長官，宰相定其可否，然後奏聞，則明為杜塞言路之謀，載之拒諫擅主，又甚於林甫矣。嘗虛心論之：諫官御史有所論列，先白宰相，非體也；六曹郎吏有所建白，不關長官，亦非體也。何也？臺諫職在言責，於天下事無所不當論，如必先白宰相，則言責杜矣，故不可也；郎官職在官守，其所守之官，即長官之職也，有所建白，當先諮之長官，長官不能行，然後聞之於上可也，如必越職有言，而不使長官與聞，則官守亦紊矣，故不可也。臺諫不白宰相謂之盡職，郎吏不白長官謂之越職，相似而實不同。但以元載之奸，意在塞諫，非為官

守言責計也。(《筆塵》卷十)

【明刑】古時受贓，法極重，如唐肅宗上元間，或告宰相第五琦受人金三百兩，遣御史按之，遂坐長流，可謂重矣。近世，贓吏受財五百以上，法方遣戍，其泛指贓數不可核實者，即至千萬，不過罷免。又肅宗時，宦官受財為人求官於宰相呂諲，事覺，宦官杖死，諲亦罷免。近時，中貴請託宰相，如取如攜，縱遇事發，不過革退，未聞杖死，亦未有連坐宰相者。蓋今之人情似刻而實縱，今之法紀似密而實疏也。唐代宗時，優崇宦官，公求賂遺，無所忌憚。宰相嘗貯錢閣中，每賜一物、宣一旨，無空還者。出使所歷州縣，移文取貨與賦稅同，皆重載而歸。德宗知其弊，有中使受方鎮之賂，杖而流之，自是皆莫敢受，可見中官求索乃古今通弊也。近世此風尤甚，閣部大臣奉旨、宣賜、問勞，皆厚有贈遺，即傳一旨至部，亦不空還。在今視為固然，不以為異，其實，中涓奉旨臨問，大臣即少有勞遺，亦不為過，惟不當苦索耳。至於宣索州縣，毒流吏民，則蠱政之大者。乃至勳臣持節冊封親王，索至千金不已，文臣為副使，杯盤花幣亦皆不受，相懸如此。彼誠何心，獨不知愧。此皆所當懲革者也。(《筆塵》卷十)

【籌邊】權不可中制，兵不可遙度，故曰閫以外將軍制之。非重之也，乃使不得辭其責也。後之當事者，乃取境外之事而任之於廟堂，則分閫有所逃其咎矣，豈得為勝算哉？然則廟堂之責何如？曰：六轡在手，四牡就駕。有如代驥而馳，終日不能一舍，非御道也。邊臣曰：「虜可和也。」廟堂曰：「喏。」不更以戰撓之；邊臣曰：「虜可伐也。」廟堂曰：「喏。」不更以和撓之。戰而得有賞，否則罰，和而得有賞，否則罰，廟堂之責在二字爾，吾安知戰，吾安知和，而為彼解脫地耶？故賞齎者，廟堂之六轡也。(《筆塵》卷十一)

【形勢】三代以前，江北繁盛，江南曠闊，漢晉以下，江南富實，江北凋敝，蓋由三國、五胡之亂，兵火戰爭，多在江北，江北之民，大半南徙，如僑兗、僑徐等州，大氐皆其舊民移江淮之上，因而郡之，被以故名。此皆天地之運，流轉無端，遞相盛衰，非人力所及也。方今太平有日，眾生樂土，然江北之戶口不加少，而土曠人稀，地有遺利，江南之生聚不加多，而地狹人眾，至不能容，可不思所以衰益之乎？漢時，以關中空虛，徙六國豪傑大姓以實三輔，《西都賦》所謂「三選七遷，充奉陵邑」者是也。其時五陵豪侈甲於天下，居重御輕之勢於是在焉。其後，討平閩、越，盡移其民以實江、淮之間，亦是

此意。天地之氣，此盈彼虛，極盛則返，有國家者，調停於緩急輕重之宜，以劑其多寡盈虛之數，亦裁成輔相之權也。大抵南北多寡如向所陳，就其中間又各有不同。以江北言之，兩河、山東其適中者也，而最稀者陝西，最密者山西；以江南言之，閩、廣、淮陽其適中者也，而最稀者湖廣，最密者江、浙，又南則巴、蜀之民太夥，而滇、僰之間太稀矣。至若畿輔之間，則近京四府其最曠莽者，根本重地，不異窮邊，所繫非小也；都城之中，京兆之民十得一二，營衛之兵十得四五，四方之民十得六七；就四方之中，會稽之民十得四五，非越民好遊，其地無所容也。京東瀕海之地，自勝國以來議開水田，竟未能就，近時一二喜事者，倡水利之議，未見有緒，而越人遊食三輔，往往挾策籍從京兆舉，為都人所齮齕，歲有煩言，均非長便。嘗謂欲開京畿水田，即以其便招募會稽之民，令其著籍近邑，以墾田頃畝為限。無田者不得著籍，無籍者不得試有司，不得為掾吏。既已著籍，即將原籍除名，永不許歸，歸則原籍告訐，適諸化外。而令京兆舉士增十餘人制額，以待新籍，不得濫額於京兆，原額無所減損，則爭端宜可息也。又薊鎮新調南兵，未必盡解，或使流入胡中，為患滋大，不若發充三輔衛所，頂補清勾之缺，而於例外請優給之。即願開墾水田者，從其自占，如此則京輔之地可實，水田之利可興，遊食之徒可容，仕進之途可清矣。外此，則三晉之民願徙關中者聽，巴、蜀之民願徙川東以往者聽，江右之民願徙楚者聽，所至有山澤之利，荒棄多年，不在租稅正數者，俱許其開墾，永不起科，亦可行也。誠使燕、趙、秦、楚地無遺利，江、浙、三晉民不遊食，則於國家命脈不無小補矣。雖然，此其大概也，就中遷徙又有難易，越人之徙燕也十人而九，江右之徙楚也十人而八，三晉之徙秦則十不一二也。地利固不可失，人情亦不可拂，要當從其所便，顧其所安耳。不然，鑿空發難，四方驛騷，又甚於料民履畝之役矣。（《筆麈》卷十二）

【論略】柳下惠以和而聖，關壽亭以忠而神，其必為人所不能也，而世以秉燭、坐懷二事為二公之大節，見亦陋矣。何也？風雨如晦，投衣而燠，此何時也，即有淫僻之心，未必即熾，況且人之美惡老少又不可知，縱非下惠，遽及於亂乎？曹公虯虯壽亭，欲敗其節而致諸死，鑴之一室，耳目密列，即非壽亭，其誰自白乎？故柳之不亂，不欲者能之，關之秉燭，不敢者能之，非其大也。柳之大節在一體萬物而無憎別之心，關之大節在始終為主而無二三之志，此其與天地同量、日月爭光者矣，而以二事當之，不亦細乎？柳之言曰：「爾為爾，我為我，爾焉能袒裼裸裎於我哉？」關之言曰：「日在天之上，心在

人之內。」此其大本大原，可以同體天地、并明日月者矣。曰聖曰神，不其然乎！（《筆塵》卷十六）

【釋道】《漢史·西域傳》所記三十六國道里、風俗、人民、戶口纖悉具備，然不聞有浮屠之教，其時誠有之，張騫有不以聞耶？且其時武帝慕道求仙，方且馳心於海上三山恍惚虛無之境，豈有浮屠之教已行而騫不以聞者耶？然佛經傳其淵源，遠自上古，即周定王，至於西漢，已若干年，而其教尚不著於西方，無是理也，豈所謂西方者，尚在天竺、安息之西，非三十六國數耶？《列子》志穆王得西域化人，居處被服，皆非人間所有，而《西域傳》稱條支善眩，又傳聞有西王母弱水，及觀佛氏之言，近於眩術者甚多，豈即所謂化人耶？魏收曰：「張騫使大夏，傳其旁有身毒國，一名天竺，始聞有浮屠之教。」蓋騫時已聞之，然漢史不載，何也？又哀帝時，博士弟子秦景憲受大月支使伊存口授浮屠經，中國聞之，未信了也。佛法不至明帝入中國，此足證矣。（《筆塵》卷十七）

留青日箚三十九卷　（明）田藝衡撰

明田藝衡（1524～？），字子藝，號香宇，自號品嵒子，錢塘（今浙江杭州）人。汝成子。晚歲以貢為新安博士，官休寧縣訓導，轉任應天府學教授。博學善屬文，自弱冠以詩賦著聲海內，名公爭交歡焉。所著前後正續集數十卷、雜著數十種，多聞好奇，世比之成都楊慎。為人高曠磊落，不可羈縻，至老愈豪，朱衣白髮，歸常衣絳衣，挾二小鬟，坐西湖花柳下，遊湖上，或逢友人，則令小鬟進酒，促坐談諧，斗酒百篇，人疑為謫仙。時時挾內人遍遊諸山，日暮無驢，覓得其一，乃與內人共跨一驢入城。〔註106〕性放曠不羈，善酒任俠，亦喜著書。著有《易圖》《老子指元》《大明同文集》《田子藝集》（一名《天植堂集》，一名《香宇集》）、《煮泉小品》《梅花新譜》《詩女史》《留青日劄》《玉笑零音》《醉鄉律令》《陽關三迭圖譜》《香宇詩談》《春雨逸響》《西湖志餘》等書。《明史·文苑傳》附見其父汝成傳中。《徐氏筆精》稱杭州近代博雅君子仁和郎瑛、錢唐田藝蘅，藝蘅詩文在六朝初唐間，駸駸入作者之室云云。《四庫提要》稱「藝蘅在嘉、隆間猶為博洽，而詩格頗嫌宂漫」。藝蘅自贊曰：「以爾為人，則無所事；以爾為官，又非所志。

〔註106〕徐燉：《徐氏筆精》卷七。

時與命違，神將名忌。直而好言，和而弗媚。戇懶本癡，醒狂若醉。心以淡存，貌因幻寄。小耳豐頤，修眉高視。揮塵尾於煙霞，掃塵根於天地。」有別墅曰品嵒，又曰香宇，在寡山之東，又名曰寡山書屋，石刻小小洞天品嵒等字。又有白雲山房。藝蘅有《陳郎中枉駕白雲山房》詩云：「青雲方念爾，忽到白雲間。已是三年約，何妨一日閒。笑談天上接，鼓吹月中還。留得淋漓墨，餘光照小山。」又《喜黃主簿來遊品嵒小小洞天》詩云：「瓊海八千里，君來六月中。獨遊知母老，卑宦惜儒窮。徑偃承車草，林開展席風。暫棲鸞鳳翼，誰不誦黃童。」又《錢塘范禹臣訪藝蘅於香宇遂遊品嵒贈詩》云：「從來野性耽幽賞，此日懷君入紫霞。遂有洞天堪避世，喜無塵鞅可移家。遙知敝鳥凌松杪，共汲清泉試茗芽。獨讓子方才思好，著書今已近三車。」又《蔣灼和范禹臣過寡山書屋》詩云：「殂暑初當六月餘，故人飛蓋出郊墟。欲尋松菊迷荒徑，爰訪煙霞有勝居。雞黍舊盟猶戀戀，肩輿臨別更徐徐。山中不獨書堪著，典水期君共釣魚。」

書前有黃汝亭序，稱其書所載博物通雅，撫時悼俗，如列肆五都，飄蹤海外云云。萬曆元年（1573）劉紹恤序稱子藝以博雅聞，其諸志在關說時事，引當不裨實用，即人所諱言，子藝慷慨悲憤，擢髮直指，儼焉有擊筑彈劍之風云。隆慶六年（1572）龐嵩序稱擬古者滯於仿模，呈己者淪於膚淺。

全書二十一萬言，分三十九卷。前四卷雜談經史掌故。卷五、卷六論詩，卷七「玉笑零音」，卷八至卷十一天文地理，卷十二至卷十四曆法，卷十五至卷十七禮，卷十八姓氏，卷十九律呂，卷二十、卷二十一人物，卷二十二服飾，卷二十三金石，卷二十四、卷二十五談酒，卷二十六談「開門七件事」，卷二十七、卷二十八論佛道，卷二十九至卷三十一論靈異志怪，卷三十二至卷三十四論草木花果，卷三十五論奸人，卷三十六論《易》，卷三十七論政治得失，卷三十八論文字，卷三十九為《陽關三迭圖譜》。其書本隨筆之體，予人目迷五色之感。彼謂「釋不如鐵，道不如石」，以為二氏無益於世，徒耗五穀耳，排斥佛道可謂至極矣。此書雜記明朝社會風俗、藝林掌故。書中零星記及政治經濟、冠服飲食、豪富中官之貪瀆、鄉村農民之生活，以及劉六、劉七、白蓮教馬祖師之起事情形，頗有數據價值。然此書亦未免輾轉稗販，如「菠薐」條引鄭樵《通志》，不知溯源至唐韋絢《劉賓客嘉話錄》。至於「失母之妖」「見鬼投井」諸條，不免荒誕不經矣。

《四庫全書總目》稱蕪雜特甚，故列入雜家類存目。謝國楨稱其書摭拾

叢殘，記述蕪雜，為例不純，然高瞻遠矚，不為俗囿，頗具別裁，時有創見，世多稱之。又許之為「有明一代雜家之冠」。〔註107〕又稱此書雜記明代社會風俗、藝林掌故，流傳頗罕，目錄雖列至第三十九卷，然究不知共刻有多少卷（敘目稱為卷百餘，但嘉業堂明善本書目亦作三十九卷）。〔註108〕《善本書室藏書志》卷十九稱此書一名《香宇外集》，間有考訂，所談掌故亦資史志、藝文之助云云。此書欲做《容齋隨筆》《夢溪筆談》，而所學不足以逮之。

此本據明萬曆三十七年刻本影印。此書又有明萬曆元年刻本。

【附錄】

【劉紹恤《留青日箚序》】田子藝以博雅聞名，所著外家言皆有敘述，業已信於世論已，乃其所為青日九則，命之曰弔詭，非耶？夫士之負奇者，每自託於師心，謂而不軌於古始，或一溺於古，則其詞蔓衍摹擬，所取衷兩鈞瓴焉。子藝具在，事繫稗家，世說纖細，蝟舉猶云抵掌資爾差上自則下及藝苑、陸海、繁露，何所不有？世儒率以為解，子藝獨手提衡百氏，鬱乎遺文焉，又著則關說時事，引當不裨實用，即人所諱言，子藝慷慨悲憤，擢髮直僂焉。擊筑彈劍，風此為烈，何但辨有口哉？當其豈性，云時脫穎，朝而胠篋以出，暮而投篋以入。吹萬不同，賢於比竹。凡是文子，其天性也，綜組織日以成趣，襃然一代史云。或謂子藝賓貢一大廷猶然，卒占畢業嘐，而好古籍，第多聞業，謂何不知子藝所為圖不朽，顧在此不在彼矣。結髮屬書，訖於二毛，計所就業視占畢孰多耶？嗟乎！《太玄》玄矣，世猶詆其尚曰俟知己者辨之，豈其色之未較著耶？抑世人識有至未至也？曲士拘拘必欲信其說於天下，而不聞眇論，此殆以耳食者也，勿恤爾已。敘曰殺青，士語也，箚曰青，有味乎！田子之言乎？蓋自楮子出，而此君之風微，故留之亦可得也，是亦好古而奇也已。萬曆元年冬十一月，歸安劉紹恤長欽纂。

【黃汝亭《重刻留青日箚序》】田子藝先生嗜奇博古聞於世。余及於西湖，逢子藝六橋花樹下，擁兩歌婢，衣絳衣，揚謳進酒，觀者如堵，而先生傲然若旁亡人，以為古所謂狂客者流已。聞子藝翛然辭世之日，戒兒女子輩勿哭，第謂逢良辰賞心，環而歡飲，娛我魂魄，而以平昔所著書若干卷納之一棺。

〔註107〕謝國楨：《江浙訪書記》，第181頁。
〔註108〕謝國楨：《明清筆記談叢》，上海書店出版社，2004年版，第12頁。

有吳梓材歸去來之意，則子藝殆古之達人，而託之狂，狂而託之書與酒者。蓋讀其《留青日箚》所載，博物通雅，撫時悼俗，或譎或經，或怪或質，已聞或標獨解，如列肆五都，飄蹤海外，尚羊乎聽其所止，涉而取之，以成趣者，非沾沾文士噉名者所能辦也。嗟乎！虞卿著書，子雲草《玄》，夫亦中有所不自聊，而發憤於作述，孰有涉書而行其意，玩日將月，瀟灑去來，如田先生者，讀其書，知其人，而知先生以留者非書矣。歲久字渝，其板復為蜀好事攜去，令人慾索田先生而不得，玄舉子藝家倩風雅，不愧婦翁，而再為留青以留之，謂子藝不亡可也。

【蔣灼《留青日箚序》】古人取巨竹炙青汗之以書，曰殺青。田子藝氏名所著之書曰《留青日箚》。或曰：「均之為青也，古以殺，子以留，何居？」子藝曰：「均之為青也。殺則易書，留則易致。惟具易爾，又何殊乎？且朝廷邦國之間，金匱石室之所藏，與夫學士大夫之所撰述，史曰青史，編曰青編，簡曰青簡，箱曰青箱。青既殺矣，諸書不宜復名青。諸書既以青名，則吾之留青不誣矣。吾憶青年頗留心箚牘，守寒窗之青燈，坐青氈以卒歲，既而披青衿，撫青萍，自謂取青紫，可拾芥，上之則躡青雲，排青閤，請膚銀青之寵，圖丹青於麟閣，次之則餐青霞，侶青蓮，睹青鳥之西飛，翫青海之東注，長眉翳青，登名寶錄，吾非不敢以是為留也，而時有未逮，則吾亦不得強留之爾。於是荷青箬笠，拽青藜杖，挾青城，呼青雀舫，載青州之從事，或歌江上青峰，或探湖堤青柳，踏青於芃林豐草，吾豈亦有樂於是而留之耶？彼不吾違，吾不忍不留也，故吾不獲青出於藍，克紹父師之業，然或垂青盼於賢達之目，則凡其可喜可愕、可怖可疑、可怪可奇之事，得之於心，評斷之以臆見，皆得以並存而兼收之。或數日而得一箚，或一日而得數箚，積於箱素，遂成世帙。嗚呼！觀吾之日箚，可以知吾之所留矣。」蔣子聞而歎曰：「夫子藝不留其所難留，而留其所不得不留；不箚其所不可箚，而箚其所不得不箚，則是其所留者，目有必不可遺者，存而所箚者，目有必不可削者。寓予故箚，其一言以留於留青之首。」餘杭蔣灼。

【書一通】佳刻種種珠玉，竊惟今之挾技馳騁吼然自鳴者多矣。然擬古者滯於仿模，呈己者淪於膚淺，塞耳填目，無可傳者。惟吾丈近承家學，遠追古人，卓然為一代名家，賦即《離騷》，律即唐選，古風逼陶，文躡班、馬，一字一句，動有法度，誦之愈有餘味。如《留青日箚》，則學問該博，考據精詳，敘事有條，文筆高古，不徒可廣見聞，抑亦有關世教，不可少也。舟中詳

閡，父子師生咸沾潤渥，不但百朋之錫，永作傳家之寶也。隆慶六年壬申春三月二十七日，書於常山舟中，南海龐嵩、龐一德、博羅周坦頓首。

【田藝衡《留青日箚敘目》】玄樓三徑，翠竹萬竿，田子敎詠林中，聲金振玉，偶聞瞥見，則抽簪刻竹紀之，標目銘心，聊代鉛槧。於是竹無空節，節無完膚，幾三十年，除舊布新，謄稿充宇第，多則混肴，人當散軼，乃復枝分櫛比，卷百餘，永託梨編，以示兒筆。因思古人汗簡皆炙青而後書，余獨不忍以頻摹綠門，汪勝弄紺珠，得鐫琅玕，何減琬琰，故遂命之曰《留青日箚》焉。嗟夫！攘攘紅塵，余常白眼。悠悠青盼，孰具碧瞳？憐貴紙之未期，笑覆瓿之可卜矣。詩以引之，目列如左：有田誰肯藝秦蘅，有力誰能事筆耕。玉宇風來香葉長，金莖露滴墨花生。仙人超出世間劫，男子獨留身後名。萬竹歲寒青眼在，窮愁我亦笑虞卿。此君玉立氣凌虛，談吐風生日起予。為愛彤竿飛白寫，不須刀筆殺青書。老饕每惜常珍棄，拙計空勞重寶儲。千載何人能掛眼，還留清賞對林箊。目凡三十有九卷，不盡錄，錄其摘出者，為四卷云。

【四庫提要】《留青日箚》三十九卷（浙江巡撫採進本），明田藝衡撰。藝衡有《大明同文集》，已著錄。是書欲倣《容齋隨筆》《夢溪筆談》，而所學不足以逮之，故蕪雜特甚。其中《詩談初編》《二編》各一卷，《玉笑零音》一卷，《大統曆解》三卷，《始天易》一卷，皆以所著別行之書編入，以足卷帙，尤可不必。（《四庫全書總目》卷一百二十八「子部三十八‧雜家類存目五」）

【笑人著書】梁湘東王繹勤心著述，厄酒未嘗妄進。衡山侯恭尚華侈，好賓友，酣燕終日，坐客滿筵，每從容謂人曰：下官曆觀世人，多有不好歡樂，乃仰眠床上，看屋樑而著書，千秋萬歲，誰傳此者？勞神苦思，竟不成名，豈如臨清風，對朗月，登山泛水，肆意酣歌也。此言頗切苦心著述形狀，然亦有性癖所耽，至老不倦者。秦子敕密曰：「僕文不能盡言，言不能盡意，何文藻之可揚乎？虎生而文炳，鳳生而五色，豈以採自飾畫哉？性自然也。至於退之則云化，當世莫若口傳，來世莫若書。」嗚呼！然此可為知者道，難與俗人言也。（《留青日箚》卷一）

【文窮詩窮】蘇子瞻曰：「文人之窮也固宜，勞心以耗神，盛氣以忤物，未老而衰病，無惡而得罪，鮮不以文者。」歐陽永叔序梅聖俞詩集云：「予聞世謂詩人少達而多窮，夫豈然哉？窮則愈工，非詩能窮人，殆窮者而後工也。」予謂詩文之能窮人也自古然矣。然可窮者身，而不可窮者名，豈人能窮之邪！天忌之爾。窮之適所以為達也。（《留青日箚》卷一）

【繡花插帶瞎先生】插帶婆者，富貴大家婦女赴人筵席，金玉珠翠首飾甚多，自不能簪戴，則專雇此輩。顏色間雜，四面均勻，一首之大，幾如合抱。即一插帶，頃刻費銀二三錢。及上轎之時，幾不能入簾輿也。入人家坐席，則須俊僕四五人，回侍左右，仰觀俯察，惟恐一物之遺失，一花之傾倒，即能解意，以手拾取扶植。每為從者熟視動心，遂至通姦露醜。或有自早至晚，坐久頭重，不堪其苦，暈眩扶歸者。或遺失一物，值數十金，歸家悔恨，涕泣數日成疾者。亦有假借他人，另置賠償者。後聞江西建昌婦女妝飾亦然，此風所當痛革也。（《留青日箚》卷二）

【琵琶記】高明者，溫州瑞安人。以《春秋》中大元至正乙酉第，授處州錄事，後改調浙東閫幕都事，轉江西行臺掾，又轉福建行省都事，方國珍留置幕下，不從，旅寓明州櫟社，以詞曲自娛。因感劉後村之詩「死後是非誰管得，滿村爭唱蔡中郎」之句，乃作《琵琶記》。有王四者，以學聞，則誠與之友善，勸之仕，登第後，即棄其妻，而贅於太師不花家，則誠悔之，因作此記以諷諫。名之曰琵琶者，取其上四王字，王四云耳。元人呼牛不花，故謂之牛太師，而伯喈曾附董卓，乃以之託名也。高皇帝微時，嘗奇此戲，及登極，召則誠，以疾辭。使者以記上進，上覽之，曰：「五經四書在民間，譬諸五穀，不可無此記，乃珍羞之屬、俎豆之間亦不可少也。」於是捕王四，置之極刑。或曰，東嘉初以伯喈為不忠不孝，夢伯喈，謂之曰：「公能易我為善行，當有以報公，遂以全忠全孝易之。」東嘉後果發解，未知然否。後卒於寧海。時陸德暘以詩哭之，曰：「亂離遭世變，出處歎才難。墜地文將喪，憂天寢不安。名題前進士，爵署舊郎官。一代儒林傳，真堪入史刊。」（《留青日箚》卷十九）

【七件事】諺云：「開門七件事，柴米油鹽醬醋茶。」蓋言人家之所必用，缺一不可也。元人小詞有云：「倚蓬窗無語，嗟呀七件兒全無，做甚麼人家？柴似靈芝，油如甘露，米若丹砂，醬甕兒恰才夢撒，鹽瓶兒又告消乏，茶也無些，醋也無些，七件事尚且艱難，怎生教我折柳攀花。」此《折桂令》也。我朝餘姚王德章者，安貧士也，嘗口占云：「柴米油鹽醬醋茶，七般都在別人家。我也一些憂不得，且鋤明月種梅花。」即此可以知其操矣。（《留青日箚》卷二十六）

【茶酒名春】古人酒多以春名，而茶亦有以春名者。蓋以四時之景，惟春為美也。酒曰滎陽之「土窟春」、富平之「石練春」、宜城之「竹葉春」、崇

安之「麴米春」、劍南之「燒春」、吳會之「洞庭春色」、宋蔡邸之「春泉」、濟邸之「浮春」、曹詩之「成春」、武林之「皇都春」、江闉之「留都春」、海闉之「十洲春」、西總之「海嶽春」、越州之「蓬萊春」、錦江之「錦波春」、「浮玉春」、建康之「秦淮春」、溫州之「豐和春」、蘭溪之「谷溪春」、榮邸之「萬象皆春」、石湖之「萬里春」。茶曰宣和之「玉液長春」、「龍苑報春」、「萬春銀葉」，我朝建寧貢茶曰「探春」，曰「先春」，曰「次春」。又宋謝府酒名「勝茶」，此又奇也。余欲以茶亦名曰「勝酒」，不尤大奇也哉！（《留青日箚》卷二十六）

【十盜】周武王問太公曰：「貧富豈有命乎？將治生，不得其意。」太公曰：「盜在其室：計之不熟，一盜；收種不時，二盜；取婦無能，三盜；養女太多，四盜；棄事就酒，五盜；衣服過度，六盜；封藏不謹，七盜；井灶不便，八盜；舉息就利，九盜；無事燒火，十盜。安得富也？」見《六韜》。此雖偽書，亦足以為吾人治家之戒慎焉，防之可也。余因自計平生多犯此戒，性躁而慮疏，則有計生之盜；不善治產，農事任之僮僕，則有失時之盜；所舉七女，而存者四，則有不過門之盜；雖不多飲，而招者必赴，且惜終歡，則有廢事之盜；取水去廚甚遠，而每日用水甚多，則有爨汲不便之盜；煮酒烹茶，不耐食冷，薰籠篝火夜靜息煙，則有樵薪不繼之盜。夫以一室之中，而六盜集焉，欲不貧得乎？（《留青日箚》卷二十六）

【薄薄酒】趙明叔有言：「薄薄酒勝茶湯，醜醜婦勝空房。」陶靖節「弱女雖非男，強歡良勝無」之詩，蓋喻酒也。膠西先生之言實祖於此。至於蘇子瞻則廣之曰：「薄薄酒勝茶湯，粗粗布勝無裳，醜妻惡妾勝空房。」又云：「薄薄酒，飲兩鍾。粗粗布，著兩重。醜惡雖異醉暖同，醜妻惡妾壽乃公。」余又廣之曰：「酸酸酒勝醋湯，稀稀粥勝絕糧，粗粗布可補漿，貧病到老勝無常。有妻有妾醜不妨，妻妾太美多淫荒。」或曰：「此雖戲言，切中時病也。」（《留青日箚》卷二十六）

【假師姑】隆慶庚午，妖僧圓曉穿耳纏足，妝飾為假師姑，至餘杭哄誘念佛婦人，淫媾甚多，雖富貴之家不免其污。事露，送縣，賄釋，按察吳公擒之，盡發其奸，醜聲滿邑，乃號令通衢致之死刑，則又頌聲滿省矣。總制郭公薦剡，所云「開運河而百姓騰歡，擒妖僧而一方稱快」，正謂此也。吳公名教傳，朝城人，崇正辟邪，真王政也。（《留青日箚》卷二十七）

【三教】元字艿魯翀子翬曰：「釋如黃金，道如白璧，儒如五穀。」當時

以為名言。余則以為，釋不如鐵，道不如石。蓋二氏無益於世，徒耗五穀耳。佛者言其弗是人也，猶言俳者言其非是人也，以俳為倡優者，言其人之猖狂而可憂也。惟釋害人最大，在元有白蓮教、滿摩教、回回教、頭陀教，各自有宗，猶道之符水教、儒之道學教，其亂天下一也。儒之有道學，即五穀之有稊稗耳。（《留青日箚》卷二十七）

太史楊復所先生證學編卷首一卷證學論一卷策一卷
（明）楊起元撰

楊起元（1547～1599），字貞復，號復所，廣東歸善人。性開敏大度，少補邑弟。萬曆五年（1577）登進士第，會試第一，選翰林院庶吉士，授編修。歷國子監祭酒、禮部侍郎。最後召為吏部侍郎兼侍讀學士，未上而卒，謚文懿。父傳芬，名湛氏之學，故幼而薰染，讀書白門。遇建昌黎允儒，與之談學，霍然有省。因問：「子之學豈有所授受乎？」允儒曰：「吾師近溪羅子也。」無何，起元在京，而近溪至。起元大喜，遂拜其門，執贄稱弟子。時江陵張居正不說學，以為此陷阱，不顧也。近溪既歸，起元歎曰：「吾師且老，今若不盡其傳，終身之恨也。」因訪從姑山房而卒業焉。往復參證，因大悟性命之宗，曰：「乃今如客得歸矣。」因次近溪會語為《答問集》，又摘其論仁者為《識仁編》，日諷誦之，並示學者。嘗謂鄒南臬曰：「師未語，予亦未嘗置問，但覺會堂長幼畢集，融融魚魚，不啻如春風中也。」一聞羅近溪之學，無須臾忘。起元之事近溪，出入必以其像供養，有事必告而後行，顧涇陽曰：「羅近溪以顏山農為聖人，楊復所以羅近溪為聖人。」其感應之妙，可謂錙銖不爽。天啟初謚文懿。著有《諸經品節》《平氛外史》《證學編》《識仁編》《天泉會語》《論學存笥稿》《白沙語錄》《仁孝訓》《楊文懿集》等書。生平事蹟詳見《明儒學案》《廣東通志》卷二百九十一、《明史·儒林傳》、吳秀玉《被遺忘的晚明思想家：楊起元思想研究》。

書前有萬曆二十二年（1594）鄭邦福《楊先生證學編序》，稱其學於近溪羅子，又稱羅子之學，學之於天地萬物者也，而其言最能喚人以惺，如赤子墮地，啞啼一聲，恍然而聞，劃然而驚，自此以駭，駭之而後解，解之而後快云云。〔註109〕又有萬曆二十四年（1596）自序，稱年三十始知學，每

〔註109〕《續修四庫全書》第 1129 冊，上海古籍出版社，2002 年版，第 319 頁。

有解悟，輒筆錄之，其中不無一二語獨詣者。

　　全書十一萬言，載筆記、尺牘、語錄及雜文，附論策數首，大抵講學之語，故以「證學」為名。史稱其清修姱節，而其學不諱禪。其學以知性為宗，不離日用，要在洞啟扃鑰，喚醒後儒。如曰：「友人責予以不記會中語者，予曰：『予寧有不記耶？』友人曰：『數日後予則忘之。』曰：『予見子之未嘗忘也。子夙則興，興則盥，盥則櫛，櫛則衣冠，衣冠則或治事，或見賓，言則言，動則動，食則食，向晦則息，明發復然。予見子之未嘗忘也。』友人曰：『是則安能忘？所忘者會中語耳。』曰：『是不忘，斯可矣，又惡事夫會中語哉！』」曰：「有友曰：『茲會也講所以學孔子也。孔子賢於堯舜，而生民以來未之有也。吾人將奚以學之？』應者曰：『堯舜之道易簡，人皆可為。而孔子賢之遠，必其道視堯舜尤為至易至簡，而人尤皆可為也。』友曰：『若是，則為孔子者何千載而不一見哉？』應者曰：『無志於為者，以不為失之；而有志於為者，又以為失之，是以難也。』某曰：『昔者愚聞之師，人皆可以為堯舜。堯舜即人也，人即堯舜也，識得此人，斯可以為堯舜矣。』諸友曰：『然。』」又曰：「學者因儒先闢佛、老，遂不敢顯言之，而私窺其書焉，陰用而陽拒，是竊也，焉有竊心不除而可以入道者哉？且天下既有其書矣，橫目之人孰不見之而能使之蔽其目乎？其書皆盡性至命之理也，有識者孰不悅之而能使之刳其心乎？必不能矣，而卒歸於竊取。」又曰：「秦、漢以還，不復知道為何物，而佛之教能守其心性之法，及至達摩西來，單傳直指，儒生學士從此悟入，然後稍接孔脈。」又曰：「以俗眼觀世間，則充塞天地皆習之所成，無一是性者。以道眼觀世間，則照天徹地皆性之所成，無一是習者。」又曰：「以明理言道者，至不識一字之凡夫則窮；以昭靈言性者，至百歲之髑髏則窮；以不學不慮言性與天道者，至偃師之木偶、師曠之清徵則窮。」又曰：「文必博，則取捨無所措其意；禮必約，則思議無所與其幾。」又曰：「當下者，學之捷法，無前無後，無善無不善，而天地之大，萬物之富，古往今來之久，道德功業之崇廣，人情世態之變幻，管是矣。非天下之至巧，不足以語此。」又曰：「與愚夫愚婦同其知能者，真聖人之道也。然而不為愚夫愚婦者，以其能使天下萬世各安於愚夫愚婦之知能耳。」又倡「三經說」，即《孝經》《道德經》《圓覺經》也。謂三聖人之受身一而已矣，三教相為用者也，實則主三教合一矣。

　　起元持論以明德、新民、止至善為宗，而要歸於孝悌仁慈。黃宗羲《明

儒學案》卷三十四稱：「先生所至以學淑人，其大指謂明德本體人人所同，其氣稟拘他不得，物慾蔽他不得，無工夫可做，只要自識之而已。」然《四庫全書總目》列入雜家類存目，稱其授儒入墨，誣誕實甚，又稱其變亂先儒，流毒及於經義云云。

此書收入《楊復所全集》。此本據南京圖書館藏明萬曆四十五年佘永寧刻本影印。

【附錄】

【鄭邦福《楊先生證學編序》】道在言乎？子欲無言。在無言乎？子與回言終日，是故以言即道，則無言時離矣，無言即道，言時離矣。是故必以其言通其無言，以其無言默契其言，是故終日言，未嘗言，終日無言，未嘗無言，而庶幾乎會道之全，達此可以知子楊子之言已。子楊子學於近溪羅子者也。羅子之學，學之於天地萬物者也。而其言最能喚人，以惺如赤子墮地啞啼一聲，恍然而聞，劃然而驚，自此以往，其大難名何。世儒之拘方往往承之以駭，駭之而後解，解之而後快，而無駭，亦無快，則鄭邦福是已。鄭邦福則嘗思之矣。天地萬物總備於人，顧人各異體，體各異用，安能合而為一，獨不見夫可喜之事至而天下之口畢開乎？可憂之事臨而天下之眉胥慼乎？則信乎無異體矣……萬曆甲午秋，書於羅浮道中。

【楊起元《證學編自序》】不敏年三十，始知學，每有解悟，輒筆記之。亦有答友人論學書筆記，出以就正本省守道公。祖鄭蓮國公，公不叱其非也。為予序而刻之，論學書則予友順德曾明吾中翰，刻之京師，題曰《正學編》云。昨待命中都，舉會龍興寺者再答問之語數條，則鳳陽高判刻之。至是悉出以示司，屬楊君、駱君等咸謂鄙說亦同志商學之一助也，矧其中不無一二語獨詣者，不可私，且棄請登之木，毋以捎寫疲書史。予曰諾，既而有述先師近溪羅先生言有志二字大非容易者，予為之惕然自省，曰：「予曰者之諾諸君也，毋乃無志，墮落科臼中矣乎？」既而復自奮曰：「吾苟安於所未至，然後謂之無志。今此皆非吾駐足地也，第存往跡，以自考驗，且便於且志共規吾過也。吾矢吾志，自今以至於後日，不留一言。」因自題曰證學之編而序之。時萬曆丙申仲夏既望，羅浮楊起元貞復甫書。

【四庫提要】《證學編》四卷附《證學論策》一卷（兩江總督採進本），明楊起元撰。起元字貞復，廣東歸善人。萬曆丁丑進士，官至吏部左侍郎。謚文懿。《明史·儒林傳》附載《王畿傳》末。稱其清修姱節，而其學不諱禪。是

編載尺牘、語錄及雜文，附論策數首，大抵講學之語，故以「證學」為名。觀其論佛、仙云，秦、漢以遠，不復知道為何物，而佛之教能守其心性之法。及至達摩西來，單傳直指，儒生學士從此悟入，然後稍接孔脈云云。其授儒入墨，誣誕實甚。艾南英嘗作文待序曰：「蓋自摘取良知之說，而士稍異學矣。」然予觀其書不過師友講論，立教明宗而已，未嘗以入制舉業也。其徒龍溪、緒山闡明其師之說，而又過焉，亦未嘗以入制舉業也。然則誰為之始歟？吾姑為隱其姓名，而又詳乙注其文，使學者知以宗門之糟粕為舉業之俑者，自斯人始云云。顧炎武《日知錄》嘗考南英所乙注者，即起元文也。然則起元變亂先儒，其流毒且及於經義矣。（《四庫全書總目》卷一百二十四「子部三十四‧雜家類存目一」）

【嘉議大夫吏部左侍郎兼翰林院侍讀學士貞復楊公傳】公名起元，字貞復，學者尊為復所先生。廣東歸善人也。公自幼聞正學，言動舉止，咸莊重不苟。十五補諸生，二十一而魁於鄉，三十一而成進士，入讀中秘書。當公中省試之年，會有詔釐正文體，獨公文勃萃理窟，海宇既爭傳頌之。

【明儒學案】楊起元，字貞復，號復所，廣東歸善人。萬曆丁丑進士。授翰林院編修。歷國子監祭酒，禮部侍郎。最後召為吏部侍郎兼侍讀學士，未上而卒，年五十三。先生之父傳芬，名湛氏之學，故幼而薰染，讀書白門。遇建昌黎允儒，與之談學，霍然有省。因問：「子之學，豈有所授受乎？」允儒曰：「吾師近溪羅子也。」無何，先生在京，而近溪至。先生大喜，遂稱弟子。時江陵不說學，以為此陷阱不顧也。近溪既歸，先生歎曰：「吾師且老，今若不盡其傳，終身之恨也。」因訪從姑山房而卒業焉。常謂鄒南皋曰：「師未語，予亦未嘗置問，但覺會堂長幼畢集，融融魚魚，不啻如春風中也。」先生所至，以學淑人，其大指謂：「明德本體，人人所同，其氣稟拘他不得，物慾蔽他不得，無工夫可做，只要自識之而已。故與愚夫愚婦同其知能，便是聖人之道。愚夫愚婦之終於愚夫愚婦者，只是不安其知能耳。」雖然，以夫婦知能言道，不得不以耳目口鼻四肢之欲言性，是即釋氏作用為之性說也。先生之事近溪，出入必以其像供養，有事必告而後行，顧涇陽曰：「羅近溪以顏山農為聖人，楊復所以羅近溪為聖人。」其感應之妙，錙銖不爽如此。（《明儒學案‧侍郎楊復所先生起元》）

【以家國天下為心】人本無心，因家國天下而有心；心本無所，因不識心而妄以為有所。誠意之極，即心無其心，渾然以天下國家為心，是謂正心。

以家國天下為心者，是合家國天下為一身矣。蓋家本齊也，因吾身好惡之偏而不齊；國本治也，因吾身好惡之偏而不治；天下本平也，因吾身好惡之偏而不平。惟不於彼起見，而第求諸身，無作好，無作惡，保合吾身之太和而已。此之謂真修。(《證學論》卷一)

【所謂先覺】問：「抑亦先覺？」曰：「即伊尹所謂先覺也，人人有之。至虛至靈謂之先覺，又謂之良知。逆億者情識之私，習而有者也，不逆不億，則良知自然流行，而先覺矣。子貢之億則屢中，不能先覺，而孔子之每事問，乃先覺也。」(《證學論》卷一)

【四勿】非禮勿視，無其目也；非禮勿聽，無其耳也；非禮勿言，無其口也；非禮勿動，無其身也。無目則亦無色，無耳則亦無聲，無口則亦無物，無身則亦無事。我既不立，物亦不對，而一歸之禮焉。禮安在哉？天理而已。天理又安在哉？有在即非天理也。噫，此顏子之所以屢空也。(《證學論》卷一)

【格物】格亦有通徹之義，通而謂之格，猶治而謂之亂也。格物者，己與物通一無二也。如此，則無物矣。有則滯，滯則不通，無則虛，虛則通。物本自無，人見其有。格物者，除其妄有，而歸其本無也。歸其本無，此謂知本。(《證學論》卷一)

【以禮為體】體之為言，禮也。天地萬物一體者，天地萬物一於禮也。仁者以禮為體，不以形骸為體，故曰「克己復禮為仁」。(《證學論》卷一)

【全體融攝】天地萬物真機，於一時一事上全體融攝，但應一聲、轉一瞬，無不與萬物同體，顧人不善自識取耳。(《證學論》卷一)

【天下之人性】天下之人性，固已平矣，好智者欲為之平，適所以亂之也。聖人以常平者視天下，而不敢以有為亂之，恭之至也。(《證學論》卷一)

【聖人之道】或問：「世儒所言聖人之道是乎非乎？」曰：「是則不可謂之不是，然非其本也。譬之言日，自其光景言之，亦不可謂非日也，畢竟非日體。曷若以身為日，而光景皆自此出哉？」問：「以身為日，奈何？」曰：「不識自身原是日體，而欲以身為之者，正所謂逐光景者也。」(《證學論》卷一)

【虛靈不昧】朱子以虛靈不昧訓明德，似也。若云「具眾理，應萬事」，則明德之贊，而非明德之訓也。執以為實然，謬矣。猶言鏡之具眾影而應萬形也，鏡果有眾影之具哉？蓋鏡一影不留，明德一理不有。一理可有，奚虛靈之足言？且曰「氣稟所拘，人慾所蔽，有時而昏」，亦非也。凡人終日舉心動念，無一而非欲也，皆明德之呈露顯發也，何蔽之有？吾人一身視聽言動，

無一而非氣稟也，皆明德之洋溢充滿也，何拘之有？即如聾瞽之人不能視聽，若可以拘其明矣。然執聾者而問之曰：「汝聞乎？」必曰：「不聞也。」執瞽者而問之曰：「汝見乎？」必曰：「吾不見也。」不聞為不聞，不見為不見，一何明也，而謂之拘，可乎？知明德之明，不拘於聾瞽，則知氣稟不能拘矣。不能拘，不能蔽，則無時而昏矣。（《證學論》卷一）

【明明德之明】明德之明，一明也。明明德之明，又一明也。明德之明，明之出乎天者也；明明德之明，明之繫乎人者也。繫乎人者，必由學問之力以求其明，學問一毫之未至，即其明亦未徹。若其出於天者，則虛靈之體人人完具，聖非有餘，凡非不足，豈容一毫人力哉？人之有是明德也，猶其有是面貌也。由學問以求明，猶欲自識其面貌者，援鏡以自照也。一照之後，不過自識其面貌而已，不能以分毫加之。然則未識之前，亦豈容以分毫損哉？識與不識，而面貌自如；明與不明，而明德自若。今人不達明字之義，遂疑明德之體有拘有蔽有昏，必待人之磨淬洗滌然後明也，如此則明德乃人造作而成，安得言天哉？是不求自識其面貌，而徒欲以粉澤膏脂妝點，雖妝點妍美，與自己面貌了不相干。要之，皆不達此一明字之誤也。（《證學論》卷一）

【明明德之鏡】問：「明德既本明矣，又欲求明之，何也？」曰：「此聖人修道立教之事也。太古之時，不識不知，順帝之則，故其本明者足矣，無事於教也。天下之生久矣，習染漸深，智識漸啟，求欲漸廣，而民始苦也。聖人者思有以救之，而救之道，又非刑政之所能齊也，於是乎自明其明德，而鼓舞天下以共明之，然後天下知識漸忘，而安於作息耕鑿之常，用其本明者以自樂，實聖人救之也。然本明之德，實不因明而有所增，如人之有面貌，何以照鏡為哉？然出入關津，當自圖形象，必假鏡自照，然後圖得其真。其實相貌不照亦是如此。深山窮谷之中，人民無有鏡者，亦是如此。所以云明德雖不明，亦未嘗不明也。然苦樂關津，吾人何以度越？則明明德之鏡，其可少哉！（《證學論》卷一）

【本體工夫】承諭：「有本體，有工夫，良知不學不慮，固不待修證而後全。若任作用為率性，倚情識為通微，不能隨時翕聚以為之主，倏忽變化，將至於蕩無所歸。致知之功，不如是之疏也。」此殊不然。陽明曰：「不睹不聞是本體，戒慎恐懼是工夫；戒慎恐懼是本體，不睹不聞是工夫。」陽明之下此轉語者，蓋見「本體」「工夫」原是強名，求其合一且不可得，而安得有二也？試自揆之，吾性果有本體、工夫乎哉？盡天地萬物皆在妙湛靈明之中，就此

中間請剖剝出何者為本體，離此中間請披揀出何者為工夫，本體中無工夫耶？工夫中無本體耶？即相等待，如獨木橋，彼此陵奪。本體中有工夫耶？工夫中有本體耶？即共淆雜，如冷爐金，磊塊支撐。夫良知既謂之靈根矣，翕聚緝熙豈其所不能哉？既不能，則不當妄加之以靈之名；既靈，則又孰有靈之者以翕聚之、緝熙之也？如人眼目，久瞪發勞，自知閉瞬，不待詔教，不須起作。形體尚爾，無有工夫，何況良知？瞪勞閉瞬，同歸靈妙，本體、工夫如何分別？夫任作用為率性，倚情識為通微，豈其不能隨時翕聚之過哉？不見性之過也。不能見性，雖隨時翕聚，即謂之作用，即謂之情識，若見性雖作用情識，無一而非翕聚也。翕聚亦可，不翕聚亦可，翕聚時如閉目，不翕聚時如開目，同是本體，同是工夫。今不責人學不見性，而責人不隨時翕聚，不知翕聚甚物，又不知這翕聚的如何做主？發散翕聚，總屬前塵，前塵皆客，如之何其主之也？所謂倏忽變化、蕩無所歸者，即前塵變滅之象也。不歸咎其翕聚之非，而致疑於良知之失，認客為主，終身不放，豈有寧定之期哉？而以此為致良知之功，謬矣！夫所謂性體者，何也？終日喫飯不飽，終日喫吃飯不饑；終日閒，不喚作靜；終日忙，不喚作動；應得停當，不名為得；應得不停當，不名為失。倏忽變化，不知其變化，蕩無所歸，亦不求其所歸。如此，又奚事繩繩然隨時翕聚之哉？（《證學論》卷一）

【真正明德】明德不離自身，自身不離目視耳聽、手持足行，此是天生來真正明德。至於心中許多道理，卻是後來知識意見過而不化者，不可錯認為明德也。故《大學》單提身字，可謂潔淨精微之至矣。學雖極於神聖，而理必始於可欲。今吾儕一堂之上，何其可欲如此也。目之所視，因可欲而加明；耳之所聽，因可欲而加聰；聲之所發，因可欲而加暢；心之所思，因可欲而加敏。何善如之，但能信此可欲之善，原有諸己，不待作為，於是由可欲而充之。在父母，則以可欲施於父母而孝行矣；在兄弟，則以可欲施於兄弟而弟行矣，君臣朋友夫婦皆然。至於待人接物，一切不忘可欲之念，而仁愛行矣。直至神聖，亦可欲之至於化而不可知也。舉凡有生之類，同一可欲之機，洋洋在前，優優乎充塞宇宙，雖欲違之，其可得耶？（《證學論》卷一）

【心到盡時】心到盡時，無是心者，無非心者，即此是性，即此是天，一以貫之矣。此後更無餘事，惟隨時隨遇發歡喜心，活活潑地，存養事天而已。此是春生夏長氣象。然則結果一著，直是一刀兩斷，也不管甚心，也不管甚性，確然以一身為立，獨往獨來，一絲不掛，便是立命，此是秋殺冬藏手段。

（《證學論》卷一）

【恕者如心】恕者，如心之謂，人己之心一如也。若論善，我既有，則天下人皆有；若論不善，天下人既不無，我何得獨無？此謂人己之心一如。人惟見得在己者有善無惡，便與那百姓不成一體，便是將身露在恕之外。君子見得在己者未常有善無惡，便與那百姓渾為一體，便是將身藏在恕之內。橫目之民，仰瞻於下，不見君子之身，只見一個藹然仁厚、豈弟、慈祥、惻怛之光景，自然感動其良心，都自然曉得己未嘗有善，而推善與人，自然曉得己未嘗無惡，而引咎歸己，所謂喻也。天下之爭，皆起於自有善而自無惡。吾既有善，天下之人亦各自有其善，吾既無惡，天下之人亦各自無其惡，此天下之所以多事也。故吾人須反身審察，我果有善否、果無惡否？若果有善，便須根究我此善從何而有，莫是得之聖賢之書，莫是得之父兄之教，莫是得之師友之夾持、風俗之漸染，方得有是善？如此看來，我何嘗有善？既未嘗有善，如何敢求諸人？那百姓家，多因他未曾讀聖賢之書，無賢父兄之教，又無良師友之夾持、好風俗之漸染，如何怪得他無是善；又如果無惡，亦須根究我此惡從何而無，莫是我所居之地既高，賴藉之資又厚，內無仰事俯育之累，外無一切引誘之徒，方得無是惡？如此看來，我何嘗無惡？既未嘗無惡，如何敢非諸人？那百姓家，多因他所居之地既卑，賴藉之資又薄，內有仰事俯育之累，外又有一切引誘之徒，如何怪得他有是惡？凡屬於己者，有善務須看到無，無惡務須看到有；凡屬於人者，無善務須看到有，有惡務須看到無。看之久久，忽然自悟，便能全身藏在恕中，而能喻人矣。（《證學論》卷一）

【近溪先生講堂記】此吾師近溪羅先生講學之堂也。孔子曰：「學之不講，是吾憂也。」夫徙義改過，以修其德，亦學者所共期也。而竟苦於不能徙，不能改者，非其力之不足，乃其學之不明。學不明，故義不能徙，過不能改，而德奚由修？講學者所以明此學也，明此學所以明吾之明德也。明明德，必親民，必止至善，大學之道也。此孔子之所以群三千、七十之徒於洙泗杏壇之間，學不厭而教不倦也。孔子沒，唯曾子、子思、孟子先後推明而羽翼之，其他若子貢、子夏之徒不能盡明其旨，依稀卜度而已。《魯論》所記往往存其微言，而諸子之意見亦間附會其中，以故聖學清寂，難尋其端，載經秦火，又附會於漢儒，流唐極宋，雖云理學盛行，然求其心體洞然，無疑直與天地合德、聖神同歸，則吾未之敢知也。惟我國朝撥亂反正，當一元

文明之會，白沙陳先生靜悟自然致虛立本，而學者多疑其為禪。蓋訓詁詞章
之習千餘年，深且錮矣，雖語之不能盡信，即信亦不能無疑，無足怪也。陽
明王先生繼之，而良知之教風動四方，然禪之疑亦十而七八，其間豪傑之士
直信直從，確乎不拔者亦復數人。盛矣盛矣！自是而後，天下學者始知孔子
之學，不若訓詁詞章之所云云，而稍知求之本心。吾師近溪先生生乎白沙、
陽明二先生之後，毅然以斯文為己任，虛心遜志，好問好學，信古而不敢自
信，是人而不敢自是，德無常師，善無常主，辛苦拮据，老而不倦，覺吾心
體，本自廣大而精微，本自高明而中庸，而吾之明德一明欲不親民不可得也，
欲不止至善亦不可得也。見古今學術本無異同，皆明德之流行，而惟當歸宗
於孔子。孔子之學，至易至簡，人人可為，物物具足，無欠無餘，而惜其不
能自知也。故先生之學之教，不立宗旨，不執一方，導迷化執而已矣，而不
敢少有加也。先生自壯歲知學，以至於今，春秋七十有三矣，未嘗一日而離
友，守寧國，守東昌，參藩滇，南化於時雨者幾千人，謝簪紱，歸盱江，而
弟子之遠肖者甚盛。蓋先生之學脈既真，而學者際大明全盛之時，本無陷溺
之患，又當二先生鼓動之後，其執迷之障輕。嗟夫！豈非萬世一時哉？（《證
學論》卷三）

焦氏筆乘六卷續八卷 （明）焦竑撰

焦竑（1540～1620），字弱侯，號澹園，山東日照人，以軍籍居金陵。
父文傑，衛千戶，伉直不欺，振武營兵變，群起攫賞，文傑按劍戮所部，無
敢嘩，還主簿吳某所寄八百金，仍護歸其喪，人稱盛德。弱侯為諸生，有盛
名，學者稱為澹園先生。初從理學家耿定向問學，復質疑於泰州學派大師羅
汝芳。已而歸心佛乘，天台嘗引程子斥佛語以相詰，弱侯曰：「伯淳斥佛，
大抵謂出離生死為自利心，夫生死者，所謂起滅心也。《起信論》有真如、
生滅二門，未達真如之門，則念念遷流，終無了歇，欲止其所不能矣。以出
離生死為利心，是易之止其所起利心也。苟知止其所非利心，則即生滅而證
真如，乃吾曹所當亟求者，從而斥之，可乎？」時有唐子楨者，先從近溪學，
已而來謁，初見言知，弱侯曰：「知為常見，是眾生法。」再見言無，知弱
侯曰：「無為斷見，是二乘法。」子張憮然。弱侯因語之曰：「人心之妙，囊
括太虛，不可以有無求，不可以取捨得。」舉嘉靖四十三年鄉試，下第還。

定向遴十四郡名士讀書崇正書院，以竑為之長。及定向里居，復往從之。萬曆十七年（1589）賜進士第一，授翰林院修撰，日夜從事學問，益研習典章制度。二十二年，大學士陳于陛建議修國史，欲竑專領其事，竑遜謝，乃先撰《經籍志》，其他率無所撰，館亦竟罷。翰林教小內侍書者，眾視為具文，竑獨曰：「此曹他日在帝左右，安得忽之。」取古奄人善惡，時與論說。後貶福建福寧州同知，棄官歸。卒諡文憲。弱侯能書，《客座贅語》稱：「焦弱侯真行結法眉山，散朗多姿，而古貌古骨，有長劍倚天、孤峰刺日之象。」博極群書，生平著述甚富。著有《易筌》《俗書刊誤》《國史經籍志》《國朝獻徵錄》《熙朝名臣實錄》《養正圖解》《玉堂叢語》《焦氏類林》《支談》《焦弱侯問答》《老子翼》《老子考異》《莊子翼》《莊子闕誤》《陰符經解》《澹園集》等書。生平事蹟見《明史‧文苑傳》、李劍雄《焦竑評傳》、焦安南《狀元焦竑傳》。

全書十四萬言，分正集六卷，續集八卷，頗涉典章名物之討論，亦多故實。其中涉及時事者最見情致。所載明代史事、人物、詩文，為後世研究明代人物、明代歷史或思想史之材料。如《筆乘》卷二錄載李贄寫《宏甫書高尚冊後》，頗具史料價值。卷三「古詩無叶音」條曰：「詩有古韻、今韻，古韻久不傳，學者於《毛詩》《離騷》皆以今韻讀之，其有不合，則強為之音，曰：『此叶也。』予意不然。」陳第稱：「子言古詩無叶音，千載篤論。」〔註110〕此書於辨偽之事亦多所留意，如「偽書」條曰：「或摹古書而偽作，或以己意而妄增，至使好事之流曲為辯釋，以炫其博，是皆未之深考耳。」「尚書古文」條曰：「余嘗疑《尚書古文》之偽，《筆乘》已載梅學正、歸太僕二人之言為據，昨偶見趙子昂真蹟一卷中一篇，亦具論此，乃知人心之同然也，第恨其書不可見。」又稱《文始經》決非關尹子作，《西京雜記》是後人假託為之，亢倉子即《莊子》庚桑楚也，其書本唐王士源作。「九辯」條曰：「《九辯》，余定以為屈原所自作無疑，祇據《騷經》『啟九辯與九歌兮』一語，並翫其詞意而得之。近覽《直齋書錄解題》載《離騷釋文》一卷，其篇次與今本不同，以此觀之，決無宋玉所作攙入原文之理。」「外篇雜篇多假

〔註110〕錢穆《中國近三百年學術史》第四章亦云：「《焦氏筆乘》有『古詩無叶音』一條，考證精確，不下陳第。焦、陳同時，未知孰為先唱？此閻百詩《尚書古文疏證》卷五及陳蘭甫《東塾集》卷四《跋音論》，均舉及。又焦為陳書作序，已自言之。」

託」條曰：「《內篇》斷非莊生不能作，《外篇》《雜篇》則後人竄入者多之。」
弱侯嘗欲集古雜記諸藥方為一書，惜未成，《筆乘》中載有數十條耳，後人
受其啟發，類編成書，功成不必在我，而功力必不唐捐，亦大有功於學林矣。

　　焦竑早年師從羅汝芳、耿定向，隸屬泰州學派，持守陽明良知之學，學
貴自得於心。又與李贄為友，稱卓吾為「聖人」，「可居聖門第二席」。其思想
不似李贄狂放，為文亦不及李贄之尖銳。然《四庫提要》列入雜家類存目，稱
其書多考證舊聞，亦兼涉名理，其書多剿襲說部，沒其所出，或者以為博雜
有餘，精深不足云云，可謂深中其失；又稱其講學解經，尤喜雜引異說，參合
附會，乖迕正經，有傷聖教云云，未免排斥過甚。周中孚亦稱其書訂經子之
訛，補史傳之闕，網羅時事，綴輯藝文，不無可取；而膚淺杜撰，疑誤觀聽者
往往有之；且其精覈者，皆剿竊前人說部，而沒其所自來，亦不足以資考證；
至其冥契教乘，喜談名理，乃萬曆間狂禪之習，尤有乖名教云云。〔註111〕

　　此本據上海師範大學圖書館藏明萬曆三十四謝與棟刻本影印。此書又有
《金陵叢書》本、《粵雅堂叢書》本。

【附錄】

　　【焦竑《焦氏筆乘自序》】曩讀書之暇，多所箚記。萬曆庚辰歲，友人取
數卷刻之，余藏巾笥中未出也。迨牽絲入仕，隨所見聞，輒寄筆札。尋以忤權
見放，奔迸之餘，不皇檢括，散軼者十有五六。頃臥園廬，塵埃漫漶，不復省
視久矣。筠州謝君吉甫，見而惜之，手自排纘，並前編合刻之，以付同好。余
觀古今稗說，不當千數百家，其間訂經子之訛，補史傳之闕，網羅時事，綴輯
藝文，不謂無取；而膚淺杜撰，疑誤觀聽者，往往有之。余尚欲投一枝於鄧林
間哉！顧國家之典制，師友微言，間有存者，當不以余之鄙而廢之也，在覽
者擇之而已。萬曆丙午春日，焦竑書於所居之忻賞齋。

　　【顧起元《澹園先生正續筆乘序》】澹園先生正、續《筆乘》，其門人謝
吉甫氏校而行之。昔中郎異書，僅傳王粲；子雲玄草，第委桓譚。先生乃不自
閟至名山之藏，引而出之，令人人見我武庫，何其快也！乃今而沒，知昔賢
之見，猶為狹矣！自明興以來，稗家者流，不可勝數。獨博南之《丹鉛》，琅
琊之《宛委》，最為巨麗。彼其揚挖《騷》《雅》，是正疑誤，微事握至紺珠，
緝藻鏤夫碧篆，斯並藝苑之鴻裁，不可易已。至若闡繹聖真，揚榷朝典，旁涉

〔註111〕周中孚：《鄭堂讀書記》卷五十七。

方術，冥契教乘。紛綸經笥，井春為之退席；勃窣理窟，張憑遜其勝場。以二書方之，彼得微尚有象罔未索之珠，靈均未睹之秘乎？起元不敏，妄謂讀者於此精而求之，可以杜三教異同之辨，可以鏡一代得失之林，可以區六藝精粗之分，可以衷千古是非之極。他若增華曲述，流暎登覽，輔麈尾之清言，佐奚囊之雜組，撮二書之勝而有之。乃其緒餘，未可異論者也。是編也成，先生自謂鄧林之一枝，吾必以為函鼎之全味矣。萬曆丙午夏日，教下晚學江寧顧起元頓首書。

【孫祖同讀後記】《焦氏筆乘》正集六卷、續集八卷，凡十四卷，為繆筱珊丈舊藏。乃《藝風堂藏書記》僅載八卷，因何致訛，殊不可知。又此書曾刊入《粵雅堂叢書》，然續集第八卷第二十二葉至第二十五葉竟缺未補，於此可見善本之足珍，更幸不才之得窺全豹也。辛卯夏六月朔旦，孫祖同讀後記。

【四庫提要】《焦氏筆乘》八卷（安徽巡撫採進本），明焦竑撰。竑有《易筌》，已著錄。是書多考證舊聞，亦兼涉名理。然多勦襲說部，沒其所出。如《周易舉正》一條，乃洪邁《容齋隨筆》語。「禿節」一條，乃宋祁《筆記》語。「開塞書」一條，乃晁公武《讀書志》語。「一錢」一條，乃師古偽蘇軾《杜詩注》語。「花信風」一條，乃王逵《蠡海集》語。「玉樹菁蔥」一條，乃封演《聞見記》語。「何遜詩」一條，乃黃伯思《東觀餘論》語。「烏鬼」一條，乃沈括《夢溪筆談》語。「倉頡」一條，乃張華《博物志》語。「續《史記》」一條，乃無名氏《尊俎餘功》語。如斯之類，不可縷數。其中《周易舉正》條末稱此書世罕見，晁公武所進《易解》多引用之。蓋洪邁當南宋孝宗時，故其言云爾。至明代則郭京書有刊本，而晁公武書久佚，正與邁時相反，乃仍錄原文，斯非不去葛龔耶？竑在萬曆中以博洽稱，而勦竊成書，至於如是，亦足見明之無人矣。其講學解經，尤喜雜引異說，參合附會。如以孔子所云「空空」及顏子之「屢空」為虛無寂滅之類，皆乖迕正經，有傷聖教。蓋竑生平喜與李贄遊，故耳濡目染，流弊至於如此也。（《四庫全書總目》卷一百二十八「子部三十八·雜家類存目五」）

【粵雅堂刻本伍崇曜跋】右《焦氏筆乘》六卷，續八卷，明焦竑撰。按竑字弱侯，上元人，有《游園集》。事蹟具《明史稿·文苑傳》。是書《四庫提要》著錄附存目中，作八卷，或採進本偶殊也。朱竹垞《靜志居詩話》稱其晚掇巍科，仕雖不達，公望歸之。亳州李文友仁卿詩云：「文章南國多門下，翰墨西園集上才。」蓋實錄也。詩特寄興，故僅錄二首。然如周櫟園《書影》錄

其梅花詩:「花開暮雪人歸後,香滿寒庭月上時。」亦羌無俗韻。又稱其嘗欲集古雜記中諸藥方為一書,惜未成,祇《筆乘》中載有數十條耳云云。今觀是書所錄醫方一卷,及《續錄》均注出典,而全書顧不如是。宜《提要》以多剿襲說部,沒其所出譏之矣。朱國楨《湧幢小品》稱其率直任真,嘗為講官,撰《養正圖說》,諸老大恚,謂由他塗進。又載其序呂坤《閨範》,眾大嘩云云。沈景倩《野獲編》謂其又不幸承乏典試,張新建遂借闈事摭拾之。弱侯實博洽冠世,以勇於獻替,遂遭忌口。士君子處末世,即著書立言,亦當毖慎云云,則弱侯亦以講學自命者。今檢《續筆·支談》一卷乃專以西方直指,化誘後學,幾如宗門導師。景倩又謂其與沁水劉晉川並推尊李卓吾為聖人,宜其流弊至此,亦可駭矣。然書實淹博,似不讓楊用修。朱鬱儀竹垞又稱其儲書之富,幾勝中祕,多手自抄撮,諒不誣矣。道光庚戌立夏日,南海伍崇曜謹跋。

【明史·焦竑傳】焦竑,字弱侯,江寧人。為諸生,有盛名。從督學御史耿定向學,復質疑於羅汝芳。舉嘉靖四十三年鄉試,下第還。定向遴十四郡名士讀書崇正書院,以竑為之長。及定向里居,復往從之。萬曆十七年,始以殿試第一人官翰林修撰,益討習國朝典章。二十二年,大學士陳于陛建議修國史,欲竑專領其事,竑遜謝,乃先撰經籍志,其他率無所撰,館亦竟罷。翰林教小內侍書者,眾視為具文,竑獨曰:「此曹他日在帝左右,安得忽之?」取古奄人善惡,時與論說。皇長子出閣,竑為講官。故事,講官進講罕有問者,竑講畢,徐曰:「博學審問,功用維均,敷陳或未盡,惟殿下賜明問。」皇長子稱善,然無所質難也。一日,竑復進曰:「殿下言不易發,得毋諱其誤耶?解則有誤,問復何誤?古人不恥下問,願以為法。」皇長子復稱善,亦竟無所問。竑乃與同列謀先啟其端,適講《舜典》,竑舉「稽於眾,捨己從人」為問,皇長子曰:「稽者,考也。考集眾思,然後捨己之短,從人之長。」又一日,舉「上帝降衷,若有恆性」,皇長子曰:「此無他,即天命之謂性也。」時方十三齡,答問無滯,竑亦竭誠啟迪。嘗講次,群鳥飛鳴,皇長子仰視,竑輟講肅立,皇長子斂容聽,乃復講如初。竑嘗採古儲君事可為法戒者為《養正圖說》,擬進之,同官郭正域輩惡其不相聞,目為賈譽,竑遂止。竑既負重名,性復疏直,時事有不可,輒形之言論,政府亦惡之,張位尤甚。二十五年主順天鄉試,舉子曹蕃等九人文多險誕語,竑被劾,謫福寧州同知。歲餘大計,復鐫秩,竑遂不出。

【新豐】《西京雜記》是後人假託為之，其言高帝為太上皇思樂，故豐放寫豐之街巷屋舍，作之櫟陽，冀太上皇見文如豐然，故曰新豐。然《史記》：「漢十年太上皇崩，諸侯來送葬，命酈邑曰新豐。」是改酈邑為新豐，在太上皇既葬之後，與《雜記》所言不同。《酉陽雜俎》稱庾信作詩用《雜記》，旋自追改，曰：「此吳均語，恐不足用。」其非漢人書益明矣。（《焦氏筆乘》續集卷三）

【亢倉子樗杌】亢倉子即《莊子》庚桑楚也，其書本唐王士源作。士源作《孟浩然集序》，自言入終南山，修《亢倉子》九篇。《樗樗杌》，元吾邱衍作。王褘《吾子行傳》備言之。此書有衍小序，云與《晏子春秋》相似，疑出於一時，蓋託言之耳。古人有所著作而託於人以傳者，不可勝數，然其意與劉炫偽造《魯史記》《連山易》諸書攫賞者自不同也。王元美《卮言》謂《亢倉子》為偽書，蓋未見源序耳。（《焦氏筆乘》續集卷三）

【尚書敘錄】歸熙甫題跋一篇云：「某少讀《尚書》，即疑今文、古文之說，後見吳文正公《敘錄》，忻然有當於心。揭曼石稱其網舉目張，如禹之治水，自是數訪其書，未得也。己亥歲，讀書鄧尉山中，頗得深究《書》之文義，益信吳公所著為不刊之典。因念聖人之書存者年代久遠，多為諸儒所亂，其可賴以別其真偽，惟其文辭格制之不同，後之人雖極力模擬，終無以得其萬一之似。學者由其辭可以達於聖人，而不惑於異說。今伏生《書》與孔壁所傳其辭不同，固不待別白而可知。昔班固志藝文，有《尚書》二十九篇、《古經》十六卷，《古經》漢世之偽書，別於經，不以相混，蓋當時儒者之慎重如此。而唐之諸臣不能深考，猥以晚晉雜亂之書定為義疏，而漢、魏專門之學遂以廢絕。夫《書》之厄已至矣。伏生掇拾於流亡之餘，以篤老之年，僅僅垂如線之緒於其女子之口，千萬世之下，因是可以稍見唐虞三代之遺，而可不為之愛惜哉？朱子蓋有所不安，而未及是正。吳公實有以成之，而今列於學官者，既有著令，薦紳先生莫知廣石渠、白虎之異義，學者蹈常襲故，漫不復有所尋省，以數百年雜亂之書，表章於一代大儒之手，而世亦莫能以尊信之，可歎也已。余未及見吳公書，乃依仿其意，鰲為今文如左，而存其敘錄於前，以俟他日得公書參考焉。」（《焦氏筆乘》續集卷三）

【營田】屯田、營田不同名，則其制必有異。《通典》載宇文融括天下隱田之法，曰：「浮戶十共作一坊，官立閭舍，每丁給田五十畝為私田，任其自營種，每十丁於近坊更共給一頃以為公田，共令營種。十丁歲營田一頃，一

丁一年役功三十六日外，官收共為百石。此外更無租賦。既是營田戶且免征行，必不流散。如此，棄地即為公田矣。」案：此名營田者，是給公田令浮戶為官營種，十丁一年共種公田一頃，不與編戶給田納租同，故云營田也。若屯田，則咸屯兵為之，趙充國、鄧艾、羊祜皆是也，故云屯田。今江南民租官田者，皆名屯田，蓋國初時本以屯田兵為之。今入民戶。猶仍故名也。山東巡撫都御史多帶營田，則是營種官田，恐此名始於宇文，而其制已具晁錯傳矣。其異者，錯行諸邊上，融行之民間也。(《焦氏筆乘》續集卷三，法式善《陶廬雜錄》卷六引之)

【潘仕成《潘仕成驗方新編序》】昔陸宣公在南中撰《古今集驗方》五十篇，惜今不傳。而蘇端明復與沈存中撰《蘇沈良方》一書，後人力辨非端明之筆。顧端明雜著，時言醫理，於是事殆亦頗究心。蓋方藥之事，術家能習其技，而不能知其所以然；儒者能明其理，而又往往未經試驗。即謂方出存中，而端明以博通物理而輾傳代傳，其功豈遽出存中下！宜迄今千百載，以蘇、沈齊稱矣。明焦弱侯亦嘗欲集古雜記諸藥方為一書，惜未成，衹《筆乘》中載有數十條耳。周櫟園《書影》謂：「古人非自驗之方，未必肯記於集。若根據《筆乘》所載，再為推展，各分症類，都為一集，勝刻快書、清記，諸鄙俚無用之書多矣。此書亦不難成，留心醫術志之。」近善化鮑君成《驗方新編》一書，刻於粵西。其視葛洪《肘後方》、孫思邈《千金方》，未知何如？而平近人，隨地隨時均可濟物。予特重付剞劂，以分貽四方諸君子，庶益廣流佈，更冀人同此心同此理。俾立方者與余之願，力引申於無窮。或又重刊，以輾轉代傳於通都大邑，以山陬，則彌溥功德於無量耳。道光己酉小寒節，番禺潘仕成識於粵東海山仙館。

【聖門第二席】黃宗羲《明儒學案》謂：「定向因贊鼓倡狂禪，學者靡然從風，故每每以實地為主，苦口匡救。然又拖泥帶水，於佛學半信半不信，終無以壓服卓吾。」又謂：「焦澹園篤信卓吾之學，以為未必是聖人，可肩一『狂』字，坐聖門第二席。」予觀《焦氏筆乘》載方思善(揚)《懷李姚安詩》，中云：「寥寥千載後，師聖當何因。彼岸久未登，姚安識其津。一振士風變，再振民風醇。」可見當時推許之盛，非孟子所謂相率而為偽者歟？(方濬師《蕉軒續錄》卷一)

鬱岡齋筆麈四卷　（明）王肯堂撰

　　王肯堂（1549～1613），字宇泰，號損庵，金壇人。父王樵，舉嘉靖二十六年進士，授行人，歷刑部員外郎，終右都御史，樵恬澹誠慤，溫然長者。邃經學，《易》《書》《春秋》皆有纂述，又著《讀律私箋》，甚為精覈。肯堂承其家學，自稱：「丈夫當為天下第一等人，與古人齊驅並駕，奈何以一鄉自限？」又曰：「我猶未免為鄉人也。此鄉人即一鄉之善士也。丈夫當為天下第一等人，與古人齊驅並駕，奈何以一鄉自限？故必以堯舜為的而趨焉。吾輩居鄉無一善狀，而欲襲取一二事蹟於朝論以欺世盜名，豈不愧死？」又曰：「新發意者必立弘誓，曰眾生無邊，誓願度盡。」萬曆十七年（1589）進士，選翰林院庶吉士，授檢討。倭寇朝鮮，疏陳十議，願假御史銜練兵海上。疏留中，因引疾歸。旋遇京察，以浮躁論調。家居久之，吏部侍郎楊時喬薦補南京行人司副。官至福建布政司參政。致仕後，延請名醫講究醫學，博讀《靈》《素》、仲景、東垣、河澗、丹溪諸家之旨。肯堂好古博學，緯象、醫卜、內典無不精通。平生無他嗜，獨好著書立說。著有《尚書要旨》《四書義府》《律例箋釋》，然解經如時文之體。尤嫻書法，深入晉人堂室，輯《鬱岡齋帖》數十卷，手自鉤拓，為一時石刻冠。精於醫道，又撰《肯堂醫論》《證治準繩》《重訂靈蘭要覽》《傷寒證治準繩》等書。生平事蹟見《明史》卷二二一、《明三元考》卷十三。

　　全書九萬言，分四卷。肯堂既是醫家，亦為儒家，是編第一卷所載論醫諸條，凡四十頁，皆深切微妙，得古人法外之意，與所作《證治準繩》足相表裏。其他雜論天文算術、六壬五行家言，以及賞鑒書畫之類，亦頗足資參考。如論「學道與行路同」云：「御史大夫李廓庵公嘗問余云：『子謂顏淵曰：「惜乎吾見其進也，未見其止也。」公如何看？』余曰：『惜它尚涉程途未到得家耳。』公欣然曰：『正與鄙見合。今人皆以止字為上章功虧一簣之止，但知聖賢終身從事於學，而不知自有大休歇之地，則止字不明故也。公其記之。』今暇中憶得，因筆於此。然學道與行路同，而不同路即非家，家即非路，處處是路，處處是家，迷即是路，悟即是家，故曰渡河須用筏，到岸不須船。知用筏者不必到岸，而後為到岸，即中流是到岸也會麼。」又曰：「遡而上之，無器非道；沿而下之，無道非器矣。故曰形而上者謂之道，形而下者謂之器也。即器而明道者智，昧道而執器者愚。故曰君子上達，小人下達也。故君子語大，天下莫能載焉。語小，天下莫能破焉。莫能載者，即莫能

破者，包含於六合之外也。莫能破者，即莫能載者，全入於一毫之中也。吾聞之吾師曰：一盆之水，一拳之石，足以盡太山滄海，夫何故大不自大，待小而大。小不自小，待大而小。待小而大，則天地可以置於芥子矣。待大而小，則毛孔容乎虛空矣。虛空無形，毛孔能容之，況天地萬物乎？故曰毫釐非細，問闕其內，宇宙非廣，蜿蜒其外。」《大學》致知在格物，物格而後知至。此最是要切交會融貫處。蓋欲致其知全在格物，而物不能格，何由以致其知？求諸孔聖之言，唯子曰歲寒然後知松柏之後雕也。此一句最於致知格物，極其淵妙。蓋松柏物也，察其因何而歲寒之際獨後雕，是欲格其物理也。苟能格之，則然後知之三字為真致其知矣。」肯堂由醫而儒，由藝而道，格物而致知，即器而明道，在當時可謂難得之通人。書前有萬曆三十年（1602）肯堂自序，稱幼而好博覽，九流百家無弗探也，遇會心處，欣然至忘寢食。〔註112〕書中於經史之外，於《楞嚴經》《法華經》《華嚴經》亦多所引證，其言信不誣也。

周中孚稱此書皆其隨筆雜記，舉凡天文算法、術數方技以及書畫之類，無不分條辯論，足資考核。而第一卷中所載論醫四十條，及第二卷中益智子一條、金匱一條，皆深明醫理，足以補所作《證治準繩》之未逮。〔註113〕然《四庫全書總目》列入雜家類存目，稱其生於心學盛行之時，凡所議論，大抵以佛經詁儒理。周中孚亦稱宇春所述多混儒、釋而一之，是則習俗移人，賢者不免耳。

此本據明萬曆三十年王懋錕刻本影印。

【附錄】

【王肯堂《鬱岡齋筆塵自序》】余幼而好博覽，九流百家亡弗探也，遇會心處，欣然至忘寢食。既寡交遊，無同好可與談者，時時箚記以管城，聊為談塵爾。性疏懶，不耐收拾，輒復失去，其存篋者多近年書，蓋千百中之一二也。猶子懋錕以為有用於世，復因捐資。吁！余不肖，五十正坐心多，以此而後行此以引後生，乃重吾過也歟？然業成三不可矣。姑書以誌吾悔。時萬曆壬寅臘月既望，念西居士王肯堂書。

【四庫提要】《鬱岡齋筆塵》四卷（兩江總督採進本），明王肯堂撰。肯

〔註112〕《續修四庫全書》第 1130 冊，上海古籍出版社，2002 年版，第 1 頁。
〔註113〕周中孚：《鄭堂讀書記》卷五十七。

堂有《尚書要旨》，已著錄。是編第一卷所載論醫諸條，凡四十頁，皆深切微妙，得古人法外之意，與所作《證治準繩》足相表裏。其他雜論天文、算術、六壬、五行家言，以及賞鑒書畫之類，亦頗足資參考。惟生於心學盛行之時，凡所議論，大抵以佛經詁儒理，甚至謂教習庶吉士當令看《楞嚴經》，是何言歟？〔註114〕（《四庫全書總目》卷一百二十八「子部三十八·雜家類存目五」）

【重訂靈蘭要覽提要】明王肯堂撰。肯堂字宇泰，又字損庵，金壇人。據序是編在道光間顧曉瀾先生得之於高果齋先生後裔，攜有叢鈔十餘冊，是書其一也。為金壇生平得意之作。世無傳刻本，囑高君重訂校勘，以付梨棗也。顧向高君假閱，渠有難色，言之再四，勉允假秘旨兩冊，於是晝夜錄竣。餘集未能如願，憾甚。嗣以偶步金閶，過舊書肆閱覽，見有叢鈔副本，意欲購之。肆之答曰：「此係王九峰之戚，出重資鈔成，存此裝訂耳。」逾一載，應丹陽太守之召，晤契友蔣椿田兄，快慰平生。託其向九峰先容。越二日，椿兄復云：「九峰詢知君有秘旨，意欲借覽，如首肯，彼亦唯命。」於是得錄副本。間有心得處，隨筆記錄，以免遺忘。此曉瀾先生自序得書之緣起也……王肯堂先生校刊之書，如《醫統正脈》四十四種。輯撰之書，如《六科準繩》，皆為世所共見。是書乃先生讀書心得，發為議論，其間奧旨微言，足與王氏叢刊各書互有發明。（《醫理醫案》）

【致中和】天地萬物若在此心之外，則不應言致中和。天地位焉，萬物育焉，山自崩，川自竭，干人君何事？若信得致中和，可以位天地，育萬物，人君失道，能使山崩川竭，則所謂山河大地皆依心而建立，決非妄語。謂天地萬物從太虛而來，從太虛而往，無有是處。（《鬱岡齋筆塵》卷一）

【小人反中庸】「小人之中庸也，小人而無忌憚也。」先儒以為「之」字下脫「反」字，不知上自不妨曰「小人反中庸」，下自不妨曰「小人之中庸」。若小人一向反中庸，而更無中庸者，則小人更無化為君子之理，而中庸有不遍之處，聖賢立教，謂人皆可以為堯舜，悉成謬語矣。（《鬱岡齋筆塵》卷一）

【醫通儒術論】醫之為言意也，以己之意逆人之意也。《曲禮》曰：「醫不三世，不服其藥。」孔子述南人之言曰：「人而無恒，不可以作巫醫。」范

文正公曰：「不為良相，當為良醫。」曷慎重乎其言之也。董仲舒云：「通天地人謂之儒。」吾則曰：「通天地人方可與言醫。」醫也者，為病人之司命，得其意則病退而回生，誤其意則病增而致死，失之毫釐，差以千里，故未有不通儒術而能通醫術者也。儒者讀書養氣數十年，有才無命，不能得尺寸之柄，登斯民於仁壽，於是出其心智才力以從事於醫，得行其道，即不能兼善天下，亦可以造福一方，醫顧可輕言乎哉？……王肯堂撰《證治準繩》一百二十卷，其方皆於各證之下與雜證體例稍殊。史稱肯堂好讀書，尤精於醫，所著《證治準繩》該博精詳，世競稱之；所著《鬱岡齋筆塵》論方藥者十之三四，邃於此藝，用力尤深，宜為醫家圭臬……吾故曰：人非通儒，不言醫，彼略知湯頭歌訣、本草藥性，居然懸壺設肆者，吾不知操何術以致此也。噫！（《皇朝經世文統編》卷九十九《格物部五·醫學》）

【古今名醫暑證匯論】王肯堂，字宇泰，號損庵，金壇人。中萬曆己丑進士，授翰林檢討，制舉義鑿核，傳誦海內，尤以歧黃顯，所著有《證治準繩》《證治類方》諸書，大行於世，慧識燭照，精心縷析，力追古人焉。（《增訂葉評傷暑全書》卷中）

塵餘四卷 （明）謝肇淛撰

謝肇淛（1567～1624）〔註115〕，字在杭，號武林，長樂人。文禮之玄孫，汝韶之子。十餘歲時學為詩，有人持蘇武牧羊圖者，即為題云：「沙滿旃裘雪滿天，節旄零落海雲邊。上林飛雁來何晚，空牧羝羊十九年。」（見《閩小紀》）自謂：「少時讀書，能記憶而苦於無用；中年讀書，知有用而患於遺忘。故惟有著書一事，不惟經自己手筆，可以不忘，亦且因之搜閱簡編，遍及幽僻，向所忽略，今盡留心，敗笥蠹簡，皆為我用。始知藏書之有益，而悔向來用功之蹉跎也！余自八九歲即好觀史書，至於亂離戰爭之事，尤喜談之，目經數過，無不成誦；然塾師所授不過編年節要，《綱鑒》《要略》而已，後乃得《史記》《漢書》及《朱子綱目》讀之，凡三四過，然止於是而已，最後得二十一史，則已晚矣；然幸官曹郎冷局，得時時卒業也。」又

〔註115〕 曹學佺《明通奉大夫廣西左方伯武林謝公墓誌銘》：「君生於隆慶元年丁卯七月廿九日，卒於天啟四年甲子十月廿三日，享齡五十有八。」（謝肇淛《小草齋文集》卷末附）

曰：「博古而不通今，一病也。鉤索奇僻，而遺棄經史，二病也。」〔註116〕
萬曆二十年（1592）進士，除湖州推官，量移東昌，遷南京刑部主事，調兵
部，轉工部郎中，視河張秋，作《北河紀略》，詳載河流源委及歷代治河利
病。出為雲南參政，極言礦稅害民，帝亦容之。升廣西按察使，官至廣西左
布政使。學詩於王稚登。擅書法，草書如張伯英，行書如王右軍。早歲釋褐，
宦情泊如。朱輪停時，即攜一編，高坐匡床，命侍姬焚龍涎，汲清茗半盞，
臨蘭亭一過。〔註117〕在杭豐頤隆準，粹容光悅。姬人桃葉，就其所執之卷
而舒之，流觀昒睐，翩若燕翔。童子煮茶，石鼎沸聲，與松籟互答。〔註118〕
著《小草齋》《遊燕》《下菰》《居東》《蠻江》諸集而外，有《五雜組》《文
海披沙》《西吳枝乘》《滇略》《百粵風土記》《支提山志》《長溪瑣語》。朱彝
尊稱其詩格不聳高，而詩律極細，其持論亦平云云。《明史·文苑傳》附見
鄭善夫傳中。又可參見曹學佺《明通奉大夫廣西左方伯武林謝公墓誌銘》。

　　全書四萬言，分四卷。書前有萬曆三十五年（1607）趙世顯序，稱事核
而奇，語詳而俊，洵談苑之卮辭，稗官之奧撰。又有肇淛自序，稱採自賓友閒
談，體例為虞初稗官之言，故曰「塵餘」云云。今覈其書，以委巷傳聞為主，
鬼魅神怪，滿紙荒唐言，當入小說家類，不知何故誤入雜家類中。今考《千頃
堂書目》《明史·藝文志》，均著錄於小說家類，錄以備參。服喪間所作竟然如
此不堪入目，走火入魔，未免褻瀆神靈矣。

　　此本據浙江圖書館藏明萬曆三十五年刻本影印。

【附錄】

　　【趙世顯《塵餘序》】孔子對季桓子曰：「木石之怪曰夔，蝄蜽水之怪曰
龍，罔象土之怪曰墳羊。」聖人曷嘗不語怪乎？第弗常語耳。要之，聖人之所
語者，皆本事實可以傳信，後有作者吾蓋不能無惑焉。《山海》僻而辯，其失
也固；《齊諧》閎而肆，其失也誕；《夷堅》幽而秘，其失也誣。以資塵談，均
之無足尚焉耳。友人謝在杭養遝三餘，識周二酉，宅憂棲息，枕藉典墳，尤忻
延接，高軒坌集，勝侶雲從，論悉粲花辭徵獻璧塵，停筆運，裒集斯編，受而
三復，遐窮輿蓋，遍標戶牖，顯昭聽睹隱，微幽冥，事核而奇，語詳而俊，眩
目駭耳，動魄驚心，洵談苑之卮辭，稗官之奧撰。以此實愛而傳遠，闕則炙觿

〔註116〕謝肇淛：《五雜組》卷十三。
〔註117〕孫岳頒：《御定佩文齋書畫譜》卷四十四。
〔註118〕杭世駿：《榕城詩話》卷上。

翠之在御而八珍避舍矣。千里三萃之入啜，而渾醴壞釀矣。詭石怪樹之迎眸，而平楚遜異矣。帳中之秘，名山之藏，烏能捨是乎？予雖抱子輿採薪之憂，未忘宋明鯬鯠之嗜，故深有味乎是編，而為之敘其概如此。萬曆丁未仲秋望日，友弟趙世顯序。

【謝肇淛《塵餘引》】難骨支床，百念灰廢，惟是名根詞障，未盡蠲除，賓友過從，下榻相對，時徵僻事，各記新聞，不能言者強之說，退則稍為刪潤，上之側釐，久乃成帙，命曰《塵餘》。「塵餘」者，塵之餘也。夫《虞初》《齊諧》，繆悠不經，《山海》《宛委》，窅漫駭俗，什九卮言，強半道聽。是帙也，耳目近事，歲月有稽，徵且信矣。

【謝肇淛傳】謝肇淛，字在杭，長樂人。萬曆壬辰進士。除湖州推官，量移東昌，遷南京刑、兵二部，轉工部郎中，管河張秋，作《北河紀略》，詳載河流原委及歷代治河利病，談河工者考焉。升雲南參政，歷廣西按察使，至右布政。林若撫曰：「在杭詩以年進，《下荔集》，司理吳興作也；坐論需次真州，有《鑾江集》；移東昌，有《居東集》，格調漸工，然其詩亦止於此。嘗有寄予詩云：『曾從紫氣識龍文，忽見新詩過所聞。老去自慚牛馬走，書來猶問鹿麋群。春城樹色連吳苑，夜雨鴻聲叫海雲。荔子輕紅榕葉綠，相期同拜武夷君。』晚年所作聲調宛然，不復進矣。予觀閩中詩，國初林子羽、高廷禮以聲律圓穩為宗，厥後風氣沿襲，遂成閩派，大抵詩必今體，今體必七言，磨礲娑蕩，如出一手，在杭近日閩派之眉目也。在杭故服膺王李，已而醉心於王伯谷風調諧合，不染叫囂之習，蓋得之伯谷者為多。在杭之後降為蔡元履變閩而之楚，變王、李而之鍾、譚，風雅凌夷，閩派從此熸矣。」（《稽古堂集》）

【福建通志本傳】肇淛字在杭。萬曆壬辰進士。初為杭州司理，歷職方郎，以艱歸。補北屯司，管庫無私，值大旱，疏陳冗費諸弊數千言，略云：「不忍以閭閻有限之膏脂，付諸閹暨狙獪之手。」語甚劌切，神宗憂之，出督北河。福藩之國，青雀黃龍之舸，千二百有奇，肇淛操小艇前驅，繕濬多方，水道無阻，眾以不嘩。歷官至粵西布政。安氏亂，鄰警告急，肇淛置官、增戍、繕備、益兵、散遣募卒，不為粵擾，粵人德之。增鹽引、急宗祿、抑土司、服猓玀、鑄錢徵商，抵派加餉，皆碩畫也。肇淛於學無所不窺，為文豐蔚軒霽，古文詩歌，早年傳佈江左。所著有《小草齋詩》二十卷、文三十卷，《雜著》《雜錄》數十萬言。

【人幸不幸】造物之所最忌者，名也。岩穴之士，槁死衡門，人不及知，史不及載，身名湮滅，與草木同腐者，眾矣。唯美姝名妓，一附筆端，千古不朽，如西施、王嬙、文君、綠珠、真娘、蘇小、鶯鶯、燕燕之類，不可勝紀。非獨士人善談樂道，即村氓閨女，無不知有若人者。至於亡客孤臣，流離節婦，若孔子之所接輿，伍員之所報餐，田橫兩客，魯國二生，失其名者，往往而是。人之幸不幸如此。(《塵餘》卷一)

【婦人識鑒】僖負羈之妻，窺見重耳，知其必霸。山公之妻，窺見嵇、阮，達旦忘歸。鍾琰知兵家之子地寒壽促。桓玄之妻，知劉裕不為人下。王珪之母，能識房、杜。裴延賞之妻，鑒拔韋皋。丁孟陽夫人，知杜黃裳為有名卿相。元世祖后，識趙孟頫為小頭書生。古今婦人女子，能具人倫之鑒，亦奇矣。(《塵餘》卷一)

【纏足】婦人纏足之制，古今說者紛紛，卒無一定之見。三代無論，予考《漢事秘辛》，天子納梁商女為后，其足首尾長八寸，底平指斂，則漢不弓彎一的證也。唐滕王諸官妻皆被淫，至崔簡妻鄭氏，取一隻履擊王，敗面破額，則唐不弓彎，亦一的證也。後唐劉后不及履跣而出，則五代猶然也。《墨莊漫錄》謂始於宵娘，庶幾近之。而世猶以樂府有「雙行纏」之語，李郢「明金壓繡鞋」之語為疑，不知古人但不弓彎耳，未嘗無纏終日跣足也。如今男子皆有裹腳，豈得為纏足左券哉？至於女裝既異，則彎靴繡履，亦取其異於男矣，何以必其短小乎？樂天但言「跌如春妍」，而不言「尖如春筍」，謝靈運言素足之婦，而不及短足之妹。即東昏玉奴步生蓮花，亦非以其小也。然女足不纏實佳。(《塵餘》卷一)

文海披沙八卷 （明）謝肇淛撰

全書約五萬言，分八卷，皆其筆記之文。《四庫提要》稱其書大抵詞意輕儇，不出當時小品之習，較所作《五雜組》稍為簡約，而疏舛時復相似云云，未免排斥過甚。「吾儒高於二氏」條曰：「三教精微，盡頭原亦不甚相遠，但釋氏有輪迴之說，俗僧至假懺悔以愚人。道家有符籙之傳，羽流遂借祈禳以惑世。獨吾儒之教無之也。故世人崇奉不及二氏，以此而吾儒所以高於二氏者亦以此。」於此可見其學術大旨矣。

雖未吹盡狂沙，亦時或見寶。如「焚書坑儒有本」條曰：「秦之禍天下，

至焚書坑儒烈矣，而不知實本於商鞅變法之初。鞅之言曰：『無以爵任與官，則民不貴學問。不貴學問則愚，愚則無外交，勉農而不偷。』又曰：『農戰之民，千人而有詩書知慧者一人焉，千人者皆怠於農戰矣。今上論材，能知慧而任之，則知慧之人希主好惡，使官制物，以適主心，民務焉得無多，而地焉得無荒。』又曰：『雖有詩書，鄉一束，家一員，無益於治也。夫重農抑商可耳，乃並民學問而禁之，豈欲愚其耳目而後驅之戰耶？故又曰：民愚則智可以王。』鞅之大旨若此。是以始皇、李斯襲而用之，豈知有不讀書之劉、項耶？」大膽揭露專制時代之愚民政策，可謂一語道破天機。他如「書不可妄改」條曰：「古人書中語有本自平易，而後人以意妄改者。」「古人服善」條曰：「古人真自服善，非直成人之美，抑亦全己之名。」「古人學專」條曰：「古人學事精專，其一生精神意氣亦祇用之一事，故藝必造極，名垂永久。」「論衡」條曰：「古今紀載，虛實相半，要當存而不論。虛者辨之，似於癡人說夢；實者辨之，便為夏蟲疑冰。」「楊用修」條曰：「國朝博物洽聞，無如楊用修。其議論考訂，掊擊詆訶，不遺餘力，而其所著書紕漏誤舛，甚於其言，故後之人亦好糾其訛而攻之。余謂古人著作，或意見之不同，或記憶之稍誤，或耳目之暫遺，豈能無病？後之觀者，隨事糾正，不失忠臣，苛求醜詆，徒滋口業，前代訂訛，尚存厚道，至用修而肆罵極矣。己好攻人，而欲人之不攻己也得乎？王元美鑒於用修，故其持論稍平。」皆為沙中金屑。

書前有萬曆三十七年（1609）陳五昌序，稱在杭此書度越王充、楊雄。然周中孚稱其書皆掇拾載籍中雜事瑣聞，以發抒其議論，亦有錄古語而不著一解者，隨筆所之，絕無倫次，其所徵引，不拘偽書、小說、傳奇、演義，皆取以為證，閱之令人慾嘔。又稱其於二氏之說尚未揚其頹波，較當時王學之撰語錄者猶有彼此之別，宜其與所作《五雜組》並傳不朽。〔註119〕

此本據明萬曆三十七年沈儆炌刻本影印。

【附錄】

【焦竑《文海披沙筆記序》】昔稱齊澣知今，高仲舒知古，即世之博雅通人，鮮能兼濟，以彼非松喬，而曙上代，墐戶牖而通遐裔，自非並芭經籍，博採謠俗，朝帷不卷，夜榻幾穿，安能涉彼津要，搴其芳藻者哉？計部謝君在杭，起自晉安，蔚為名士，亦玄亦史，學不局於方，體既博既精，識欲遍乎流

〔註119〕周中孚：《鄭堂讀書記》卷五十七。

略，凡所綴述，余嘗得而卒業焉。莫不發言而宮商，應搖筆而綺繡，錯其下菰諸作，業已嗣七子而騁鬐，為八閩之先鞭矣。乃其稗編小史，亦復遇物成書，燦然指掌，抑何盛也！諸子取《藝海披沙》，刻之南中，而屬余為序。余涉獵一二，若遊玄圃而得夜光，泛滄溟而睹明月，品藻分於朱紫，囊括埒於羽陵，誠洞心駭目之觀，非僅僅會稡叢殘，為小說之靡而已。余謂研味此編有三益焉，蓋殫力錯綜，隨方滲漉，即皇覽要略，未易擬倫，而秘府太常，靡不捃摭，可以折群言之，衷望果然之腹。一也。古典人所屬心，而時事罕，或載筆乃遇見，瞥觀無不疏記，可以備當代之文獻，廣方來之耳目。二也。語怪徵奇，曲士所絀，而窮幽極異，罔羅不遺，徵感應之不虛，激中人之為善，不藉弼刑，默禆王教。三也。此非凌高鑠齊，涵今茹古，挾寶難之多識，軼癡龍之奇鑒，何以辦此？且參其著作，率以適意為宗，注心典要，不以繁詞為貴，往往掘井可以及泉，披沙因而得寶，在觀者善求之而已。余也開篋笥以擬心神，持涓塵而測海嶽，雖慚益者之數，竊附同心之言，輒序簡編，寄其仰止云爾。（出自焦竑《焦氏澹園續集》卷三，明萬曆三十九年朱汝鼇刻本，第109頁）

【陳五昌《文海披沙序》】古之名人，期乎不朽，隨時記述，使有裁成，是故片言堪採，掌理亟授，異語可聞，鉛槧必摘。窮年互歲，抉要鈎玄，等彼紺珠，方之竹箭。可謂不虛七尺，無假百城者矣。余友謝君在杭，天才卓朗，結撰瑰奇，陳思七步，末足云多，惠子五車，方斯未富。功勤染翰，業擅殺青，復著一書，名曰《文海披沙》。妄杼獨得，兼摭前言，無處不佳，時二見寶，譬之栴檀，以屑即是名香，絳雪充囊，並稱上藥。蓋玉露之未及嘗，而丹鉛之不遑掇者也。夫用之而當，則芣苢以生；言之而然，則廣疾以超。故曰譚言微中，可以解紛，奚必盡作濂洛先生語，乃始行遠哉？昔仲任《論衡》，中郎藉為秘翫；子雲玄草，桓生歎其絕倫。在杭此書，度越二子。余故序而傳之，用貽同好。必無歜知，時為絕倒之資，庶免素餐之愧云爾。萬曆己酉歲暮春，友弟福唐陳五昌伯全題。

【沈儆炌《刻文海披沙序》】晉安在杭謝公，執詞壇牛耳久矣。曩司李震州，不佞得間窺崖略。比荏苒七閩，則縱目諸著述，抑何舂然也。己酉孟夏，予以祝嵩且戒輈矣，而謝公視一編曰《文海披沙》者。云披沙簡金，往往見寶。夫沙何以寶也？木玄虛嘗賦海矣。渾渾茫茫，名百谷王，涯涯為水，積之為沙，固可聚可散，可流可摶，璿碌金屑，在在而是，旃檀之果，廣至大千八千，比之恒河之沙，其究也，一眇一塵，無非法事，不翅芥子可納須彌，非三

車百牛可勝也。方今竹簡刻藤，掇壁間之丹書，覷三天之奇字，不得其解。雖絕韋禿帚，名曰書麓，鄴之架，益之樓，何所當千秋名？乃謝公生夢筆之鄉，西陽宛委之書，無所不窺，以離朱之眸、巨靈之掌，蔓者勾精，疑者開其扃，郛者扶其髓，形者標其神，窮搜旁引，緣古證今，凡古人所已發，今人所已道，悉置不收，別存天壤間一種雄博瑰奇不可磨滅之論，廣而瀚海浩淼，約而流沙纖細，不足方也。劉安藥銚，運以圭刀；河沙非丹，何丹非沙，海上人從鐵網得水底珊瑚、波斯寶母之丹，上珍藏焉，斯詎非泥沙所產哉！彼貫休之以咒沙也，南郭隱人之吹沙也，與公之披沙，皆採靈秘南面，而百城當在公矣。余因梓之，以廣其傳云。吳興叔永甫沈儆炘書於鵝湖傳舍。時萬曆己酉天中節前一日也。

【洞津魚目道人《文海披沙序》】謝在杭《五雜俎》膾炙於世，余蚤歲喜之不釋手，中曰嘗著《文海披沙》，思一睹其書而不得。一日，見掃水先生，談次及之。先生曰：「何諏之不早，往年西京書賈攜一本來視，我師父取而觀之，遂命小子謄寫。」賈曰：「方鬻某藩既成，賈矣遞送有期，不得遲緩。」時某以捷筆自負，限以一晝一夜，草草畢業，書賈凌晨來促，未暇考訂，束諸高閣二十有餘年矣，幸有吾子之需，方欲以校正之任試吾子之技，如何？余對曰：「非曰能之，願學焉。」及閱其書，言簡意長，大愜素聞，只以當時迅筆寫，故字畫多缺，誤至其甚，則有不可下句讀者，僅僅點定，以視先生，先生頗稱善焉。後看《百川學海》，收載此書，但抄數段而已，因知此書之倍可珍，欲更繕寫，以藏於家。先生曰：「此書固海舶不多，齎來本邦，未有刻者，今梓以與同志，不亦善乎！吾子已躬校正之勞，宜冠一辭於卷端。」余曰：「諾哉！」日本寬延三年（1750）洞津魚目道人序。

【幡文華《文海披沙後序》】嘗購《文海披沙》讀之，乃明謝在杭氏之所著也，揚榷古今，包括乾坤，索經探賾，而文辭流麗，奇而不僻，簡而不洗，乃事物之奧見焉，實觀文海以瀾之渳也。而識見高邁，議論精確，乃趣探睹焉，故讀者如披沙見金也，《文海披沙》之目稱焉。嗚乎！三代尚矣，漢、魏以來，各伸其所見，成一家言，列諸藝文者汗牛充棟，雖各有所長組，然余所嗜，惟《五雜組》與斯書已。每展讀之，手不能釋，輒至忘寢忘食，而《五雜組》業已行於世，恃斯書未梓行，是以不釋然於懷云。頃書林某來，告其繡梓，且請之序。日本寶曆九年，幡文華序。

【四庫提要】《文海披沙》八卷（浙江巡撫採進本），明謝肇淛撰。肇淛

有《史觽》，已著錄。是編皆其筆記之文，偶拈古書，藉以發議，亦有但錄古語一兩句，不置一詞，如黃香責嚚奴文之類者。大抵詞意輕儇，不出當時小品之習。較所作《五雜組》稍為簡約，而疏舛時復相似。如「烏老」一條，謂近來村學究作，不知此唐人所錄，見《太平廣記》，其人非出近代也。「曹娥碑」一條，據《三國演義》為說，不知傳奇非史也。「婦人能文」一條，謂劉琬丫頭能熟《魯靈光賦》，花面丫頭字出劉禹錫詩，劉琬丫頭無典也。「詩讖」一條，謂冰鏡不安臺為梁武帝詩，不知梁書作元帝也。「不妄稱人」一條，謂鮑照問惠休己與靈運優劣，不知《詩品》所載乃顏延年也。「人日」一條，謂虞摯不知曲水為不學無術，不知《束皙傳》所載乃摯虞，即字仲洽作《文章流別論》者也。「纏足」一條，引《雜事秘辛》，亦不知為楊慎依託。蓋一時興至輒書，不暇檢閱耳。(《四庫全書總目》卷一百二十八「子部三十八・雜家類存目五」)

【人幸不幸】造物之所最忌者，名也。岩穴之士槁死衡門，人不及知，史不及載，身名湮滅，與草木同腐者眾矣。唯美姝名妓一附筆端，千古不朽，如西施、王嬙、文君、綠珠、真娘、蘇小、鶯鶯、燕燕之類，不可勝紀。非獨士人喜談樂道，即村氓閨女無不知有若人者。至於亡國孤臣、流離節婦，若孔子之所授轡、伍員之所輟餐、田橫兩客魯國二生，失其名者往往而是，人之幸不幸如此。(《文海披抄》卷一)

【託名】《莊子注》《中興書》，竊人之書以為己作者也。《周秦行紀》《香奩集》《龍城錄》《碧雲騢》，以己之書嫁名於人者也。竊為己作者，不過穿窬之心，嫁名於人者，幾成口舌之禍，罪業莫大焉。《周秦行紀》是李德裕門人韋瓘作，託牛僧孺。《香奩集》是和凝作，託名韓偓。《龍城錄》是王銍作，託名柳宗元。《碧雲騢》是襄陽魏泰作，託名梅聖俞。(《文海披抄》卷七)

【牡丹花會】蘇長公在杭、黃、惠、儋時，所至日事遊宴，縱情湖山花卉之間，當是極風流人物。然在揚州時，揚州舊有牡丹萬花會，每用花數萬朵，以為屏帳。至樑棟栱柱之間，悉以竹筒注水插花，蓋仿西京故事。人頗病之。公一至，吏以舊案呈，即判罷之。作書報王定國，有云：「雖殺風景，亦免造業。」始知公之為政，不專風流。然花開盛時，正以花下吟賞為樂，若使採折裂滅，動以萬計，直是花之大厄，有何可賞？此公所以為真風流也。(《文海披沙》卷七)

【貧富相形】貧富相形，雖英雄未免動色。陶穀得黨家姬，取雪水烹茶，

曰：「黨家亦有此否？」曰：「彼粗人，但知銷金帳裏，羊羔美酒，淺斟低唱耳。」陶默然慚。唐太宗與蕭后觀燈，問：「孰與隋主？」對曰：「隋主每夜殿前香山數十，一山焚沈香數車，沃以甲煎，香聞數十里。計每夜用沈香二百餘車，甲煎百餘石。房中不燃燈燭，懸寶珠一百二十照之。」太宗口剌其奢，而心服其盛。宋高宗於慈聖太后誕日，極天下之奉，用龍涎沈腦屑和蠟為燭，列十數炬，而太后若不聞。上奉卮，問：「此燭頗愜聖意否？」后曰：「爾爹爹每夜常設數百枝，諸閣皆然。」上因后起更衣，微謂憲聖曰：「如何比得爹爹富貴。」黨乃無論，煬帝、徽宗，亡國之君耳，而繁華富盛之態，猶令後人追慕。故《老子》謂「不見可欲，使心不亂」者，嘻！知言矣。（《文海披沙》卷七）

五雜組十六卷　　（明）謝肇淛撰

　　書前有李維楨序，稱：「何以稱五？其說分五部，曰天、曰地、曰人、曰物、曰事，則說之類也。何以稱雜？《易》有《雜卦》，物相雜，故曰文……《爾雅》組似組，產東海。」蓋肇淛生於東海，多文為富，故稱「雜組」之名。

　　全書二十五萬言，分十六卷。其書分天、地、人、物、事五部，然未用類書體，編次無法，雜亂無章。此書以明代史事最為可採，考訂論斷亦見精覈，如曰：「江南大賈強半無田，蓋利息薄而賦役重也。江右、荊楚、五嶺之間，米賤田多，無人可耕，人亦不以田為貴，故其人雖無甚貧，亦無甚富。百物俱賤，無可化居，轉徙故也。閩中田賦亦輕，而米價稍為適中，故仕宦富室相競畜田，貪官勢族有畛隔遍於鄰境者，至於連疆之產，羅而取之，無主之業囑而丐之。寺觀香火之奉強而寇之黃雲遍野玉粒盈艘十九皆大姓之物故富者日富而貧者日貧矣。」又曰：「倭之寇中國也，非中國之人誘之以貨利未必至也。其至中國也，非中國之人為之鄉導，告以虛實，未必勝也。今吳之蘇、松，浙之寧、紹、溫、臺，閩之福、興、泉、漳，廣之惠、潮、瓊崖，駔獪之徒冒險射利，視海如陸，視日本如鄰室耳，往來貿易，彼此無間，我既明往，彼亦潛來，尚有一二不逞幸災樂禍勾引之至內地者，敗則倭受其僇，勝則彼分其利，往往然矣。嘉靖之季，倭之掠閩甚慘，而及官軍破賊之日，倭何嘗得一人隻馬生歸其國耶？其所虜掠者半歸此輩之囊橐耳。故近來販海之禁甚善，但恐

未能盡禁也。蓋鉅室之因以為利者多也。嘉靖之季，倭奴犯浙、直、閩、廣，而獨不及山東者，山東之人不習於水，無人以勾引之故也。由此觀之，則倭之情形斷可識矣。」多可補史之闕。肇淛曰：「精巧愈甚，則失勢之日，人之瞰之也愈急，是速其敗也。價值愈高，則貧乏之日，人之市之也愈難，是益其累也。況致富之家多不以道，子孫速敗自是常理。」如此冷眼旁觀，又不可不謂之悟道之言。論稗官小說曰：「小說野俚諸書，稗官所不載者，雖極幻妄無當，然亦有至理存焉。如《水滸傳》無論已，《西遊記》曼衍虛誕，而其縱橫變化，以猿為心之神，以豬為意之馳，其始之放縱，上天下地，莫能禁制，而歸於緊箍一咒，能使心猿馴伏，至死靡他，蓋亦求放心之喻，非浪作也。華光小說，則皆五行生剋之理，火之熾也，亦上天下地莫之撲滅，而真武以水制之，始歸正道，其他諸傳記之寓言者，亦皆有可採。惟《三國演義》與《錢唐記》《宣和遺事》《楊六郎》等書，俚而無味矣。何者？事太實則近腐，可以悅里巷小兒，而不足為士君子道也。」又論人生如觀戲：「宦官、婦女看演雜戲，至投水遭難，無不慟哭失聲，人多笑之。余謂此不足異也。人世仕宦，政如戲場上耳，倏而貧賤，倏而富貴，俄而為主，俄而為臣，榮辱萬狀，悲歡千狀，曲終場散，終成烏有。今仕宦於得喪，有不動心者乎？罷官削職有不慟哭失聲者乎？彼之慟哭憂愁，不過一時而止，而此之牽纏繫累，有終其身不能忘者，其見尚不及宦官、婦人矣。」論儒家曰：「新建良知之說，自謂千古不傳之秘，然《孟子》諄諄教人孝悌，已拈破此局矣，況又鵝湖之唾餘乎？至於李材止修之說，益迂且腐矣。夫道學空言，不足憑也；要看真儒，須觀作用。」書中反假道學，反釋、老之學，可窺其論學旨趣矣。其學主於經世，與顧炎武一脈相通。此書見解獨到，在晚明雜家中別樹一幟矣。

此書又內中國而外夷狄。其論戶口之凋耗，有云：「自三代以來，女直至於蒙古，是一大劫，中國之人無復孑遺。我太祖皇帝之功，劈開混沌，別立乾坤，當與盤古等，而不當與商、周、漢、唐並論也。」於蒙古、女真頗加詆諆，故乾隆間列入禁書。「女直」一則云：「女直兵滿萬則不可敵，今建酋是也。其眾以萬計，不止矣。其所以未窺遼左者，西戎北韃為腹背之患，彼尚有內顧之憂也。防邊諸將，誠能以夷功夷，離間諸酋，使自相猜忌，保境之不暇，而何暇內向哉？不然，使彼合而為一，其志尚未可量也。」此書干禁之處，已被清廷剷除殆盡。〔註120〕

〔註120〕雷夢辰：《清代各省禁書匯考》，書目文獻出版社，1989年版，第202頁。

此本據明萬曆四十四年潘膺祉如韋軒刻本影印。此書又有日本翻刻本、襟霞閣排印本。

【附錄】

【李維楨《五雜組序》】「五雜組」詩三言，蓋詩之一體耳，而水部謝在杭著書取名之。何以稱五？其說分五部：曰天、曰地、曰人、曰物、曰事，則說之類也。何以稱雜？《易》有《雜卦》，物相雜，故曰文。雜物撰德，辨是與非，則說之旨也。天數五，地數五。河圖、洛書，五為中數。宇宙至大，陰陽相摩，品物流形，變化無方，要不出五者。五行雜而成時，五色雜而成章，五聲雜而成樂，五味雜而成食。《禮》曰：「人者，天地之心，五行之端，食味別聲被包而生。」具斯五者。故雜而繫之五也。《爾雅》：組似組，產東海，織者倣之，間次五采。或綰璽印，或為冕纓，或象執轡，或詠干旄，或垂連網，或偕玄纁入貢，或玄朱純綦緼，辨等威，或丈二撫鎮方外，經緯錯綜，物色鮮明，達於上下，以為榮飾。在杭產東海，多文為富，故雜而繫之組也。昔劉向《七略》敘諸子凡十家，班固《藝文志》因之。儒、道、陰陽、法、名、墨、縱橫、小說、農之外有雜家，云其書蓋出於議官，兼陰陽、墨，合名、法，知國體之有此，見王治之無不貫。小說家出於稗官，街談巷語，道聽塗說者之所造。兩家不同如此。班言可觀者九家，意在黜小說。後代小說極盛，其中無所不有，則小說與雜相似。在杭此編，總九流而出之，言天下之至賾，而不可惡也！即目之雜家，可矣。龍門六家，儒次陰陽，殊失本末，蘭臺首儒，議者猶以並列藝文為非。語曰：「通天地人曰儒。」在杭此編，兼三才而用之，即目之儒家可矣。余嘗見書有名《五色線》者，小言詹詹耳，世且傳誦。孰與在杭廣大悉備發人蒙覆，益人意智哉？友人潘方凱見而好之，不敢秘諸帳中，亟授剞劂，與天下共寶焉。大泌山人李維楨本寧父。

【續修四庫全書總目提要（稿本）30—379】《五雜組》十六卷（明刊本），明謝肇淛撰。肇淛字在杭……據大泌山人李本寧維禎之序云，其書分天、地、人、物、事五部。「雜組」之名，則取《易》有《雜卦》，《爾雅》「組似組，產東海之意」。蓋肇淛產東海，多文為富，故稱雜組之名也。是書天部二卷，所述為天象、歲時，歷代災異、各地風俗附之，獨詳於閩，因此著閩人也。地部二卷，其論戶口之凋耗，有云：「自三代以來女直至於蒙古，是一大劫，中國之人無復孑遺。我太祖皇帝之功，劈開混沌，別立乾坤，當與盤古等，而不當與商、周、漢、唐並論也。」於蒙古、女真頗加詆諆，故乾隆間列入禁書。其

有女直一則云：「女直兵滿萬則不可敵，今建酋是也。其眾以萬計，不止矣。其所以未窺遼左者，西戎北韃為腹背之患，彼尚有內顧之憂也。防邊諸將，誠能以夷攻夷，離間諸酋，使自相猜忌，保境之不暇，而何暇內向哉？不然，使彼合而為一，其志尚未可量也。」又記韃靼一則云：「韃靼種類，生無痘疹，以不食鹽醋故也。近聞其與中國互市，間亦學中國飲食，遂時一有之，彼人即舁置深谷中，任其生死，絕跡不敢省視矣。」一云不食豬肉故爾。人部三記人之嗜好迥異一則，末云：「至於海上之逐臭，□□之嗜足紈也，甚矣！」書中原有一紙簽，云「足紈句劃去二字」，亦似有所觸犯故也。蓋是書干禁之處已被清廷劇除殆盡矣。

【太極本無極】老子謂：「有物混成，先天地生。」不知天地未生時，此物寄在什麼處？噫！蓋難言之矣。天，氣也；地，質也。以質視氣，則質為粗；以氣視太極，則氣又為粗。未有天地之時，混沌如雞子。然雞子雖混沌，其中一團生意，包藏其中，故雖歷歲時而字之，便能變化成形。使天地混沌時無這個道理包管其中，譬如濁泥臭水，萬年不改，又安能變化許多物事出來？故老氏謂之「玄牝」，夫子謂之「太極」，雖謂之有，其實無也。周子謂「太極本無極」，似於畫蛇添足矣。（《五雜組》卷一）

【象緯術數之學】象緯、術數之學，聖人所不廢也。舜以耕稼陶漁之夫，一旦踐帝位，便作璇璣玉衡，以齊七政，則造化之理固盡在聖人彙會中矣。後世如洛下閎、僧一行、王樸之輩，冥思精數，亦能範圍天地，渾儀倚蓋，旋轉不差，黍管葭灰，晷刻靡爽，亦奇矣。至宋儒議論，動欲以理該之，噫，天下事理之所不能盡者多矣。況於天乎！天之不足西北也，何以知之？日月行斗之南，而不行斗之北故也。漢明帝嘲張重曰：「日南郡人應北向看日。」然北方瀚海，有熟羊胛，而天明之國，出塞七千里，便可南視北斗矣，安知無北向看日之地乎？（《五雜組》卷一）

【盈虛消息】聖人之所謂知天者，豈有他哉？亦不過識得盈虛消息之理而已。說天者，莫辯乎《易》。《易》之一書，千言萬語，總不出此四字，但天之盈虛消息，自然者也。聖人之知存亡進退，而不失其正，亦自然者也。世之高賢，亦有懼盛滿而勇退者矣，亦有薄富貴而高蹈者矣，但以出處之間，未免有心，故又多一番魔障也。（《五雜組》卷一）

【好書人有三病】好書之人有三病：其一，浮慕時名，徒為架上觀美，牙籤錦軸，裝潢炫曜，驪牝之外，一切不知，謂之無書可也。其一，廣收遠

括，畢盡心力，但圖多蓄，不事討論，徒浣灰塵，半束高閣，謂之書肆可也。其一，博學多識，泯泯窮年，而慧根短淺，難以自運，記誦如流，寸舥莫展，視之肉食面牆誠有間矣，其於沒世無聞，均也。夫知而能好，好而能運，古人猶難之，況今日乎？（《五雜組》卷十三）

【經史得失】《春秋》以後，宇宙無經矣；班固以後，宇宙無史矣。經之失也，詞繁而理舛；史之失也，體駁而事雜。故詞以載理，理立於詞之先，則經學明矣；體以著事，事明於體之中，則史筆振矣。疏注不足以翼經，而反累經者也；《實錄》不足以為史，而反累史者也。（《五雜組》卷十三）

【飛語謗溫公】司馬溫公作《通鑒》，詳慎，久而未成，人即有飛語謗公，謂利得餐錢，故爾遲遲，公遂急於卒業，致五代事多潦草繁冗。旁觀小人之掣人肘如此，縱有子長之才，安所施之？（《五雜組》卷十三）

【作志傳之難】余嘗為人作志傳矣，一事不備，必請益焉；一字未襃，必祈改焉，不得則私改之耳。嘗預修《郡志》矣，達官之祖父，不入名賢不已也；達官之子孫，不盡傳其祖父不已也。至於廣納苞苴，田連阡陌，生負穢名，死污齒頰者，猶娓娓相嬲不置，或遠布置以延譽，或強姻戚以祈求，或挾以必從之勢，或示以必得之術，哀丐不已，請託行之；爭辯不得，怒詈繼焉。強者明掣其肘，弱者暗敗其事。及夫成書之日，本來面目，十不得其一二矣。嗟夫！郡乘若此，何有於國史哉？此雖子長復生，亦不能善其策也。（《五雜組》卷十三）

【事功與學術】事功之離學術，自秦始也，急功利而焚詩書；學術之離事功，自宋始也，務虛言而廢實用。故秦雖霸而速亡，功利之害也；宋雖治而不振，虛言之害也。（《五雜組》卷十三）

【宋儒之泥】甚矣，宋儒之泥也！貶經太過者，至目《春秋》為爛朝報；信經太過者，至以《周禮》為周公天理爛熟之書。不知《春秋》非孔子不能作，而《周禮》實非周公之書也。至歐陽永叔以《繫詞》非孔子之言，抑又甚矣！古人五十服官，六十懸車，其間用世者才十年耳。夫以十年之久，而欲任天下事，揚歷諸艱，無乃太驟乎？噫，古之人論定而後官之，非官而後擇也。隨才授官，終於其職，無序遷例轉也。夫人各舉其職官，各得其人，十年之間，治定而功成矣。今之仕者，議論繁多，毀譽互起，循資升降，既不勝其患得患失之心。任意雌黃，又難當夫吠形吠聲之口。歷官半世，而尺寸未聞；立身累朝，而夷跖不定：是用世之具與官人之術兩失之也。今之仕者，寧得

罪於朝廷，無得罪於官長；寧得罪於小民，無得罪於鉅室。得罪朝廷者，竟盜批鱗之名；得罪小民者，可施彌縫之術。惟官長、鉅室，朝忤旨而夕報罷矣，欲吏治之善，安可得哉！（《五雜組》卷十三）

【抑相而廢權】古人相者，病於怙權；今之相者，病於無權。其病均也，然寧以怙權而易相，無以抑相而廢權。相者，下天子一等耳。以天下之重，兆民之眾，而責之一相，不假以權，權將安施哉？（《五雜組》卷十三）

【進賢退不肖】進賢退不肖，均也。論其等分，則進賢宜多於退不肖。如人之養生，進梁肉之時多，而下藥石之時少也。今之薦賢者，則謂之市恩，謂之植黨。即不然，亦以為循故事，塞人望而已。至於攻擊醜詆，不遺餘力，穢行俚言，累累薄紙，初若令人怒髮衝冠，不可忍耐，久亦習以為常矣。不但言人者輾笑都不由中，而被其言者亦恬不以介意矣。噫！禮、義、廉、恥，國之四維，臣子比肩立朝，而令尋常得恣口污蔑之，其究也，使人頑不知恥，而砥礪之道喪矣。且也人不復以指謫為羞，則言者愈輕；言者愈輕，則聽者愈無所適從，而大貪鉅駔潛入其中，不復之能辨矣。為國家慮者不能不為之三歎也（《五雜組》卷十三）

【安得真才】人之難知也，聖人猶然，歎今之取士也以文章，而紙上之談不足憑也。程官也以功狀，而矯誣之績不足信也。採之於月旦，而沽名者進矣；核之於行事，而飾詐者售矣。居家而道學者，大盜之藪也；居官而建言者，大奸之託也。嗚乎！世安得真才而用之？（《五雜組》卷十四）

【仕宦法罔之密】從來仕宦法罔之密，無如本朝者。上自宰輔，下至驛遞巡宰，莫不以虛文相酬應。而京官猶可，外吏則愈甚矣。大抵官不留意政事，一切付之胥曹，而胥曹之所奉行者，不過已往之舊牘，歷年之成規，不敢分毫逾越。而上之人既以是責下，則下之人亦不得不以故事虛文應之；一有不應，則上之胥曹，又乘其隙而繩以法矣。故郡縣之吏宵旰竭蹷，惟日不足，而吏治卒以不振者，職此之故也。（《五雜組》卷十四）

【省宄官宄事】地方若省宄官，十可去其二三。居官若省宄事，十可去其六七……及至獄成，必歷十數問官，赴十數監司，而上人意見不一，好作聰明必吹毛求疵，駁問以炫己長。迨夫招成不變，而死者已過半矣。況轉詳又有京駁審錄，又有矜疑恤刑，至部又紛紛告辯，卒有元兇未正典刑，而中正親屬相望告斃者。至於官徇私而曲斷，吏受賕而寢閣，優柔不斷者，動必經年，遷轉不常者概行停止，其害又難以枚舉也。嗟夫！一事如此，他事可

知。故不省虛文，而望事集民安，此必無之事也。(《五雜組》卷十四)

【宋樞密使最尊】宋樞密使最尊，其事權、禮遇與宰相等。當時文事出中書，武事出樞密，謂之兩府。國朝兵部，僅在六卿之列，而永、宣之朝，大司馬如馬公文升、劉公大夏，時與輔臣同參密議，蓋雖與相臣有間，而其權亦與冢宰埒矣。但既為宰相，自當兼管文武，乃與樞密分權，此宋制之失也。(《五雜組》卷十四)

【吉人之詞寡】《易》曰：「吉人之詞寡。」張釋之謂周勃、張相如兩人言吶吶不出諸口。然言語者，心之華也，未有無學術、無識見而能言者。以孔門而獨宰予、子貢居言語之科，言亦何容易哉？子產有詞，諸侯賴之，詞之不可以已也。蓋春秋、戰國時，其習尚已然矣。其後儀、秦、首軼之流皆以一言取卿相，然觀其立談之頃，析軍國之大計，察海內之情形，如指諸掌，此雖非聖門之言語，而其苦心考究，捭闔推測，有後世宿儒所不能及者，其難尤倍蓰之矣。自晉一變為清談，言始不適於用，宋一變為道學，其言又皆糟魄芻狗而不可聽，則又何貴於言哉？(《五雜組》卷十四)

【王安石禍宋】王安石立新法，引用小人，卒致宋室南渡，其禍烈矣。而其初不過起於執拗之一念，蓋《孟子》所謂詌詌之聲音顏色，距人於千里之外者，當時亦但以快一時之意，而不虞其害之至此極也。近來名公清貞苦節，天下想望其風采，及其得位行事，動與世齟齬而不相入，乃其自信愈篤，而人之攻之也日益甚，終不能安其位而去，雖詆訶者太過，而亦有以自取之也。(《五雜組》卷十四)

【遊戲三昧之筆】凡為小說及雜劇戲文，須是虛實相半，方為遊戲三昧之筆。亦要情景造極而止，不必問其有無也。古今小說家，如《西京雜記》《飛燕外傳》《天寶遺事》諸書，《虯髯》《紅線》《隱娘》《白猿》諸傳，雜劇家如《琵琶》《西廂》《荊釵》《蒙正》等詞，豈必真有是事哉？近來作小說，稍涉怪誕，人便笑其不經，而新出雜劇，若《浣紗》《青衫》《義乳》《孤兒》等作，必事事考之正史，年月不合，姓字不同，不敢作也，如此則看史傳足矣，何名為戲？(《五雜組》卷十五)

【癡人前說夢】戲與夢同，離合悲歡，非真情也；富貴貧賤，非真境也。人世轉眼，亦猶是也，而愚人得吉夢則喜，得凶夢則憂，遇苦楚之戲則愀然變容，遇榮盛之戲則歡然嬉笑，總之，不脫處世見解耳。近來文人好以史傳合之雜劇而辨其謬訛，此正是癡人前說夢也。(《五雜組》卷十五)

【曠世之高士】文徵仲作詩畫有三戒：一不為閹宦作，二不為諸侯王作，二不為外夷作。故當時處劉瑾、宸濠之際，而超然遠引，二氏籍沒，求其片紙隻字不可得，亦可謂曠世之高士矣。當征仲在史局，同事太史諸君，皆笑其不由科目濫竽木天，然分宜、江陵之敗，家奴篋中無非翰林諸君題贈詩扇者。以此笑彼，不亦更可羞哉？（《五雜組》卷十五）

珊瑚林二卷金屑編一卷　（明）袁宏道撰

　　袁宏道（1568～1610），字中郎，一字無學，號石公，又號石頭居士，公安人。宗道之弟，中道之兄。並有才名，時稱三袁。宏道年十六為諸生，即結社城南，為之長。間為詩歌古文，有聲里中。萬曆十六年（1588）中舉人。越四年成進士，歸家，下帷讀書，詩文主妙悟。萬曆二十三年，知吳縣，輕刑省訟，然一干法，立懲艾不少貸。嘗自閉門，六曹吏任其別營生業，有所命，則呼之，定懲賦法，命里長分攢五甲，以恤經催之，勞民便之。聽斷敏決，公庭鮮事。與士大夫談說詩文，以風雅自命。已而解官去。起授順天府教授，歷國子助教、禮部主事，謝病歸。築園城南，植柳萬株，號曰柳浪，與中道及一二老衲居焉。中郎好禪宗，初學禪於李卓吾，信解通利，喜辯論，已而自驗曰：「此空談非實際也。」遂迴向淨土，晨夕禮誦，兼持禁戒，因博採經教，作西方合論，圓融性相，入不二門。其論五種行門，尤為切要。書成，宗道、中道同時發心迴向淨土。久之，起故官。尋以清望擢吏部驗封主事，改文選。尋移考功員外郎，立歲終考察群吏法，言：「外官三歲一察，京官六歲，武官五歲，此曹安得獨免？」疏上，報可，遂為定制。復移病歸。抵家不數日，入荊州城，宿於僧寺，無疾而卒。著有《觴政》《瓶花齋雜錄》《袁中郎集》等書。生平事蹟見《明史·文苑傳》。

　　書前有陳繼儒《珊瑚林序》〔註121〕，書末有馮賁《珊瑚林跋》〔註122〕。宏道自敘稱少慕玄宗，長珍佛理，遍參知識。〔註123〕考屈大均《廣東新語》云：「珊瑚，水之木也，生海中磐石之上，初白如菌，一歲乃黃。海人以鐵網先沈水底，俟珊瑚貫出其中，絞網得之，或以鐵貓兒墜海中得之。在水直而

〔註121〕《續修四庫全書》第1131冊，上海古籍出版社，2002年版，第1～2頁。
〔註122〕《續修四庫全書》第1131冊，上海古籍出版社，2002年版，第54～55頁。
〔註123〕《續修四庫全書》第1131冊，上海古籍出版社，2002年版，第56～57頁。

奐，見風則曲而堅，得日光乃作鮮紅、淡紅二色。其五七株合成者，名珊瑚林。夜有光景，常燁燁欲然，南越王以為烽火樹是也。」

宏道與兄宗道、弟道時號「三袁」，被稱為「公安派」。錢謙益云：「萬曆中年，王、李之學盛行，黃茅白葦，彌望皆是。文長、義仍，嶄然有異。沉痼滋蔓，未克芟薙。中郎以通明之資，學禪於李龍湖，讀書論詩，橫說豎說，心眼明而膽力放，於是乃昌言擊排，大放厥辭。以為唐自有詩，不必《選》體也；初、盛、中、晚皆有詩，不必初、盛也；歐、蘇、陳、黃各有詩，不必唐也；唐人之詩，無論工不工，第取讀之，其色鮮妍如旦晚脫筆研者；今人之詩雖工，拾人飣餖，才離筆研，已成陳言死句矣。唐人千歲而新，今人脫手而舊，豈非流自性靈與出自剩擬者所從來異乎！空同未免為工部奴僕，空同以下皆重儓也。論吳中之詩，謂先輩之詩人自為家，不害其為可傳；而詆訶慶歷以後，沿襲王、李一家之詩。中郎之論出，王、李之雲霧一掃，天下之文人才士始知疏瀹心靈，搜剔慧性，以蕩滌摹擬塗澤之病，其功偉矣。機鋒側出，矯枉過正，於是狂瞽交扇，鄙俚公行，雅故滅裂，風華掃地。竟陵代起，以凄清幽獨矯之，而海內之風氣復大變。譬之有病於此，邪氣結轖，不得不用大承湯下之，然輸瀉太利，元氣受傷，則別癥生焉。北地、濟南，結轖之邪氣也；公安，瀉下之劫藥也。」〔註124〕宏道之瀉藥，不僅為王、李文學之劫，亦為正統文化之劫。其秘方安在？其論參禪之法曰：「聰明的人參禪，須將從前所記所解一一拋在東洋大海，看他糞帚也不值，即諸佛知見將來向宗門中也不在眼裏，始得。」又曰：「出得依傍便好。如今都是依傍成事，如何得休歇？最要緊是不落有無，不落根境，如此方教做真工夫。」論讀經之法曰：「凡看經，於沒要緊處不必理會，只理會要緊處。若逐字逐句解，則擔閣了精神。且經中十分難明處，姑置之，到後來再看，當自有徹時。若目前強通其所不通，亦是沒用的。」論儒道異同曰：「儒家之學順人情，老莊之學逆人情。然逆人情正是順處，故老莊常曰因，曰自然，如不尚賢，使民不爭，此語似逆而實因，思之可見。儒者順人情，然有是非，有進退，卻似革，革者革其不同，以歸大同也，是亦因也。但俗儒不知以因為革，故所之必務張皇。」論學佛之法曰：「學佛法者止可學其本宗，不可襲其行事。以其事蹟止可行於西域，而不可行於震旦也。設釋迦當時託生震旦，亦必依震旦行事，佛豈固執不通方之人乎？」由此可見，宏道不僅為公安派之

〔註124〕錢謙益：《列朝詩集》丁集第十二，中華書局 2007 年版，第八冊第 5317 頁。

領袖，亦為晚明思想界之豪雄矣。

此本據國家圖書館藏明清響齋刻本影印。

【附錄】

【陳繼儒《珊瑚林序》】袁先生《珊瑚林》，不拈槌，不豎拂，亦不私道車馬。至今快讀一過，猶可想見其婆娑古槐下，鳥聲竹韻，無非祖意……先生大地茫茫，誰與鼎足？今文長脈望之塵既洗，卓老性命之旨已明，宜可與先生鼎足，而兩先生藝林中生不得封侯，死猶能廟居，伊誰之力？先生且輕重兩先生哉……華亭陳繼儒題。〔註125〕

【馮贄《珊瑚林跋》】石公先生《珊瑚林》，楚中張明教所錄，先生自擇其可與世語者，為德山署譚梓行矣，茲其全也。從來居士中第一了手，共龐龐公惜偈頌之外，語不多見。張無垢深入玄奧，與妙喜相伯仲，而語一涉玄，輒為其甥刪去。陽明諸大老得禪之髓，錄之者諱言竺乾，語多迴護，令人悶悶。先生談儒譚釋，皆是了義，無一剩語，故嘗自況於大黃，能與一切人排蕩積滯，茲錄亦不復諱，其談向上商工夫，最明且悉，顧毫無實法，可為人繫綴者，其有補於學人甚大。覽者能向是中挨身直入，當知迦文、宣尼原一鼻孔，正不妨與龐老、石公把臂共行，何煩百方迴護，作此委曲之相也。无咎居士馮贄識。〔註126〕

【袁宏道傳】袁宏道，字中郎，號石頭居士，湖北公安人也。兄宗道，字伯修，弟中道，字小修。三人先後舉進士，皆好禪宗。萬曆中，宏道為吳江知縣，後為禮部主事，謝病歸。初學禪於李卓吾，信解通利，喜辯論，已而自驗曰：「此空談非實際也。」遂迴向淨土。晨夕禮誦，兼持禁戒。因博採經教，作《西方合論》，圓融性相，入不二門。其論五種行門，尤為切要。略云：一信心行者……自性超一切量故。書成，宗道、中道同時發心迴向淨土。已而宏道起故官，再遷至稽勳司郎中，復移病歸，抵家不數日，入荊州城，宿於僧寺，無疾而卒。中道官南禮部郎中，乞休老於家，居常勤於禮誦。萬曆四十二年望夕，課畢趺坐，形神靜爽，忽入定，神出屋上飄然乘雲，有二童子導之西行，俄而下至地。童子曰：「住。」中道隨下，見地平如掌，光耀滑潤，旁為渠，廣十餘丈，中有五色蓮芳香異常，金橋界渠，欄楯交羅，

〔註125〕 《續修四庫全書》第1131冊，上海古籍出版社，2002年版，第1～2頁。
〔註126〕 《續修四庫全書》第1131冊，上海古籍出版社，2002年版，第54～55頁。

樓閣極整麗。揖問童子：「此何地？卿何人？」曰：「予靈和先生侍者也。」
問先生為誰，曰：「君兄中郎也。今方佇君，有所語，可疾往。」復取道至
一處，樹十餘株，池水汩汩，池上有白玉扉，一童子先入，一童子導，過樓
閣二十餘重，至一樓下，一人下迎，其顏如玉，衣如雲霞，長丈餘。見中道，
喜曰：「弟至矣。」諦視之，則宏道也。上樓交拜，有四五人來共坐。宏道
曰：「此西方邊地也。」信解未成，戒寶未全者。多生此，亦名懈慢國。上
方有化佛樓臺，前有大池，可百由旬，中有妙蓮，眾生生處，既生則散處樓
臺，與有緣淨友相聚，以無淫聲美色勝解易成，不久進為淨土中人。中道問
兄生何處，宏道曰：「我淨願雖深，情染未除。初生此少時，今居淨土矣。
終以戒緩，僅地居，不得與大士升虛空寶閣，尚需進修耳。幸宿生智慧猛利，
又曾作《西方論》，讚歎如來不可思議度生之力，感得飛行自在，遊諸剎土。
諸佛說法，皆得往聽。」此實為勝。遂攜中道上升，倏忽千萬里，至一處，
光耀無障蔽，琉璃為地，界以七寶樹，皆栴檀吉祥⋯⋯因問其生處。宏道曰：
「生處亦佳，汝後自知。」忽凌空而逝。中道起步池上，忽若墜水，躍然而
醒。自為記如此。（《淨土聖賢錄》卷九）

沈氏弋說六卷 （明）沈長卿撰

　　沈長卿（1573～1632），字幼宰，更名遯，別號灰庵，自號錢江逸民，
錢塘（今浙江杭州）人。萬曆舉人。以孝廉筮仕閩永定令。未幾，當路有意
齮齕之，僦居秣陵十餘載而卒。今考，《沈氏日旦》卷六己巳識語云：「予行
年五十七，書此自箴，非敢箴世也。」己巳為崇禎二年（1629），其生年據
此推定。又述家境曰：「予生平無快意之景，嫌其欠缺故也。必紫陽之石、
靈鷲之峰、雲居之松，中峰祖師所植約千餘株，如虯如蓋。今為惡僧伐盡矣。
玉泉之水聚為一區，斯暢耳。」又自述四位知音曰：「吾生平精力半耗於舉
業，而人無知者，偽賞識置弗論，真解此道者，其一為薛公近兗，武進人，
乙未進士，官方伯，即前輩薛方山子也，云吾文大有來歷，非苟作者；其一
為沈公漼，湖州人，壬辰進士，官政府，云吾所造至此，無一個朋友矣，自
謙幸中時尚無足下識力；其一為周公鉉，武進人，甲辰進士，有新安徐孝廉
探以海內人才未發者誰為第一，應聲而對首屈指予；其一為靳公於中，河南
人，戊戌進士，官侍郎，贊予文云，浙多名士，但折心於君矣。予偶歎知己

之難也。紀此四公姓名，以識不忘。」

　　書前有長卿自序，稱「弋說」之義取《詩》「如彼飛蟲，時亦弋獲」之義。〔註127〕李維楨序稱其書抉微闡幽，盡汰俗儒陋聞，折衷於大道正義，所辨晰如王充，而皆關切倫常品類，非鉤摭細微，執滯迂迴，所撥正如劉知幾，設身處地，曲暢旁通，且證據經史，不恣胸臆云云。〔註128〕萬曆乙卯（1615）湯顯祖序稱弋取傳記以來國家存亡、聖賢豪傑所由顯隱之故，幼宰之作奇而正，足傲然於著作之林云云。〔註129〕

　　全書十萬言，分六卷。前三卷為史論，以人標目，每條附錄時人卓爾康、黃聖孜、徐楚白、聞子將等人評語，如首條「黃帝老子」附錄：「卓去病先生評：『焦勞之極，返而寧淨。黃老之同，將無然乎？至史遷申、韓原於道德之意，恐是綺語。』黃聖孜先生評：『絕頂之論。』」其書說古衡今，係雜說之屬。長卿彈射古人，確有所弋獲，如「司馬光」條曰：「安石智辯逾人，遇黜靈木偶之君則苦無所試，而遇好大喜功之神宗，如魚得水。光但知排擊安石，而無術以動神宗。神宗謂光物望所歸，輿情所屬，參用之以佐治，而原非真臭味也。彼所酷喜而深信者，安石而已。且安石有所短，亦有所長。勇於立異，銳於變常，自是非人，其所短也；憤宋室之傾頹，壹意富強，冒眾怨而不恤，其所長也。光但見其所短，不見其所長，則向之預卜而許可者，不知其何所指也。逮新法罷矣，並顧役法亦罷，光之有成心也。秦之長城，隋之渠河，萬世利焉。漢、唐始祖未嘗廢之，光何所見之隘？新法罷而光恬無遠慮，使奸人進紹之說罷而復興，譬病者受禍於庸醫，但聞天雄、烏喙之害，而亦不見有參、術之良藥可起沉痾於旦夕者，他日疾作，庸醫不旋踵至矣。光之代安石也亦然。畢仲游曾遺書箴之，光不悟也。新法罷而復行，豈盡安石罪哉？邵雍謂君實九分人，以予衡之其所少一分，或在此耳。」頗能作持平之論矣。「寇準」條論曰：「宋氏之禍，成於靖康，而含垢忍恥，實釀於澶淵之役，所謂城下之盟，春秋恥之，誠有如王欽若所云者，特自欽若發之，不免為讒準而言，固不以人廢也。」《居官日省錄》錄其格言若干，皆可為官箴矣。卷四有《逍遙游說》《齊物論說》《養生主說》《人間世說》《德充符說》《大宗師說》《應帝王說》諸篇，皆為《莊子》而發。卷五、卷六雜

〔註127〕《續修四庫全書》第1131冊，上海古籍出版社，2002年版，第77～79頁。
〔註128〕《續修四庫全書》第1131冊，上海古籍出版社，2002年版，第75～77頁。
〔註129〕《續修四庫全書》第1131冊，上海古籍出版社，2002年版，第77～79頁。

說甚夥，如《好惡說》《謹慎說》《簡傲說》《真似說》《善利說》《善惡說》《安貧說》《積書說》《博物說》《序齒說》《仕宦當遵孔孟說》《除肉刑說》《革除比丘尼說》《戒溺女說》《庸醫殺人說》，又有雜文若干，如《擬項羽遺韓信書》《小說證贗》《以居官作佛事》《鸞乩紀異》《僧樓紀異》《俗不須醫》，殿以《緒言雜錄》四十八條。此書《千頃堂書目》小說類著錄，姚際恒《好古堂書目》同，《棟亭書目》說部著錄，《中國古代小說總目提要》亦列入文言小說集。今按其書，非小說家言。半為史評，半為雜說，既可入史評類，亦入雜家類。

書中多涉及宋金關係，又有《攘夷說》一則，曰：「三代而下，一統而最久者無如漢、唐、宋。宋受夷狄之禍最慘，橫於遼，侵於金，滅於元，固天運使然，亦宋之君臣御失其道也。蓋夷情如犬羊，不可禮義化誨。」清代文字獄盛行之際，此書在劫難逃，被列入禁燬之黑名單，致使傳本罕見。

此本據上海圖書館藏明萬曆四十三年刻本影印。

【附錄】

【沈長卿《沈氏弋說自序》】「弋說」義何居？援往昔，據目前，是非非是，自旄於楮墨之間，語未必盡破的，而微中處亦頗可採，間或以強弩之末，鴻殲九霄，兔窮三窟，則《詩》所云「如彼飛蟲，時亦弋獲」者乎？或曰：「立言寔難。昔張伯松與楊子雲比肩，《太玄經》不屑一視。晦庵、溫公皆命世巨儒也，《太極圖解》出而眾喙交集，《資治通鑒》成而讀者未終一紙已欠伸思睡。當子世而為子之君山者蓋寡矣，況能作床頭秘如中郎哉？」予曰：「不然。凡人精神各有所寄，或弈或飲，或歌喉舞袖，或骨董或登，或子母疲日夜不休。予一無所寄，更習懶成癖，世厭其迂拙，以為難近。即居闤闠中，門可羅雀，風雨晦冥，兀坐一室，此時欲覓一田夫野老與之晤言，竟空谷足音，杳不可致，況良友哉？《弋說》者，予懷之所寄也。寄久成恍，猶弈者之有棋譜，飲者之有觴政，歌舞者之有傳奇、雜劇，骨董者之有博古圖，登者之有遊覽志，子母者之有會計錄。精神注焉，不自知其陋也。若欲有身後名，則千秋大業固宜藏諸名山，不使時目窺睹，以來覆瓿之誚矣。雖然，使《弋說》而果玄衡也，微君山、中郎自足千古。否則，言先骨朽，縱慫附青雲之士以傳，而一種獨抱之光不與草木同腐者竟安在哉？予以千古是非付之《弋說》，而以《弋說》付之海內之知言者。鴻飛天際，楚越人能鳧之乙之，而必不敢妄譽以為

鳳，妄詆以為鷗也。文猶是已。錢江逸民沈長卿撰。〔註130〕

【李維楨《沈氏弋說序》】近代辭人，率長於詩，其於文闕如也。即有兼長，大抵應酬慶弔之篇耳。前言往行不必多識，何以囊括宇宙，總攬人物，垂不朽之大業乎？武林沈孝廉幼宰為侍御襟江公子，家饒二酉五車之藏，自童稚時諷誦不輟，廣採精研，漱芳潤而傾瀝液，手自排纘，為《弋說》二百餘篇。由百世之下，考百世之前，人有媺惡，事有是非，抉微闡幽，盡汰俗儒陋聞，折衷於大道正義。余三復而斂衽擊節，如得至寶也。昔漢王仲任《論衡》自謂「人無一引吾百篇，人無一字吾萬言」，以為文眾可以勝寡，而不知石多玉寡，寡者為珍，龍少魚眾，少者為神也。其失也拘陋而冗蕪。唐劉子玄因仲任問孔廣彼舊疑，增其新覺，乃有《史通》指謫攻擊，不遺餘力，而信好事之說，侮聖畔經，工詞古人，拙於用己，其失也僻戾而詭妄。幼宰所辨晰如仲任，而皆關切倫常，品類非鉤摭細微，執滯迂迴，所撥正如子玄，而設身處地，曲暢旁通，且證據經史，不恣胸臆，秘蔡氏之帳中，置徐家之座右，此說足當之，惜古人不及見也。夫仲任閉門潛思，牆牖悉置刀筆，數十年方就。子玄歷鳳閣舍人，遷秘書監著作，固其官守。幼宰年則後生，位則逢掖，而所論撰業已卓然大雅不群矣。仲任有言：「能說一經者儒生，博覽古今者通人，採掇書傳能奏記者文人，精思屬辭連篇章者鴻儒。」子玄亦言文士多，史才少，史必有才、學、識三長。余不敢以文士目幼宰。《詩》曰：「如彼飛蟲，時亦弋獲。」幼宰自道如此，吾見其進也，未見其止也。大泌山人李維楨本寧父。〔註131〕

【湯顯祖《沈氏弋說序》】漢人《七發》，謂煩屯之疾可要言妙道說而去也。初謂文士迂詭，迨予接罹大故，荒頓委忽，幾於大病，所謂鮮民之生何暇，世之君子乘間語事乎？而乃有千里之使來自臨安，授以一書，則沈幼宰《弋說》二百首，而余也取《詩》時亦弋獲之義，弋取傳記以來，國家存亡，聖賢豪傑所由顯隱之故，未遽卒業，循其數端，已踔絕瑋麗，使人踴起，少進而幽憂之色起矣。子殆有意於時博記而敏給者歟？今昔異時行於其時者三，理爾，勢爾，情爾。以此乘天下之吉凶，決萬物之成毀，作者以倣其為而言者，以立其辨，皆是物也，事固有理至而勢違，勢合而情反，情在而理亡，故雖自古名世建立，常有精微要眇，不可告語人者。史氏雖材常隨其通博奇詭

〔註130〕《續修四庫全書》第1131冊，上海古籍出版社，2002年版，第77～79頁。
〔註131〕《續修四庫全書》第1131冊，上海古籍出版社，2002年版，第75～77頁。

之趣，言所欲言，是故記而不倫，論而少衷，何也？當其時，三者不獲，並露而周施，況後時而言，溢此遺彼，固然矣。嗟夫！是非者，理也；重輕者，勢也；愛惡者，情也。三者無窮，言亦無窮。子乃以二百則弋彼異時事，別白抉摘，透漏滴博而無餘，乃至一事而要遮前後故實，為其微曲折隱，見極波瀾之致，簡者數語，詘然委盡，無復費詞。或逆而探，或順而揄，或郤而批，或全而劃，橫發沉入，英藻殊義，病夫為之解頤，況乎處世能言之士者乎？去年得瞿睿夫，今年得沈幼宰。睿夫感憤檀弓，巧譏賢聖，昌言排折，予重其人。幼宰乃復廣為豪傑，發抒煒燁，千載亦有有為言之者。故予謂睿夫之作，正而奇；幼宰之作，奇而正。二子者，足敫然於著作之林哉！萬曆乙卯夏五，友人臨川湯顯祖頓首撰。

【陳繼儒《沈氏弋說序》】武林孝廉沈幼宰束髮好古，能讀其父侍御公書，更性習澹，於聲華蕭然，如退僧遺客。一旦發其枕中之秘，郵《弋說》以示陳子。陳子讀之，目呿而不張，舌橋而不下，袞袞乎惟懼其言之罄也。古今能言之家多本於《春秋》，然仲尼《春秋》之法約，而《說卦》之旨詳，故曰博學而詳說之。學不博五車，才不當八面，識不超千古，辯不敵萬夫，目不營四海，麈尾相難，惟有靡旗僕轅而走耳。此五者，獨幼宰足以當之，而猶逡巡遜謝，以飛蟲之弋獲自居。彼蓋謂鳳翔千仞，龍蟠九天，弋未嘗及焉，故謙言云爾。予謂幼宰之筆，張弓發矢，能落雙雕，飲羽沒鏃，能中石虎，而猥云「弋說」乎哉？說之義從兌，象曰：「麗澤，兌，君子以麗澤講習。」說之謂也，異人讀異書，豪士得豪語，其見軋咽於胸中而莫可發洩，每思二三友朋相與聚頭，磕膝磨吻，抵掌以快其所欲言，而索解人又不可得，如草木之怒生，不達不止，鶤鵬之怒飛，不九萬里不止，大竅之怒號，不山海騰沸、天地晦冥不止。此幼宰所以正說、反說、直說、倒說、橫說、豎說、煩說、簡說、俗說、雅說、取譬說、恢諧說，曲折縱橫，靡不如意，而莫窮其涯涘也。此說可以驚四筵，可以懾獨坐，可以詘今人之口，可以服古人之心，可以修行人之詞，可以專大夫之對，可以借箸當前，取筯畫地，與天子、宰相辨析古今之成敗是非，吾安得呵九關虎豹而進之？或招置百尺樓上，譚數日夜，語倦意亢，共入巖窟，間擁膝相視，學蘇門長嘯一聲而別。吾兩人庶幾嗒然，皆無事道人矣。雲間友弟陳繼儒仲醇撰。

【徐如珩《沈氏弋說跋》】夫言以足志，而欲垂不朽，視德與功則彌難，何也？德功有途轍可蹱，而言莫醜於襲故。舜之於堯，武之於湯，尚父之於

阿衡，皆襲也。而文中子襲孔子，則不成其為書矣。吾武林自昭代二百餘年，立言者寥寥無人，非無人也，此唾彼拾，他衲我補，未見有特創之奇，可以駕軼先民，成一家言者，徒災木已耳。沈子幼宰半生精力畢耗於舉子業，而非其志也，閒以其餘緒遊戲古文辭，題之曰《弋說》。《弋說》義取彈射，其名似創，而覈其實，已先獲於古人。屈氏以騷弋，左氏以傳弋，司馬氏以史弋，班氏以書弋，賈氏、董氏以策弋，淮南氏以解弋，而幼宰以說弋。弋等耳，代降而宋議論，煩且厭，大率以陋劣之腸好持中庸之論，甚則刻急以求。而幼宰大暢其所欲言，如開山之斧，關鴻蒙木，闢之境界，指以示人，令睹者翻然一新，而巽入之妙曾不啻針芥乳水之合，未免鑿空憑臆，以驚怖愚侗，非胸中有識，筆際有膽，何能若斯。嗟乎！經世之士，當有道則言危，為逸民則言放。幼宰值可危之時，處得放之地，而危以遜濟，放以倫攄，故難及也。讀《弋說》者，因言以想見其人，因人以還索其立言之志，則迷者豁，拘者開，傾者坦，靡者振，凡庸者超朗。雖身未用世哉，而行其言有補於今，傳其言有裨於後，以方於近世，操觚家所謂中原調館閣體者且何如耶？幼宰才品直上，而任誕忽俗，有晉人風，一切世法之羣疾之如仇，故其聲不噪於吳越。《弋說》出而後之君子必有論世而恨不同時者，惜今人不及見耳。昔皮日休與孟襄陽生同時，居同邑，而埒其詩，於蕭懿、王融之倫津津乎譽不置口。劉歆非不愛敬楊雄，而有空自苦之諷。人情賤近貴遠，習氣使然矣，豈盡出於忌哉？予懼來佛頭之誚，贅言簡末，附驥以馳。若幼宰則非譽聽之，而況有海內諸大方之月旦在，又何藉不佞作曹丘生為。同邑友弟徐如珩跋，時皇明萬曆乙卯歲六月朔也。

【申韓】刑名刻深之說，從申、韓發明殆盡，而實非昉於申、韓。夫殷人後賞而先罰，不申、韓乎？而成湯固做法於寬矣。《詩》曰：「敷政優游。」是也。子產治鄭，鑄刑書，有火烈民畏之喻，不申、韓乎？而孔子以為惠人，又曰古之遺愛。乃商鞅用之以霸秦，而卒受車裂之禍，後人遂悚然，以申、韓為戒，且歸咎於秦亡之速，皆鞅罪也。冤哉！焚書坑儒，皆鞅身後事也。蘇長公嘉其有帝秦之功，而無德義以濟之，故不免於禍。其說頗當。漢諸葛武侯以嚴治蜀，不申、韓乎？而炎祚不永，亦豈武侯之罪哉？彼李斯受學荀卿，固儒者也，而赤族於秦，秦原虎狼之國，臣子鮮令終者，而必以是為申、韓罪，皆附會之辭也。（《沈氏弋說》卷一）

【昭烈帝】司馬光不以正統予昭烈，謂其於中山靖王族屬疏遠，不能紀

其世數名位，故抑之。夫昭烈即疏遠乎？猶愈於魏之篡也。三代而下，漢得天下最正，功最高，尊昭烈所以綿漢祚也。論世者不忍其脈之遽斬，而惴然有存羊之思焉。陳壽志三國，明以天子之制予魏，而外吳、蜀為列國。以予論之，崛起草澤，與閹奸君側者差殊，則魏且不得與吳等，況蜀乎？壽又言昭烈機權幹略不逮魏武，是以規宇亦狹。夫操猾虜備仁闒也。仲尼辨正譎不以晉文先齊桓，壽何以屈蜀而伸魏。壽，晉人也，知有魏而已矣。魏之有晉，猶季孫之有陽虎。壽欲伸晉，不得不先伸魏。司馬溫公著《通鑒》，祖陳壽之筆，以魏紀年。至朱晦翁作《綱目》，始以昭烈承獻帝之後，紹漢遺統，蓋有激於蜀丞相諸葛亮入寇之書，舛錯倒置，而刪定焉者也。夫溫公為人方嚴，不假借於篡賊，又宋代臣子，亦於曹操無貶詞，顧謂操取天下於群盜，不取天下於漢室，何意耶？人言王安石僻，觀此語，則司馬君實僻過之。予窺其隱寬魏，亦所以寬晉也。司馬懿父子陽施陰設，移魏祚於掌股之間，光豈其苗裔耶？以正統予魏，為晉司馬氏地也，此子產立公孫泄之意，觀過知仁，其此謂哉？不然，諸葛武侯去中山靖王時未遠，草廬中即稱昭烈為帝胄，其勸進之詞云：「曹丕篡漢，天下無主，大王劉氏苗裔，宜即帝位。」皆確有所據，光豈不知之？即陳壽亦稱昭烈弘毅寬厚，知人待士，有高祖之風，光又豈不知之？而紆回其說以欺後世，戾矣。若云魏武踞中原之勝，不得不以正統歸之，則晉之江左、宋之江南遂不得以正統稱耶？光所見殆不如是。說者以予說為偏詞，而更自有說，非予所敢知己。（《沈氏弋說》卷二）

【博物說】《晉史》載孔子履、漢高帝斬蛇劍、王莽頭咸御庫所珍藏，忽毀於火，此三物騰空飛去。夫莽篡賊也，祝融回祿之神何所賞鑒而收為骨董？孔子大聖，漢高真主，其生平所用之物甘與戎首為伍，則履劍亦絕無靈氣矣。吾還叩之博古者，圯上老人之履、延陵季子之劍、智伯之頭並表表者也，今安在哉？甚矣史氏之誣也！故夫卜騧牙於帝所者射覆之小術也。識寶氣於豐城者，占候之支見也。若能辨乾德之鏡，則有用之學，真可以備顧問矣。故曰：「宰相須用讀書人。」（《沈氏弋說》卷六）

【沈氏弋說·格言】今人初釋褐作吏，虛憍恃氣，自負清廉，動與上官齟齬。此與孔氏之訓違。孔子曰：「居下位而不獲乎上，民不可得而治矣。」又往往以後進陵先進，齮齕一二死灰之鄉紳，以自鳴其猛。此與孟氏之訓違。孟子曰：「為政不難，不得罪於鉅室。」夫諧媚纖趨，醜行也，而事上亦自有禮。搏擊豪強，美名也，而處同袍亦自有體。矜奮之士，習氣用事，最易蹈

之。後悔何及。○事上貴誠敬，言貌亦不可苟。然至辯論公事，如自己見到十分，正當委婉力陳，未可將順。若曲意依阿，迫及事或不效，公正上官，必且見薄。○事上務在誠敬，總須將事理之是非虛實，再四審慎，得其確切。上司虛心，固當直陳，即或別有成見，亦宜婉達。至於因此生厭致怒，不妨暫順，隨後仍伸前說，上司自然見允，不至因此為難，久後更當見重矣。居官動謂迫於上官不得不從者，畢竟自己無真見而有私心也。○隱惡揚善，盛德事也。上官前尤當檢點。一言誤對，或有關礙於人。故上司愈重吾言，則言凡有涉於人者愈宜慎。惟有益於地方者，則宜盡言耳。○在上司前，論人與論事，微有不同。論人則善善宜長，惡惡宜短。隱惡揚善，取長節短，難以固執。至於論事，則是非利害，盡言無隱，難容含糊遷就。維不昧本心，求合公道，方盡事上不欺之誼。○《寡過錄》云：「獲上是治民第一義。」非承奉詭隨之謂也。為下有分，恃才則傲，固寵則諂，皆取咎之道。既為上官，其性情才幹，不必盡同。大約天分必高，歷事必久，閱人必多。我以樸實自居，必能為所鑒諒，相浹以誠，相孚以信。遇事有難處之時，不難從容婉達。慷慨立陳，庶幾可以親民，可以盡職。○上官之賢者，使人固必以器矣。雖非大賢，未必不用守正之吏。我向穩處立身，辦本分之事，用亦可，不用亦可。捨己狥人，斷斷不可。○屬吏受上官之知，可展素蘊矣。然先受知者忌之，將受知者嫉之。求知而不得，必伺隙而擠之。百密一疏，謠諑生焉。上官不一，不能無愛憎之別。即皆愛我矣，保繼者之取捨一轍乎？駱統有言：「疾之者深，譖之者巧，受寵若驚，唯閱事者知之。」○上官之前，要人不可為矣。然則作吏必不可遷調乎？曰非也。所論止爭公私之別耳。出於市恩，斷不可受。出於掄才，若之何不受？士為知己用，況重以職守哉？報上官即所以盡職守，不敢告勞，致身之大義也。否則進而危，不若退而安矣。○縱不躁進，而有喜功之念，亦非所以自立。身膺民社，皆見過之端。無見功之處，克盡厥職分也。偶叨上官讚譽，揚揚得意，必將遇事求功，長阪之馳終虞銜橛。○多言不若寡言，華言不若質言。論及公事尤不可率陳，率陳之故有二：一則中無把握，姑餂上官意趣；一則好為誇張，冀博上官稱譽。不知案情未定，尚待研求。上官一主先入之言，則更正不易。至駁詰之後，難以聲說。勢必護前遷就，所傷實多。○天下無受欺者，刻在上官。一言不實，為上官所疑，動輒得咎，無一而可。故遇事有難為，及案多牽窒，宜積誠瀝悃，陳稟上官。自獲周行之示，若誑語支吾，未有不獲譴者。蒼猾之名，宦途大忌。○事有未愜於志者，上官不妨婉

－327－

諍，幕友自可昌言。如果理明詞達，必荷從聽。若不敢面陳，而退有臧否，交友不可，況事上乎？且傳述之人，詞氣不無增減。稍失其真，更益聞者之怒，惟口興戎可畏也。故待上司之幕友，宜誠實無偽。（清・覺羅烏爾通阿《居官日省錄》）

沈氏日旦十二卷 （明）沈長卿撰

此書《千頃堂書目》小說類著錄為六卷。

書前有長卿自序，稱縮月旦為日旦，亦猶古人縮寸陰為分陰，蓋惜時之意。〔註132〕崇禎七年（1634）張昂之跋稱「日旦」祖「月旦評」之意，而識深藻微。〔註133〕卷一首條開宗明義：「崇禎元年春，飲食之暇，日有所記，旦有所抄，題為《日旦》，借書史以觸性靈。恐晝夜六時行尸走肉植畜生餓鬼之因，非獲已耳。」

全書十六萬言，分十二卷。自慚腹空，博覽群書，用筆記體，然不標條目，散亂無序。大旨主於經世之學，反對科舉俗學。如曰：「六經、《語》《孟》不專為經世而設，《綱目》《通鑒》乃經世之良方也。猶如醫家湯散丸，種種畢備，用之對瘥，沉疴立起，且保身遠害，亦不外此。近時進賢冠下以不閱《綱鑒》，斃者多矣。八股時文但可藉以出身，不可經世，不可保身，專恃此則地方危，自己軀命亦危。」曰：「講章時藝可經世乎？論略策料可用兵乎？文士當削去初場，但觀其謀議；武夫當削去末場，但程其騎射。」曰：「法立弊生。經世者不輕以術告人，猶刺繡家鴛鴦可看，金針不可度也。」曰：「一時腐儒迂儒各有異議，只因胸中竅脈蔽塞，渾是八股時文填滿。」又辨朱、陸是非曰：「紫陽但從事下學而遺上達，人遂以腐儒目之；象山但從事尊德性，而遺道問學，人遂以異端揣之，皆偏致也。朱有見於人，無見於天；陸有見於內，無見於外。皆與『精一』之旨睽，以故二家之徒交相非，亦各相矯，竟不自覿其所以失，而支離寂滅，不受師益，反受師損也。」又主張以「恥」說取代「良知」說：「陽明先生標出『良知』二字為宗。既謂之良，則不但人有，物亦有。其說博而寡要。予欲以『恥』一字約之。不但

〔註132〕《續修四庫全書》第 1131 冊，上海古籍出版社，2002 年版，第 319～320 頁。

〔註133〕《續修四庫全書》第 1131 冊，上海古籍出版社，2002 年版，第 618～620 頁。

異類絕無，而同類之存焉者寡矣。後世樹講旗者，從有恥而上極之，從無恥而下究之，各各許多階級，有恥對無恥，善知識對惡知識。單曰良知，遺了無良，亦缺而不完也。『良知』孟所創，『恥』孔所標。孟不若孔，『良知』何如『恥』哉？」其「佞儒說」曰：「世但知有佞佛，不知有佞儒。佞儒者，口誠正胸，斗筲也。以真儒鬭偽佛，即大雄之功臣。以偽儒鬭真佛，即闕里之罪人矣。儒、佛兩偽盜也，非道也，弭盜之策安施？」其「三尊說」曰：「爵、齒、德三尊分屬儒、玄、釋三教，於義亦協。爵何以專屬儒？儒重五常，而首舉君臣，則貴賤之等也。序爵不尤重乎？齒何以專屬玄？玄門長生久視，以延年為秘訣，定不加雲房於王母之上列偓佺於廣成之先，序齒不尤重乎？德何以專屬釋？釋門慈悲為尚，智慧為宗，行願為本，皆德也。有佛而後有祖，有菩薩，有羅漢，序德不尤重乎？非謂舉一而二可廢，就最要處論也。」間或辨偽，如辨《狂言》等書皆偽託：「袁小修中道為其兄石公宏道作文集序，辨真指贋，《狂言》等書皆偽託也者。予久疑其陋，見序不覺躍然。龍湖老子假批評，不知被書肆射幾許利矣。天下慧眼少，肉眼多，真文陽浮慕，而偽文實實快心，臭味妙合，故易售也。蘇長公全集其間頗有偽文，觀者至此必大駭吾言。然此非予言，即蘇長公之言也，人自不曾看到。」又述官場醜態曰：「予鄉一吏掌科削籍者對予言：『人皆笑我附江陵權相，呼為張黨。你們書生不知宦腸宦態，人人如是，但我少年時功名心太急，比他人太露痕跡耳。』此萬曆癸卯年語也。至天啟末年，予咀嚼此語，津津有味，後人讀史者，至此必當擊節。」

其人名號曰「遯」，曰「灰庵」，曰「吳越逸民」，可見長卿晚為隱士。其書亦呈現灰色，大唱反調，不與主流文化同流合污。由經世之學而隱士文化，乃其書之二重變奏曲，或與其人生際遇密切相關。得志則主前者，不得志則主後者矣。《清代禁燬書目四種》亦列其名。然清高宗關注此書，其《御製詩四集》卷七十一《西湖詠南宋事》詩云：「《沈氏日旦》有佳評，寧獨責賢實至理。」又加按語：「沈長卿著《沈氏日旦》云：宋孝宗之事高宗也，歲朝太上皇於德壽宮，時節從幸聚景園，七十、八十遞加尊號，服三年喪不變，此特問視之常禮，哀戚之恒情耳，胡遂以孝諡耶？至秀王為孝宗本生父，在御二十七年不一加尊號，張夫人為本生母，薨僅成服，後苑何其薄也！光宗之事孝宗並常禮恒情不存矣。自紹熙三年間，六朝重華宮，而後壽皇疾不問，大漸不赴，成服不哭，羅點引裾諫而留正，肩輿遁去，豈孝宗粉飾彌文

之真誠，以動厥子耶？所論得情理之平，非獨責備賢者，苛求於孝宗也，因感西湖南宋時事並及之。」

此本據上海圖書館藏明崇禎七年刻本影印。此書又有天啟間刻本。

【附錄】

【沈長卿《日旦自序》】夫學乘時者也。古人縮「寸陰」為「分陰」，惜時之念也。予縮「月旦」為「日旦」，亦猶是意耳。然汝南用是臧否人物，存一時之清議，而今已失傳矣。予據所聞，攄所見，以銷磨晨昏，令後學有所考鏡，猶賢博弈之周裨耳。人少苦帖括，壯苦簿書，老苦婚嫁，無一日得歡，無一旦得暇，而一日一旦之頃，倏先朝露，則精神風雅盡矣。吾以無盡者藏之，紀載一開卷，而我之精神風雅宛然如故。比諸捨宅而寺寄，子以延者，不更達，且永乎乃耳食者。以博之一字加予，何達巷曾玄之多也。予書猶塑家之開光明，醫家之打痞塊，用世者所必究心也。若只欲取科目，登卿相，而不願為名臣，即如倒溉，見孝標論而擲諸地亦得，蓋富貴與功名截然岐塗。詩文者，富貴之仇敵，功名之菁華也。總之，詩文亦自不同窠語性靈語，星淵隔矣。士負詩文虛譽，而入用碌碌，其非性靈語可知，制藝殉帖拈，詞壇殉窠臼，前後原非兩人。予不敢妄自謂是，而以《日旦》諸書與天下後世相揚榷，尚友者當索我於詩文外乎？武林沈長卿識。

【序日旦後】沈幼宰名長卿，更名遯，別號灰庵，浙之錢唐人也。為侍御禩江公子，家饒墳典丘索之藏，身罹骨肉情倫之變，以孝廉笁仕閩永定令，未幾，時當路有意齕齕，之僦居秣陵，十餘載而卒。卒之歲，崇禎壬申仲春二日也。予是月劇病，幾死，乃病者不死，而公竟不病而死，豈角哀伯桃之情深誼重，而公曾以心許友死耶？每歎公居恒日，凡人精神各有所寄，寄奕，寄飲，寄歌舞，寄骨董，寄山水，寄一切齟齬。予母少壯，鍾情老死不休，無一日得歡，無一旦得暇，而一日一旦之頃，猋先朝露，則精神風雅奄忽不可問矣。吾何如抽心靈所本有者，日日寄之筆載，迄無盡藏乎？既刻弋蓬兩說左燈詩緯，膾炙海內學士大夫之口，而於其易簀時，以《日旦》一編屬予滋激曰：「張泠石病癒，必撫棺憑弔，弔畢，必先出是編以授之。」予且拜且哭，且哭且讀，如啖哀家梨，如馳千里阪，如紫陽之石、靈鷲之峰、雲居之松、玉泉之水，聚為一區，痛快不可言，獻替激揚，慷慨不可言，雖幼宰今日修文地下，而陶物振俗之功千古足多矣。《日旦》分十二卷，其義何居？昔許子將好核論鄉黨人物，每月輒更其品題，故汝南俗有「月旦評」焉。《日旦》祖其意

而識深藻微也，已刻十卷，予為之續二卷於後。崇禎七年甲戌壯月十日，雲間友弟張昂之頓首撰，後學張翀之頓首書。

【沈氏日旦節選】詩莫難於七言律，時文莫難於一句八股格。此法一通，則頭頭是道，得心應手，靡不如意。然詩學必須從舉業中透出，兩者不相涉而相因。○昭代才人以時文擅譽者，末路不究心於詩，深可惜也。○作詩用故事不用稗官野史，所載猶曰未核耳。至謂不當用唐以後事實，則大可笑。此博物家珍秦漢舊物意也，著作之林豈容抱此陋見？泰山不如林放，是仲尼且用目前事也。必泥此說，則詩乃獨屬於唐。唐以後之事尚不當入詩，而唐以後之人顧敢於作詩？大曆十才子有靈，當置拔舌地獄。○客問吾杭山水秀逸，而所產人物，他方月旦陋之，錫以呆名，其故何也？予曰：「得微西湖占秀故耶？」客曰：「不然。」西湖如妖姬豔娼，供人耳目之翫，不若泰山、北海，令人仰止而望洋也。所出之人亦茅靡湫隘，自有識者覷之，猶如戲具。可翫可弄，不令人生敬畏心。此論是非非是，姑存之，以證於知言者。○舉子中式無甚可樂處，只免得下第之苦耳。猶放生者，被放之生亦無甚可樂處，祇免得刀鋸鼎鑊之苦耳。故捷之日此心不可遽放，一放則他日地方必有受其害者，鬼神慮之，必陰殛之，使其壽命不永。何謂心放？用度奢侈、借債居間等類皆是也。○楊用修慎乃鼎元中最博洽者，王元美輩竊輕之，予不以為然。及觀所著詩語，謂杜子美此一句本諸謝宣遠，此一句本諸顏延年、李太白，此一句本諸徐陵、王粲，此一句本諸劉歆。夫古人會心觸景，各有機神，豈屑沿襲？只因此老自己無一毫性靈，句句字字皆有所本，故隘視古人耳。予不羨用修之博，羨其有能詩之夫人。用修以議大禮得罪戍滇，夫人有相念之詩，載《升州集》。嗟嗟！其議大禮原無特見，亦本諸司馬君實者。○秦廢封建為郡縣，最得宜；廢阡陌之制，則全非矣……紛紛多事，是又一王安石也。安石所頒之新法，皆古人已試之舊法也。（以上卷一）○詩人、文人不必身遭其厄，即詩文亦自有厄。著述滿筍，子孫輕其家丘，同於敗絮，一厄也。他人搜存，稿殺青，雜以偽撰，削其直筆，二厄也。好利之裔視遺書若奇貨，索人朱提，妄意去取，三厄也。借文集為募具，抽豐達人，猶酒肉僧舁菩薩像化緣，死後蒙恥，四厄也。鑒此四厄，當於生前刪定流傳，以俟知己可耳。○從古人主只忌才，不忌財。○予之刻論專以待不恕之人，而疑者反嫌予刻。○事君者不從大體處權衡，論人者不從大端處擬議，皆惑也。○本朝墓銘、墓表、行狀、傳記等多不核。有子孫誇大其先人而溢言之，以罔摛辭者；有祖父盜名，預

作誑語，示後以為他日乞言地者；有彼此道聽塗說，風影無據者；有訑以趙甲事情加諸錢乙者；有無可稱說，而諛墓之人特神其說，以銷受陳壽之米者。王元美先生歷剖其誣，恐後世誤認為真耳。然此等文字斷斷不傳，雖不置喙亦可。○古人讀書不窺園者：桓榮十五年，何休十七年，董仲舒但三年已耳。此皆腐儒學究，但專記誦，絕少心靈者也。園尚不窺，豈樂山水？若以尼父語按之，即謂不仁不智亦可。○世間難事有七：一曰覓葬地，二曰擇良師，三曰尋館穀，四曰貸朱提，五曰書室奚童，六曰作婦人傳誌狀、壽祭文，七曰訂期遊賞。○杭州諺：「好男不吃分時飯，好女不著嫁時衣。」言其能自開拓也，然此皆過求語。自我看來，能吃得分時飯，便為守成之男；能著得嫁時衣，便為安分之女。（以上卷二）

聞雁齋筆談六卷　（明）張大復撰

　　張大復（1554～1630），字元長，號鹿城病居士，崑山人。父維翰，萬曆初歲貢。君生三歲，能以指畫腹作字。十歲，講《論語》至「假我數年」一章，告塾師曰：「仲尼至是韋編三絕，始知《易》道簡易，本無太過，故曰可以無太過矣。大當作太，非大小之云也。」塾師避席曰：「此非吾所及也。」少負雋才，工制舉業，原本經史，泛濫於漢、魏、唐、宋諸家，通曉大義，學有源本，尤得力於司馬子長，紆徐曲折，極其意之所之。文日奇，名日起。再遊京師，名籍籍公卿間。性故肮髒，不屑曳裾侯門，遂引去。中歲哭父，哀毀過禮，鬚鬢盡白，雙目喪明，乃謝諸生業。然性好讀書，不以盲廢，時或垂簾瞑坐，服習其已讀之書，文有不屬，即令嗣子桐傳雒誦古今詩文於側，口占筆授，酬應雜沓，日不暇給。所居梅花草堂在片玉坊，席門蓬戶，軒車恒填咽其間。崇禎三年卒，年七十七，門人私諡孝敏先生。諳習掌故，擅長辭章，文名冠於晚明，與婁子柔、唐叔達、顧仲恭諸人爭一日之長，於明代正統文學亦有一席之地焉。黃宗羲《南雷集》卷一《明文案序》云：「有明文章正宗蓋未嘗一日而亡也。自宋、方以後，東里、春雨繼之，一時廟堂之上皆質有其文。景泰、天順稍衰，成弘之際，西涯雄長於北，匏庵、震澤發明於南，從之者多有師承。正德間，餘姚之醇正，南城之精練，掩絕前作。至嘉靖，而崑山、毗陵、晉江者起，講究不遺餘力，大洲、濬谷相與犄角，號為極盛。萬曆以後又稍衰。然江夏、福清、秣陵、荊石未嘗失先民之矩矱也。崇禎時，崑山

之遺澤未泯，婁子柔、唐叔達、錢牧齋、顧仲恭、張元長皆能拾其墜緒，江右艾千子、徐鉅源，閩中曾弗人、李元仲亦卓犖一方，石齋以理數潤澤其間。計一代之製作有所至不至，要以學力為淺深，其大旨罔有不同，顧無俟於更絃易轍也。」著有《梅花草堂集》《梅花草堂筆談》《崑山人物志》《節孝錄》《皇輿圖考》《聞雁齋稿》《崑山城隍廟志》等書。生平事蹟見錢謙益《張元長墓誌銘》、蔣鑨《張元長先生傳》《（道光）昆新兩縣續修合志》卷三十。

書末有萬曆三十三年（1605）大復自跋，見附錄。〔註134〕萬曆三十四年（1606）王時熙《聞雁齋筆談引》稱其文甚雅馴，語冷而趣深，事瑣而情奧，含毫多致，掇皮皆真。〔註135〕

是編為其《梅花草堂集》中之一種。據《江南通志·文苑傳》，乃其喪明以後追憶而作也。此書多記明代士人談茶說酒、吟詠風月之事，大抵欲倣蘇軾《志林》，故多似古人雜帖、短跋之格，然所推重者李贄，所規摹者屠隆也。卷五「論文」條曰：「作文無他法，只要深入題髓，跳出題外。深入題髓，觀題之意；跳出題外，寫題之情。觀題之意，下語不疏；寫題之情，運筆不滯。然此非余言之也。馮開之先生教人深處更深一步，直入針孔，然後盡從筆尖上拈出。近世文士亦知『深一步法』。欲從筆尖上拈出，非大圓通不可幾也。」

《四庫全書總目》列入雜家類存目，稱所記皆同社酬答之語間及鄉里瑣事，辭意纖佻，無關考證；第十三卷中有《論孟解》十二條，以釋家語詮解聖經，殊屬支離；《二談》輕佻尤甚云云。《明史·藝文志》小說類著錄《筆談》十四卷。《傳是樓書目》入小說家。今考，此書為晚明小品文，抒寫性靈，無關典故，亦非說部，應入別集類，不應入雜家類與小說家類。

《千頃堂書目》題曰《聞雁齋筆談》。《四庫全書總目》題《梅花草堂筆談》十四卷《二談》六卷。寧稼雨《中國文言小說總目提要》云：「同書同卷又著錄張大復《聞雁齋筆談》六卷，內容與《梅花草堂筆談》不同。現存明崇禎刻清順治修補印本題《梅花草堂筆談》，十四卷，後二卷係抄配而成，似缺四庫所錄《二談》六卷，然《四庫全書總目提要》云其《二談》記《水滸傳》無破老一事，見崇禎刻本卷一一。則《二談》六卷與《聞雁齋筆談》六卷是否一書，尚有待考證。」今考，《聞雁齋筆談》大部分篇目與《梅花草堂筆談》

〔註134〕《續修四庫全書》第1131冊，上海古籍出版社，2002年版，第701～702頁。
〔註135〕《續修四庫全書》第1131冊，上海古籍出版社，2002年版，第621～622頁。

相同，僅多 32 篇，又有 14 篇與《梅花草堂集》相同，舉以備參。

此本據上海圖書館藏明萬曆三十三年顧孟兆刻本影印。

【附錄】

【張大復《聞雁齋筆談跋》】有傭書生陸發者，少以其業侍予，浮沉四方，且數年矣。客歲，顧予張行可先月軒中，瞿然請曰：「公方有文章，而發病且死，懼不復從事，豈有帳中秘發堪為役者耶？吾願也。」予聞之惻然，自愧吾非羊叔子，而發幾湛矣，命兒子桐取《筆談》雜付之，錄未五卷，而發死，稿藏篋中，幾供魚腹。今年夏，海虞瞿元初、梁溪鄒公履促予付諸梓人，予乃請之華亭陳眉公，又請之吾師湛元沈先生，皆曰可，於是求吾友顧孟兆、唐淳伯校而刻之，凡六卷。蓋發書其五，其六則茂苑童林石所補也。時萬曆二十三年十一月。

【王時熙《聞雁齋筆談引》】昔晉人雅尚清談，粲齒牙，樹頰頬，便入泓然，超超玄箸，故江左風流輝映後祀。臨川王採擷成《世說》，孝標錄諸家小史分釋之，遂為野史群倫倫冠。自是稗官幾於充棟。有《唐語林》《何氏語林》等，固多鴻裁妙選，第大端紀述佳事，話言而藻潤之，若獨託楮墨，寫胸臆以傳譯談，蕘表精絕，所不概見。邇瑯瑯先生說部標的當時，茲邑又有張生元長氏，予偶覽《筆談》，其文甚雅馴，語冷而趣深，事瑣而情奧，含毫多致，掇皮皆真，頓令孟公謝其蟲吟，商隱慚其獺祭。江左信善清談，茲非其譚之宗哉？元長結陶廬，開蔣徑，讀書聞雁齋，不造。不造，故未面。國博沈君娓娓言其誼甚高，如近五孝子卒，元長忘其窶，義恤孤，予蓋壯而賓致之，則元長器溫神雋，玉山頎頎，松風瀯瀯，真若邠原雲中白鶴非鶃鶃之所能羅也。豈天以左氏業奉元長故病之耶？然元長胸次灑然，並以身世為幻泡，有天際真人想非病也。筆譚老乃居士，《七發》以發，世之病也，予長斯方，恨相見晚，且不能古遺絹餉萊者，榻在吾里，深愧之矣。萬曆丙午五正之望，玉峰主人豫章王時熙書於桂柏軒。

【陳繼儒《聞雁筆談序》】「六經」之支流餘裔散而為九家。自稗官出，而九家之散者始合。蓋其說靡所不載故也。小說獨盛於唐。唐科額歲一舉行，才子下第，白首滯長安，不得歸，則與四方同侶架空成文，以此磨耗壯心，而蕩滌旅況，故其文恍忽弔詭，多不經。而宋之士大夫獨不然，家居退閒往往能稱說朝家故實，及交遊名賢之言行，而籍記之，有國史漏而野史獨詳者。王荊公云：「不讀小說，不知天下大體。」非虛語也。宋太平興國間，既得各

國圖籍，降王諸臣，或修怨言，於是收置館閣，給賜筆札廩餼，使之編纂群書。比時總計古今小說，得一千六百九十餘種。吾朝文集孤行，而野史獨詘。惟楊用修、王元美兩先生說部最為宏肆辨博，而文亦雅馴，餘不能望宋，而況唐與六朝諸君子乎？比得吾友張元長氏《雁齋筆談》，其流便爾雅似子瞻，而物情名理往往與甘言冷語相錯而出，劉義慶、段成式所不恒見也。元長貧，不能享客而好客，不能買書而好讀異書，老不能徇世，而好經世，蓋古者狷俠之流。讀其書，可以知其人矣，豈特奄有九家而已哉！（陳繼儒《陳眉公集》卷五）

【沈應奎《病居士筆談小引》】病居士者何？吾友張伯子元長甫也。筆談者何？元長胸次間有二酉藏，齒牙間有三峽水，津津稱說，今古不厭，從耳根入，從舌根出，單語蒸煙霧，片牘生風雷，任意而散，任意而筆，即元長不知其然，而寔不得不然也。吾觀元長氏家徒壁立，而坐客常盈堂，窮巷扉而車轍馬跡，日踵戶外，橐無留緡錢，而緡錢才入橐中，尋復一擲去。孝友至，性俠烈。生平貌不逾中人，而氣雄九軍，諾重千古，長奇人哉！其人奇，故橫筆所吐，語語類奇。吾黨奇男子，元長外當不能數數指屈。惜乎奇男子之為病居士也。有如曰，此病居士之談也，則談何容易！談何容易！噫嘻！「濁世庸庸，難與莊語」，南華氏蓋言之矣。萬曆乙巳秋七月既望，谷元道人沈應奎書於玉峰獨石齋中。

【四庫提要】《梅花草堂筆談》十四卷、《二談》六卷（兩江總督採進本），明張大復撰。大復字元長，崑山人。是編為其《梅花草堂集》中之一種，據《江南通志·文苑傳》，乃其喪明以後追憶而作也。所記皆同社酬答之語，間及鄉里瑣事，辭意纖佻，無關考證。第十三卷中有《論孟解》十二條，以釋家語詮解聖經，殊屬支離。二談輕佻尤甚。如云《水滸傳》何所不有，卻無破老一事（案：美男破老，《逸周書》之文），非關闕陷，恰是酒肉漢本色如此，以此益知作者之妙。是何言歟？（《四庫全書總目》卷一百二十八「子部三十八·雜家類存目五」）

【四庫提要】《聞雁齋筆談》六卷（浙江鮑士恭家藏本），明張大復撰。是編大抵欲傲蘇軾《志林》，故多似古人雜帖短跋之格。然所推重者李贄，所規摹者屠隆也。（《四庫全書總目》卷一百二十八「子部三十八·雜家類存目五」）

【病居士自傳】居士姓父姓，名父名，然不能如父志，醜之。又多病，故

自號病居士。少習舉子業，為諸生。諸習舉業者嘔心剖肝，多病悸。居士故不善雕蟲，所作制義居下下，然亦病悸。吳地下濕，處則病腫。父嘗為木閣居之，亦病腫。或數月不跬步，所飲竟日夜不滿五合，然病下血甚於豪飲者。好書及色，而性粗浮，不期盡解。所求於人甚備，然病腎水竭，目昏昏不能視。祖父產粗足自給，所得修脯常中上，又無貧乏施與，及為人報仇或藏亡破產之事，往往病窮。糴米養其老母，或貸之友而久負之。性懦，聞催租剝啄聲，心搖搖不能定，而強宗大猾負其勢以侮眾，即不吾犯，必辱之。病傲。已無能，不欲言人之不及，而遇諸非法者，故為強詞以奪正者必折之，無所容，然後已。病戇。見義或不能為，而好談節義。若飛六月之霜，振齊臺之風，寒易州之水，則毛骨竦豎，隱隱若刺蝟亂起。病躁。盡其足力，不數里。每至佳山水，必攀涯泂流，竟日徙倚不能去。或暮夜無侶，則獨往來庭宇間，至烏啼月落，欣然忘倦。病愛。緩步詳視，必求如禮，而廣坐綺筵，不耐譚款，或虱癢不可忍，輒捫而啖之。病草。野而倨，行年四十，棄去舉子業。人以題請，便欣然為之，仍鑴而懸之國門。為時，傖父病結習。客謂居士曰：「子病奈何？」居士曰：「固也。吾聞之師，造化勞我以生，佚我以老，息我以死。我未老而化物者且息我，我則幸矣，又何病焉？」居士塊處一室，夢遊千古以此終其身。（《梅花草堂筆談》卷首）

【張元長墓誌銘】君諱大復，字元長，世家蘇之崑山。祖詰，父維翰，世為儒生。君生三歲，能以指畫腹作字。十歲，講《論語》至「假我數年」一章，告塾師曰：「仲尼至是韋編三絕，始知易道簡易，本無太過，故曰可以無太過矣。大當作太，非大小之云也。」塾師避席曰：「此非吾所及也。」既長，治科舉文詞，不務為抄掠應目前，自漢、唐以來經史詞章之學，族分部居，必剖根本，見始終，而又能通曉大意，不為章句舊聞所糾纏。其為文空明駘蕩，汪洋曼衍，極其意之所之，而卒不詭於矩度。吳中才筆之士莫敢以雁行進者，文益奇，名益噪，家亦益落。中年不得志於有司，又以哭父喪明，乃謝去諸生，垂簾瞑目，溫習其已讀之書，有不屬，則使侍者雜誦繼之。關節開解，冰釋理順，由是益肆力於文辭，若甕江河而決之，沛然莫之能禦也。所居梅花草堂，古樹橫斜，席門蔽虧，軒車至止，戶屨相錯，君從容獻酬，談諧間作，眸子濛濛然光芒猶映像四座，久之蔬炙雜進，絲肉競奮，參橫月落，笑語如沸，家人問晨炊有米乎？曰：「未也。」相視一笑而已。壯年再遊長安，登呂梁，過齊魯，覽宮闕之盛觀，東征獻俘，思奮臂功名之會。晚而病廢，自號病

居士，名其庵曰息。詩壇酒社，歌場伎館，扶杖拍肩，人以為無車公不樂，酒酣曲奏，劃然長歎，若有不捨然者。雖篤老，猶未已也。嗚呼！其可哀也已！君之為古文，曲折傾寫，有得於蘇長公，而取法於同縣歸熙甫，非如世之作者傭耳剽目，苟然而已。撰《崑山人物志》，焚香隱几，如見其人，衣冠笑語，期畢肖而後止。記容城屠者、濟上老人及東征獻俘諸篇，雜之熙甫集中，不能辨也。君未歿，其書已行於世，人但喜其瑣語小言，為之解頤捧腹，未有能知其古文者也。君嘗語余：「莊生、蘇長公而後，書之可讀可傳者，羅貫中《水滸傳》、湯若士《牡丹亭》也。」若士遺餘書曰：「讀張元長《先世事略》，天下有真文章矣。」蓋文章家之真賞如此。君卒於崇禎三年七月廿九日，年七十有七。娶顧氏，生三女，無子，以弟之子桐為子。桐有文，能筆授君所著書。天啟五年，自為志文而卒。桐二子：安淳、守淳。以崇禎十四年九月葬君於祖塋，持歸昌世行狀來請銘。君與先君生同年，友余於弱冠，呼先君為叔父，其何忍不銘？銘曰：秋風蕭蕭兮秋露溥溥，葬此秋士兮於彼秋原。我銘斯石兮千秋永安。（錢謙益《牧齋初學集》卷五四）

【乙卯初度】某以癸巳四十，方病目，甚悶，家人故洗沐召客，以相娛悅。草堂初度之會，自此始也。是日，偶問先世長：「顧敬亭家盆中山梔何以年年如雪？」世長援筆作《山梔圖》以進，殊肖，眾客大笑。又十年癸卯，時年五十，飲者不下三十人，世長為作《怪松圖》，真有龍拏虎跛壯士囚縛之致。癸丑，六十，世長病且甚，猶欲為某鼓勢作圖而喘，喘倦筆硯矣。今年夏，常不能理薪水，客有如期至者，採葵蓼佐飲，意亦甚歡，漫追往事，注視目前，當年會飲之客亡者幾半，世長外，如芝孫、文闇、孺和、幼聃、季思、行可、沈文卿之徒，更堪揮淚也。（《梅花草堂筆談》卷七）

【俞娘】俞娘，麗人也，行三，幼婉慧，體弱，常不勝衣，迎風輒頓。十三疴，苦左脅，彌連數月小差，而神愈不支，媚婉之容愈不可逼視。年十七，夭。當俞娘之在床褥也，好觀文史，父憐而授之，且讀且疏，多父所未解。一日授《還魂傳》，凝睇良久，情色黯然，曰：「書以達意，古來作者多不盡意而出。如生不可死，死不可生，皆非情之至，斯真達意之作矣。」飽研丹砂，密圈旁注，住往自寫所見，出人意表。如《感夢》一出，注云：「吾每喜睡，睡必有夢，夢則耳目未經涉，皆能及之。杜女故先我著鞭耶？」如斯俊語，絡繹連篇。顧視其手跡，道媚可喜，當家人也某嘗受冊其母，請祕為草堂珍玩，母不許，曰為：「君家玩，孰與其母寶之，為吾兒手澤耶？」

急急令倩錄一副本而去。俞娘有妹，落風塵中，標格第一，時稱仙子。而其母私與某曰：「恨子不識阿三。」吾家所錄副本將上湯先生，謝耳伯願為郵，不果上。先生嘗以書抵某，聞太倉公酷愛《牡丹亭》，未必至此得數語，入梅花草堂，並刻批記幸甚。又虞山錢受之近取《西廂公案》參倒洞聞漢月，諸老宿請俞娘本戲作《傳燈錄》甚急，某無以應也。「世間好物不堅牢，彩雲易散琉璃脆」，斯無足怪。不朽之業亦須屢厄後出耶？挑燈三歎，不能無憾於耳伯焉。(《梅花草堂筆談》卷七)

【顧錫疇《張元長梅花草堂集序》】嗚呼！元長先生而竟沒矣。先生沒，吾邑其復有文章乎哉？先是吾邑有震川先生，所為古文詞暨舉子義務在自得，不顧世之譽誹，維時王、李才名盛天下，屢以意示震川先生，冀相與助揚，共廣聲價，而先生不應也。以故王、李之徒故掎扼先生文，使不得列於七子之林，誰知百年之後，竊其隻字皆得託於大家，當時掎扼之者安在哉？震川先生沒，元長先生起焉，所為古文詞暨舉子義亦務在自得，不顧世之譽誹，而又不以震川為宗，大都崛強，不屑羞從籬下生活。吾邑之風概然也。今元長先生文具在，讀之真有繪水必繪聲，繪月必繪光之意。每與人談論，竟日不倦，未有不聞所未聞而去者。韓昌黎《何蕃傳》：「惜乎蕃之居下，其所以施於人者不流也，然而山澤澗溪之高下雨豈有擇耶？」其殆謂先生與？先生與余內戚也，不以余為譾陋，每進而譚古今之業，因以其文相屬，若余之可以傳先生也夫。余惡足以傳先生，其亦先生之自為傳耳。諸孫貧甚，饘粥不能給，不忘手澤，梓先生文十之六，以公之當世。余悲其志，安忍無一言以識之。(載《(道光)昆新兩縣續修合志》卷四十五)

【汪中鵬《重刻梅花草堂人物序》】《崑山人物傳》十一卷，故明張元長先生《梅花草堂集》之一也。聞之前輩，謂先生文不苟作，作必淋漓盡致，聲情慘絕，極其意之所至，務俾曲肖夫人而止。要其立言必準諸忠孝以為指歸。茲刻付梓，行世已久，字畫漫漶，散失幾半。歲癸巳，先生之族曾孫梟載檢所存板授余曰：「殘缺雖多，文獻攸繫，子其為我藏弆之。」余自問譾陋，方懼不足以辱良友之命，乃不數年而梟載又齎志以歿。悲夫！余惟物之成毀，雖各有數，其一段不可磨滅之晶英，貫金石而泣鬼神，則固有歷久而不敝者在也。爰購原本，與諸同志補訂成帙，以廣其傳，不惟三百年來吾邑之名卿碩彥潛德幽光足以焜耀寰區，而梟載之抱殘守缺，雖處極貧以至於死，終不肯廢先人之手澤，夫亦可以少慰於地下矣。若先生之著述等身、文章聲

價，昔賢評論已定，余又何從置一辭？因以舅氏宗伯顧公全集序弁於編首，附綴數語以誌慨慕云爾。（見《昆新兩縣續修合志》卷四十六）

【欲為清視冀卿】我宗自靜軒公理以名藩諡清惠，世有廉吏，如海峰公瑾之令閩清，攬齋公承恩之判漢陽，鳴梧公起鳳之令杞，子孫皆貧，不能自存。先是，邑人有「欲為清，視冀卿」之語，張元長先生曰：「此其為冀氏之世謠也哉？令後人動色相戒，謂廉吏安可為也？悲夫！」先生作《昆山人物傳》於我宗獨多，皆極詠歎淫泆之致。（冀煒《巢林筆談》卷四）

道聽錄五卷　（明）李春熙撰

李春熙（1516～？），字沅南，號桃源山人，又號沅南子，桃源人。自幼隨長者北遊，足跡遍及燕趙之地。幼稱神童。年十六已中式，以一縣四李姓抑之，次科復獲雋。嘉靖十三甲午年（1534）中舉。知萬縣。書中稱引他人對聯以解嘲：「富貴眼前花，遲開也好，早開也好；功名身外物，得又何如，失又何如。」春熙富著述，尤長駢體。著有《唐韡》《屈瓠亭稿》《沅南四六》等書。卷端有作者小象。生平事蹟見《（萬曆）桃源縣志》卷上、《（光緒）湖南通志》卷一七一。

書前有萬曆元年（1573）王嘉言序，稱其書兼識並收，佳者可束約身心，餘足為談諧資云。隆慶三年（1569）自序，稱是冊凡名公有集者不錄，舊梓本者不錄，出古人者不錄，有事無詩詞者不錄；錄淫詞、錄戲談者，不欲以人廢言，兼以解倦者之頤云云。〔註136〕冀天申跋稱其《唐韡》博而密，精而核，然《道聽錄》瑕瑜錯投，雅俗參置，傳訛襲舛，殊不類其夙尚。〔註137〕

全書四萬言，分五卷，凡一百五條，編排無序，蓋隨手記錄，未加編輯。春熙嘗集古句云：「君子大居敬而貴窮理，學者先器識而後文藝。」友人龍伯貞以為的對。若以此衡其書，未見窮理，未見器識，僅見道聽塗說而已。書中多記明代文人軼事，如：「黃州相傳，國初夜禁殘嚴，解學士縉紳潛跡時夜遊焉，為邏者所縛，次日郡守訊之，作詩云：『舟泊蘆花淺水涯，故人邀我醉金巵。因歌赤壁兩篇賦，不覺黃州半夜時。城上將軍元有禁，江南遊子本無知。相逢若問真消息，曾有聲名在鳳池。』」聞高皇帝嘗遣近臣遊海內，伺人心向

〔註136〕《續修四庫全書》第1132冊，上海古籍出版社，2002年版，第1頁。
〔註137〕《續修四庫全書》第1132冊，上海古籍出版社，2002年版，第61頁。

背解時，豈亦以此寓楚耶？」〔註138〕又記夏言和蘇軾《念奴嬌・赤壁懷古》
詞：「九曲黃河，畢竟是，天上人民何物。西出崑崙，東倒海，直走更無堅壁。
噴薄天門，奔騰積石，浪卷巴山雪。東南萬古，乾坤丙派雄傑。親隨大駕南
征，鳳舸龍舟白，日中流發。夾岸旌旗，圍鐵騎，照水甲光明滅。俯視中原，
遙瞻岱嶽，一縷青如髮。樂觀盛事，嘉靖己亥三月。」又稱此詞足與蘇詞爭光
並美矣。通觀其文，大都近俗，惟見一則指陳時弊：「古者頒朔自朝廷，而下
逮邦國，敬授人時，遺意也。今制：郡邑斂曆日紙價解納藩司，藩司印造解
京，遍投諸尊貴者，山積壞視，陳列御道旁出售，至秋夏不盡，則以塗壁，而
下邑得一見者蓋鮮。吾郡朗溪陳公仲錄梓春圖尾紀一絕云：『民間無曆日，曆
紙卻徵錢。我道春圖好，相看也一年。』可謂深中時弊也。」

《千頃堂書目》小說類著錄為四卷。寧稼雨《中國文言小說總目提要》
稱：「原書已佚，未見佚文。」蓋未見傳本，即誤下斷語。孫小力謂其書於明
人事蹟之搜求、明詩之校勘，尤其嘉靖年間詩人詩事之考訂，皆具參考價值。
〔註139〕若輯錄《全明詩》，不可不採錄此書也。

此書有清羅氏恬養齋抄本（藏南京圖書館）、清抄本（藏國家圖書館）。
此本據國家圖書館藏清抄本影印。

【附錄】

【王嘉言《道聽錄序》】《道聽錄》兼識並收，若大醫藥品，哲匠木材，繪
人之彩色，海賈之雜物也。佳者可束約身心，餘足為談謔資，故勵力劬勤，精
神罷憊，翻閱即意愜思飛，潑潑然抃舞笑躍矣。余初視，至忘餐臥行，後居則
狎接水陸行，皆攜若膠，於中不可解者。噫！知會之好，則沅南君之好甚余
可知己。知余與君好，則凡見而好者不減於余，於君又可知己。噫！君之成
是，泝其初歲月深長矣。君學豐才茂，自領薦嘉靖甲午，連蹇者卅八年，而志
不靡，宜乎遠掇近摭，網羅鉅細，而洽博若斯也。余束髮至今，歷燕、齊、
梁、宋、淮諸界，其孺謠耆誨、王公貴人、芰荷遠士奧言閒議，諸凡聆受倘，

〔註138〕褚人獲《堅瓠集》四集卷之四「犯夜賦詩」所記之詩與此同，卻云：「問其
姓氏，終不答，守禮而釋之，是必建文中行遯諸臣也。」

〔註139〕見《續修四庫全書總目提要・子部》，上海古籍出版社，2015 年版，第 488
頁。今按：筆者原稿於此書作者有所混淆，明代有兩個李春熙，另外一個為
福建建寧人，生於 1563 年，卒於 1620 年，《中國文學家大辭典・明代卷》
第 499 頁也有所混淆。特此說明，謹誌吾過。

日書月編，積而存之，亦不啻成寸帙者，乃以慵廢，然後知毛穎功高，韓傳柳序皆用意淵厚，匪為戲謔而君屈瓠集潦室之說，亦韓、柳之遺也。噫！茲錄也，潦室公之力歟？萬曆癸酉仲秋，贈進士出身、同知夔州府事、前翰林院庶吉士、浙江道御史、尚寶司卿友人蘄城王嘉言頓首拜書。

【李春熙《道聽錄自言》】余自髫丱，遊燕、吳、趙、魏間，奉長者杖屨，盍簪名流，獲領偕譚，時復於旅邸中，偶有所閱，或當於心也，未嘗不沾沾喜思，欲藏之中心，以為語資，然性苦易忘，未旋踵已不能舉其全，越信宿又為新聞矣。因憶語稱「道聽塗說，為德之棄，矧聽而不能說者，則又何指哉？通其北轅，既休南冠，自榮偶追舊業，兀坐冥搜，間有所得，爰命毛楮玄生代為紀述，久乃成帙，遂以道聽題其端，深憾遺漏者多，茲僅存十之一二，然猶愧雅俚不倫，真偽錯雜，質諸博識，庶得以蘄考校，抑或因之，次承所未有，則是錄也，豈徒拊掌之賀，其殆致益之圖乎？是冊凡名公有集者不錄，舊梓本者不錄，出古人者不錄，有事無詩詞者不錄。間有錄者，以未及見，或愚意有所寓也。錄淫詞、錄戲談者，不欲以人廢言，兼以解倦者之頤也。錄小簡、錄漫語者，因當余意，不忍棄也。句字譌裏，疑謬者因原聽之訛也。刻而傳之者，亦收駿骨之意也。後不書終者，欲有所待也。觀者幸亮而教之，無負就正請益之誠云。時隆慶己巳仲春望日識。

【龔天申《道聽錄跋》】余讀沅南子《唐鞏》，博而密，精而核。沅南子癸酉春投簪返桃花洞，示予《道聽錄》，且屬之跋。予取閱數四，瑕瑜錯投，雅俗參置，傳譌襲舛，殊不類其夙尚，竊評焉以讓沅南子。沅南子曰：「余惟道聽之而道錄之耳。必人人而詢之，事事而窮之，余顏毛種種矣。抑懼名實之周孚也，故錄道聽焉。必若子雲將文選於漢，詩採於唐，辨淑慝於史氏，搜遺逸於稗官，顧不博且密、精且核也，而奚道聽錄哉？予錄即雜沓，其大者以勸以懲，細亦不失資謔浪，醒困悶。往予苦升菴《丹鉛》《譚苑》諸刻太奇崛，翻巢倒窠，鉤僻索隱，使人讀未卒業，欠伸思睡矣。非嗜古君子罔味也。子謂予茲錄寧然哉？」余領之。適是年，會江陵張九山先生代祀衡嶽，過予而譚，沅南且譚《道聽錄》，以私評質之。先生曰：予遊京師富人園，奇葩絕卉，非不燦然奪目也，數往來其間，不欲觀之矣。一日山行，聞異香焉，採其華，不甚媚於名品也，乃予則希遘之矣，時復賞心把玩不厭。茲《道聽錄》所為刻也，予識其說。明年夏，報沅南子。沅南子曰：有是哉！抑九山愛予而忘其醜也。予往煩了跋，請遂錄之跋。澧州龔天申跋，年月在跋中。

【劉崇文《道聽錄跋》】甚哉！學之為患，其茲滿與隘之故哉！唯自足而周慮，唯隘則自用而周博，若之何能邉於得也。予鄉李君深慮於茲，斯《道聽錄》之所由作矣。君楚鼎聞人也，髫年即屬善文，咸以唐王子安奇之比，毋則首薦鄉科，又有以擬諸賈大中者。顧南宮戰藝而抱屈，劉蕡幾四十年，榻時一紳繹，其地其人，舊所從聽者宛在目中。然則茲錄也，其公之不遺故舊者，矧往跡卮談，可愕可喜，又足以昭勸鑒，發人深省，使公聽之道，而觀者遂說之，其不失之愈遠哉！蘭澧劉崇文謹跋。

【王伊《道聽錄跋》】聖訾途說，罔訾道聽，誦史不遺一字者，喪志之儆懼途說也。誦而思舊說，且稗矧曰信史。沅南博綜往籍，究志理奧，匪玩物者。髫年翱翔南北，與縉紳學士遊，多所聽聞，晚坐屈瓠亭，輒懸憶而漫錄之，瑣事摭言，並獵兼漁。每風屏雨，緣是博綜千古，遍覽群書，蓋雖班固、楊雄莫或右之，而所構思展藻，則又有《唐鞏》《屈瓠亭稿》種種奇崛，猶青萍結綠，耀目驚心，使其侈然自滿，即宗工巨匠宜有難於入錄者，矧其他乎？然君自志弧四方者，無論經世名言，凡旅次一絕之佳，童孺一聯之偉，罔勿詳識，闢之晬盤，示兒鳳毛，龍甲十王，隋珠唯其欲爾矣。然則君之取善宅心其虛且博矣哉。彼謗劣者道聽而途說，將奚益於子？曰入乎耳，出乎口，口耳之間，則四寸耳，烏足以美七尺？唯錄則識之心矣，又焉用於說乎？錄成，將梓而傳之，乃屬跋其後。顧伊言胡足以為重，謹占俚語，聊旌作者之意。若夫言之無文，固有不暇計者。隆慶壬申孟夏，楚龍陽王伊書於萬川庠舍。

五先堂文市榷酤四卷 （明）袁子讓撰

袁子讓（約 1560～1628），字仔肩，一字元靜，郴州人。萬曆二十九年（1601）進士，官至眉州知州、司馬大夫。著有《字學元元》《峨眉青神志》《香海棠集》等書。生平事蹟見《（嘉慶）郴州總志》卷三十。

萬曆三十二年（1604）自序稱嗜利敗名，嗜學成德，其所嗜同，所以嗜則異，故漢武有榷酤，孔孟亦有榷酤云云。〔註140〕萬曆三十年（1602）其兄子謙敘稱說者謂是一屋散錢，只欠一條索子云。〔註141〕萬曆三十六年（1608）

〔註140〕《續修四庫全書》第1132冊，上海古籍出版社，2002年版，第66頁。按：據《漢書·武帝紀》「初榷酒酤」句名書《文市榷酤》，其意是探古索珍、奇貨居之、獨家經營，質高價重，以喻其書之珍貴。

〔註141〕《續修四庫全書》第1132冊，上海古籍出版社，2002年版，第183頁。

其弟子訓後序引其語曰：「古今載籍雖博，可約取也；善讀書者以我從人，何如用人為我。涉獵瀏覽，我從人也；掇華取精，人為我用也。」〔註142〕

全書六萬言，分四卷，共一〇八篇。卷一分君道篇、重勢篇、君鑒篇、信人篇、獨任篇、泰交篇、竊權篇、儆戒篇、論寬篇、尚嚴篇、聽諫篇、謹微篇、否塞篇、行賞篇、法令篇、好逸篇、天變篇、預防篇、守法篇、論治篇、德量篇、論功篇、嘉言篇、用信篇、自新篇、褊淺篇、酷吏篇、執法篇，凡二十八篇。卷二分法度篇、因民篇、順治篇、持要篇、政體篇、亂分篇、正名篇、感應篇、化民篇、去智篇、伺察篇、失政篇、仁柔篇、用人篇、課官篇、慎任篇、器使篇、適用篇、擇賢篇、信心篇、公利篇、攘奪篇、儉潔篇、節用篇、計晚篇、幾先篇、避禍篇，凡二十七篇。卷三分御臣篇、壅蔽篇、國資篇、戒荒篇、人重篇、興作篇、敬臣篇、後鑒篇、臣道篇、內則篇、禮下篇、正直篇、懿矩篇、亂本篇、實學篇、空言篇、養心篇、明蔽篇、耀德篇、黷武篇、論兵篇、用奇篇、將術篇、兵資篇、任將篇、敗道篇，凡二十六篇。卷四分用知篇、適宜篇、讒蠹篇、辨誣篇、致身篇、吏治篇、立論篇、諫法篇、婦道篇、妄談篇、巧諫篇、課計篇、戒盈篇、進諫篇、重身篇、居功篇、陳言篇、寬假篇、輕勢篇、善用篇、拘攣篇、尸位篇、抗節篇、匪人篇、化應篇、塞奸篇、邪黨篇，凡二十七篇。

五先堂為袁氏書齋名。其書大旨主於崇正袪邪，議論淺近，然多有可取，如《妄談篇》曰：「今之立論者，巧情四出，憸詭百寶，雖能伸說於時，而立論之體已失是，故求其所獲，則稱其所惠……以鄉原而毀伯夷，以里婦而毀西施，亦無聽也。如是，則厄言無所售，而議論歸於正矣。」《塞奸篇》：「小人害國，至難言也！百奸千計，求悅其君……王欽若有除逋釋囚之請，丁謂倡罷兵撫蠻之議，王莽以謙恭誣世，賈似道以去位要君，史浩以用濬璘愜人心，鄭居中以不受賀飾平日，王韶以忓安石掩進取，秦檜、楊二策以聳天下，辭兩國封以鎮人心，曹操下肝鬲之令以愚天下，仍安漢公以欺後世為計，一何巧哉？故曰主道在所開，在所塞。塞正者亡，塞奸者王。夫正與邪，若莛之與楹，厲之與施也。奈何昏主皆塞正。」《邪黨篇》曰：「小人朋黨，同類為祟，國家不可極也……所謂姦臣盜國，國破則身亡也。」

此本據中國社會科學院歷史研究所藏明萬曆三十六年刻本影印。

〔註142〕《續修四庫全書》第1132冊，上海古籍出版社，2002年版，第184～185頁。

【附錄】

【袁子讓《文市榷酤自序》】子性極嗜學，雖舺斷簡，必窮其究竟，如饕餮謀食，蹻跖黷貨，口計心營，得而後屬。然性苦善忘，朝有得，暮尋失之。譬之若遊百貨之市，翫之愛之，未幾其主人持去，不為吾有也。於是奮襫為之手錄，積三年，成幟者二十卷，紛絲亂菷，竟罔歸宿，若負販者，入大都之市，罄貲而鬻，所販幾何，即有所得也，棘侯楮象，無所用之。技未成，而齲已窮矣。因唾其集不顧……就緒後，展讀之，一一可識，有翫之勞而無其亡去，無錄之苦而有其實得。予之學，深於稅矣。或曰：「榷酤嗜利之醜行，子之集顧甘之乎？」予應之曰：「嗜利敗名，嗜學成德，其所嗜同，所以嗜則異，故漢武有榷酤，孔孟亦有榷酤。孔孟用之於道，則理窮而德富。漢武用之於利，則民窮而國傾。是故紂之窮日，無以別於堯跖之孳孳，無以別於舜，而用處各異，人品遠分，故君子之於學，有好癖，無貪名，多取之而不為虐者也。獨予集是書以獺祭之術，求鼯績之功，如幕官之集貨，攫之市上，非取之宮中，弊容有牽引，未盡合，比類未盡當者，子即是而謷我。曰子之稅若百貨之肆，燦燦焜耀，竅無真繫，類有強同，昔人所謂無索之錢，不貫之珠也，則我有倪伲任罰於子爾。」編成，以視昆季，咸首可之，且曰：「子自見榷酤而喻於是集，願毋忘此義，請遂名其集，為《文市榷酤》。」予曰：「善甚！」因述其所著之顛末，記諸帙端。萬曆甲辰中秋日，楚人袁子讓仔肩甫書。

【袁子謙《文市榷酤敘》】學之為味，與世味不相入，乃入人之深，而各極其致，則不甚相遠。故墨吏攫人，秋毫必析，至於耳目肝膽，與之俱化，何也？其入之深也。夫深於入者，不窘於出。有兩人持籌於此，其一珍錯滿帛，袖手失措，其一為漁為獵，從容展布，即令其入而竟澤，復出而倒囊，亦無不可者。學之於人，何獨不然？予仲氏仔肩沉酣於學，穿鐵絕韋二十年，所入未易窺測，暑稍暇，手自編摩，援古證今，事區以類，類繫以款，觀者莫不服膺，歎曰：「是何入之深而出之精且要也！」昔立文莊公為衍義，說者謂是一屋散錢，只欠一條索子。然則散錢與索子皆不可少。經生拾人餘唾，如窶兒枵腹露肘，人爭笑之，即兀兀窮缶，而臭腐糟粕竟歸無用，猶世所謂守錢虜耳。仲氏之書出散錢耶？索子耶？惟人之自取矣。仲氏為嘉州七年，清風兩袖，於世味漠不相入，其於權亦有所愛用也夫。萬曆三十六年戊申中秋，伯子袁子謙六吉題。

【邪黨篇】小人朋黨，同類為崇，國家不可極也。安石引其子雱，秦檜

引其子熺，牛仙客以同志用，陳自強以童師用，周師旦以平江之吏用，周筠以韓侂胄之廝用，葉祖洽以附新法用，蔡嶷以附蔡京用。是以太祖疑陶邸，高宗降秦塤，高后斥蔡確之辨遵裕，哲宗斥劉達之請復蔡京，非懲迎合援引之類歟？乃為之黨者幸而得幸，奸以扶奸，非請金根車，則納粟金架，非獻山甫莫助圖，則上秦城王氣詩，非舉朝呼周公，則四方稱伊霍，非草詔曰得聖之制，則答詔有元聖之襃……罪逆滔天，流毒滿世，卒之害人而自害，殃國而自殃，議割地者邦昌身自為質，主和議者王倫見戮於金，篡人官者以貶死，竊大寶者以齏分，結死者不得復生，冰山者不可常倚，屋有要斬之禍，李林甫有斲棺之戮，李邦彥有都人之殺。萬金雖積，不救然臍之災；三窟徒營，難免排牆之阨。高澄陷父幽君，而召闌京之刺；無極殺宛僚奢，而召令尹之誅；慶封族崔亂齊，而致朱方之殺。天報此輩，何嘗爽哉？……所謂姦臣盜國，國破則身亡也。

密庵卮言六卷 （明）樊良樞撰

樊良樞，字尚植，一字尚默，號致虛，又號密庵，南昌府進賢人。萬曆三十二年（1604）進士，除仁和知縣，與人推誠開肺腑，無所隱，徵比以大義，勸之不事笞撲，民亦感其悃愊，爭先輸納。遷刑部主事，歷員外郎中，出為雲南副使，轉陝西右布政使。崇禎中，分守湖北道，駐辰州，重建王守仁、薛瑄祠，每朔望集諸生講道勸學，士皆向風。官浙江提學，以不作魏忠賢祠碑，解印綬歸。初，逆瑺魏忠賢建祠西湖，媚瑺者屬學使樊良樞作碑記，樊謝卻不得。一日見黃貞父汝亨，道其故，黃戲之曰：「公亦甚難。若走筆立成，是為樊噲；低回不應，是為樊遲；若躊躇觀望，或有待焉，又樊須也。」樊頓悟，竟毅然告病而去。〔註143〕早年思想趨於西化，附和利瑪竇。「當明之季，天主教入中國，士大夫翕然從之者，徐光啟為首，李之藻、李天經、馮應京、樊良樞等相與附和，且為之潤色其文詞，故其行日益廣。」〔註144〕崇禎三年（1639）主持第五次重修《豫章樊氏族譜》。喜吟詩，其《登滕王閣》詩云：「江上春歸思渺然，危欄百尺瞰寒煙。美人南國銷芳草，帝子東風怨杜鵑。半嶺孤雲銜落照，一帆遠水淨浮天。月明十二樓頭麹，夜夜吹簫

〔註143〕見《古今圖書集成·方輿彙編·職方典·第九百五十五卷·杭州府部紀事》。
〔註144〕見楊光先《不得已書》。

到客船。」著有《易疑》《易象》《詩商》《禮測》《樊致虛詩集》《匡山社詩》《三山集》《二酉集》《樊致虛雜稿》等書。生平事蹟見《杭州府志》卷一一九、《明詩紀事》庚籤卷二一。

今考，計六奇《明季北略》卷之十三載楊光先參陳啟新曰：「臣今所言清屯核餉，皆啟新未結之局，皆啟新分內之事。如啟新不知弊源，是為不智，知而不言，是為不忠。人臣不忠，罪當死，不智而以淳詞誆皇上騙美官，亦當死。啟新本太倉州軍士，嘗充漕司書辦。前啟新五千餘言，不出破情面三字，而原任山西布政樊良樞，是其刑司服役之故主，則特疏引薦，情面乎？不情面乎？最可駭者，書辦被殺，何關國體重輕，何與諫垣名節，乃以申明賞罰，為胡爾儀等請恤，非貪其一歲四十金之賄，何耶？今胡爾儀見在關臣衙門供役，而啟新謂之已死，是與指鹿為馬何異？啟新罪不容於死矣。至若首輔溫體仁，原與啟新不同，治國平天下是其責，持危扶顛是其任，休休有容是其技，體仁柄國以來，邊騎兩薄都城，流賊各省延蔓，平治之綱安在？國危於上而不求所以；安民怨於下，而不思所以恤；扶持之責安在？忠告之言不受，睚眥之怨不忘，休休之量安在？三者無一，誠殆哉；一個臣也，惟有引罪以去，庶幾不誤人國，乃悠悠忽忽，一利不興，一害不除，覥顏戀棧，若不斷送盡天下蒼生不已也。」間涉良樞，錄此備參。

全書僅六千言，分六卷，卷一約己，卷二達生，卷三學道，卷四經世，卷五性理，卷六座訓。書前有崇禎四年（1631）良樞自序，稱言達生者，寓言也；言道學者，曖曖姝姝之言也；言經世者，詹詹之言也；述先正者，耆艾之已言也；以人道先人，故重言也。〔註145〕

是編名曰「厄言」，實為聯語。如卷一曰：「家本農桑，雖宦達，當記得先人櫛風沐雨；世守耕讀，縱富貴，莫忘卻平日淡飯黃虀。」卷二曰：「只看得眼前員滿，從古來有缺陷世界；但心中放得寬平，普天下無險仄人情。」曰：「羅敬叔會心不遠，清池上林水翳然，便作濠濮間想；陶簡文開卷有得，北窗下涼風暫至，自謂羲皇上人。」曰：「寵辱不驚，看庭前花開花謝；去住無意，任天外雲卷雲舒。」曰：「鄙吝一消，白雲亦可贈客；渣滓盡化，明月自來照人。」曰：「徜徉於山林泉石之間，塵心漸息；夷猶於詩書圖史之內，俗氣潛消。」曰：「奔走紅塵，則心忙意迫，看兔走烏飛，百年不及一瞬；優游青史，則念息機閒，聽雞談鶴語，一日可當千秋。」卷三曰：「見

活潑潑心，眼底是鳶飛魚躍；悟常惺惺法，個中有龍見雷聲。」曰：「薛文清盡精微而道中庸，學以復性為本；王文成致廣大而極高明，功以致知為先。」曰：「文清復正性，即工夫是本體，有白沙之致虛而大本立；陽明致良知，即本體是工夫，有吉州之密實而妙用存。」曰：「階前草色時侵幾，不管落盡春花；林下松陰自著書，且喜坐殘秋月。」曰：「繩鋸木斷，泉滴石穿，學道者須知力索；水到渠成，瓜熟蒂落，得道者一任天機。」卷四曰：「宰相任事以膽勝，當置身利害之外；諫官論事以識先，當設身利害之中。」曰：「處事要得大體，當觀古賢相傳，以老吾識；任事要決大計，當觀古名將傳，以壯吾膽。」曰：「法無古今，用之而便民者是良法；言無貴賤，體之而切己者是藥言。」曰：「著手時先圖放手，子房脫履虎之危機；進步處便思退步，長源免觸羊之禍窄。」曰：「熱鬧場著一隻冷眼，便省幾番愁腸；冷落處施一片熱心，更饒許多生趣。」曰：「攻人之惡毋太嚴，藏身恕則思其堪受；教人以善毋過高，立言近故使其易從。」曰：「聚訟於紙上陳言，何如權國家之利害；馳逐於塵中竿牘，不若急黎庶之阽危。」卷五曰：「名根重者實地全虛，曷不於無名處養名，常居名實之先；生趣濃者死關難過，何不於未死時學死，永超生死之岸。」曰：「人命能幾何，只在呼吸間；孰為呼吸主，真性常不迷。」

卷一至卷五多為自擬，卷六座訓又曰「先正格言」，則撮錄司馬光、朱熹、陳仲微、顧東橋、季元衡、陳眉公、朱汝兼、湯若士、羅念庵、文恭公及舒碣石自警之語。崇禎辛未舒碣石跋稱其書巧於承接，究歸醒迷。〔註146〕

此本據中山大學圖書館藏明崇禎間刻本影印。

【附錄】

【巵言節選】四十年頭臚可知，但衣敝縕袍，終身也覺太虛浩浩；一百年光陰有幾，適短布單衣，至骭何問長夜漫漫。〇只看得眼前員滿，從古來有缺陷世界；但心中放得寬平，普天下無險仄人情。〇會心處今日雅懷自可載酒長往；知音人明朝有意不厭抱琴重來。〇少年識事淺，不知交道難，體十言銷磨許多壯氣；衰年不敢恨，多病也身輕，味二語，放開無限老懷。

【先正格言】「積書以遺子孫，子孫未必能讀；積金以遺子孫，子孫未必能守；不如積陰德於冥冥之中，子孫保之可以長久。」其一。右司馬溫公語。

〔註146〕《續修四庫全書》第1132冊，上海古籍出版社，2002年版，第203頁。

○「留有餘不盡之巧以還造化，留有餘不盡之祿以還朝廷，留有餘不盡之財以歸百姓，留有餘不盡之福以貽子孫。」其二。右溫公《四餘箴》。

剩言十七卷 （明）戴君恩撰

戴君恩（1570～1636），字忠甫，號紫宸，別號蘭江癡叟，澧州（今湖南澧縣）人。萬曆四十一年（1613）進士，歷工部主事，督修永陵有功，奢酉之變監軍討平之，歷官都御史，巡撫山西。崇禎七年春正月壬辰，降盜王剛、王之臣、通天柱等至太原挾賞；戴君恩於明日設宴，斬王剛、王之臣（即豹五）、通天柱（即孝義土賊）。賊黨稱「紫金梁」、老狪狪已死，既而偵之在東山，無恙；而西山則有翻山鷂、姬關穎、掌世王三賊，尋生得獻俘，各營共擒斬四百二十九人。著有《說山》《四書剩言》《讀風臆評》等書。生平事蹟見《（嘉慶）大清一統志》卷三七四、《（光緒）湖南通志》卷一七四。

全書五萬言，分十七卷，凡內篇十一卷、外篇三卷，乃君恩家居時所著。其學出於姚江，大旨主於內儒教而外二氏。如曰：「二氏與吾儒其不同者，教也。其無不同者，道也。為其教之異也，而欲並其道而斥之，則誤道；為其道之無異也，而欲並其教而一之，則誤教。」又重新界定三教曰：「釋者，遣釋也，色空俱遣，是名釋故。道者，道路也，內外經行，是名道故。然則吾道何以名儒？曰字從人從需，立人所需，是名儒故。」又論文章曰：「元無文章，固也，然讀處士吳萊之論文云：『作文如用兵，有正有奇。正者如法度，部伍分明；奇者不為法度所縛，千變萬化，率作擊刺，一時俱起，及其欲止部伍，各還其隊，原不曾亂。』此語可謂得文家之三昧，揭之几案間，當自有悟入處。」又曰：「朱晦翁平生從工夫上著力，故臨終教門人之語惟『須要堅苦』四字。王伯安從本體上徹悟，故臨終教門人之語惟『此心光明』一言。乃知聖賢學有宗旨，徹首徹終，與悠悠浮泛者自別。」於朱子、陽明徹首徹終之宗旨皆頗信服。

《四庫全書總目》列入雜家類存目，稱外篇謂「孔子近禪，孟子近道」，真可謂援儒入墨云云。今核原書，君恩與友人譚及聖學，有曰：「孔子近禪，孟子近玄，彼其自道曰無知，曰無能，曰何有其門人，曰無意無必無固無我，不居然禪宗語乎？論養心曰寡欲，論養氣曰持志，曰勿正勿忘，勿助長，不居然道家言乎？」君恩雖謂此語良然，又曰：「釋氏有託離生死之意，道家有

長生不死之意，是猶有生死見也。孔孟則渾然忘之，自是超出二家。」不可謂之援儒入墨。館臣誤讀原文，不足為訓矣。

此本據國家圖書館藏明刻本影印。

【附錄】

【四庫提要】《剩言》十四卷（浙江巡撫採進本），明戴君恩撰。君恩字忠甫，澧州人。萬曆癸丑進士，官至四川兵備副使。是編凡內篇十一卷，外篇三卷，乃君恩家居時所著，其學出於姚江。至外篇謂孔子近禪，孟子近道，真可謂援儒入墨矣。（《四庫全書總目》卷一百二十八「子部三十八・雜家類存目五」）

【剩言節選】吾輩學問先須識所學何事，所問何事，此處摸不著，認不真，譬如農夫不辨種子，雖復終歲勤劬，何益乃事？○我輩要做出世大事，須是發決定志，存篤信心，辦勇往力，不得以從前耳目聞見參之，不得以此後成敗得失分之，只恁地做向上去，久之自有個下落。○君子之遯世，不見知而不悔。孔子之不知老之將至，孟子之夭壽不二，皆各有一件大事超出知譽壽夭之外，惟日孜孜而不能已者，豈暇外慕？○吾輩學問先須認得源頭透徹。源頭透徹，則有一分工夫，即有一分效驗。孔子十五而志於學，源頭已自透徹了，故自三十而四十，以至七十，節次分際，一一有個分曉。譬如人詣京師，出門起步不差，一日自有一日程途，與摘植漫索者自別。○文章小枝也，假使源頭不清，則起承轉合尚不免於錯亂，何況作聖作賢成仙成佛大事？而源頭不清可乎？源頭者何？一靈真性是也。○我輩日日讀書，日日會人，都要件件在自己身上檢點。若只一味充拓見聞，周旋世故，徒自疲役一生而已，何益何益？或問好學之訓，聖門不啻諄諄，然好學之旨，畢竟不曾直指出來，豈學之所該者廣，未可悉數，所指者微，未可名言耶？曰：固也。夫子嘗稱顏淵好學矣，而曰不遷怒，不貳過，則學之大略可睹矣。然則吾輩不向身心上理會，而徒向載籍中探討，雖窮五車，翻十二經以說，於學何相干涉？○先儒窮理盡性至命之說，說者謂只窮理便已盡性至命，此恐不然。譬如窮得忠之理，必實實去做事君的事，方謂之盡忠；窮得孝之理，必實實去做事親的事，方謂之盡孝。至於盡忠之極，而君心以格；盡孝之極，而親心以豫，方謂之至命。豈虛虛只一窮理便了耶？○學道有三關：初關覺下手不得，顏之仰鑽瞻忽是也；次關覺歇手不得，顏之欲罷不能是也；上關覺措手不得，顏之欲從末由是也。惟孔子單刀直入，三關俱下。

剡溪漫筆六卷 　（明）孫能傳撰

　　孫能傳（約 1564～1613），字一之，奉化人。萬曆十年（1582）舉人，官至工部員外郎。雅好讀書，縱觀秘閣藏書，萬曆三十三年（1605）嘗與張萱等同編《內閣書目》。著有《益智編》《諡法纂》等書。生平事蹟見《（雍正）浙江通志》。

　　此書《千頃堂書目》《明史・藝文志》小說類著錄，而《四庫全書總目》未著錄。書前有萬曆四十二年（1614）徐時進序，又有能傳自序，稱剡溪為其家上游，其地多古藤，土人取以作紙，所謂剡溪藤是也。〔註147〕萬曆四十一年（1613）其弟能正跋稱是編雖屑越於訓詁名物之辨，搜校於耳目螢斗之餘，往往出入經史，錯綜古今，遺文舊說，糾傳習之訛，奧義微辭，補注疏之闕，進之博雅。又稱竟弗能假逾艾之年，以了讀書事，區區之存，非其志也云云。〔註148〕

　　全書四萬言，分六卷，附驥於《益智編》。每言一事，必舉古人成敗得失，所以臨機處變者。蓋能傳敦德博古，淵宏廣肆，於書無所不讀，而又識瞻遠，知微慮深。居嘗私語曰：「時局日非，當事者有功成之危，遁尾之厲，將滔天燎原，噬臍莫及矣。」於此可窺能傳著書之旨。能識古人經世之用，書中頗有精粹之語。如謂孟浩然詩無一語不出自《文選》，欲取《文選》注浩然詩，謂詩文用歇後語亦是一疵，謂《晉書》《世說新語》可互證，謂唐賦善體物，謂《管子》多後人贗入，謂講究字學但正其點畫，不必逆古人之意而曲為之說，謂韓非《說難》本荀子，謂《南史》多方言，謂岑參集中多襲用己句，謂《三國志》論贊絕無可採云云，多為讀書得間之言。亦有感於時事而發者，如謂位高難退，謂文士好上人，往往非薄前輩，轉相彈射，謂時人銘、狀、表、傳諸作如戲場丑、淨說話，多虛而不實，謂士必器識而後才智，士必愨而後求智，謂以此始，亦以此終，非獨人事，亦天道云云，類能啟發智慧。惟「種羊」條曰：「大漠迤西，俗能種羊，凡屠羊用其皮肉，惟留骨，以初冬未日埋著地中，至春陽季月上未日，為吹笳呪語，有子羊從土中出，凡埋骨一具，可得子羊數隻。」未免道聽塗說矣。

　　此本據天一閣藏明萬曆四十一年孫能正刻本影印。

〔註147〕《續修四庫全書》第 1132 冊，上海古籍出版社，2002 年版，第 316 頁。
〔註148〕《續修四庫全書》第 1132 冊，上海古籍出版社，2002 年版，第 317 頁。

【附錄】

【孫能傳《剡溪漫筆小敘》】剡故嵊地，奉化與嵊接壤亦有剡溪，為余家上游。其地多古藤，土人取以作紙，所謂剡溪藤是也。

【續修四庫全書總目提要（稿本）34—590】《剡溪漫筆》六卷（明萬曆間刊本），孫能傳撰。能傳字一之，浙江寧波人。萬曆間舉進士，官至工部員外郎。嘗與張萱同編《內閣書目》。著有《諡法纂》《益智編》等。是帙則《益智編》所附刊，亦箚談筆記之屬，以自抒所見者也。每言一事，必尚舉古人成敗得失，所以臨機處變者。蓋能傳敦德博古，淵宏廣肆，於書無所不讀，而又識瞻遠，知微慮深。居嘗私語曰：「時局日非，當事者有功成之危，邅尾之屬，將滔天燎原，噬臍莫及矣。」可知能傳著書之旨。其弟能正曰：「余仲水衡氏，謂儒者縱獵六籍，結罟百家，豈以務淹緯，騁弘博，要識古人經世之用，於訓詁、辭章之外，乃為善讀古人書，不者琅函芸笈，奧書秘典，往往而在，即提要鉤玄，採珠拾玉，亦詞林之雜俎耳，何嘗於臨事。」云云。又曰：「余仲生無貨利、聲色、酒弈、珍玩之欲，而雅好讀書，以水衡之役，居先封公憂，歸居於剡東，遂沈志丘園，以從所好，而竟弗能假逾艾之年，以了讀書事，區區之存，非其志也。」則能傳之為人何如，是帙之為書何如，亦足以知矣。

【孟浩然詩出《文選》】孟浩然詩，無一語不出《文選》。觀其集中，如「脈脈不得語」「漆園有傲吏」「有客款柴扉」「身世兩相棄」「寶劍直千金」「陳平無產業」「知音世所稀」「感念同懷子」「空床難獨守」，皆全句祖襲⋯⋯未易悉舉。蓋唐人重《文選》學，平日口誦心惟，直與冥會，流出筆端，絕不見痕跡，澹宕疏秀，卓然成一家言，與「活剝李賀，拆洗杜陵」者正自不同。余欲取《文選》注浩然詩句為證，引以見其所從來，未暇成也。（《剡溪漫筆》卷一）

【《晉書》《世說》可互證】《世說新語》與《晉書》相出入，可以互證。嵇、阮在竹林酣飲，王戎後往，阮曰：「俗物已復來，敗人意。」王笑曰：「卿輩意亦復可敗邪？」《晉書》則云：「亦復易敗耳。」桓溫與殷浩齊名，嘗有競心。桓問殷：「卿何如我？」殷云：「我與我周旋久，寧作我。」《晉書》則云：「我與卿周旋久。」《世說》婉而趣深，《晉書》直而味淺，一字少異，優劣較然。劉公榮飲酒雜穢，人或譏之，答云：「勝公榮者不可不與飲，不如公榮者亦不可不與飲。是公榮輩者又不可不與飲。」後公榮在阮籍坐，阮與王戎對

飲，公榮不得一杯，或問之，阮曰：「勝公榮者不得不與飲，不如公榮者不可不與飲，惟公榮可不與飲。」步兵妙於滑稽，正在借公榮語戲公榮。《晉書》不載公榮語，非讀《世說》，不解其相謔之由。其王濟答武帝云：「尺布斗粟之謠，常為陛下恥之。他人能令親疏，臣不能使親親，以此愧陛下。」當以《晉書》為正。《世說》云：「他人能令疏親，臣不能使親疏。」語意殊晦，疑有錯誤耳。大凡讀書，用別種參看最有益。（《剡溪漫筆》卷一）

【管子】《管子》文最古奧，乃其中亦多後人贗入。《小問篇》云：「百里傒秦國之飯牛者也，穆公舉而相之，遂霸諸侯。」考穆公之薨在周襄王三十一年，仲以王八年卒，先穆公之薨已二十三年矣。仲求寧戚時安得稱公諡號？《七臣篇》云：「楚王好小腰，而美人省食；吳王好劍，而國士輕死。」好劍乃吳王闔閭，好小腰，一以為楚靈王，一以為莊王，事皆在後，大抵偽撰文字，其使事下語未免破綻，若有神使之，不令後世盡受其欺也。桓公遊瑯琊一段：先王之遊也，春出原農事之不本者謂之遊，秋出補人之不足者謂之夕，師行而糧食其民者謂之亡，從樂而不反者謂之荒，先王有遊夕之業於人，無荒亡之行於身。全本《孟子》傅會成文。（《剡溪漫筆》卷一）〔註149〕

【羊馬】西域種羊，或云以皮肉埋地，或云以脛骨，率用初冬季春未日，其詳見於《異物志》《剡溪漫筆》諸書。吳立夫《淵穎集》有《波斯國種羊皮書褥歌》。又元僧楚石詩：「自言羊可種，不信繭成絲。」予嘗考之，不自立夫、楚石始也。北齊高昂詩：「隴種千口羊，泉連百壺酒。朝朝圍山獵，夜夜迎新婦。」形諸歌詠，其來久矣。《雙槐歲鈔》以骨羊草馬作對云。雲南越賧故地之西，多薦草，產善馬，始生若羔，歲中紐莎縻，飲以米潘，七年可禦，日馳數百里，世稱「越賧駿」。見《唐書》。〔周嬰《巵林》云：《太平廣記》引《談藪》，作氀種於千口羊。《詩紀》《詩所》乃云千口牛，誤也。〕（王士禛《池北偶談》卷二十三）

讀書雜錄二卷　（明）胡震亨撰

胡震亨（1569～1645），字君鬯，改字孝轅，號赤城山人，晚自稱遯叟，

〔註149〕韓國丁若鏞《與猶堂全書・第二集經集第五卷・孟子要義・梁惠王第一》：「此文剽竊《孟子》，而毛奇齡反謂《孟子》襲《管子》，其不辨真偽，本來如此。《管子》豈夷吾之所作耶？」

－352－

海鹽人。才識通敏，為諸生即以經濟自負。藏書萬卷，日夕搜討，凡秘冊舊典、魚魯漫漶者，無不補綴揚榷，稱博物君子。萬曆二十五年（1597）舉人。數上公車不遇，選固城縣教諭。就合肥知縣，英察若神，民扞網者，輒指數姓名，蠹吏不敢有所犯。邑有世家裔犯竊，震亨資以錢，諭令改行，其人感愧向善。吏治之餘，留意韜鈐，嘗與劉綎論兵，老將心折，時議舉震亨邊才，不果。崇禎季年薦補定州知州，以城守功擢兵部職方司員外郎，乞歸。順治二年死於避亂塗中。著有《李杜詩通》《鹽邑藝文志》《海鹽縣圖經》《赤城山人集》《唐詩談叢》《續文選》《靖康諮鑒錄》等書，與毛晉同校《歲華紀麗》，凡海虞毛氏書，多震亨所編定。又輯有《唐音統籤》，逾一千卷，堪稱一代之大觀、千秋之鴻製。生平事蹟見《（乾隆）江南通志》卷一一七、《橋李詩繫》卷十六。

是編乃其讀書筆記，可分三類：有關考證者，如引元稹《白集序》證刊板始唐長慶中，引王象之《碑目》證顧況《仙遊記》，皆語有根據。有關見聞者，如「海潮」條記海潮之禍。有關人物者，如記鑒真東渡故事，又記沈德符納南都名妓薛素素為妾遺聞，又略述道教代表人物，如王嘉號重陽子，馬鈺號丹陽子，譚處端號長真子，劉處玄號長生子，丘處機號長春子，郝大通號廣寧子，孫仙姑號濤靜散人。

《千頃堂書目》小說類著錄為二卷，《明史·藝文志》作三卷。《四庫全書總目》入雜家類存目，稱其生於明末，漸染李贄、屠隆之習，掉弄筆舌，多傷佻薄，憤嫉世俗，每乖忠厚，如謂嫦娥、纖阿兩雌與吳剛共處月中，則調笑及於明神；謂生天生地乃生盤古，應稱三郎，則嘲弄及於古帝；以至明末時事，動輒狂罵，牽及唐之進士，並詆為賊，其傎亦未免已甚云云，此論未免失之過刻。然周中孚稱其所考訂雖多瑣雜，而折衷平允，殊有可取云。〔註150〕

此本據上海圖書館藏清康熙間刻本影印。

【附錄】

【四庫提要】《讀書雜記》二卷（安徽巡撫採進本），明胡震亨撰。震亨有《海鹽縣圖經》，已著錄。是編乃其讀書筆記。如引元稹《白集序》，證刊版始唐長慶中；引顏師古《匡謬正俗》，證柏梁詩傳寫之謬；引劉孝標《世說注》，證《蜀都賦》有改本；引杜牧詩，證木蘭為黃陂人；引孟元老《東

〔註150〕周中孚：《鄭堂讀書記補逸》卷二十五。

京夢華錄》，證爆仗字；引朱子、陸游詩，證豆腐緣起；引曾慥《類說》，證李賀《容州槎語》；引王象之《碑目》，證顧況《仙遊記》；皆語有根據。他如辨孔子防墓，辨周稱京師，亦俱明確，以及元鄉試錄條格、贊寧譯經論、道藏源流諸條，亦足以資考據。惟其生於明末，漸染李贄、屠隆之習，掉弄筆舌，多傷佻薄；憤嫉世俗，每乖忠厚。如謂嫦娥、纖阿兩雌、與吳剛共處月中，則調笑及於明神；謂生天，生地，乃生盤古，應稱三郎，則嘲弄及於古帝。以至明末時事，動輒狂詈，牽及唐之進士，並詆為賊，其僭亦未免已甚也。（《四庫全書總目》卷一百二十八「子部三十八・雜家類存目五」）

【疇人傳】胡震亨，字孝轅，晚年稱遯叟，海鹽人也。萬曆丁酉舉人，官兵部員外郎。題《周髀算經》曰：「始讀《周髀》，輒駭其艱怪，及一再尋討，不過乘方員參兩以生句股，遂至於算數所不可及。蓋亦因天地自然之數耳。故其書稱榮方學於陳子，至畢思驚神，卒無所用其智，乃知謂天蓋高，固可坐而定者，不誣也。然《周髀》率以表影，一寸度為千里。按李淳風所引宋元嘉十九年測影於交州，夏至日影在表南三寸二分，共得一尺八寸二分，洛去交一萬一千里，是不及六百里一寸也。觀此，則『日徑千二百五十里，去地八萬里』之說，又有不可盡據者。故蔡邕謂《周髀》術數具存，驗天多所違失。又云《周髀》者，即蓋天之說也，是以王仲任據蓋天之說以駁渾儀，為桓君山所屈，則《周髀》之術可睹矣。又淳風別引《宋書・曆志》二十四表影，與今《宋書》相較，則互有不同。近刻《宋書》，為友人姚叔祥所校，稱善本，因舉此段問之。叔祥云：『於時正以不得《周髀》，故貽足下今日之問耳。』並識於此，以俟刻定。繡水沈士龍題，《周髀》以周人志之，乃稱《周髀》。而虞喜則謂天之體轉四方，地體卑不動，天周其上，故云周。其解周字，又一義也。然《周髀》之說，奪於渾天。如揚子雲八難，卒無有能破之者。惟梁武帝於長春殿講義，別擬天體，全同《周髀》，以排渾天之論。其後遂不復顯。凡世乏善算，遂令真秘湮屈。余讀《魏書》，有仙人成公興，傭賃於寇謙之家，為其開舍南辣田。謙之坐樹下算，與時來看。後謙之算七曜，有所不了，惘然自失。興曰：『先生何為不懌？』謙之曰：『我學算累年，而近算《周髀》不合，以此自愧，且非汝所知，何勞問也。』興曰：『先生試隨：興語布之。』俄然便決。謙之歎伏，不測興之淺深，請師事之。興後入嵩山，尸解。乃知《周髀》非仙真有道，算難遽合。彼桓、鄭、蔡、陸者，恐未易以聲附子雲也。武原胡震亨題。」〔《陳氏讀書目》〕（黃鐘駿《疇人傳四編》四編卷六）

【胡震亨傳略】按《嘉興府志》：震亨字孝轅，才識通敏，於書無所不讀，為諸生時，即以經濟自負。中鄉榜，名著海內。數上公車，不遇，就職為固城教諭，以《尚書》授諸生。大學士范景文，其及門士也。升知合肥縣，理冤獄，減耗羨，改民解以蘇困，開水利以惠農，皆有實政。吏治之餘，尤留意韜鈐，嘗與劉綖論兵，老將心折，時議舉震亨邊才，不果。升德州知州，謝病不起。崇禎之季，寇擾中原，上諭大僚及詞臣言職等各舉可任守令者一人，侍郎朱大典舉震亨可任知府，補定州知州。時師行絡繹，民苦兵甚於賊，震亨撫緝有方，供億不匱，而民不擾，以城守功擢兵部職方司員外郎，陳新甲在中樞，震亨將有所建置，以新甲不協眾望，乞骸歸。生平藏書萬卷，日夕搜討，凡秘冊僻本、舊典佚事、遺誤魚魯、漫漶不可句讀者，無不補綴揚榷，稱博物君子。所著《唐詩統簽》《海鹽圖經》《續文選》《文獻通考纂》《靖康資鑒錄》，今海虞毛氏書多震亨所編定也。（《古今圖書集成‧理學彙編‧文學典‧第一百十六卷‧文學名家列傳一百四》）

【論明胡震亨】明胡震亨撰《讀書雜記》二卷，中如云「嫦娥、纖阿兩雌，與吳剛共處月中」，則調笑及於明神。又謂「生天生地，乃生盤古，應稱三郎」，則嘲弄及於古帝。信如《四庫提要》所痛斥。予獨不解，當時何以敢有此思想，又敢形諸筆墨，刊以問世。其狂悖悍謬，不如禽獸，當時人心風俗之敗壞，至於極端。明季流寇，蓋承其餘波，以亂天下也。（劉聲木《萇楚齋隨筆》卷五）

息齋筆記二卷　（明）吳桂森撰

　　吳桂森（1565～1632），字叔美，號覲華，自號東林素衣，學者稱為素衣先生。無錫人。父汝倫官給事中。萬曆四十四年（1616）歲貢。同郡錢一本善《易》，從之遊，日夜探索，幾忘寢食，盡得其旨要。桂森嘗從顧憲成、高攀龍講學東林。先是，東林書院之興，憲成實主講席。憲成沒，攀龍主之。及天啟初，攀龍官於朝，桂森遂主之。已而魏忠賢亂政，殺攀龍，毀天下書院，東林遂廢。崇禎初，建麗澤堂，又築小齋名來復，聚同志講習如初，日講《易》其中，東林之緒賴以不墜。為人孝友，好行德惠。初以歲貢生當得學官，桂森棄不就。布衣蔬食，郡邑長欲見，不可得。時東林與席者率貴顯，獨桂森書生抗談其間，因自號素衣學者，稱為素衣先生。書內有云：「伊川

云：『吾四十歲以前讀誦，五十歲以前研究其義，六十歲以前反覆紬繹，六十以後著書。』按伊川童而受學於周茂叔，十八歲便上書省試論，傳於天下，長而日與明道同事，其所言猶如此，則知其所云研究、紬繹者皆實體實驗，自得工夫，非文義之謂。予甲辰歲聽講於東林，始知有學之一字，時年四十矣，茫無知識，安得便有進步？回思一生，碌碌所作何事，豈不慚負天地。」其詩曰：「山人久住在空山，卻愛山中盡日閒。獨坐岩頭無一事，看雲飛去看雲還。」訓其子曰：「人何可不學？但口不說欺心語，身不為欺心事，出無慚友朋，入無慚妻子，方可名學人耳。」鄉黨咸誦其言。卒祀崇正書院。著有《周易像象述》《書經說》《曲禮說》《息齋筆記》。生平事蹟見華貞元《覲華吳先生進道之序》〔註151〕及鄒期楨所撰《墓誌銘》（《東林書院志》卷九）。

　　桂森所擬《東林會約》，第一條曰：「篤力行以宗教。宗教者，奉涇陽、啟新、景逸三先生之教宗而主之也。蓋東林之教，源本程、朱，以窮理致知，以居敬存養。三先生用幾十年苦功而得之於性命之微，修悟之法，參究已極精，辨析已極透，定於一尊，所以嘉惠後學者至徑至切。今只須奉為法程，盡力步趨，實實窮理，實實居敬。」所謂三先生者，東林黨之顧憲成、高攀龍、錢一本三教主也。又輯錄《真儒一脈》，主持名教，表章先賢之大君子，序謂：「西北有關中之恭定、山右之文清，東南有梁溪之端文忠憲，皆頎然為天柱地維。後有具隻眼議大廷之典者，知儒宗一脈，的有其派，而千古真常，蓋決不容澌滅也。」李顯嘗以為知言。桂森於顧、錢、高三先生之前復列薛瑄、胡居仁、陳獻章、王陽明四大宗師，由此可窺其門戶與宗旨，即源自程、朱，窮理致知，居敬存養。全書四萬言，分上下二卷。東林學派多諷議朝政，裁量人物，主持清議，抨擊閹黨。此書則多辨析學術異同，對王門後學持批評態度。其辨朱、陸異同曰：「薛方山云：『朱子之學，孔子教人之法也；陸子靜之學，孟子教人之法也。』二語最確。然孟子有集義工夫。陸子靜曰『吾工夫只在人情事變上用』。是孟、陸之直指本體，蓋於工夫揭其綱領也。乃今之言學者欲盡掃工夫，以明本體，則不知其解矣。」辨朱、王異同曰：「或曰『朱重修，王重悟；朱言工夫，王言本體』，非也。朱以仁義禮知言性，王以虛無明覺言性，此其本源之絕不同處也。陸學與王學又微有

〔註151〕《續修四庫全書》第1132冊，上海古籍出版社，2002年版，第418～423頁。

別。陸以行誼徵心，王則專言知而已，故王曰『象山只是粗』，所以陸近告子，王是迦文。千古而下，斷乎難掩。」辨王學曰：「致良知自是千古獨解，當時所詮極完全無弊，後人只認知字，丟卻致字，與本旨毫釐千里。」辨禪學曰：「禪學混儒，無煩深辨。一言以蔽之曰，捨修齊而談性命。」論治曰：「治世無奇法，只要邪正分明，未有人心不正而能開太平者。」辨舉業工夫不妨學者曰：「對簡時勿作解釋想，只與聖賢對面質證一番；拈題時勿作好醜想，只與聖賢吟風弄月一番。如此，何所妨礙？」其他雜論亦有可取，如曰：「不翻貝葉、南華，不知儒書之大；不參禪機、丹訣，不識聖學之精。」又曰：「人不能於聖賢脈路上開眼，雖高才絕學，不能脫世俗之見。」其讀書之法在橫看豎看一語，其實仍是朱子心法。

此本據國家圖書館藏明崇禎間刻本影印。

【附錄】

【吳桂森傳】按《明外史・儒林吳桂森傳》：桂森字叔美，無錫人。父汝倫，給事中。桂森幼有志行，長同顧憲成、高攀龍講學東林書院。又創「五經會」，集子姓講習。聞同郡錢一本善《易》，往從之遊，盡得其指要。先是，東林書院之興，憲成實主講席。憲成沒，攀龍主之。及天啟初，攀龍官於朝，桂森遂主之。已而魏忠賢亂政，殺攀龍，毀天下書院，東林遂廢。忠賢敗，桂森復建麗澤堂、來復齋，聚同志講習如初。為人孝友，好行德惠。初以歲貢生當得學官，桂森棄不就。布衣蔬食，郡邑長欲見，不可得。時東林與席者率貴顯，獨桂森書生抗談其間，因自號素衣學者，稱為素衣先生。卒年六十有八。所著有《周易像象述》《書經說》《曲禮說》《息齋筆記》諸書。（《古今圖書集成・理學彙編・經籍典・第三百五十七卷・經學部》）

【吳桂森傳】吳桂森，字叔美，無錫人。幼有至性，父喪，哀毀如成人。長從顧憲成、高攀龍講學。萬曆四十四年，以序貢應廷試，後遂絕意仕進，亟歸。過毘陵，學《易》於錢一本。每覘一卦，輒進而請正，盡發其扃。歸時，一本目送，曰：「吾《易》在梁溪矣。」爰就《管見象抄》廣其意，作《像象述》。天啟初，高攀龍出山，延主東林，慨然任之。已而攀龍予告，見東林四座絃歌，心竊自喜，尋璫難作，攀龍死止水，桂森哭之慟，竭貲以佐費官旗，時書院已毀，乃約同志鄒期楨、期相兩兄弟就業道南祠，已而相勖曰：「平陂往復，天地之常，吾輩但當為所能為，以待天之自定。」乃集《真儒一脈》敘道學淵源，而以關中馮從吾為道脈之合焉。璫敗，有表章書

院之旨，亟謀興復，建麗澤堂，又構小齋，名來復，講《易》其中，群儒翕集。其說《易》也，謂乾坤成列，而《易》行乎其中。坎、乾來，主坤也，人心之誠也，震誠之動，艮誠得主也。離、坤順從，乾也，人心之明也。巽以入之兌，以說之自誠明。自明誠非誠與明，乾坤或幾乎息矣。又嘗正王守仁無善無惡四語曰：「有善無惡性之體，有善有惡意之動，知善知惡是格物，知善無惡是致知。」聞者以為名言。晚年仿義門鄭氏家會及五經會聯屬宗人子弟以為常，其自署曰「東林素衣」。所著《像象述》外，有《金針易說》《談易隨問》《真儒一脈》《尚書說》《春秋大全纂》《禮記訓釋》等書，行於世。外史氏曰：余讀先生《像象述》一書，知《易》之有理有數有象焉。今訓詁家但知講理融通而已，而不知象數之寓於理中。微先生，《易》其蓁蕪乎？（陳鼎《東林列傳》卷二十二）

【賀克恭簡陳先生】屢承開示，潛玩久之，乃知此理充塞天地，貫徹古今，無處不有，無時不然，事事物物，各有本然之理。吾人何必勞攘，勿忘勿助，循其所謂本然者而已。然雖見得大意如此，苟非格物致知，灼見事事物物本然之妙，烏能勉強以循之？此知之所以當先也。然非敬以涵養此心，使其常主於中，不馳於外，則身且無主，雖視弗見，雖聽弗聞，至粗至近者，且不能應酬之，況於究義理精微之極乎？此涵養之功所以又在知之先也。以是知今日用功之始，惟當先事涵養，放心不收，終難為學，此則決無疑矣。按：此語切近精實，克恭學白沙而不涉玄虛如此。（《息齋筆記》卷上，又見《醫閭先生集》卷五）

【心平氣和】有學者受橫逆，欲忍則不能堪，欲訟又知其不可，請問於陽明先生曰：「聖賢處此有道乎？」先生曰：「聖賢豈無善處之道，但子心未平，氣未和，未可以語。待子心氣和平而後語之。」數日復見，曰：「覺得邇日心漸平，氣漸和，敢請教先生。」曰：「既心平氣和，又何待問？」（《息齋筆記》卷上）

【致良知有何病】辯王學者多辟其致良知之說，夫致良知有何病？陽明之學與朱矛盾處在於掃「敬」字，惟其認本性為無善無惡，故認敬皆為強多事，此禪宗本旨，其流弊有不可勝言者矣。試觀今日高談致知之人，駸駸無忌憚一路，其陷溺人心，豈不可畏？乃陽明當時以朱學比之夷狄洪水之害，是何言歟？是何心歟？今雖幸得從祀，後必有議之者。陽明譏朱子曰：「合之以敬而益綴，補之以傳而益離。」（《息齋筆記》卷上）

【識仁則識敬】聖學敬為主固矣,然敬字甚不易識。故先儒懇懇言之,曰:「主一之謂敬,無適之謂一。」試思無適之義何如?又曰:「看喜怒哀樂未發前氣象。」試思未發氣象云何?此處非精心體認參詳,何由睹彷彿,能真識敬,然後能真無事不言敬,而言本無事妄也。故程子曰:「學者須先識仁。」不曰求仁存仁,而曰識仁,識字有無窮旨趣。愚謂識仁則識敬矣。(《息齋筆記》卷上)

【言偽而辨】《鳴道集說》一書,金進士李之純所著也。其說以儒佛一家,佛教以吾儒而盡發,因歷詆諸儒之闢佛者,極言醜詈,此坐井之見,本無足置齒牙間。獨就其言較之,彼所推崇以為知道者,則介甫父子、子瞻兄弟與張無垢之流,而深鄙以為不知道者,則在洛、閩君子,甚又詆橫渠之書為諂諛溫公而作,有是非之心者其言然乎?《記》曰:「行偽而堅,言偽而辨,學非而博,順非而澤。」之人也與?然則其得生於女直亂華之時也,亦云幸矣。(《息齋筆記》卷上)

【明主務學為急】宋神宗即位,謂文彥博曰:「天下敝事至多,不可不革。」又曰:「當今理財最為急務。養兵備邊,府庫不可不豐。大臣宜共留意節用。」噫!神宗之留意如此,宜其一聞王安石議論,如膠漆之不可解也。二年春,以富弼同平章事,王安石參知政事,帝訪治道,弼對曰:「人君好惡不可令人窺測。可測,則奸人得以傅會。」又問邊事,對曰:「陛下臨御未久,當布德惠,願二十年口不言兵。」他日入對,又曰:「君子小人之進退,繫王道之消長,大抵小人惟喜動作生事,則其間有所希覬。若朝廷守靜,則事有常法,小人何望哉?」言言切中幾先,然而神宗聽之如水沃石之不相入也,則以成心先定故耳。亂天下者,雖曰安石,實神宗資性已成,不遇姦邪,則不相契合。故曰「明主務學為急」,又曰「大臣先格君心之非」,以此之故也。(《息齋筆記》卷上)

【安石心術不端】仁宗朝有薦王安石可大用者。仁宗曰:「安石心術不端,非佳士。」薦者請問其故,仁宗曰:「嘗宴內苑觀魚,侍臣誤置魚餌一盤於安石案,安石食之而盡。夫食一丸則可,言誤食之而盡,此詐也。」蓋安石平日止食近前一器,遠者俱不食,以為志不在也。然矯情干譽,無微而不用如此,不知仁廟已窺見至隱矣。安石在仁廟不得行其志,在神宗朝則得行其志,此在二廟心術中有邪正之辨也。故知人不足與適,惟在格君心。(《息齋筆記》卷上)

【儒禪之辨】禪家有得，在未有見時。既有見之後，一字俱無。故善禪者不言禪，談禪而自曰有悟焉者，不知禪者也。儒家得力在既有見時。既有見之後，事事不得放過。儒而曰無所事事，以為得悟焉者，不知儒者也。愚學儒而不知禪者也，故終不敢言悟字，終不敢以儒與禪混也。（《息齋筆記》卷上）

【根本與調養】農家擇種、深耕、多糞，此根本上工夫也；去草萊，滋雨露，時燥濕，此調養工夫也。兩者有先後，不可偏廢。徒知根本工夫而廢調養，是置苗於室中者也，嘉種沃土為無益矣。世所云「心學務本源而忽窮理交修」者似之。用力調養，而忘根本，是勤芟耘時雨露而置苗於石田也，何生生之有？世所云「俗學務聞見力行而不求本源」者似之。（《息齋筆記》卷上）

【首句揭要義】異教有口訣，不輕授，留為盡頭一語。吾儒有口訣，必從頭直指。故《大學》曰「明明德」，《中庸》曰「天命之謂性」，《論語》曰「時習」，《孟子》曰「仁義而已矣」，皆第一義第一句也。推之「五經」無不然。高先生曰：「異教摭妄究竟一個無，故以為完著。吾儒表真，故起首便揭要義。」（《息齋筆記》卷上）

【禪家本領】「饑來吃飯困來眠，今日明朝總一般。若人問吾西來意，月在長空水在潭。」禪家本領大約是此個意思。泰州王東崖因作一詩曰：「月在長空水在潭，百年景象盡悠然。有時月落潭無水，此際君當仔細看。」以醒一僧也。蓋吾儒之理有時以饑食渴飲、夏葛冬裘為道者，又有時酒清而不飲、人饑而不食為道者，又有時中夜以思坐而待旦以為道者，東崖之意正謂此發。惟其一以饑來吃、困來眠，故有操刀屠、醉酒漢、淫人娼立地皆可以證道之說，此其惑世誣民，豈不可畏？真有志於道者，此等處可以參入。（《息齋筆記》卷上）

【溫公篤實】司馬溫公篤實質誠，出於天性，不知亦由學力。方五歲，擘一青桃，皮不能脫，婢以熱湯沃之，既而女兄從外來，問誰為脫，曰某自脫。公父叱曰：「小子安得妄語？」公自此有省，終身不敢妄語，待人惟以至誠。特五歲時便能警醒，此則公之獨異於人者。（《息齋筆記》卷下）

【東林會約】一、篤力行以宗教。宗教者，奉涇陽、啟新、景逸三先生之教宗而主之也。蓋東林之教，源本程、朱，以窮理致知，以居敬存養。三先生用幾十年苦功而得之於性命之微，修悟之法，參究已極精，辨析已極透，定

於一尊，所以嘉惠後學者至徑至切。今只須奉為法程，盡力步趨，實實窮理，實實居敬。若夫談空說玄之陋，不惟當屏去聽聞，即如鵝湖、姚江之辯，亦不必更煩擬議。惟並心一意，確守讀書之法，以求致知；默觀靜中之體，以為存養。於以闡先生之教於方來，是為今日第一義也。一、課實功以窮經。千聖精神蘊於「五經」，顯而綱常名物，精而仁聖中和，無不具備。用世者不明經，以何為經濟？求志者不知經，以何為抱負？所以卑言功利，見惑異端，病皆由此。先生所以揭尊經也，顧其書既浩博，其理更淵微，若非實下工夫，勤以習之，精以講之，不能閫其藩籬，何從窺其壺奧？今須積年累歲，立會講誦，先《易》《尚書》，漸次《詩經》《麟經》《戴記》，期於必遍，使貫串於胸中，則出必為名世，處必為真儒，是為今日第一先務也。一、絕議論以樂時。學問二字原不尚議論，維昔先賢間出清議以扶持世道，蓋時或使然，萬非得已。如吾儕閉戶人也，原隔霄壤，幸逢盛世，聖天子當陽登用，必負良宜布，必惠澤何緣，更有遊鄉之論，夫子不云乎「天下有道，則庶人不議」。自今談經論道之外，凡朝廷之上、郡邑之間是非得失，一切有聞不談，有問不對，一味勤修學業，以期不負雍熙。是為今日第一時宜也。一、屏俗務以盡分。道義同堂，休戚之情，一邑本無不通。然有道情，有俗情。何為俗情？事涉利害，勢切身家，或伸抑鬱之思，或抱不平之感，是也。其端種種，非可一二數。夫布衣聚會，既無馬腹之鞭；居肆講求，豈堪蠅營之聽。故願會中一切是非曲直、囂凌強弱之言，不以聞此席；凡夫飛書揭帖、說單訴辯之紙，不以入此門。稍近俗塵，一概謝卻。若云將來解紛善應之方，請詳規中處事接物之旨。誠以此端不杜，則取嫌取怨、興謗興尤，流弊叵測。先生九損中已先點破，今更宜謹毖，以安素位。是為今日第一禁戒也。

【晚明東林學派】東林書院者，在無錫，宋政和間楊龜山從京洛南旋，僑寓講學之故址也。明萬曆中，顧涇陽、涇凡兄弟與同里高景逸，重事興起。四方學者聞風來會。以議朝廷政事招忌，天啟五年毀於魏忠賢。並著《東林黨人榜》頒示天下，生者削籍，死者追奪，已經削奪者禁錮，凡三百有九人。其後復重建道南書院，終崇禎朝，講學甚盛。其變則為復社，又分而為幾社。蓋起萬曆迄崇禎，與明相終始者凡五十餘年。然黃梨洲為《東林學案》，凡著十七人，曰：顧涇陽憲成、高景逸攀龍、錢啟新一本、孫淇澳慎行、顧涇凡允成、史玉池孟麟、劉靜之永澄、薛玄臺敷教、葉園適茂才、許靜余世卿、耿庭懷橘、劉本儒元珍、黃白安尊素、吳覲華桂森、吳霞舟鍾巒、華鳳超允誠、陳

幾亭龍正。其言曰：「東林講學者不過數人，其為講院亦不過一郡之內耳。乃言國本者謂之東林，爭科場者謂之東林，攻逆奄者謂之東林。以至凡一議之正，一人之不隨流俗者，無不謂之東林。若似乎東林標榜遍於域中，延於數世。東林豈真有名目哉？亦小人加之名目而已矣。論者以東林為清議所宗，禍之招也。然小人之惡清議，猶黃河之阻砥柱也。熹宗之時，龜鼎將移，其以血肉撐拒，沒虞淵而取墜日者，東林也。毅宗之變，攀龍髯而蓐螻蟻者，屬之東林乎？屬之攻東林者乎？數十年來，勇者燔妻子，弱者埋土室，忠義之盛度越前代，猶是東林之流風餘韻也。一黨師友，冷風熱血，洗滌乾坤，無智之徒竊竊然從而議之，可悲也夫！」其議論最得正。故凡當時之趨聲逐響以依附東林者，不足為東林病。而一時小人之口，以為亡國由於東林者，更不足為東林辨。清儒江陰陳鼎定九，有《東林列傳》二十四卷，綱羅人物達一百八十餘人。啟、禎兩朝事，大略可觀。此篇則第據《梨洲學案》，粗陳當日書院諸儒講學宗旨，著其在明、清間之影響。至於行事之詳，與夫風聲之播而及於政治氣節者，均不能備也。（錢穆《中國近三百年學術史》，商務印書館1997年版，第9～10頁）

露書十四卷 （明）姚旅撰

姚旅（1572～？），初名鼎梅，字園客，莆田人。少負才名，屢試不第。旅居南京，與曹學佺、陳德遠等人結金陵社、白門社。詩苦吟，不多作，如《集雞籠山賦得臺城懷古》詩云：「苑城遺跡盡煙霞，草色登臺起暮笳。地卷豹湖埋帝輦，山橫雉堞抱人家。風來百舌聽經鳥，露泣胭脂墜井花。沽販還尋芳樂路，酒簾不動夕陽斜。」《囊山雨夜集》：「寺如蜂舍掛崔嵬，尊酒偏宜向暮開。春雨燈前僧共話，麻姑道上客初回。窗蕉葉響時清耳，林橘花香夜到杯。不是我曹耽勝事，杉關竹院冷蒼苔。」中年後縱情山水，放浪形骸，以布衣遊四方，浪跡江湖，北上太原，南涉嶺海，後卒於燕。今考，天啟二年（1622）侯應琛序稱：「園客艾年，而足跡幾天下遍。」「艾年」即五十歲，於此可知姚旅生於明隆慶六年（1572）。《露書》紀事至天啟三年（1623）。生平事蹟見錢謙益《列朝詩集》丁集小傳。

全書十六萬言，共十四篇，卷為一篇。「核篇」考證經史，「韻篇」談論詩賦，「華篇」仿《法言》，間駁言通者，「雜篇」存諸雜論，「跡篇」記古蹟，

「風篇」記風俗人情及莆人方言,「錯篇」記中外土產,「人篇」記人物事蹟,「政篇」記政事,「籍篇」記佳言,「諧篇」記謔言,「規篇」記諷刺,「枝篇」記雜技,「異篇」記怪異,各一雜舉經傳旁證俗說。姚旅自序云:「自『跡篇』而上,多稽古爾間附以今,『風篇』而下,皆徵今而欲還於古。」書中於人情風俗、節候風氣、戲劇樂舞均有記述,又載朝鮮、琉球、越南諸國及西南少數民族習慣及西洋利瑪竇等人事蹟。又如所載琴、胡琴、竹嗩吶、羊皮鼓各條,皆為古典樂器史料;所載火把節傳說,可為民俗史料;所載關中地震後所出現地下水位下降及地溫現象,為古代地震科學資料;首次記載煙草傳入中國之過程:「呂宋國出一草,曰淡巴菰,一名醺,以火燒一頭,以一頭向口,煙氣從管中入喉,能令人醉,且可避瘴氣。有人攜漳州種之,今反多於呂宋,載其國售之。」書中亦多獨見,如曰:「老子之學本之黃帝。」曰:「《三百篇》皆出酒徒作。」曰:「作詩須在可解不可解之間,方稱妙境。」曰:「今之作選詩是假骨董,真贗難遽辨。」曰:「詩有別才,不貴組織。」曰:「今為詩者皆蹈襲古人唇吻,猶女子纏足,非其本來。」曰:「今人皆排詩,佳者為描詩,縱意自如者為畫詩。」曰:「作詩須有警語,未經人道,方能傳遠。若拾人牙後,已披之華,何足奪目?」曰:「民生猶蝸牛。然蝸牛緣壁,不枯不已;世人騖利,不死不休。」曰:「聖人之言為明道,今讀其書者以求利祿耳。」曰:「古之學者能行而不必能言,今之學者善言而不必善行。」曰:「古之設官以為民,今不為民而為君。」

　　書前有應斗元序、李維楨序、侯應琛序及自序。李序稱其書視《論衡》體例、評論亦相出入。侯序稱其搜典籍之舛訛,究眾流之淵源,商大雅之存亡,紀名賢之蹤跡,著風土之通變,雜里巷之瑣尾,悉睹記之龐雜,察幾祥之微茫云云。〔註152〕此書《千頃堂書目》小說類著錄,《四庫全書總目》列入雜家類存目,稱其詞氣猥薄,頗乖著書之體,其《核篇》所論,經義率毛舉掊拾,無關大指,《韻篇》亦猥雜不倫,《諧》《異》諸篇尤多鄙俚云。然朱彝尊《靜志居詩話》卷十八稱園客放浪湖海,綴拾舊聞,《露書》一編,頗存軼事;其評騭一時詩家,遠比敖器之,近續王元美云云,較為持平。取東漢王充《論衡序》所謂「口務明言,筆務露文」之意,「曉然若盲之開目,冷然若聾之通耳」,故名之曰《露書》。其書具晚年市民價值取向,蔑視傳統禮法,如挾妓赴考,公開嫖娼,沖決藩籬,洵可謂之暴露之書矣。

〔註152〕《續修四庫全書》第 1132 冊,上海古籍出版社,2002 年版,第 498 頁。

此本據華東師範大學圖書館藏明天啟間刻本影印。

【附錄】

【應斗元《園客露書敘》】盡天下皆言也，而有不解之言。盡天下皆言言也，而有不解所解之言。夫不解者，莫不解所解者，似能除言，守默妙合，渾同然而不得所解，窮而盡以不解除之，不幾茫然莫辯乎？園客君莫余遇，危坐終日而不言，於書無所不窺，而不欲盡解所以言，余因以不解所解者目之矣。及索所著《露書》，如《核》《韻》《華》篇又何言之詳、解之盡耶？嗟乎！園客君不求解者也，而言訛意舛，魯魚豕亥之混，率為言病。夫古今言者，言言者，欲以解破斯人之障，而不能解者，乃託不欲解以誤古今之言，則夫有園客之解也，而及能不解，有園客君之不解也，而及能解所不解。然則是書也，固欲天下士縣解以入不解，而曰必盡解。公非園客君意矣。癸丑中秋友弟周嘉胄書，河東友弟晉應斗元枸撰。

【李維楨《露書序》】姚園客《露書》十四卷十四篇，《核篇》二，駁《易》《書》《詩》三經，孔、路、思、孟四書，諸子、史之誤者；《韻篇》三，論詩賦諸文體之惡者；《華篇》仿《法言》，間駁言道者；《雜篇》諸雜論隸焉；《跡篇》記古蹟；《風篇》記風俗；《錯篇》記土產；《人篇》記人物佳否；《政篇》記政事；《籟篇》記佳言；《諧篇》記言；《規篇》記譏刺；《技篇》記雜技；《異篇》記怪異。其名「露書」，則東漢王仲任所謂「口務明言，筆務露文，曉然若盲之開目，泠然若聾之通耳也」。其書視《論衡》，卷才居半，篇才六之一，而體例評論相出入。余孤陋寡聞，然無它伎倆，嗜好唯以誦讀為生計。每遇古今文字有所未晰，無從質正，得園客書，犁然當心，其於經世宰物，污隆損益之故，確有知見，匪直仲任釋物類同異正時俗嫌疑而已。史以仲任與王節信、仲長公理同傳。節信、公理所著皆有稱引，獨仲任缺焉，豈以二十餘萬言繁夥未可一二摘耶？園客精簡居，然自朦史又稱仲任闔門潛四絕慶弔之禮，戶牖牆壁各置刀筆，而《論衡》甫就，年漸七十，志力衰耗，乃造《養性書》十六篇，裁節嗜欲，頤神自守，今不傳。園客好遊，足跡幾遍天下，年未半百，精神長王，伸紙揮毫，若不措意，而營構夙成，其才性殆天之所授然也。人既異人，書復異書，余不敢為蔡中郎匿之帳中，而竊效王會稽以實對人……由今以往，若董勤之辟謝夷吾之世，自不乏憐才者矣。

【侯應琛《露書序》】昔王充《論衡》成，未有傳者，蔡中郎秘之為譚助。今園客《露書》出，李太史輒序傳之，豈遂不可秘耶？余間得縱觀，唯恐其篇

之終也。浩浩井井，未有涯涘。為卷與篇，皆十有四。其曰《核》志覈也，《韻》志雅也，《華》志實也，《雜》志蕘也，《跡》志至也，《風》志俗也，《錯》志產也，《人》志獻也，《政》志事也，《籟》志聽也，《諧》志謔也，《規》志正也，《技》志絕也，《異》志怪也。搜典籍之奸訛，究眾流之淵源，商大雅之存亡，紀名賢之蹤跡，著風土之通變，雜里巷之瑣尾，悉睹記之龐雜，察幾祥之微芒，其志豈不大哉？可與《論衡》分路揚鑣矣。雖然，六合甚廣，至理甚微，性地宜靈，耳目宜廓，明鏡豈疲於屢照，而清流寧憚於惠風？故同異離岐，是非雜可否，易地好惡分曹。園客艾年，足跡幾天下，邊見以識，定議以時，遷其繼此，而筆札之侈富豈不足徵且信邪？余固無所短長，值時節之蓻拮，據戎馬無寧晷，然性喜涉獵，稍暇未嘗廢開卷，其自此而見異人、睹異書矣，遂忘淺陋，而漫為題首。壬戌中秋，黃獻可書。

【姚旅《露書自序》】余每為煩悶，余性僻少讀書，遇義晦，如解帶，結不解不休。遇傳注旨背，如食蠅，吐乃已。第少憨，不屑登之牘。壬寅，來客秦淮曹，能始謂吾輩談倘一紀載，何減劉義慶時征逐佳麗未暇也。丙午，客青守盧作仁署中，無事追憶昔者，凡身之所交，口之所談，足之所履，目之所觸，耳之所聞，及一切可喜可愕，輒命管，然恥襲人牙後，間偶昔賢亦以先發已見，積若而年得十七萬言，分十四篇，合為十四卷。自《跡篇》而上，多稽古，而間附以今；《風篇》而下，皆徵今，而欲還於古。命名則王仲任所云：「露書顯文，是非易見。」篇之鱗次，亦略有意存。余貧不能多積書，即積不暇讀，故所著只剝諸耳目，猶讀「芝麻通鑒」，遽談說古今耳。若謂經籍之訛奸、詞賦之妍媸、理性之里正、陵谷之變遷、世教之污隆、人物之錯綜、鬼神之情狀，盡是則待宰木，以為牘無盡期，一壺無益於溺，有時可亂流。辛亥，書粗成，抵秣陵，屬張爾建荄訂，隨刻日發程入齊，以事稽，晷刻書毀於火，時爾建借宅讀書，先是夜坐，聞瓦上多人馬聲，以六丁戲余。己未，方續成。壬戌，持二冊就友勘。

【四庫提要】《露書》十四卷（兩淮馬裕家藏本），明姚旅撰。旅號園客，莆田人。其書分《核篇》二，《韻篇》三，《華篇》《雜篇》《跡篇》《風篇》《錯篇》《人篇》《政篇》《籟篇》《諧篇》《規篇》《技篇》《異篇》各一。雜舉經傳，旁證俗說，取東漢王仲任所謂「口務明言、筆務露文」之意，名曰《露書》。然詞氣僪薄，頗乖著書之體。其《核篇》所論經義，率毛舉捃拾，無關大旨。《韻篇》亦狼雜不倫，《諧》《異》諸篇尤多鄙俚。至謂屈原宜放，

馬遷宜腐，以其文之繁也。愼亦甚矣！（《四庫提要》卷一百二十八「子部三十八・雜家類存目五」）

【疑《繫辭》】余少疑《繫辭》非孔子之書。蓋孔子之言簡，《繫辭》之言如《家語》文以麗。後見歐陽文忠《童子問》，益了然。文忠之意以為《繫辭》繁衍叢脞，必學《易》者雜取眾說以資其講說，非一家之書。又曰：《繫辭》者必以辭繫爻，此所謂繫辭者。漢儒謂之《易大傳》，至後漢已為繫辭矣。但《大傳》之言，文忠能引之，而不知實證之也。今《易》明曰「繫辭上傳」「繫辭下傳」，其為大傳何疑？世人只提首二字，遂忽傳字，直以為《繫辭》矣。猶《風俗通義》「通義」二字不可闕一，今直謂之《風俗通》。《白虎通德論》今直謂之《白虎通》也。（《露書》卷一）

【割勢幽閉】宮闢男子割勢，婦女幽閉。割勢者，古只割其兩腎，若雞豕去勢之去其腎也；今則並莖而去之。幽閉者，於牝別去其筋，亦若制牝馬牝豕之類，使欲心消滅。故皆置桑室、蠶室，而謂之宮。國初猶用此，而女多死焉。因不行非如《白虎通》之所謂女子淫執置宮中不得出也。若只執置宮中，任浣洗、針工、舂作之事，女何所畏而不淫耶？（《露書》卷一）

【五經皆史】王新建謂：「五經皆史也，史以明善惡，存訓戒。善可為訓者，特存其跡，以示法；惡可為戒者，存其戒，而削其事。」或曰：「如是，詩何以不刪鄭、衛？」新建曰：「詩非孔門之舊本。孔子云放鄭聲，又云惡鄭聲之亂雅樂。孔子所定三百篇，皆雅樂可奏之郊廟者。鄭、衛之音，秦火之後，世儒附會以足三百之數者。」姚旅曰：此未必然。如此，則變雅亦宜存其戒，而削其事，在所必刪矣。然新建之言非始於新建，車清臣《腳氣集》已發之矣。（《露書》卷一）

【秀才秀才】李長沙相公之子兆先素耽聲妓，長沙筆其書幾曰：「今日柳巷，明日花街，科場近了，秀才秀才。」兆先回見之，即續之曰：「今日驟雨，明日狂風，燮理陰陽，相公相公。」（《露書》卷十二）

【打得好】莆被倭後，易公為守，一以寬厚為政決，人有逸去者亦不追。有夫毆婦者，甲見其已甚，為不平，毆其夫。婦見人毆其夫，還同夫毆甲。甲言為爾出氣，反同毆我。拉以見易。易批其詞云：「福州剪子雲南刀，廣東茶銚蘇州篠。」擲示兩造，兩造不解。復取足之，云：「打得好！打得好！」兩造見之，含笑而去。（《露書》卷十二）

【韓菼嗜煙酒】韓慕盧宗伯（菼）嗜煙草及酒，康熙戊午與余同典順天

武闈，酒杯煙筒不離於手。余戲問曰：「二者乃公熊、魚之嗜，則知之矣，必不得已而去，二者何先？」慕盧俯首思之良久，答曰：「去酒。」眾為一笑。後余考姚旅《露書》：「煙草產呂宋，本名淡巴菰。」以告慕盧，慕盧時掌翰林院事，教習庶吉士，乃命其門人輩賦《淡巴菰歌》。（王士禛《分甘餘話》卷二）

【秋香】姚旅《露書》云：「吉道人父秉中，以給諫論嚴氏，廷杖死。道人七歲為任子，十七與客登虎丘，適上海有宦家夫人，擁諸婢來遊，一婢秋香姣好，道人有姊之喪，外衣白衫，裏服紫襖絳棍，風動裾開，秋香見而含笑去。道人以為悅己，物色之，乃易姓名葉昂，改衣裝作窶人子，往賄宦家縫人，鬻身為奴。宦家見其閒雅，令侍二子讀書，二子愛昵焉。一日求歸娶，二子曰：『汝無歸，我言之大人，為汝娶。』道人曰：『必為我娶者，願得夫人婢秋香，他非願也。』二子為力請，與之。定情之夕，解衣，依然紫襖絳棍也，秋香凝睇良久，曰：『君非虎丘少年耶？君貴介，何為人奴？』道人曰：『吾為子含笑目成，屈體惟子故耳。』會勾吳學博遷上海〔原誤為「遊」〕令，道人嘗師事者，下車，道人隨主人謁焉。既出，竊假主人衣冠入見，令報謁主人，並謁道人，旋道人從兄東遊，其僕偶見道人，急持以歸，宦家始悉道人顛末，具數百金，裝送秋香歸道人。道人名之任，字應生，江陰人，本姓華，為母舅趙子。」按：今演其事為劇，移以屬唐伯虎云。（梁章鉅《浪迹續談》卷六）

炳燭齋隨筆一卷　（明）顧大韶撰

顧大韶（1576～？），字仲恭，常熟人。顧大章之弟。仲恭與其兄大章字伯欽孿生子也，連袂出遊，人不能辨其少長，有張伯皆仲皆之目。伯欽舉進士，奉使休沐，顏面膚腴，衣冠騎從甚都。仲恭老於諸生，頭蓬不櫛，衣垢不澣，口不擇言，交不擇人，潦倒折拉，悠悠忽忽，每引鏡，自詫曰：「顧仲恭何乃如許！」仲恭少治《詩》義，專門名家，竟陵鍾惺定為明朝第一。長益肆力於學問，六經、諸史、百家、內典之書靡不博涉其津，啟其鈐鍵，而其所沈研鑽極者《詩經》《三禮》《莊子》也。其讀書也，一覽即了大義，通明指歸，又不憚穿穴訓故，用以會稡異義，剗削隱滯，一以為通人碩學，一以為老生宿儒，蓋兼而舉之。其文縱橫似《國策》。月旦不稍假借，邑人

甚畏其口。所撰《敬十八房文》傳誦一時，略云：「今世之為天吏者有三：庸醫也，低風水也，盲考官也。何以言之？使醫而能辨六脈，則天之所以生死人者，人得而奪之矣；使風水而能辨龍穴，則天之所以禍福人者，人得而奪之矣；使考官而能辨文章，則天之所以貴賤人者，人得而奪之矣。故吾謂此三人者皆天吏也，敢弗敬歟？凡物之確然自信者，人為政；而冥然罔覺者，天為政。古者聖人舉事，必著龜，夫苦草朽甲亦何靈之有？惟其無靈，而天下之至靈者出焉。考官者亦文章之著龜也，十八房其爻象也，從之則吉，逆之則凶，敢弗敬歟？」於科舉之敝嘻笑甚於怒罵矣。能辨文章之考官居絕大多數，不可謂無。彼以失敗者放肆亂道，與實況相去甚遠矣。著有《炳燭齋集》。生平事蹟詳見錢謙益所撰傳狀。《明史‧顧大章傳》亦盛稱其於經史之學多所發明。錢謙益《顧仲恭傳》又稱引其語曰：「吾欲將十三經、諸子墜言滯義，標舉數則，勒成一書，竊比於程大昌《演繁露》、王伯厚《困學紀聞》，庶幾可以謝諸公及吾子矣。」嘗以為宋、元以來述者之事備，學者但當誦而不述。易簀之前，繕寫所箋《詩經》《禮記》《莊子》，俾其子屬錢謙益，即所傳《炳燭齋隨筆》。

全書三萬言，不分卷，為博涉群書時，隨筆考辨所記，說經者居其半。書中頗有精語，如曰：「讀書當如蜂之釀蜜，採百味消歸一味。作文當如蠶之作繭，繅一絲便盡一繭。讀書而但為記誦之學，是智不如蜂也。作文而但為餖飣之文，是智不如蠶也。」曰：「讀類書、文集而不讀子史，是沽酒市脯之學也。讀子史而不讀五經，是拔本塞源之學也。讀五經而不講理學，不通三教，是貧兒數寶之學也。故曰博學而詳說之，將以反說約也。」曰：「佛教未行之先，其早為前驅者惟莊子而已；佛教既行之後，其相為表裏者惟莊子而已。」曰：「道家之書莫妙於莊子，佛家之書莫妙於楞嚴。莊子多引而不發，楞嚴則和盤托出矣。有志於道者，且勿讀楞嚴，只讀莊子，深思而自得之可也。」曰：「通天地人曰儒，若不究心於三界之事，何以為通儒乎？」曰：「凡事觀於其大，則必不爭於其小矣。睹聖賢之遭謗誣，則爭榮辱之念可以息矣。睹帝王之被侵凌，則爭強弱之念可以息矣。」曰：「智者明義理、識時勢，善哉其言之也。識時勢而不明義理，則市井之智耳。不明義理，並不識時勢，則婦人之智耳。所以古人有舉朝皆婦人之歎。」曰：「《小雅》云：『莫肯念亂。』此語最為有味。凡承平之官吏多恣為貪污，豪富之子弟多恣為驕奢，皆莫肯念亂者也。」曰：「潔淨精微，《易》教也。又云《易》之失

賊。蓋太潔則滓穢無所容，太精則情偽無所遁，必陷為刻薄人矣。申、韓原於道德，亦是此意。知其白，守其黑，則深於老，亦深於《易》矣。」曰：「志欲大而心欲小，致廣大而盡精微也；知欲圓而行欲方，極高明而道中庸也。」曰：「要窮學燒丹，要死學採戰。」曰：「政與教不同。教之道在矯枉以就正，柔者教之以剛，剛者教之以柔，所謂沉潛剛克，高明柔克也。政之道在因物以付物，剛者治之以剛，柔者治之以柔，所謂強弗友剛克燮友柔克也。」同時有莆田林兆恩號子穀子者，又稱「三教先生」，欲合三教為一，顧大韶《炳燭齋集》有《林三教集序》，盛推其說，可見其學術旨趣。《李溫陵集》卷端署「海虞後學顧大韶仲恭校」，亦可見其學術立場。

葉昌熾《緣督廬日記鈔》卷六稱其書皆考論經史，深於漆園之學，又宗墨子，而抑孟子，雖不純，在明人說部中要為切實；又稱頗詆宋儒，其偏駁處尚不至如李卓吾，而博識可比升菴云云。傅增湘《藏園群書經眼錄》稱篇中雜論經史百家之說，大抵論事理為多，而考證較少；中有述天主教一則，引西溪叢語襖神之說以證之，殊為疏陋；末有數十則，皆莊子補注云云。傅增湘又有此書跋，收入《藏園群書題記》三集卷三。

此本據上海圖書館藏清初刻本影印。

【附錄】

【錢陸燦《炳燭齋集序》】吾師顧仲恭先生，諱大韶，晚而手自定其文二十四篇，先宮保牧齋公為先生傳，又躪其尤者，附著於篇。又稱先生讀書著述得力處散見《炳燭齋隨筆》中。於是先生既殁之後三十餘年，其子公臣兄弟始匯而刻之，俾其白首門生燦為之序。余何敢序先生哉？先生之學有根柢，全在治「五經」。其治「五經」也，如《書》主經論而黜《大全》，無所發凡；《詩》主《毛傳》，毛不可通而用鄭，鄭不可通而用朱；其於「三禮」，援據經傳，考證古今，以訂補注疏之疏漏；他經皆準是，而後泛濫於諸史子集、百家墳竺、《道藏》之書，無不讀，無不精，已見於宮保傳中。至於讀書作文之關鍵，先生嘗提余與公臣兄弟耳而面命之矣。今散見文字中，好學深思者，當自得之，非序所能盡也。抑余有感焉。文章必待名位而後傳者也。文如歸熙甫，其在當時猶為王、李諸公所抑沒，然熙甫猶晚達，得以自致於甲科，特未甚貴耳。先生與其兄太僕公諱大章孿生才子也，天啟中太僕以奄禍考死詔獄事，載國史，先生獨不幸四十餘年老死於諸生，不競即有太僕之忠烈氣節，既不得自致於甲科，沒世無所發攄，則是太僕之幸有名位，而不

幸以忠烈氣節殉名位也。先生之不幸無名位，而所幸者特自有其文章耳。壬子科試北場，李房以解元薦，主者抑置第二，本房爭之益力，主者持之益堅。本房曰：「留待來科作解元。」竟罷舉，其本房可謂知己矣，抑知先生之終不解元耶？天有持生知己以成就人之名位，又有時生知己以挫折人之名位，先生即一不幸而有知己。先生之《詩經》時藝，鍾伯敬定為本朝第一……假先生少時與太僕同得氣去文，固未必如是之傳誦萬口也。是先生再不幸而有知己，然是知己者特知先生之時文耳。時文所以取名位也，故有幸不幸焉。而古文則與鋃位無與也，謂文章必待名位而後傳，故熙甫既自致於甲科，而猶抑沒於生前，以有有名位者排而下之也，而終不能禁熙甫之必傳，且所謂傳者傳近耶？傳遠耶？必傳遠而後謂之傳也。是以熙甫抑沒於王、李雲霧之日，而去今不百年，遂漠然俎豆於韓、歐間，而王、李不敢與輦，觀於熙甫先生可知矣。先生之文，即熙甫之文也，即韓、歐子之文也。熙甫勿論，且使韓、歐不吏部兩制天，亦能禁其文之不傳千古哉？故知文之必傳者，不待名位，而當時考試官為先生稱屈，衡文家為先生傳誦，皆未足以知先生。先生自有其千古，而又何關於幸不幸之間耶？宮保之傳先生也，末引楊子雲祿位容貌不能動人，陳同甫晚而不遇，則為狼疾人，以比先生而三致其太息焉，而惜乎不足以知先生之千古也。余非侯芭其人，然事先生久，粗知文字大略，故僭述以俟後之人。康熙十年辛亥八月丁酉中秋日癸巳，門人錢陸燦百拜書。

【續修四庫全書總目提要（稿本）3—531】《炳燭齋隨筆》一卷（順德李文田家藏曲阜顏氏寫本），明顧大韶撰。大韶字仲恭，常熟人。太僕卿大章之弟也。兄弟孿生，大章起甲科，致通顯，罹閹禍，以忠烈著聞。大韶老於諸生，浮湛里巷，然非以好學深思，見稱名輩。少治《詩》義，專門名家，鍾惺定為本朝第一。長益肆力學問，六經、諸史、百家、內典之書靡不眩覽，而於《詩經》「三禮」尤所沈研鑽極。晚歲焚棄其稿，自定為二十三篇，今世所行仲恭文集初刻是也。卒後錢牧齋為之傳，推許備至。所撰《竹籤傳》《後虱賦》，為採入傳中，其詞旨詼詭，多藉以摩切當世，蓋衰晚病廢，憤慨不平而作也。此書為博涉群書時隨筆考辨所記，說經者居其半。如論《詩》言《伐木》之詩，乃答上篇《唐棣》之意，言《鴛鴦于飛》二章，乃一反一正，皆據《小序》以糾朱注之非。論《周禮》最多，如《地官》之原隰贏物，《小司徒》之上中下地，鄉師鄉老州長之名秩，《春官·大宗伯》之天產地產，《春官》之世婦，《夏官》馬質之旬內外，司爟之出火內火，《冬官》之

量豆甗案，以及匠人營國，皆援據經傳，考古徵今，以訂注疏之失，持說精確不易。卷末論《莊子》至五十則，疑為《讀莊箚記》附錄者，大韶推崇《莊子》，嘗謂「道家之書莫妙於《莊子》」，又謂「佛教未行之先，《莊子》早為前驅，佛教既行之後，《莊子》相為表裏」，以篤嗜之深，推闡時得新解。第其他疵纇甚多，如言「讀五經而不講理學，不通三教，是貧兒數寶之學」；謂「《孟子》不脫文人氣習，只是齒牙鬆快」，謂「橫渠之《西銘》其意甚莽，其詞甚鹵，可以覆瓿」。其詞詭激，似揚李卓吾之餘波者。又如辨俗語之為王八，辨少艾之為男風，謂淫祀五郎神之冒稱五通，謂鬼畜鬼獄，引及康王泥馬冥司拷鬼之事，皆可已而不已，未免自穢其書。至於以天主教為記古之祆祠，引《西溪叢語》為證，由此明季歐化初東，情事暌隔，又不足責矣。按錢氏傳中云，大韶晚歲欲將十三經、諸子墜言滯義，標舉數則，勒成一書，竊比於程大昌《演繁露》、王伯厚《困學紀聞》之列，即指此書。今觀篇中論列，瑕瑜不免互見，視程、王二氏不如遠甚。以學無師承，而嗜奇騖博，故氣矜詞駁，終不脫名人習氣也。（卷端署「傅藏園撰」，即傅增湘所擬也）
〔註153〕

【顧仲恭傳】顧大韶，字仲恭，常熟人也。父雲程，神廟時為南京太常寺卿。仲恭與其兄大章字伯欽孿生子也，連袂出遊，人不能辯其少長，有張伯皆仲皆之目。伯欽舉進士，奉使休沐，顏面膚腴，衣冠騎從甚都。仲恭老於書生，頭蓬不櫛，衣垢不澣，口不擇言，交不擇人，潦倒折拉，悠悠忽忽，每引鏡自詫曰：「顧仲恭乃如許。」仲恭少治《詩》義，專門名家，竟陵鍾惺定為本朝第一。長益肆方於學問，六經、諸史、百家、內典之書靡不亂其津涉，啟其鈐鍵，而其所沈研鑽極者《詩經》《三禮》《莊子》也。其讀書也，一覽即了大義，通明指歸，又不憚穿穴訓故，用以會稡異義，剟削隱滯，一以為通人碩學，一以為老生宿儒，蓋兼而舉之也。其論《詩》，以為《詩》有齊、韓、魯三傳，《毛傳》出而三家廢，鄭箋時與毛異，唐、宋諸儒多與毛、鄭異，朱子盡歸毛、鄭，概以鄭、衛為淫風，世儒皆知其繆，其尤踳駁者，則不取義之興也，既不取義矣，又何興乎？又有全不會《小序》之意，妄目刪改者。《伐木》之序曰：「燕朋友故舊也。自天子至於庶人，未有不須友以成者。此篇乃答上篇《棠棣》之意，雖燕親戚，而以朋友為重。《棠棣》譏雖有兄弟，不如友生，此言人不可不求友生。至於父舅兄弟，亦當以酒食相親洽也。朱子取

〔註153〕今按：傅增湘《藏園群書題記》三集卷三有是書跋。

《小序》首句，而刪去下二句，則直以父舅兄弟為朋友矣，其可通乎？」《鴛鴦序》曰：「刺幽王也。古之明王交於萬物，有道自奉養有節焉。」朱子直注云：「鴛鴦于飛，則畢之羅之矣。君子萬年，則福祿宜之矣。」夫鴛鴦之雁畢羅，此豈吉祥善事，而以與人主之福祿乎？此二章乃一正一反，以為諷諫於飛，則畢之羅之，在梁則戢其左翼，明動者之有災，靜者之无咎也。周自昭王南征而不復，穆王西征而徐叛，自此以還，以巡狩為危事，故卜徵五襲吉而後行，此所謂交萬物有道，而詩人以為諷也。正與魚藻王在在鎬飲酒樂豈同義？一吟詠而知非盛世之詩矣。此之不解，豈所謂以意逆志者乎？今欲刊定一書，當用毛傳為主，毛必不可通，然後用鄭，毛、鄭必不可通，然後用朱。毛、鄭、朱皆不可通，然後網羅群說，而以己意衷之。嚴粲《詩緝》作於朱注之後，獨優於諸家，而《大全》之作數衍朱注，一無發明，用覆醬瓿可也。其論《禮記》，謂：自宋以前，為禮經之學者惟知有鄭注、孔疏，康成以耆德雄辯壓折千載，穎達依阿其旨，無所是正。自宣和有好古之主，於是三代器物間出於墟墓伏匿之中。學者援以證漢人之多謬，而陳氏之《集說》出焉。未有《集說》以前，學者之患在於疑而不能明；既有《集說》以後，學者之患又在乎明而不能疑。不可以不深維而自得也。其論《周禮》，則《地官》之原隰贏物，小司徒之上中下地，以及鄉師、鄉老、州長之名秩，《春官》大宗伯之天產、地產，《春官》之世婦，《夏官》馬質之旬內外，司爟之出火內火，《冬官》之量豆甎案，以及匠人營國，皆援經據傳，考古徵今，以訂補注疏之疏闕。而《小戴記》是正者允多，其辨五帝世系曰：康成千載儒宗，而惑溺緯書，王肅引經據傳，用以難鄭，惟五帝世系，則康成紬《史記‧本紀》，而取《春秋命序曆》最為有見。王肅據《家語‧五帝德》以闢之，斯為繆矣。《五帝德》篇，太史公採為《本紀》，謂黃帝少典之子也，正妃螺祖生二子，一曰玄囂，是為帝嚳，高辛氏之祖，二曰昌意，是為顓頊高陽氏之父。帝嚳生堯及稷、契，顓頊生鯀，鯀生禹，自黃帝至禹，皆同姓而異其國號。夫三皇五帝之事，若存若亡，詩書之傳所不載，間可推尋，則必於《左氏內外傳》求之。《左傳》郯子之言曰：「炎帝以火紀，故為火師，而火名，黃帝以雲紀，故為雲師，而雲名，少昊氏之立也，鳳鳥適至，故為鳥師，而鳥名。自顓頊以來，乃紀於近。」由此言之，則少昊在黃帝之後、顓頊之前明矣。今本紀五帝不數少昊，而直曰黃帝崩，其孫昌意之子顓頊立，則將置少昊於何地乎？或又曲為之說，謂少昊即玄囂，玄囂號曰青陽，而少昊號曰金天，迥然有金木

之別，其非一人可知。且玄囂若立為帝，豈容降居江水？或又曲為之說，謂少昊即少典，如是則反為黃帝之父矣。黃帝與炎帝戰於阪泉，克之而代其位，何容炎黃之間更著少昊，其必不然者一也。孟子曰：「天下之生久矣，一治一亂，五百年必有王者興。」《左傳》曰：「九州之險，是不一姓。」此乾坤消長、剝復自然之理也。少昊氏之衰也，九黎亂德，顓頊乃命重黎絕地天通，顓頊氏之衰也，共工氏霸而不王，帝嚳伐之，而序正星辰，皆其子孫失德衰敗，而異姓代興。若黃帝之後即少昊，少昊之後即顓頊，顓頊之後即帝嚳，數百年嘗治不亂，則九黎共工安所廁足於其間？其必不然者二也。古者帝王革命，必改正朔，易服色，殊徽號，異器用，繼世而有天下則否。若少昊、顓頊、帝嚳親為黃帝之子孫，而儼然革命，更姓改物，視其父祖，如興王之待勝國，則悖德已甚矣。其必不然者三也。凡左氏所云，高辛氏有才子，帝鴻氏有不才子者，皆歷代帝王之苗裔耳。受氏之後，雖數十百世，亦曰某氏，非必指其身也。而讀者不察，以鯀為顓頊之親子，以稷、契俱帝嚳之親子，於是《竹書紀年》謂鯀一百九十歲而誅，推其受命治水之年，蓋已一百八十一矣。堯之禪舜，舜之禪禹，大約在九十左右，寧有一百八十方膺重任者？八十九十曰耄，有罪不加刑焉，寧有一百九十而置大辟者？堯未舉舜之先，《書》稱「百姓昭明，庶績咸熙」，稷、契果親弟，八十年而不知堯，豈若是之愚，而羲和四嶽諸臣蔽賢焉若是哉？其必不然者四也。《命序曆》之言曰炎帝，號曰大庭氏，傳八世，合五百二十歲。次黃帝，一曰帝軒轅，傳十世，一千五百二十歲。次少昊，曰金天氏，即窮桑氏，傳八世，五百歲。次顓頊，即高陽氏，傳二十世，三百五十歲。次帝嚳，即高辛氏，傳十世，四百歲。此康成所據以紬本紀，而予亦深信不疑者也。黃帝壽三百歲，後九世合得千二百二十年，或亦有之，或一千字為衍文，闕疑可也。康成信緯書，莫失於六天之說，謂天皇大帝等俱有名字，而後世乃千載遵用，莫得於帝王世數之說，而後世絕無信從者。以此知人心不同，眾言淆亂，而好學深思者之寡也。陳壽《蜀志》稱：「秦宓見帝系之文，著論以明其不然。」今其書不傳，而《禮記》疏中載孫炎駁王肅《聖證論》文多散佚，予乃匯合，傅以己意，作《五帝世系辨》。其餘如正蘇明允《太玄論》，駁蘇子由《洪範五事說》，辨李翱《五木經》，縱橫浩汗，不下數萬言，而謂《太玄》可以不作，欲追廢桓譚、張衡於千載之上，吾未之敢許也。仲恭論經學於近代少可，惟推武林卓爾康《十五國風論》，以為通儒。爾康勸仲恭著書垂後，仲恭復之曰：「古人之書汗牛充棟，吾輩雖勤學者，尚

不能十窺二三，況吾輩之才學遠不逮古人，而後之學者其勤又未必及吾輩。縱復有惠施之五車，其誰傳之？」又曰：「春秋以前，作者之事備矣，雖有聖人，但述而不作。宋、元以來，述者之事備矣，雖有志士，但當誦而不述。」爾康無以難也。慈谿馮公元揚按部海虞，造門修謁，請所著書，仲恭亦以斯言謝焉。晚而語余：「吾欲將十三經、諸子墜言滯義，標舉數則，勒成一書，竊比於程大昌《演繁露》、王伯厚《困學紀聞》，庶幾可以謝諸公及吾子矣。」易簀之前，繕寫所箋《詩經》《禮記》《莊子》，俾其子屬余，今所傳《炳燭齋隨筆》是也。仲恭自負才敏，傑然有志於當世，衰晚病廢，志意約結，作為文章，以自慰諭。嘉定程孟陽稱之曰李文饒之流也。作《竹簽傳》曰……葉適敘陳同父之文曰：「使同父晚不登進士，則終為狼疾人而已矣。」仲恭亦云。嗚呼悲夫！（錢謙益《牧齋初學集》卷七十二）

【顧大韶傳】按《明外史·儒林顧大韶傳》：大韶字，仲恭，常熟人。太常卿雲程子也。與兄大章孿生。大章仕於朝，以忤魏忠賢致死。而大韶老於諸生，通經史百家及內典，於《詩》《禮》尤精。其論《詩》，謂當以毛傳為主，毛必不可通，然後用鄭，鄭必不可通，然後用朱，毛、鄭、朱皆不可通，然後網羅眾說，而斷以己意。其論《禮記》，謂：「宋以前惟知鄭注、孔疏，自宣和有好古之主，於是三代器物雜出於墟墓之間，學者得以證漢儒之謬，而陳氏《集說》出焉，未有《集說》，學者之患在於疑而不能明，既有《集說》，學者之患又在於明而不能疑。」不可不深維而自得也。於《儀禮》《周官》亦多所發明，他如辨五帝世系，辨李翱《五木經》，正蘇洵《太玄論》，駁蘇轍《洪範》五事說，縱橫浩瀚，不下數萬言。於近代諸儒少許可，獨推卓爾康《十五國風論》，以為通儒。爾康勸大韶著書，答曰：「春秋以前，作者之事備矣，雖有聖人，但述而不作。宋、元以來，述者之事備矣，雖有志士，但當誦而不述。」爾康無以難也。監司馮元揚行部至造門修謁，請所著書，亦以斯言謝焉。晚語友人：「吾欲取十三經、諸子墜言滯義，標舉數則，勒成一書，竊比程大昌《衍繁露》、王應麟《困學紀聞》，庶有以謝友人。」易簀前，始繕寫所箋《詩》《禮》《莊子》，付之其子，世所傳《炳燭齋隨筆》是也。大韶自負才高，傑然有志當世，衰晚病廢，志意約結不得施，好為文章以自慰。同邑程嘉燧以李文饒擬之。（載《古今圖書集成·理學彙編·經籍典·第三百五十七卷·經學部》）

【炳燭齋隨筆節選】雖有談天之口，未有不始於學語者也。雖有逐日之

足，未有不始於學步者也。故曰「千里之行始於足下，九層之臺起於累土」，可不勉哉！○「釋存不昧之靈，道存不亡之形，儒存不朽之名。」此倪思《經鉏堂雜志》中語也。其言雖淺，聖人不能易矣。又曰：「有福食福，無福食智，無智食力。」其言雖鄙，聖人不能易矣。○王、李之文，大官之剩饌也，其所自出者貴矣，然而非其有也。袁、鍾之文，清士之烹鮮也，時或可於口，然而不堪大嚼也。以剩饌而欲詆自得之歐、蘇、曾、王，所謂「蚍蜉撼大樹」也。以烹鮮而欲駕剩饌之王、李，無乃「一蟹不如一蟹」乎？○「常無欲以觀其妙，常有欲以觀其竅，此兩者同出而異名。」舉此三言而三乘十二部盡於此矣。「定而後能靜，靜而後能安，安而後能慮。」舉此三言而圓覺之二十五輪、楞嚴之二十五圓通盡於此矣。謂孔、老淺而釋氏深，劣僧之見也。謂佛、老邪而儒教正，劣儒之見也。一言以折之曰：「聖人無常心，以百姓心為心。」○憨山之判老、莊於三禪，東溟之判孔子於七地，皆泥教之言也。然而憨山愚矣，東溟有逆流，如來一語以寬地步，其猶善為說詞乎？○每讀古人文字，便令人謙；讀今人文字，便令人傲。○李卓吾初識耿子庸，問曰：「自以為是，不可以入堯舜之道。」又曰：「吾斯之未能信自信與自是有何差別。」子庸答曰：「自以為是，固不可以入堯舜之道。不自以為是，亦不可以入堯舜之道。」卓吾大笑，遂成至友。此一段話頭極好。如何不要自是，又卻要自是。○文以氣為主。陸務觀之文不減於東坡，而不如者，氣不如其高明也。東坡之文不減於歐公，而不如者，氣不如其溫厚也。○立人之道，曰仁、義、禮、智、信。為將之道，曰智、仁、信、勇、嚴。勇即義也，嚴即禮也，必五德備而後可為將，將亦難言哉！《乾卦》元、亨、利、貞配仁、義、禮、信，而不及智，蓋乾知大始以《易》知言乾而智在其中矣。仁、禮、義、信，皆智之川流也。○記事者每好以雅詞文俗語，最是文字之病。○緯書載六天之名字繆妄不經，無愚智皆知之也，而鄭康成尊信之。《繫辭》為聖人之作，無愚智皆知之也。而歐陽永叔獨疑之。人之疑信亦何所不至哉？○歐陽公以《繫辭》非聖人作，已為可笑，至謂「子曰」為講師傳說之言，尤為誣妄。遍檢《論語》《禮記》《大戴》《家語》等書，未有非孔子之言而稱「子曰」者。《大學》，曾子門人所作，而述曾子之言，必著曾字。《中庸》第二章稱「仲尼曰」，以後則但稱「子曰」，明子即仲尼也。《論語》於有子、曾子之言亦必稱其姓以別之，蓋「子曰」二字如「帝曰」「王曰」之不可僭也。後世如孟子自稱「孟子曰」，莊子自稱「莊子曰」，荀、楊二子皆不敢自稱「子曰」，惟文中子徑稱「子曰」，

則其沒後門人追尊之詞，決非仲淹本意也。然而議者猶以吳、楚僭王譏之，豈有《易》之講師而敢輒稱「子曰」者哉？歐公之言，所謂遁辭，知其所窮矣。○朱子之解經好排舊說，至於字義亦不本《爾雅》《說文》，而以臆決之。○《穆天子傳》敘事極簡，惟載哀淑人事甚詳，可見穆王情之所鍾實在於此。瑤池王母亦草草而別，獨於盛姬哀念不置，以此知好德之不如好色也。享國百年，僅得一人當意，不旬月而失之，能不悲乎？佳人難再得，詎不信哉？○今世有天主教者，自大西洋來，窟穴於廣東香山嶼，而蔓延於兩京，其人類碧眼，不畜妻妾，多奇器巧伎，其教奉天主而不奉佛，其黨類饒於貲，能豢畜儒生之窮餓者，而使之造作文字語言，以緣飾其教，要之，文義皆鄙淺離遁，不足道，而士大夫之無識者亦或信之。

【七八·漢子】顧仲恭大韶云：「今人罵人為七八，非是，當作王八。」五代閩王建，人呼為「賊王八」是也。然今人所以有此稱者，以其人孝、弟、忠、信、禮、義、廉、恥八者俱亡，故云「七八」，如平康巷、阿家翁之類。昔年吾友〔陳亦韓祖范〕買一宅於城北，其賣宅之家，惟薄不修，舉國悉知。亦韓既遷入，遂大署其門云「孝、弟、忠、信、禮、義、廉、恥」，蓋所以自表見其家已徙去也。○世俗稱人曰「漢子」，猶云「大丈夫」也。按：此二字始於五胡亂華時，北齊魏愷其自散騎常侍遷青州長史，固辭之。宣帝大怒曰：「何物漢子，與官不就？」陸務觀《老學庵筆記》據此以為「漢子」乃賤丈夫之稱，似與世俗所以稱人者，其意正相反。顧仲恭《炳燭齋隨筆》云：「三代而上，禹之功最著，故稱中夏諸國謂之諸夏。三代而下，漢之功最著，故至今稱中國人猶曰『漢子』。」予按：愷其本中國產，故宣帝稱為「漢子」，而非賤丈夫之謂也。陸說誤矣。（王應奎《柳南隨筆》卷一）

樗齋漫錄十二卷　（明）許自昌撰

許自昌（1578～1623），字玄祐，號樗齋、霖寰、去緣，自稱樗道人，別署梅花墅主人，蘇州府長洲人。少有奇表，讀書即好漁獵傳記，家有二酉四庫之藏。少習舉業，遊學南國子監，既遊南雍，登覽江山，志意抒發，四方名士皆折節論交。四試秋闈皆報罷，萬曆三十五年以貲謁選，得文華殿中書，浮沉金馬，日以揚扢風雅為事。輦下豪賢之會，坐無車公不樂也。居邑邑，顧不自得，翌年告歸。恬退好道，蕭然有物外之致。歸後構別業名梅花

墅（後名海藏庵），在甫里姚家衖西，選地百畝，瀦水蓄魚，梅柳縱橫，竹箭秀擢，輋石為島，峰巒攢立，其中亭館臺榭俱備，時與四方名流賦詩燕飲其間，董其昌、王稚登、曹學佺皆為座上客。陳繼儒為之賦詩：「青山解綬修僮約，紅袖焚香捧道書。」徐汧詩亦云：「藏來竺典添香誦，出世因多樂未除。」喜刻書，所刻有李杜詩集、韓柳文集及《太平廣記》。擅作曲，撰《梅花墅傳奇》數種，含《水滸傳》《橘浦記》《靈犀佩》《弄珠樓》及《報主記》，唯《水滸記》最行於時。明祁彪佳《遠山堂曲品》評曰：「記宋江事，暢所欲言，且得裁剪之法。曲雖多稚弱句，而賓白卻甚當行，其場上之善曲乎？」又曰：「余閱黃山人所撰《柳毅傳奇》，嫌其平衍，乃此又何多駢枝也！於傳書一事，情景反不徹。詞喜用古，而舌本艱滯，反為累句。惟錢塘君數北調，有豪舉之致，故拔入能品。」著有《秋水亭草》《唾餘集》《樗齋詩草》《樗齋漫錄》。又輯有笑話集《捧腹編》。生平事蹟見董其昌《容臺集》卷八《中書舍人許玄祐墓誌銘》。

全書近八萬言，分十二卷。書中內容龐雜，雜記見聞，時露痛心疾首之態。如記墨卷橫行狀：「唐應德順之、薛仲常應旗，世所稱荊川、方山兩先生者也。二先生為文章宗祖，舉業家無不尸祝焉。嘗其未得雋時，未聞有行卷。今則大不然矣。老童低秀胸無墨眼無丁者，無不刻一文稿，以為交遊酒食之資，偽評贋序，令人麻癢欲嘔。善乎荊川先生之言曰：『好刻文字，亦無恥之一節也。』」記擬卦曰：「淮南潘子素純嘗作《輥卦》，譏世之仕宦，人以突梯滑稽，而得顯爵者，雖曰資一時之謔浪調笑，不為無補於名教。後平江蔡宗魯衛作《吝卦》以配之，近扶風馬文璧琬又作《謅卦》。」記學風之浮偽曰：「近來一種講學者，高談玄論，究其歸宿，茫無據依，大都臆度之路熟，實地之理疏，只於知崇上尋求，而不知從禮卑處體究，徒令人凌躐高遠，長浮虛之習，是所謂履平地而說相輪，處井干而談海若者也。」斥禪學之偽曰：「東坡勝相院記云：『治其說者，大抵務為不可知，設械以應敵，匿形以備敗，窘則推墮滉漾不可捕捉，如是而已矣。』此四句頗說盡近世禪學自欺欺人之情狀。」責士大夫之偽曰：「鄭奕以《文選》教子，其兄曰：『何不教他讀《孝經》《論語》，免學沈謝嘲風詠月，污人行止。』嗟乎，今之學士大夫未嘗不讀《孝經》《論語》也，而乃嘲貨詠賂，污自己之行止，不忠不孝，敗國亡家，又豈讀《文選》之罪乎？」譏諷時弊，可謂入木三分。自昌為文章裏手，論文亦有可觀。如論宋大家文曰：「歐陽文紆徐曲折，偃

仰可觀，最耐咀嚼。荊公文亦高古，意見超卓，所乏者雍容整暇氣象爾。曾子固文敦厚凝重，如秦碑漢鼎。老蘇一擊一刺，皆有法度。東坡胡擊亂刺，自不出乎法度。」論樂府做法曰：「喬孟符吉博學多能，以樂府稱，嘗云作樂府亦有法，曰鳳頭、豬肚、豹尾六字是也。大概起要美麗，中要浩蕩，結要響亮，尤貴在首尾貫穿，意思清新。苟能若是，斯可以言樂府矣。此所謂樂府乃今樂府，如《折桂令》《水仙子》之類。」

今按：此書多撮自《歸田錄》《墨莊漫錄》《輟耕錄》《草木子》等書，間有不注明出處者。今考，錢希言《戲瑕》卷三稱《樗齋漫錄》為葉晝所撰，書中亦有「無錫葉晝亦云」「時無錫葉文通在座」「梁溪葉文通在座」。希言萬曆二十九年曾為自昌《詠情草》題詞，與自昌甚熟，故所言或有據。自昌自敘則為其讀書漫錄所得，論者推測或此書原為葉晝所撰，或有取於葉氏所作者。〔註154〕錄此備考。

此本亦據明萬曆間刻本影印。

【附錄】

【許自昌《樗齋漫錄自序》】《樗齋漫錄》者，樗道人讀書齋中漫錄之者也。道人讀書不作次第，漫從架上抽一函，值經經讀，值史史讀，上子與集，與說夫復如讀，亦未必竟，亦必不竟，只遇己之所繫。繫之，己之所不能言，己之不敢言，有投於中，錄之而已矣。未錄前不著一字於胸中，畢竟如何如何而後錄也。既錄後，上不著一字，可胸中畢竟所錄為如何如何也。大拈樗之一字，已為人公案矣。或有字者而入無字內，出前人之所未之間二言之，然亦讀時偶有感也，非畢竟如而後言之也。總名之曰《樗齋漫錄》而已矣。壬子（1612）冬日，樗道人許自昌書於樗齋中。（《續修四庫全書》第 1133 冊第 120 頁）

【無名氏墨筆識語】細翫是錄，樗齋人本非刻，然凡語涉譏諷尖利者，概委他人，一若非其口出，是欲避刻，而又流露於語言之外，詎名心尚熾，恐有議其後，抑賦性本刻，強學為厚，而未臻於厚道歟？果能去其鋒銳，不露痛心疾首之態，實於世道人心不無□□（疑為「有補」二字——引者注）云。光緒十六年。〔註155〕

〔註154〕 李時人：《中國文學家大辭典·明代卷》，中華書局 2018 年版，第 413 頁。
　　　　　今按：書中稱「樗道人曰」者 36 次。
〔註155〕 《續修四庫全書》第 1133 冊，上海古籍出版社，2002 年版，第 167 頁。

【中書舍人許玄祐墓誌銘】過甫里不入許玄祐園林，猶入輞川不見王裴也。玄祐致身清華，如司馬相，如吾丘壽王，而恬退好道，蕭然有物外之致。乃其歿也，以哭母故，遂成死孝士，何可以一端測哉？玄祐諱自昌，其先太嶽之胤，宋淳熙中有自江右尉吳江者，十餘傳而遷甫里，又四傳為郡幕怡泉公，以孝友好誼聞於鄉邦，即公父也。公配沈孺人，舉子不祿，卜筮得陸太君，實生玄祐。玄祐少有奇表，廣上而豐下，少讀書即好漁獵傳記兩漢四唐之業，築倉而藏之，飲食其中，不屑屑為經生言。既遊南雍，登覽江山，志意抒發，四方名士皆折輩行與交。顧數奇，屢阨京兆試。玄祐慨然河清詎可俟哉，而以為吾二人憂，遂謁選得文華殿中書，浮沉金馬，日以揚扢風雅為事。輦下豪賢之會，坐無車公不樂也。玄祐居邑邑，顧不自得，亟請假歸，侍郡幕公夫娠，細訏聲氣，宛然孺子慕也。而代郡幕公為德益力。歲凶則減半平糶，屑粥療饑，所全活甚夥。凡里中徭役，最劇者率身任之，不以煩桑梓，先後燔責券無數，末年產益落，然族屬故人之以緩急告者未嘗不捐歲入應之也。玄祐既負勝情，又以閒居奉親，治圃葺廬，水竹宜適，杖屨相隨，養志甚篤，而丘壑神情，惬隱殊蚤。客有以驅車諷者，輒笑曰：「池頭鳳何如海上鷗？五侯鯖何如千里馬哉？」與玄祐交者，吾邑陳微君、景陵鍾伯敬、山陰祁夷度及不佞輩，咸樂其曠逸……惟昕夕侍陸太君起居，稱藥量水，不能刻晷離左右已。太君病脾，度且不起，即有以身殉之之志。預為戒敕諸子，微及後事，家人方訝其不祥，及承諱神氣綿惙，已不可為，猶匍匐成喪，以勞毀卒。卒之前一日，里人聞有旌幢導從，喧闐於市者，為往生之驗云。玄祐性闊達，雖生長素封，不問奇贏子母事，生平以讀異書、交異人為快。所居與陸天隨故址近，為剔莽構祠祀之，刻其唱和詩，他如盛唐名家集行世者多出其校讎。皈命西方，訊期出世，名僧靜士密與往還，而內行薰潔，動循矩度……玄祐多子孫，皆有雋才，平泉樹石，可保無恙，而青緗之學，昌顯於世者，孝子不匱，天意固可俟也。所著有《秋水亭草》《唾餘集》《檽齋詩草》《檽齋漫錄》。生卒詳狀中。銘曰：其仕也為親，而不祈一命，三釜半綸，不易溫清。其歿也為親，而不難一殉，相見黃泉，唯諾必應。是其以近臣為隱人，而以才子為孝子者耶？闔史狀之，國史銘之，誰曰不信？（董其昌《容臺集》卷八）

【酬應妙捷】嘉靖乙卯，順天鄉試初場第一題《論語》：「仁以為己任，不亦重乎？」第二題《中庸》：「必得其名，必得其壽。」於是典試官以聞，肅皇問徐文貞曰「仁以為己任，不亦重乎」下文云，傳文貞對曰：「必得其名，

必得其壽。」蕭皇大悅。造次酬應妙捷如此，此老救時手段亦可以覘其一斑矣。樗道人曰：「此匪特言語，且德行矣，倘真以《論語》下文對，典試者能免罪咎乎？」

【商量明德】武林講學諸君日以商量明德為事，每一聚首，則曰「明德如何，商量動靜，語默行住坐臥皆明德也。」一日午飯，座中適有食素者，忽一先生曰：「明德還是葷的，還是素的，試舉看。」時無錫葉文通在座，笑而應曰：「葷素尚未定，問何故？」文通曰：「朱夫子原說『則有時而昏』。」一座大笑。

【顏子壽夭】客有問顏子壽夭者。一縉紳先生應之曰：「壽。」客問何故？縉紳曰：「有一王小二你認得否？」客曰：「不知。」縉紳曰：「王小二是學生。今日輿夫見在此，公不知乃夭也。如顏子在今日一聞其名，人人惚如認得他一般，非壽而何？」客唯唯，既而曰：「今日聞桀、紂之名亦似相認者一般，此亦壽乎？」縉紳語塞，問者漸有得色。葉文通從旁斷之曰：「顏子是壽到今，桀、紂是夭到今。」一座大快。

【空罐原不鳴】一孝廉空如也，儼然師席，侈口不慚。一日述先輩之言曰：「學者以謹默為第一義。凡矜誇張大者，皆學不足也。譬如酒罐，半罐者鳴，滿罐者決不鳴。此至言也，但非之人可言耳。」梁溪葉文通謔之曰：「然。亦有辨，不可混過。」孝廉問曰：「何居？」文通曰：「也須知空罐原不鳴。」之人慚愧，聞者絕倒。

【勿怨謗讒】「止謗莫如自修，禦寒莫如重裘。」「重」作平聲讀，乃修而益修之喻也。有一學究以為「輕」重「重」字，蓋未嘗衣輕裘者矣。「謹勿怨謗讒，乃我得道資。淤泥生蓮花，糞土出菌芝。賴此善知識，使我枯生荑。」葉文通曰：「被謗時讀一過，幾欲拜彼叔孫。」

【弈殺五戒】一腐儒最不能弈，又侈口以弈自負，每對局必敗，乃憤恥，自誓不復弈。一友詰其何以不復弈，其人以持五戒對。友曰：「弈不在五戒之內，何以戒弈？」其人曰：「弈不免殺五戒，以不殺為首，故戒之。」葉文通從旁大笑曰：「若如此說，公卻替他人戒了。」一座大笑。

【少個厚字】夫人立身只是少個厚字不得，即議論詩文中亦不可薄。如清風嶺王烈婦，其貞操比雪霜，清操貫日月，皎皎無疑矣。乃台州秀才逞其些小聰明，題詩刺之曰：「台州到此方投水，也伴胡人幾夜眠。」則薄之至矣。其人回家即死，薄之報也。其死或不專為此詩，但觀其詩如此，平生決無一

盛德事可知。嘗疑《大學》首篇以「明」字發端，以「厚」字結局，今日思之，委有深意。蓋明者最易流於刻薄，故聖經微及之，云孔子時其亡也而往拜之，蓋往拜時適值其亡也。孟子乃謂亦瞰其亡，是非真知孔子為聖之時矣。松江楊士修作頌曰：「……若云昔日曾窺瞰，何不途中預避之。」快語也！無錫葉晝亦云：「如說孔子亦瞰其亡，則孔子不獨貌似陽虎矣。」可謂善戲謔兮。

【贗籍】昔人著贗籍，往往附會古人之名，然其名雖假託乎，其書不得謂之偽也。今人則鬻其所著之書，為射利計，而所假託者，不過取悅里耳足矣。夫贗至今人，而淺陋則已極也。《琅嬛記》，傳是余邑桑民懌悅所藏，祝希哲允明竊之，第無核據。改之二公集中，初未嘗用琅嬛語，後此而作者，有緝柳編《女紅餘志》諸書五六種，並是贗籍，不知何人締構？顧多俊事致談，書類勝國，要或近時好事者為之耳。比來盛行溫陵李贄書，則有梁溪人葉陽開名晝者，刻晝摹仿，次第勒成，託於溫陵之名以行。往袁小選中郎嘗為余稱李氏《藏書》《焚書》《初潭集》《批點北西廂》四部，即中郎所見者亦止此而已。數年前，溫陵事敗，當路命毀其籍，吳中鋟《藏書》板並廢。近年始復大行，於是有李宏父批點《水滸傳》《三國志》《西遊記》《紅拂》《明珠》《玉合》數種傳奇，及《皇明英烈傳》，並出葉筆，何關於李？頃又有贗袁中郎書以趨時好，如《狂言》，杭人金生撰，而一時貴耳賤目之徒，無復辨其是非，相率傾重貲以購，秘諸帳中，等為楚璧，良可嗤哉！晝落魄不羈人也。家故貧，素嗜酒，時從人貸飲，醒即著書，輒為人持金鬻去，不責其值，即所著《樗齋漫錄》者也。近又輯《黑旋風集》行於世，以譏刺進賢，斯真滑稽之雄已。昔嘗於太原齋頭，見雲間刻顧氏《詩史》，閱之乃中翰正誼名也。余與王先生相顧驚歎，王先生曰：「孟嘗君能得士，此豈虎頭公所能辦哉？」後余過雲間，乃知華亭有詞人唐汝詢仲言者，目雙瞽，著成是書，顧氏以三十金詭得之。嗟乎！唐生之文誠賤，何至此甚也？千古不白之冤，俟異世子雲者起，故當有定論耳。管仙客嘗見唐人撰《春秋調人》一書，蓋調和膏肓廢疾、墨守三家而成文者。其書雖亡，豈遂無其目耶？《戰國策》十卷，約從五之，連衡五之，鮑彪舊注劉向定本，然非龍門所採書也，蓋必有古本，是何從見哉？坊刻《大唐西域記》，後乃雜三王太監下西洋事，令元奘絕倒地下矣。近吳中官刻幾汗牛，爛用貴人千金，以馮觀察諸公言之，並是偽託者，余欲起而糾繆，聞者不臘其舌乎？（錢希言《戲瑕》卷三）

菜根譚前集一卷後集一卷　（明）洪自誠撰

洪應明，字自誠，以字行，號還初道人，新都人。幼慕粉華，晚棲禪寂，與袁了凡、馮夢禎、於孔兼等名士往來。明萬曆間人。著有《聯瑾》《樵談》《筆疇》《傳家寶》《長生銓》《仙佛奇蹤》等書。〔註156〕然洪自誠不見經傳，事蹟無可稽考。

此書卷首有乾隆五十九年（1794）遂初堂主人識語，稱著是書者為洪應明，究不知其為何許人。又有於孔兼題詞，稱譚性命，直入玄微；道人情，曲盡嚴險。俯仰天地，見胸次之夷猶；塵芥功名，知識趣之高遠云云。〔註157〕

此書為清言集，分為修省、應酬、評議、閒適、概論五類，普及修身處世、待人接物應事之理。此書歷代書目鮮見著錄，惟清丁仁《八千卷樓書目》卷十三著錄一卷。全書分前、後二集，前集二百二十五則，後集一百三十五則，共計三百六十則格言。大旨取三教合一，揉合儒家之中庸思想、道家之無為思想及佛家之出世思想，冶於一爐，「於身心性命之學實有隱隱相發明者」，誠為古代之心靈雞湯。書名《菜根譚》，又作《菜根談》，或以為典出「性定菜根香」，所謂「夫菜根，棄物也，而其香非性定者莫知」；或以為化自宋儒汪信民之語：「人能咬得菜根，則百事可做。」然洪氏友人於孔兼「題詞」則稱：「譚以菜根名，固自清苦歷練中來，亦自栽培灌漑裏得，其顛顛風波、備嘗險阻可想矣。」清陳弘緒《寒夜錄》下卷引《菜根譚》云：「幽人清事總在自適，故酒以不勸為歡，棋以不爭為勝，會以不約為真，卑客以不迎送為坦夷。若一牽文泥跡，便落塵世苦海矣。」清趙吉士《寄園寄所寄》卷六引《菜根譚》曰：「諄諄終日，而漠然無與身心；雖正襟莊色，亦僅僅與謔浪等。談言微中，可以銘座，可以銘心，可以資學，必首錄之，以當書紳。」故以之為「座箴」之首條。

此書傳播域外，韓國田愚《艮齋集》後編卷十云：「洪自誠《菜根譚》一聯甚好：『醲肥辛甘非真味，真味只是淡；神奇卓異非至人，至人只是常。』」又引一聯曰：「人慾從初起處翦除，便似新蒭遽斬，其工夫極易；天理自乍明

〔註156〕《八千卷樓書目》卷十四又著錄《寂光鏡》三卷，其實《寂光鏡》原在《仙佛奇蹤》之中。清潘曾沂（1792～1852）《功甫小集》卷五《明洪自誠撰古僧傳名寂光境黃主政家有之得假觀題後》：「緣照生光有導燈，得傳秦漢以前僧。吾家住處松蘿險，打破香山障一層。」

〔註157〕《續修四庫全書》第一一三三冊，上海古籍出版社，2002 年版，第 169～170 頁。

時充拓，便如塵鏡復磨，其光彩更新。」《越南文獻目錄》亦載其名。

　　此本據上海圖書館藏明刻本影印。

【附錄】

　　【三山病夫《菜根譚序》】戊子之秋，七月既望，余以抱病在山，禁足閱藏。適岫雲監院琮公由京來顧，出所刻《菜根譚》書，命予為序，且自言其略曰：「來琳初受近圓，即詣西方講席，聽教於不翁老人。參請之暇，老人私誡曰：『大德聰明過人，應久在律席，調伏身心，遵五夏之制，熟三聚之文，為菩提之本，作定慧之基，何急急以聽教為哉？』居未幾，不善用心，失血莫醫。自知法緣微薄，辭翁還岫雲。翁曰：『善，察爾因緣，在彼當有大振作，但恐心為事役，不暇研究律部。吾有一書，首題《菜根譚》，係洪應明著。其間有持身語，有涉世語，有隱逸語，有顯達語，有遷善語，有介節語，有仁語，有義語，有禪語，有趣語，有學道語，有見道語，詞約意明，文簡理詣。設能熟習沉翫而勵行之，其於語默動靜之間，窮通得失之際，可以補過，可以進德，且近於律，亦近於道矣。今授於爾，應知珍重。』時雖敬諾拜受，究竟不喻其為藥石意也。厥後歷理常住事務，俱忝要職。當空華之在前，不識元由眼裏之魔；認水月以為真，豈知惟是天垂之影。由是心被境遷，神為力耗，不覺釀成大病，幸未及於盡耳。既微瘳間，無以解鬱，因追憶往事，三復此書，乃悟從前事事皆非，深有負於老人授書時之言焉。惜是書行世已久，紙朽蟲蛀，原板無從稽得，於是命工繕寫，重為刊刻。請並言於首，啟迪天下後世，俾見聞讀誦者身體力行，勿使如來琳老方知悔，徒自慚傷，是所望也！」余聞琮公之說，撫卷歎曰：「夫洪應明者，不知何許人。其首命題，又不知何所取義，將安序哉？」竊擬之曰：「菜之為物，日用所不可少，以其有味也。但味由根發，故凡種菜者，必要厚培其根，其味乃厚。是此書所說世味乃出世味，皆為培根之論，可弗重歟？」又古人云：「性定菜根香。」夫菜根，棄物也。如此書，人多忽之。而菜根之香，非性定者莫喻。此書唯靜心沉翫者，乃能和旨。是與？否與？既不能反質於原人，聊將以俟教於來哲。即此序。時乾隆三十三年中元節後三日，三山病夫通理謹識。

　　【遂初堂主人《菜根譚序》】余過古刹，於殘經敗紙中拾得《菜根譚》一錄。翻視之，雖屬禪宗，然於身心性命之學實有隱隱相發明者。亟攜歸，重加校讎，繕寫成帙。舊有序，文不雅馴，且於是書無關涉語，故芟之。著是書者為洪應明，究不知其為何許人也。乾隆五十九年二月二日，遂初堂主人識。

【菜根譚節選】棲守道德者，寂寞一時；依阿權勢者，凄涼萬古。達人觀物外之物，思身後之身，守受一時之寂寞，毋取萬古之凄涼。〇涉世淺，點染亦淺；歷事深，機械亦深。故君子與其練達，不若樸魯；與其曲謹，不若疏狂。〇君子之心事，天青日白，不可使人不知；君子之才華，玉韞珠藏，不可使人易知。〇勢力紛華，不近者為潔，近之而不染者尤潔；智械機巧，不知者為高，知而不用者為尤高。〇耳中常聞逆耳之言，心中常有拂心之事，才是進修德行的砥石。若言言悦耳，事事快心，便把此生埋在鴆毒中矣。〇天地寂然不動，而氣機無息稍停；日月盡夜奔馳，而貞明萬古不易；故君子閒時要有吃緊的心思，忙處要有悠閒的趣味。〇夜深人靜獨坐觀心，始覺妄窮而真獨露，每於此中得大機趣；既覺真現而妄難逃，又於此中得大慚忸。〇交友須帶三分俠氣，作人要存一點素心。〇蓋世功勞，當不得一個「矜」字；彌天罪過，當不過一個「悔」字。〇矜高倨傲，無非客氣；降服得客氣下，而後正氣伸。情慾意識，盡屬妄心；消殺得妄心盡，而後真心現。〇文章做到極處，無有他奇，祇有恰好；人品做到極處，無有他奇，只是本然。〇以幻境言，無論功名富貴，即肢體亦屬委形；以真境言，無論父母兄弟，即萬物皆吾一體，人能看得破認得真，才可以任天下之重擔，亦可脱世間之韁鎖。〇冷眼觀人，冷耳聽語，冷情當感，冷心思理。〇天地有無窮的力量，然一日才到午後，便急忙晦冥，以蓄來日之光華。一年才到秋來，便急忙收斂，以養來年之發育。人生才力幾何，分量幾何，而事必欲做盡，福必欲享盡，智巧必欲用盡。是焚林而狩，竭澤而漁矣，如明年之無獸無魚何。

幾亭外書九卷　（明）陳龍正撰

明陳龍正（1585～1645），初名龍致，字發蛟，更字惕龍，號幾亭，嘉興府嘉善人。少師事高攀龍，而與同里魏大中同學。天啟辛酉舉京闈第三人。乙丑璫禍作，大中首被逮送至錫山，因謁攀龍，證學累日。初以文章經濟自負，自中年後，悔其無本，一意反求身心，遂悟關鍵在存誠，而推行則在於愛人，其所為皆有體有用之學。崇禎七年（1634）登進士，授中書舍人。癸未四月朝局稍轉，進剖析偽學疏。十月聞李自成破潼關，為詞衣帶間，云「南箕靜聽常依主，北闕閒居也致身」。甲申正月，調南京國子監丞。三月抵家，求題致仕。五月初，聞國變，驚慟屢絕，遂得疾。七月南渡，福王召為禮部祠祭司

員外郎，不赴，賦詩有「京華歌舞新南極，野哭汍瀾舊帝星」之句。龍正乞休再三，始得允。乙酉六月，南京淪陷，得劉宗周殉節狀，遂絕粒而死。門人私諡曰文潔。天性純篤，講求身心經濟之學，《四庫提要》譏其所講亦僅紙上之談，甚無聊也。其貌腴古，兩眸炯然，有心計，善治生。居官甚廉，而好施予。著有《學言》《政書》《文錄》《因述》《秘垣疏草》《救荒策會》等書，輯有《朱子經說》《皇明儒統》《高子遺書》《陽明要書》。其子陳揆匯為《幾亭全書》，行於世。學者稱幾亭先生。生平事蹟見《明史》本傳、萬斯同《陳幾亭先生傳》及《東林列傳》卷十一。為人內嚴毅而外忠厚。嘗曰：「一生三事：一事收心，一事慎行，一事守口；一日三分：一分應物，一分靜坐，一分讀書。只此一聯，說盡希賢希聖希天工夫，此外若添一件，便覺重複。此中若減一件，便覺欠缺。無添也，無減也，遠而言之，終身畢世少他不得；近而言之，一時一刻少他不得。」友人陳素題《陳幾亭先生像贊》：「此幾亭先生待漏圖也。昔者偕陟春闈，聯趨丹陛，今二十年事矣。茫茫日月，終始可言，獲對典型，愾焉如昨。贊曰：蔚蔚豐鎬，潤西瀍東。北極雲翳，星共攸同。懷我哲人，克秉惇庸。遡源濂洛，正氣在躬。撪笏明廷，堂階聿崇。肅肅裳衣，神明與通。大用未極，遺範無窮。一髮千鈞，欽茲德容。沐日浴月，先生之風。」
〔註158〕黃宗羲《明儒學案》卷六十一稱其留心當世之務，故以萬物一體為宗，其後始湛心於性命云云。

　　全書十三萬言，分九卷，卷一、卷二曰《隨處學問》，卷三曰《家載》，卷四曰《鄉邦利弊考》，卷五曰《保生帖》，卷六曰《易占驗》，卷七曰《舉業素語》，卷八曰《方技偶及》，卷九曰《緒緒》。皆有小序以述其意，如《隨處學問小序》：「學言所未盡，於此盡之。然其間亦別有發明，或暢言之，則以其文多，故外之；或直言之，則以其無文，故外之。外非必緩與淺也，心乎內，可以觀外。」其書大旨內儒家而外異端，謂三教本截然殊科，為學當先明儒家之大主意。又謂「生字貫天、人、學、治」，張子「為天地立心」四語，包括極大，然一「生」字足以統之，天地以生物為心者也，人之生也直，即其道也聖，學以萬物為一體者也，萬世之民安其生，是太平也，故學不可不知本，觀聖賢書亦不可不求其本。又謂孟子開頓悟之門，漸然後能頓。又區分真儒與醇儒，謂為真儒易，為醇儒難，康節、象山、陽明莫非真儒，醇儒非周、程、

〔註158〕黃宗羲：《明文海》卷一百二十三。

張、朱不能當。又謂李贄亦是慧資所集，諸書所著議論有過人處，但破人鄙滯，豁人胸眼，為益甚小，喪人廉恥，長人奸橫，為損極大，故當深惡而嚴絕之。又謂王文成掃訓詁，掃聞見，李贄遂欲掃道理，掃綱常，數十年來壞盡人心，殺身毀書，世教幸矣。又謂尊德性自有工夫，窮理方能見本心。又謂釋教無益中國，亂世以釋教持世。又謂道家失老子本意。又謂天主教大旨即上帝也，然畫像而拜視上帝如一人，以崇禮為事，而全不知心性之說，淺陋遠出佛氏下。觀其所輯《儒統說》，以為明朝學術自白沙傳金針於甘泉，雜禪於儒，其後諸家繁興，立說彌肆，殊為斯道懼，龍正盡芟其悖道之語，存其正論，俾學者以為宗。通核此書，大體醇正，極力守護儒學正統，故應列入儒家類。書中頗有精妙之語，如謂人生正事樂事不過修身讀書，然讀書總是修身之助；又謂凡人學問最淺則易矜，稍深則漸歉，故有明暗淺深之意象；又謂載籍太多可憂，高科能文為不幸。然《清代禁燬書目四種》載有《幾亭全書》，又有《陳幾亭集》，蓋語涉違礙之故也。

此本據北京大學圖書館藏明崇禎間刻本影印。

【附錄】

【陳龍正《幾亭外書自序》】物無用，不如無是物。言無用，不如無是言。五養，五滋，五充，五助，五和，咸用之療饑，溫涼寒熱以平，咸用之療疾，然而農、軒之世五五未備，群黎亦鼓腹而遊，炮製有數民亦不夭札，自雷火隨天澤，而豐君佐與情淫而變，非樂其多也……是故言無當於用，雖華必廢；言當於用，雖俚必存。存廢之故，言者自知之矣。種雖雜，要歸有用，謂之一致可也。道雖多，要以理萬物之紛者，使各歸其所，則與無一事一物之始又何以間哉？縱多而實者吉，縱言而默者吉，而言之多之，吾將反而察夫實與默之所存矣。崇禎辛未九月癸巳，嘉善陳龍正惕龍父自題於幾亭。

【明史本傳】陳龍正，字惕龍，嘉善人。父於王，福建按察使。龍正遊高攀龍門。崇禎七年成進士，授中書舍人。時政尚綜覈，中外爭為深文以避罪，東廠緝事尤冤濫。十一年五月，熒惑守心，下詔修省，有「哀懇上帝」語。龍正讀之泣，上《養和》《好生》二疏。略曰：「回天在好生，好生無過減死。皋陶贊舜曰『罪疑惟輕』，是聖人於折獄不能無失也。蓋獄情至隱，人命至重，故不貴專信，而取兼疑，不務必得，而甘或失。臣居家所見聞，四方罪犯，無甚窮凶奇謀者，及來京師，此等乃無虛月。且罪案一成，立就誅磔，亦宜有所

懲戒，何犯者若此累累？臣願陛下懷帝舜之疑，寧使聖主有過仁之舉，臣下獲不經之怨。」蓋陰指東廠事也。越數日，果諭提督中官王之心不得輕視人命云。其冬，京師戒嚴，詔廷臣舉堪任督、撫者。御史葉紹顒舉龍正。久之，刑部主事趙奕昌請訪求天下真賢才。帝令奕昌自舉，亦以龍正對。帝皆不用。龍正居冷曹，好言事。十二年十月，彗星見。是歲冬至，大雷電雨雹。十三年二月，京師大風，天黃日書，浹旬不解。龍正皆應詔條奏，大指在聽言省刑。十五年夏，帝復下詔求言，云「拯困蘇殘，不知何道」。龍正上言：「拯困蘇殘，以生財為本，但財非折色之謂。以折色為財，則取於人而易盡，必知本色為財，則生於地而不窮。今持籌之臣曰設處，曰搜括，曰加派，皆損下之事，聚斂之別名也。民日病，國奚由足？臣謂宜專意墾荒，申明累朝永不起科之制，招集南人鉅賈，盡墾荒田，使畿輔、河南、山東菽粟日多，則京倉之積，邊軍之餉，皆可隨宜取給。或平糶，或拜爵，或中監，國家命脈不專倚數千里外之轉運，則民間加派自可盡除。」然是時中原多殘破，有田不得耕，龍正執常理而已。翌日復進《用人探本疏》，帝皆優容焉。給事中黃雲師劾其學非而博，言偽而辯，又以進墾荒議為陵競。帝不問。時議欲用龍正為吏部，御史黃澍以偽學詆之。十七年正月，左遷南京國子監丞。甫抵家而京師陷。福王立於南京，用為祠祭員外郎，不就。南京不守，龍正已得疾，遂卒。

【先明大主意】為學第一先明主意，試思何故要無我？不見我，斯不見物，此即誠身之樂。何故要寡欲？不求自便，則決不損人，此即強恕之原。為甚先格物？格知萬情，與我同情，為甚大居敬，敬則形骸意見廓然俱化。為甚觀於未發？惟此時無爾我形相之畛域，分量到極處，說盡性，性中止是統合人物否？悟頭到極處，說知天，天於生物外，別有事否？燮理者何故？欲扶陽抑陰，陰殺而陽生，泰否者何故？欲長君子消小人，小人害人，君子利人，然則使萬物各得其所，豈非為學大主意？然何故緊說新民安頓，斯人自能安頓萬物？此是天然次序，民從何處新，他只在五倫，此是天然事實，知此則聖仁為誨，更無餘蘊。天地之大德曰生，學只是學天地完生生無息之心。不然，千悟萬悟，千修萬修，無歸著處。近古以來，高者聚講明道，淺者自好立名，而物交氣動，未免起好勝之心，作損物之事，只是此主意提得欠分明，認得欠堅定耳。（《幾亭外書》卷一）

【聖賢異端觀心之別】心統性情，言學者皆以心為主，當其寂然，遊思欲念纖毫不萌，物境事理亦都不著，此時如何？虞廷謂之中，孔門謂之密，

孟門謂之存，程門謂之敬。及其成功，則工夫亦本體也，著意亦自然也。老氏謂之虛，佛氏謂之空。空者，見幻不見誠；虛者，見氣不見理。（《幾亭外書》卷一）

【治生】許魯齋曰：三代而後，學者當以治生為急務。以張籍之才，昌黎猶惜其家貧多事，不能卒業。天實制之，非籍不專於學。王遵岩自言，賴先人之遺，不以衣食為苦。甚矣讀書之難，而貧窶之士為尤苦也。賈黯廷試第一，往謁杜祁公，公獨以生事有無為問。黯退有後言。公聞之曰：「凡人無生事，雖為顯官，不能無俯仰依違，進退不決。賈君名在第一，其學顯達，不問可知。恐生事不足，致進退不輕，而不以道自重耳。」賈乃歎服。陳幾亭云：「俗子治生，精明者必刻，寬厚者必昏。若瑣屑不較而不失精明，涇渭了然而不失寬厚，雖曰治生，抑亦通於學矣。」鉅族中落，以刻薄敗者十之三四，以汰侈敗者十之五六，以昏庸闒冗敗者十之七八。刻薄者，敗於一己之心術。汰侈者，敗於婦女奴婢門客之虛靡。昏冗者，則闔家瞶瞶，無所謂經紀籌劃，敗壞尤速，而不知所以致敗之由。凡侈汰奢靡昏庸冗闒，一敗塗地，及二三世之後，其子孫或有振興繼起者，往往而是。為刻薄寡恩者，敗壞之後，日就淪夷，永不復振，並其子孫亦日就翦滅。嘗讀《御製批蘇東坡論綱稍欠折利害狀》云：「財者，天之所以養生也，流轉天地之間，止有此數，豈於此即嗇於彼。故侈靡過度者，在其人則奢從過度，而其散之天地間者，必有不知誰何之人，獲被其養者。唯納而不出，則身雖未嘗享其用，而使養生之具積而不流。亦必有不知誰何之人，不得被其養者，其造禍正在無形也。」大哉王言，足補蘇論之所未到。（阮葵生《茶餘客話》卷十五）

【飲酒須有節制】俗語云「酒令嚴於軍令」，亦末世之弊俗也。偶而招集，必以令為歡。有政焉，有糾焉，眾奉命唯謹。受虐被凌，咸俯首聽命，恬不為怪。陳幾亭云：「飲宴苦勸人醉，苟非不仁，即是客氣。不然，亦盡俗也。君子飲酒，率真量情，文士儒雅，概有斯致。夫唯市井僕役，以逼為恭敬，以虐為慷慨，以大醉為歡樂。士人而效斯習，必無禮無義不讀書者。」幾亭之言，可為酒人下一針砭矣。偶見宋人小說中《酒戒》云：「少吃不濟事，多吃濟甚事。有事壞了事，無事生出事。」旨哉斯言，語淺而意深。又幾亭《小飲壺銘》曰：「名花忽開，小飲。好友略憩，小飲。凌寒出門，小飲。衝暑遠馳，小飲。餒甚不可遽食，小飲。珍醖不可多得，小飲。」真得此中三昧矣。若酣酒流連，俾晝作夜，尤非「向晦息宴」之道。亭林云：「樽

曇無卜夜之賓，衢路有宵行之禁。故見星而行者，非罪人。即奔父母之喪，酒德衰而酣飲長夜，官邪作而昏夜乞哀。天地之氣乖，而晦明之節亂，所繫豈淺鮮哉！」《法言》云：「侍坐則聽言，有酒則觀禮。」何非學問之道。（阮葵生《茶餘客話》卷二十）

客問篇一卷　（明）吳易撰

　　吳易（？～1646），字日生，號惕齋、朔清，吳江人。邦楨孫。崇禎丁丑（1643）進士。乙酉六月，起兵長白蕩，歷官至兵部尚書，封長興伯，殉節死，清朝賜諡節愍。生平事蹟見《明季南略》卷九、《南疆繹史》卷二十八。《明史》附楊文驄之末，史稱：「其時起兵旁掠郡縣者有吳易，字日生，吳江人。生有膂力，跅弛不羈。崇禎末，成進士。福王時，謁史可法於揚州。可法異其才，題授職方主事，為己監軍。明年，奉檄徵餉江南，未還而揚州失，已而吳江亦失。易走太湖，與同邑舉人孫兆奎，諸生沈自駒、自炳，武進吳福之等謀舉兵。旬日得千餘人，屯於長白蕩，出沒旁近諸縣，道路為梗。唐王聞之，授兵部右侍郎兼右僉都御史，總督江南諸軍。文驄奏易斬獲多，進為兵部尚書。魯王亦授易兵部侍郎，封長興伯。八月，大清兵至，易遂敗走。父承緒、妻沈及女皆投水死，自駒、自炳、福之亦死焉，兆奎被獲，一軍盡殲。明年，易鄉人周瑞復聚眾長白蕩，迎易入其營。八月，事泄被獲，死之。福之，鍾巒子也。兆奎兵敗時，慮易妻女被辱，視其死而後行，故被獲。械至江寧，死之。」

　　此書一卷，凡十三篇，書首題《客問十三篇》，體例為客問主答，用疏議體。書末自稱：「裘則有領，綱則有綱，輯寧九有，式遏一方，鑒源洞委，以富以強，答大勢第一；業廣財生，事繁用費，具鏡死生，爰酌利弊，蒿目匡時，拊髀心計，答經費第二；計商金粟，賈晁兵食，伯王之道，任上是甌，答屯墾第三；後彼鴻脂，濡此鵷味，捲起黃河，孰云其救，食寡用舒，庶消厥咎，答裁汰第四；鹽筴為利，自古伊然，變通厥道，曰濟時艱，遐哉劉晏，孰啟斯賢，答中鹽第五；兩都相望，萬國方朝，天出源水，以接全漕，啟閉得理，嬉飽以遨，答通漕第六；軍重摧鋒，士負勇敢，簡之煉之，相須以善，旌鼓方嚴，凱歌豈晚，答選練第七；鸛鵝魚麗，異名同情，失利勿走，見便勿爭，大將在陣，萬人一身，答營陣第八；縹姚出塞，英衛專征，不資龍友，孰

掃膻氛，草豐苑廣，雪錦成群，答馬政第九；刀開似水，槍騰若龍，火器雷動，石炮風從，練目練贍，技擊稱雄，答器藝第十；驍虜飆疾，堅重制之，百戰百勝，堅久相持，載法李靖，以正為奇，答車營第十一；賊號百萬，四散而嘩，計數分畫，摧折槎枒，回軍轉戰，淨掃胡沙，答算剿第十二；經世有本，節目依因，生聚教訓，制事唯人，一權審令，肇贊中興，答權任第十三。」此乃英雄之策略、不朽之著作也。

　　書前有崇禎十五年（1642）李建泰序，稱其好言王略，指掌天下事，於兵計尤長，計其綜略時事，根本國謨，具賈生之治要，兼同甫之中興。吳應箕序稱其書備載救時之策、中興之規。書後有嘉平下浣木崔拜手謹識，稱其每一義成，輒於題下注一古人姓名，知其命筆取徑，多本之古人，故能超軼時俗，以自成一家言云。又有清代徐大橋跋，稱文舉人吳日生，於明亡之際，團練義兵，抗拒本朝南下之師，旋受擒僇。人為本朝有罪之人，書亦當今犯禁之書云云。又有陳去病跋、柳亞子跋，述得書始末焉。

　　此本據上海圖書館藏清抄本影印。

【附錄】

　　【李建泰《客問篇序》】今天下日苦，兵士持利害，為趨舍，當官不盡其用，則一諉於事任之不齊與權藉之不力，凡為之自我者，或一切預計其成否，委蛇需望，以聖賢不可必之事而必焉，而後為之，此先憂後樂者之獨見於古人，而諮嗟動於己任之難得也。余丙子年與吾友王昆華與士鎬京，是年文風丕變，遠近興起，而吳子日生年最少，以經冠其房。天下之人讀其文，皆如登泰山而觀鉅海，峩峩洋洋，見具所為紫瀾白雪者，而日生不有也。日生蓋好言王略，指掌天下事，於兵計尤長，邇自戊寅以來，虜躪入內地，破燕齊郡縣六十，辛巳，陷松山，八城破敗幾盡，襄樊之間復哀王孫，而相公殉於外，天下寢不得，又要蓋當官者既不肯自憂，又禁他人使不復皆憂，而日生於是乎始作《客問》，計其綜略時事，根本國謨，具賈生之治安，兼同甫之中興。宰相入以告君，群工出而圖為，無逾此十三篇者，然無如其草莽之言何也。士出處有時夫窮，而著書出於不得志者之為。然達九行則舉而措之耳。范文正文章論說必本於仁，我居諫官，侃侃有大節，至其為將，則得熟羌為用。使以守邊徒屯，兵食內地，以紓西人饋，挽之三歲，士勇寔決策取橫山，復靈武，古今將相之用無大於文正。然使不先立其本，慨然素而志於天下，其能取刦時功名如待在券有之交手而何？吾未敢為文正必也。余家晉絳之間，太行在

河東、河北兩路之界，自前代為險國，然於甲兵訓練、耕屯戰守之說能知其所設施，而不免究其事。年三十，仕於朝，新近幃幄，以石為儒臣嘗進而俎豆，是以軍旅之事，雖日勞我心，而恒愧無以自見，日生少年文夫，抱經濟傳略，居東湖讀書著書，間袴小袖，馳馬試射，氣臺才發意，不屑二為，威寧靜，余前比於范公，猶張其根本，學術其所成就，或有過焉者。序以慰日生之窮，且以示王昆華，今知今中尚有人，以為吾黨二三子之幸。崇禎壬午，友人李建泰括蒼氏題。

【吳應箕《客問篇序》】余讀日生吳子東湖詩，驚其雄邁，以為地再起，又得其古論雜著傳辯道練，在瑯琊、晉江之間。一待少復，既而示余《客問十三篇》，命為序，且曰：「用疏議體，非以辭章為工，子其詳之。」余為循覽一過，富國強兵、燭照計數、救時之策、中興之規備於此矣。於是益歎吳子之才之不可測也。我國家驅胡虜，開天造，功烈人材跨絕百代。弘、正、嘉、隆間，化休而昌，麟鳳盈拜，熊羆接聞，一時文之士抗步翔翔，言詩則擬漢、魏、盛唐，言文則宗大家，左史明時鼓吹，光照後人。顧余竊謂本朝文章上逼兩漢，當以奏疏為第一。其事核，其文實，其氣達，其格簡，如王文成、楊文襄、俞肅敏、霍文敏、胡端敏、高文袁、張文忠諸公，未嘗屑屑辭章之學，而變化在心，經畫在手，坐言起行，不爽豪髮，所謂經國大業斷在於此，以視因文造情、選章削句，其為相去道里遠甚。因思晁錯備塞、充國、屯田。諸葛《出師》為大漢文章稱首，古今不異。然而班、揚、蘇、李各自成家，憂此者未必兼彼，偏長者患於偏短，意有所止，才有所限也。歷代不能兼，而本朝兼之。本朝諸公不能兼，而吳子兼之。嗚呼！此集才何等耶？吳子少而譜武，近乃益力於兵農。大安本計，覃數年，信天下無不可為。得我說而行之，綱舉目張，太平可以坐致，核而窔，達而簡，坐言而起行，十三篇所載有燦然者，然使吳子得蚤遇方大展其所欲為，驅馳戎馬之間，高議廟廷之上，即客問可不作，他詩歌古文辭更可不作。不得已，而空文自見。余於吳子壯其才，又傷其遇也。余生困，視吳子倍，而千里之志老驥不衰，得《客問》讀之，如與龐士元談伯王略，桑葉成陰，又如登李贊皇籌邊樓山川要塞，一目而盡，未嘗不掀髯撫掌，起舞稱快也。今吳子挾持其說，出應當世之求，得尺寸之柄，施為次第，迎刃破竹，取金即如斗大，使天下知十三篇之所就如此，而曰詩文，曰疏議，皆非所恃以自見，余又烏能側吳子之所至哉！秋浦社盟弟吳應箕次尾氏撰。

【嘉平下浣木崔識語】余中表兄龐羽宗先生鳳翕，邑中老儒也。嘗為余言，少與愓齋公同筆硯，見其每一義成，輒於題下注一古人姓名，如賈誼、晁錯、司馬遷、劉向、班固、諸葛亮以及韓、柳、歐、蘇、曾、王諸家，初不解其何意，及取其文而詳翫之，知其命筆取徑多本之古人，故能超軼時俗，以自成一家言，非規橅形貌者彷彿。茲《客問十三篇》，既非對策，亦非論斷。次尾先生序稱公手授是編，曰用疏議體，於是反覆尋味，恍然得公用意之所在，而益信羽宗之言為不誣也。是編向經梓行，遭亂毀廢，余求之十餘年不能得，從子諤忽購以相示，為之驚喜，謹繕錄藏諸家塾，並識往時所聞於簡末，於以見我公之學之才無所不可者如此。至其深籌碩畫，鑿鑿可見施行，□之藏則有李、吳兩公之序。邈余小子，何敢多贅。嘉平下浣，木崔拜下手謹識。

【吳易起兵屯長白蕩】吳易，字日生，號朔清，吳江人。崇禎丁丑進士。祖邦禎，嘉靖癸丑進士，官太僕。弘光立，見史可法於揚州。奇其才，題授職方主事，留之監軍。乙酉，奉檄徵餉未還而揚州失。六月，大兵徇吳江，縣丞朱國佐以城降。諸生吳鑒欲起兵誅之，徒手入縣庭，罵國佐；國佐執送蘇州，殺於胥門學士街。易聞而哀之，率眾擒國佐授鑒父汝延，令殺以祭鑒。遂起兵，僅得三十人。七日，眾至三百，並三十艘，居長白蕩，出沒五湖、三泖間。會松江盜首沈潘有徒千四百人，劫掠不常，諸紳患之，移書於易。易起兵往戰，以計擒之。沈潘降，並其眾，獲艘七十。居無何，易拜眾曰：「鎮江諜報：大清兵二千某時過此，願邀之！」遂偽作農船，每里伏兵於湖濱，凡三十里。大清兵夜至，不疑；過半伏發，以長戈擊之，應手而墮。其地左河、右湖，中岸頗高。大清兵止短刀，無舟不得近；大發矢，眾以平基蔽之河側；復以火器夾擊，遂敗。丙戌元夕，入吳江；殺令及新科舉人，庫藏一空。鎮將吳勝兆兵至，易已入湖，民盡走；大掠二日而還。四月，勝兆復率眾七千入吳江肆掠，舟重難行；勝兆令軍中曰：「敢挈婦人者斬！」有一舟百五十人，悉沈諸湖。甫行，見岸上白衣四人，擒之使挽舟，問曰：「見羅頭賊否？」曰：「見之。」問幾何？曰：「三十號。」大清兵恃眾不戒，呼曰：「蠻子速進！」俄，四人拔刀將舟中兵殺盡之。後兵見而疾追，遙望湖中泊舟，兵至即散，復返之；忽炮發，飛舸四集，矢炮突至，煙火迷天，咫尺莫辨。勝兆勢急，棄舟走，兵亦委輜重而潰，凡斬將數人。勝兆大沮；謂渡江以來，未有此敗！及還蘇，慚忿不言；恨吳江民不救，屠之。已而率三千人復至吳江，經長橋，易用

草人裝兵，大清兵射之；易度箭盡，乃戰，大敗之。撫臣土國寶忿易久為湖患，密遣蘇人偽降易，推城以待。忽反兵相向，易急換舟；舟皆連繫，乃入小舟；舟重，三十人盡覆。易泅水半里，其佾見水面紅快鞋，謂易已死；以追兵急，不得遽挈，即繫舟後。復行半里，始舉視之，尚未死；倒傾血水，酌酒數大觥。乃曰：「今追者已退，吾兵尚有幾何？」左右曰：「百人耳。」易曰：「速返追擊！此去必大勝。」果敗之，奪其輜重而還。易有腹心某，居嘉善。六月，親訪之。其家仇人密白縣令，令遣人猝取之，解於杭州，殺焉。（《明季南略》卷九）

【吳易傳】時湖傍諸生沈自徵亦任俠自負，預備非常，造漁船千艘匿於湖。自徵死，其弟中書舍人自炳、諸生自駧收其船以集兵；主事吳易因之起。易字日生，吳江人。生有膂力，跅弛不羈。崇禎癸未進士，不謁選。福王立，見史可法於揚州；奇其才，題授職方主事，留之監軍。乙酉奉檄徵餉，未還而揚州失。六月，大兵徇吳江，縣丞朱國佐以城降。諸生吳鑒，字子儀；欲起兵誅之。會黃蜚兵至自無錫，鑒喜，徒手入縣庭罵國佐。國佐執送蘇州郡守，詢其黨，抗聲曰：「孔子、孟子、張睢陽、顏平原是也，何問為！」遂殺於胥門學士街。易聞而哀之，率眾擒國佐，授鑒父汝延，令殺以祭鑒。於是與舉人孫兆奎、諸生華京、吳旦及沈、陸輩謀舉兵；旬日中得千餘人，屯長白蕩，出沒五湖、三泖間，多所殺傷，道路為之梗。大兵之初至也，未習水戰；易使部卒狎於水者，雜入農民散處湖畔，大兵將濟，取民舟索人操之。前散處者咸集，乃棹至中流鑿沉之，波溺無算。是時部郎王期升、吳景亶等起兵西山，克長興；然兵不及易強，多棄之歸易。唐王聞之，授兵部右侍郎兼右僉都御史，總督江南諸軍。兵部侍郎楊文驄奏易斬獲多，進為兵部尚書，封忠義伯。魯監國亦授易兵部侍郎、長興伯。八月，總兵吳勝兆以舟師至，既敗葛麟、盧象觀等軍，引兵追易。二十四日，出戰塘口，奪勝兆舟二十。次晨大雨，不設備，為勝兆所襲，大敗。易子身走；父承緒、妻沈及女皆投水死，一軍盡殲。華京先驅妻子入水，格殺數人；卒與大兵搏戰，相持不釋，同溺死。自炳及弟自駧、吳旦、趙汝珪等，皆戰死。自炳，字君晦；自駧，字君牧；旦，字爾赤；汝珪，字子玉；京，字北輿：皆諸生中之有志行，知名於時者也。兆奎兵敗將走，慮易妻女遷延或被辱；視其赴水然後行，遂為追者所獲。械至江寧，見總督洪承疇，大言曰：「崇禎時有一洪承疇督師敗績，身死封疆；先帝親祭十三壇，為文哭。今而又一洪承疇，為一人耶、兩人耶？」承疇曰：「咄！爾無問

一人、兩人也，爾自為一人事可耳。」驅出斬之。（溫睿臨、李瑤《南疆繹史》卷二十八）

【進士吳易建義太湖】易，字日生，聚壯士數千人，退居湖中。乘間出殺北兵，道路為梗。北兵大舉入湖，易先令士卒之善舟者，雜農民散處湖畔。北兵掠民船千餘，即湖畔捕人操之，義兵遂盡操北人之舟，鼓棹而出。至中流，盡棄棹而入水，鑿沈其船，北兵殲焉。浙直震動。王上以兵部侍郎命之，封長興伯。八月二十一日，北兵又大舉破其營，而同事諸生沈自駉、自炳、吳福之，皆死之。舉人孫兆奎，執至金陵；其明年，易潛至嘉善，有輸情於北者，遂為所得。（黃宗羲《弘光實錄鈔》卷四）

【丙戌殉難列傳總論·吳易】吳易，字日生，南直吳江人。祖山，禮部尚書。易有文名，以天下為己任。登崇禎癸未進士，方謁選兵部主事。明年，賊勢急。有僧知一者，道行堅，能言禍福；易就問吉凶。僧曰：「公思功名，果出自有，便可草草。若果朝廷與公，則有一個字撇不得。」易是之。頃之，聞駕崩，易削髮欲為弟子。僧曰：「非我徒也！」叱去。易悟，潛歸；而南都正位，因著「恢復中興」四議，具見忠悃。將具疏上之，聞奸相馬士英方用事，不果上；撫卷太息曰：「吾不知死所矣！」乙酉五月，南都陷，清兵直抵武林；時為剃髮所激，三吳競起。易遂練舟師於太湖，江東號「吳兵」；最為矯勁，出沒不常，清兵饋道多被阻絕。表於監國魯王，請為內應，因薦諸生呂宣忠可任總戎；授易蘇松巡撫都御史。繼聞越中誤從間諜，遂密疏遣諸生夏寶謨上之；幸不墮其計中，因懸「長興伯」以待易。丙戌正月，復吳江，殺知縣孔；五月，復嘉善，殺守將王。及越師饑潰，易之舟師尚漂忽不解；然易每潛陸地，不至其軍。清懸賞三千金購易，有小將孫玉章賣易請賞，誘至孫家墳，通清兵縛之，以敗舟潛載入杭。易將陳繼、周天等疾以兵追竄，不得；乃執玉章父子，活燒之。易謁清督張存仁，不屈；久之被難。陳繼、周天，卒見殺。（張岱《石匱書後集》卷三十九）

【細林野哭】吳易，字日生，吳縣人，癸未進士。起義，攻破吳江；清援兵至，退入太湖，監國封長興伯。清騎經湖干者，屢為公伏兵所獲；北朝苦之，遂大舉入湖；蹙於烏金港，遂被執，殺於武林。檗庵曰：「日生不羈之士，人有言其雖起義兵，日與其軍中少年打馬弔、縱飲，不事其事。其被執也，亦無必死之心。多以此少之。然始於起義，終於殉節，大德靡虧矣。又有言其有家妓香娘者，公既死，有欲淫之，跪曰：『我既失身為妓，寧守貞乎！但念吳

公一念不忘故君，吾又何忍忘吳公乎！』宛轉求免，聲淚俱下，虜亦義而釋之。迄今尚守，卻不嫁人。」觀此，則吳公亦必有所以感人者。雖一妓，亦知其忠誠矣。（高宇泰《雪交亭正氣錄》卷四）

【明季書稿】吳易，字日生，吳江人。母善繡觀音，嘗見帕首少年引朱衣童入室而生易。易長而膂力過人，文譽籍甚。崇禎癸未舉進士。授兵部職方司，尋為史可法監軍。及揚州、蘇州相繼陷清，易聚眾太湖，與同邑舉人孫兆奎、諸生沈自炯、自炳、武進吳福之等結營長白蕩。時義師群起，以白布纏頭，號曰白頭兵。諸生周毓祥、周謙等又屯朱涇四保匯，出沒傍近州縣，與清人相殺傷，湖路為梗。隆武皇帝授兵部右侍郎兼右僉都御史總督江南諸軍，尋進兵部尚書。魯監國亦授易兵部侍郎封長興伯。乙酉十二月，清提督吳兆勝諜知易在泖西，潛襲之，易逃去。清兵縱掠上澤鎮其渠，梟十數人，搜所掠婦女，還其夫。清兵不還之，盡沉婦女江中。丙戌正月，城中人喧傳白黨破城，男女走避。五月五日，易等聚四保匯泛蒲酣飲，為清人所掩，失亡數百人，其徒羅騰蛟被擒。六日，白黨張飛遠與易合營，襲破金山衛，飛遠故諸生，兄弟俱以膂力聞，潛約城中助己者悉墨其鼻。飛遠尋為清人所破，既逃去，城中鼻黑者悉死。七月，毓祥被擒，死於南京。謙降清。易父承緒妻沈氏及女俱溺水。自駒、自炳福之並死。兆奎被獲，一軍盡殲。福之鍾巒子也。兆奎恐易妻女被辱，視其死而行，以故被獲。械至江寧死之。獨易乘小舴艋逃匿嘉興錢氏園中，日夜酣飲，痛哭不言，為邏者所獲。至武林軍，清人諭降，不從，竟磔之。（成海應《研經齋全集》卷三十六，《域外漢籍集部·韓國文集二》）

三戍叢譚十三卷　（明）茅元儀撰

茅元儀（1594～1640），字止生，號石民，歸安（今浙江吳興）人。崇禎初，以薦授翰林院待詔，尋參孫承宗軍務，改授副總兵官，守覺華島（今遼寧興城菊花島），旋以兵嘩下獄，遣戍漳浦而卒。著有《武備志》《嘉靖大政類編》《平巢事蹟考》等六十餘種。其書屢遭禁燬，散佚較多。《明史》不為立傳，事蹟略見錢謙益《列朝詩集小傳》。

全書近五萬言，分十三卷，然此書《棟亭書目》卷三說部著錄三卷二冊，卷數相去甚遠，未審其故。元儀久歷患難，深知用人之法，如曰：「相士者，

當相於短處知其所以短，方可用其所以長。如祇見其長，人孰能無短？一見破綻，便生不堪，至不遇者跌宕之至，幾於盡掩本色，當面錯過，往往而是，尤不可不著意也。」又曰：「凡得罪於君者，其位易復，即未復，而人情不忍冷暖，猶可自聊；得罪於相者，其人不去，無復敢推轂之人，非公不能為度外舉動也。」又曰：「今之天下貧困不支，正如大家世族，不能經理，財竭於內，一朝外侮，益無所支。使紀綱之奴，得經理之法，破陳易新，將無化有，尚勝中家十倍。」又曰：「語言太快，未有不為禍者。」又曰：「宋鄒忠公浩作《懷恩錄序》曰：『余以元豐五年進士賜第，獲綴士版，自惟其分，未嘗求薦於人，然所至薦者輒倍同列，既無德行、文學、政事之實，又無家世、朋友氣力之助，其取而論之，使名聲、品秩因以遭遇於時，宜必有誤其知者而不可知也。』夫惟公心直道，為天子求賢，能以輔太平之治，固不以此為私恩。然恩之所被自非，兼忘天下之人，則豈不知所懷哉？客謂信陵君曰：『人有德於公子，公子不可忘也。公子有德於人，願公子忘之也。』余嘗三復斯言，夙夜黽勉，思有以稱其萬一。又慮歲月浸久，或失其詳，於是集薦詞而編次之，謂之《懷恩錄》，蓋非特自懷其恩而已，又將使子子孫孫懷之而不忘也。懷之而不忘，則見其子孫如見其父祖焉。《詩》不云乎：『無言不讎，無德不報。』蓋必如是而後庶幾可以無愧云。余以特薦起家，荷恩徵召，後此十六七年，始開民牧之舉。前此乃曠典也。且初授副大將軍，又從來未有之格。後改翰林待詔，時荷樞郎之舉，皆希有之事。薦剡十數，非尋常薦舉等也。當學忠公此法，以傳後世。」於讀書治學亦有會心，如曰：「學問者止學一好樣子，亦復何益？」又曰：「南唐周彬杜門讀書，不事產業，其妻讓之曰：『君家兄弟皆力田，而獨調玩故紙，以自困，寧有益耶？』『調玩』二字大有意。」又曰：「詩、樂之分，始於漢，然未有甚於本朝者。漢人短歌原以入樂，唐樂府皆入管絃，宋詞、元曲脫稿即播歌人，本朝詩詞俱不可歌，唯填曲一線未絕耳。名家能之者少，此道愈分，去古逾遠矣。」又曰：「今奴之射不如西虜。大率西虜射兩矢，奴才得一耳，蓋簇太重，不近不發，發亦遲鈍。余嘗以西虜步射東虜、東夷，無不披靡。史云女真弓力不過七斗，箭簇至六七寸，入不可出，非五十步不射，蓋其習俗千年不變也。」

　　書前有崇禎十年（1637）元儀自序，曰：「夫得志則行其道，不得志則託於言，言且不敢，而為閒為淡，為叢然，亦有所仰，裨明時者待他日忠義之士讀而採之可也。」此書鮮見著錄，殆世所罕覯。因書中頗涉干礙，故遭

清廷禁燬。

　　此本據國家圖書館藏明崇禎間刻本影印。

【附錄】

　　【茅元儀《三戍叢譚自序》】往柄臣強司士戍余漳南，暇日得《戍樓閒話》，尚以罰不蔽坐，代輸海運，破其家，必中以死。天子念之，得還伍，於是得《西峰淡話》。平海寇劉香，功第一，法當還官，顯擢且有廷世之賞，以勤王請對，復令還伍，待勘敘，於是且三至戍所矣。筆札所記，前以為「閒話」者，繼自知其「淡」，今更覺其「叢」也。然舌在也，何能已於言？吾以存吾叢而已。夫得志則行其道，不得志則託於言，言且不敢，而為「閒」為「淡」為「叢」，然亦有所仰，裨明時者待他日忠義之士讀而採之，可也。如必於其身，則方以言，而放且以未言者，逆億而放之，又何望焉。或有告以兌之，說者答曰：「後將軍有言，是何言之不忠也。」丁丑秋日，肆言戍老題。

　　【茅元儀《三戍叢譚》識語】余久歷患難，未嘗廢笑歌。辛未，為權奸所中，從戍所逮回，代人償海運。友人勉以憂愁卑下心是之，而不能也。昔唐蘇味道與張錫俱坐法繫司刑獄，錫雖下吏，氣象自如，味道獨席地飯蔬，為危惴可憐者。武后聞，放錫嶺南，才降味道集州刺史，後復進三品。余之七年不復，有以也。然蘇模棱後坐黨附張易之，貶死，吾知免也夫。（《三戍叢譚》卷三）

　　【楊鳳苞《三戍叢譚跋》】故明湖人著書之富，無逾歸安茅止生總戎。止生一書生，日為國家謀恢復疆圉，豈特才子之雄哉？初謫戍漳南，有《戍樓閒話》。繼至，有《西峰淡話》。迨三至，乃有《叢談》，時崇禎十年丁丑也，後三年庚辰，止生卒於戍。噫！明之末造，禦邊平賊，未嘗無才，奸人忌之，率不竟其用，國乃淪胥以亡，論者惜焉。往鄭明經元慶撰《湖錄經籍考》，徐明府元禧撰《湖帙著述志》，止生遺書備識於編，而是書均未著錄，殆世所罕覯矣。頃得之蘇臺故家，喜而識之。（楊鳳苞《秋室集》卷一）

　　【真道學】《吹劍錄》載，范文正公守饒，喜妓藉一小鬟，既去，以詩寄魏公曰：「慶朔堂前花自栽，便教移去未曾開。年年常有離別恨，已託春風幹當來。」魏公遂以送之。此正見二老真道學。若生於腐儒講學之後，文正必作許多撇清陰致，如近日一宰執之事，魏公亦裝多許多方正藥石矣。（《三戍叢譚》卷十二）

【唐科目極多】唐、宋科目極多，而唐更甚，如「志烈秋霜科」、「幽素科」、「辭殫文律科」、「岳牧科」、「詞標文苑科」、「蓄文藻之思科」、「抱儒素之業科」、「臨難不顧徇節邦家科」、「長才廣度沉匿下僚科」、「文藝優長科」、「絕倫科」、「拔萃科」、「疾惡科」、「冀黃科」、「才膺管樂科」、「才高位下科」、「材堪經邦科賢良方正科」、「能直言極諫科」、「抱器懷能科」、「茂材異等科」、「文以經國科」、「藏名負俗科」、「文經邦國科」、「藻思清華科」、「宜興風化科」、「道侔伊」、「呂科」、「手筆拔俊超越華流科」、「直言極諫科」、「哲人奇士逸倫屠釣科」、「良才異等科」、「文史兩優科」、「文儒異等科」、「博學通議科」、「文詞雅麗科」、「將帥科武足安邊科」、「高才沉淪草澤自舉科」、「才高未達沉跡下僚科」、「博學宏詞科」、「多才科」、「王霸科」、「智謀將帥科」、「文詞秀逸科」、「風雅古調科」、「詞藻宏麗科」、「秉道安貧科」、「諷諫至文科」、「文詞清麗科」、「經學優深科」、「高蹈丘園科」、「軍謀越眾科」、「孝悌力田聞於鄉閭科」、「博通墳典科」、「達於教化科」、「清廉守節政術可堪任縣令科」、「詳明政術可以理人科」、「才識兼茂明於體用科」、「達於事理可以從政科」、「軍謀宏遠材任將帥科」、「詳明史理達於教化科」、「軍謀宏遠材任邊將科」。（《三戍叢譚》卷十三）

【僭竊年號】永樂、天順、正德、泰昌、天啟俱重古，僭竊年號，故余別著中有「宰相須用讀書人」之歎。今上以逆璫魏忠賢第為策勳府，以待平遼者，竟無其人。今為中貴主兵署矣，然策勳蜀孟偽太子以名其府，後知府呂餘慶改為治所。宋黃休復《茅亭客話》所誌，當時宰相亦不知其事耳。（《三戍叢譚》卷十三）

【癡人強解事】《笠澤叢書》曰：「吾聞淫畋漁者，謂之暴天物。天物不可暴，又可抉摘刻削，露其情狀乎？使自萌卵至於槁死，不能隱，天能不致罰耶？長吉天，東野窮，玉谿生官不掛朝籍而死，正坐是耳。」此正所謂吟風弄月亦成罪過。古人能詠物情狀，亦何獨此三子耶？癡人強解事，愚公到底愚，此人兼之矣。（《三戍叢譚》卷十三）

野航史話四卷　（明）茅元儀撰

茅元儀有《三戍叢譚》，已著錄。

書前有元儀自序，稱癸酉夏感奇疾，不復讀書，嘗以潘木公為質，知其

宿痼，陰令小姬叩史事，無復條理，亦無義例，然每一論過，亦自快然，如吐喉骨云云。〔註159〕書中又稱：「余之著述被盜屢矣，故急急了小集，後世當亮此懷也。」

全書僅萬餘言，分四卷。《千頃堂書目》小說家類著錄，《明史·藝文志》同。是書雖為一時興到之論，亦偶有妙語。如論人曰：「凡用人者，務得其意。得其意之道，在不拘常格。拘常格，鮮有能用人者矣。」曰：「自古英雄未有不憐才，根於天性者。」曰：「鄧肅自幼與李綱為忘年交，綱罷，肅上疏曰：『綱學雖正而術疏，謀雖深而機淺。』二語足概綱生平，可謂知己矣。學正術疏，人所易知；謀深機淺，此前者所未發也。」論學曰：「《隋志》曰：『淫蛙之音，能使骨騰肉飛。』此文筆亦有天際飛花之致。」曰：「讀書不詳，古人通病。故建論彈駁，互爭甲乙，俱在夢寐，如疑獄翻案，雖屢經讞決，生死殊軌，然皆不察初情，徒滋口舌。」曰：「王安石經學，敗於楊時，而成於王居正。時嘗出所著《三經義辨》以示，謂曰：『吾舉其端，子成吾志。』居正感勵，首尾十載，為《書辨學》十三卷、《詩辨學》三十卷、《周禮辨學》五卷、《辨學外集》一卷。居正書既進，楊時《三經義辨》亦列秘閣，二書行，天下遂不復言王氏學。今王氏書與駁正王氏書俱不流傳，亦千古一恨也。」《古今圖書集成》採擷其書甚夥。

此本據國家圖書館藏明末刻本影印。

【附錄】

【茅元儀《野航史話自序》】僕自癸酉夏感奇疾，誓不復讀書，嘗以潘木公為質，然呻吟之餘，聊蕭無託，間復抽編，但方較是荒集，不遑著述。明年夏，疾始已，集亦成，乃攜一小姬東下，自料生平如更無事，胸次頗覺有餘，但陽火觸頭，與目俱楚，暑路無聊，未免咄咄。舊蓄二鬟，久侍筆墨，知其宿痼，陰令小姬叩余史事，余遂欣然為答，雖亂抽殘帙，無復條理，興奇所及，亦無義例，然每一論過，亦自快然，如吐喉骨也。兩鬟隨即記錄，旬日之間，得少許許。既抵橫塘，重裝行李，乃始知之，笑曰：「何物青衣將破老僧戒乎？」然業已授簡，姑置之，題曰《野航史話》。石民記。

【句踐深於《易》】司馬季主曰：「伏羲作八卦，周文王演三百八十四爻，而天下治。越王句踐仿文王八卦以破敵國。」句踐深於《易》，典籍中唯見於

〔註159〕《續修四庫全書》第1133冊，上海古籍出版社，2002年版，第565頁。

此，即《吳越春秋》亦止載范少伯六壬神驗耳。(《野航史話》卷一)

【杜恕家戒】杜恕家戒云：「張子臺視之若鄙樣人，然其心中不知天地間何者為美，何者可好，敦然似與陰陽合德者。作人如此，自可不富貴，禍患何從而來？」可謂名言。(《野航史話》卷一)

【墓土治病】五代時，朱瑾事楊行密，嘗病疽，醫視之，色懼。瑾曰：「但理之，我非以病死者。」及徐溫父子專政，瑾謀誅之，被殺，瘞廣陵北門。是時民多病瘧，取瑾墓上土，以水服之，病輒愈。身知不以病死，死後墓土尚能已病，真快士也。(《野航史話》卷一)

暇老齋雜記三十二卷 （明）茅元儀撰

茅元儀有《三戍叢譚》，已著錄。

書前有元儀自序，稱今日以後皆暇老之始，故以名齋，即以其時所記者，名曰「雜記」。〔註160〕此書又名《石民暇老齋雜記》，或作《暇老齋筆記》，或作《雜記》，四庫未著錄，然違礙書目有其名，判之曰：「《石民暇老齋雜記》一部，刊本，《福堂寺貝餘》一部，刊本；《青油史漫》一部，刊本；《督師紀略》一部，刊本；《藝活甲編》一部；刊本；《戍樓閒話》一部，刊本；《六月談》一部，刊本；《澄水帛》一部，刊本；《青光》一部，刊本；《掌紀》一部，刊本。是書皆茅元儀著。各分卷次，雜記古今見聞，釐為十種。內《督師紀略》《六月談》《掌記》三種，所說尤多悖謬，餘亦間有觸礙。」〔註161〕如卷二稱宋時西夏元昊與今奴兒哈赤事極相類，我所以資虜者甚於宋，而或借於他虜、借於屬國甚至出於邊帥，朝廷不得制其命云云，又曰：「古人以五胡雖主中國，然所佔止在昴宿，及紫坦有變，而虜主顛沛，此梁武所以歡虜亦應天宿也。然其時南北分限，固不宜歸帝垣於戎主。至元而一統華夷，更無可應，人主之垣豈遂寂寂。」語觸干礙者不一而足，指斥虜處多達數十處矣。

〔註160〕《續修四庫全書》第 1133 冊，上海古籍出版社，2002 年版，第 595 頁。

〔註161〕乾隆四十二年八月初四日，浙江巡撫三寶奏續交應毀書籍摺稱：「竊臣欽遵諭旨，查收應毀之書，業經十次，陸續共查獲過書一千八百六十三部，先後奏明，委員分起解交軍機處進呈銷毀在案。」附錄《續繳觸礙書目清單》有此書。乾隆四十五年九月初八日浙江巡撫臣李質穎所奏清單有《暇老齋筆記》一部，乾隆五十四年十月浙江巡撫臣覺羅琅玕奏繳應禁各書名繕具清單有《暇老齋筆記》四部。以上均見於《纂修四庫全書檔案》。

全書十一萬言，分三十二卷。《千頃堂書目》小說家類著錄，《明史‧藝文志》同。書中多記前代掌故軼事，以宋代居多。元儀善於思考，長於持論，如論盛衰之理曰：「易盛則易衰，極盛則極衰，地固有之，況於家國乎？」論寬猛之道曰：「古之大手眼君臣，只是善因時以制寬猛而已。漢高之用寬，諸葛亮之用嚴，與我太祖之用嚴，皆法此也。」論學校分科曰：「胡瑗蘇湖之教甲於古今者，只以刑政實學分科而訓。蓋涵養漸摩，雖士人一生本業，然在學較政宜分科而治，乃得實際。此問禮問官之遺意，亦今士業一經之本指也。」主張高薪養廉：「宋之公使錢即今之公費也。使客交際亦出於此。杭州七千貫，揚州五千貫，揚以為不足。今其額甚少，安得不取之民？愚以為欲責吏廉，則職田公費不可不增復也。」反對擬古：「文章與時，今古雖氣韻不宜下流，而聲吻必難如一人言。優孟衣冠，我以為能為衣冠，並不能為面目也。老坡才極一時，馳騁百代，然其代侯公說項羽辭，擬孫權答曹操書，但覺如三家村女子權學時世雅裝，愈增其陋耳。況下此者，而每言擬秦、擬漢，甚至公擬《短長》哉？亦太鄙矣。」書中精語極多，如曰：「創業之時易建法，守成之中興其復法難也。」曰：「儒者好持論，然苟非邪正之關，亦何必嘵嘵。理有兩通，辯致層出，非不一番剗落，一番新倩，然究竟兒戲。」曰：「丈夫立名，非其本志，然以此繩人，非三代以後之道也。夫其事之成否，既有命矣，及其成也，而傳與不傳，又復有命焉。」曰：「字學、書學本為兩家。字學當窮極諧會，搜剔偏點，書學則增減疏密，務合適妙。」曰：「諫官之氣，漢、唐不如宋盛。然盛者，衰之實也。蘇子由曰：『唯其小小得失之際，乃敢上章，讙嘩而無所憚，至於國之大事，安危存亡之所繫，則將捲舌而去，誰敢發而受其禍？』何其切中也。嗟乎！至於今日而更甚，盛者愈盛，而衰者亦愈衰矣。」曰：「人品自人品，事功自事功，恩怨自恩怨，是非自是非。因己之恩怨、人之人品，而概人之事功是非，俱非也。」曰：「人有言而終身能行其言者，必非常人也。」曰：「宋時西夏元昊與今奴兒哈赤事極相類。」曰：「任子之法，本朝較之前朝可謂簡矣，然患在其人之不可用耳。如可用，則正不患其多也。」曰：「事君之義，雖以報國為先，而報國之道，當以安身為本。若上下相忌，身自不安，危亡是憂，國何由報？此余堅守永退之本志也。」曰：「古人不妄作，作有不稱，不自護短，不似今人以為無不佳也。」曰：「事之可為，必歸於理之可通，然執理之可通，則凡極非盛德之事亦未嘗無理可執。如前朝人君自加尊號，豈非至可笑之

事？據一偏之理，不可以論事，而文人益宜致慎，無恣其才力，以使人不能奪當奪之言也。」曰：「鬻爵，非法也，然寧使之為錢穀管庫冗員，何至玷辱清班，廁名圖書之府乎？秘書，天地之精華，使目不識丁者冒較理之名，舉世不以為怪，此足悲也。」曰：「自王、李文章創復古之論，一去靡頹之習，然以古名飾今事，識者每歉之。今日所為力追前漢者，仍踵其最唾棄之末宋也。」曰：「宋儒自推尊其學，每貶漢儒以張己幟。」曰：「儒家之說，常病穿鑿。」曰：「宋儒之腐，其流弊可發一笑。」曰：「甚矣，漢儒遭宋儒而窮也。如楊雄、董仲舒輩以談理著，既為考亭輩排擊，以攘其名。」曰：「漢儒說經尚有膠滯，何怪宋人益深高子之固乎？」引古證今，勝義紛呈。

此書有明崇禎刻本。此本據國家圖書館藏清光緒李文田家抄本影印。

【附錄】

【茅元儀《暇老齋雜記自序》】蘇長公每問人：「近得齋亭名否？」蓋難之也。余偶感於楚丘先生之言：「以將使我投石超距乎？追馬赴車乎？逐麋鹿搏豹虎乎？吾則死矣，何暇老哉？」余今非惡我者之我，逐則北當虜，南當海寇矣，豈暇老乎？今日以後皆暇老之始也，故以名我齋，即以其時所記者，名曰「雜記」。時在戊辰之冬，掌記既成之後。石民茅元儀題。

【龍徙穴不關休咎】坡公《十月十六記所見》詩曰：「風高月暗水雲黃，淮陰夜發朝山陽。山陽曉霧如細雨，炯炯初日寒無光。雲收霧卷已亭午，有風北來寒欲僵。忽驚飛電穿戶牖，迅駛不復容遮防。市人顛沛百賈亂，疾雷一聲如頹牆。使君來呼晚置酒，坐定已復日照廊。怳疑所見皆夢寐，百種變怪旋消亡。共言蛟龍厭舊穴，魚鱉隨徙空陂塘。愚儒無知守章句，論說黑白推何祥。惟有主人言可用，天寒欲雪飲此觴。」其意以龍徙穴不關休咎。而《漢書·五行志》所稱金失性則有白眚白祥，水失性則有黑眚黑祥之為非也。然蛟龍徙穴，雖其事適然，氣候所感，便為休咎。譬如日蝕，亦天道之常，《春秋》謹書之，以所蝕之次之日必有類應。即如今歲戊辰，東南海嘯，兩浙漂人百萬，咎孰大於此？然海鹽城上實見二龍鬥於海，目光如日，此亦龍自鬥耳，民已罹其咎矣。且隆慶戊辰嘗有此變。崇禎戊辰，乃復值之，豈為偶然耶？但隆慶所傷不過數千人，今幾百倍之。陰道盛而地維不靜，人事得無亦過前歟？（《暇老齋雜記》卷一）

【書家妙境】眉山詩曰：「吾雖不善書，曉書莫如我。苟能通其意，常謂不學可。貌妍容有顰，璧美何妨擔。端莊雜流麗，剛健含婀娜。」數語極書家

妙境，所謂「苟能通其意，常謂不學可」，即深於用筆無事臨摹之說也。本朝書家知此意者亦數人耳。（《暇老齋雜記》卷一）

【不傳之絕學】陳同父曰：「因吾眼之偶開，便以為不傳之絕學。」今之道學家執二字為把柄，如「良知」「主敬」之類，正此謂也。聖人言其全學者，自言其所見原相成，而非相悖，但用以掊擊則過耳。然終跳不出同父二語也。（《暇老齋雜記》卷一）

【能行其言】人有言而終身能行其言者，必非常人也。范文正公天聖中上宰相書，至用為將，擢為執政，考其平生所為，無出此書者。近日孫高陽公始受督師之命，上疏言方略，數年所為與不及為，而人為之及終不得為，而理勢可為，無不一一如其言，豈易及哉！（《暇老齋雜記》卷二）

【錢荒之病】宋時每言東南錢荒而米狼戾。今不用錢，則更無錢荒之病。下之權所以愈重，而上愈輕，國安得不貧乎？夫荒非美事也，而後可以救之，上得操其輕重耳。此國家禁金銀交易之故，亦自古有天下者之常法也。一但失此，貧之本也，而奈舉世不知何！（《暇老齋雜記》卷二）

【不可以人廢言】著書固不論人，然亦有大奇者。如《太樂玄機》，宋教坊色長張俣所著，其語頗精微。近日《南寺蔫史》，乃內豎劉若愚著，於貫城中其論內署典故、宮殿制度、名額，皆異日可備正史，固不可以人廢言也。（《暇老齋雜記》卷三十二）

【譜局廢而譜學不明】自譜局廢而譜學不明矣，此唐末即然。然勝國之初，諸儒尚以諳譜學為長，至於今而杳然絕矣。然其不得不絕也，亦勢也。蓋日愈遠，言愈荒而不足信，屢言之，如嚼蠟，強人以無味，人不能垂涎也。宋文憲深於譜者也，其為張氏譜序者四，兩則曰少昊五揮為弓正，賜姓為張；兩則曰張，以字為氏，出於晉之公族。有解張者，其字曰張侯，故晉國世有張氏，而少昊之說非也。一人而其言矛盾若此，豈非以世遠學荒乎？故曰勢也。（《暇老齋雜記》卷三十二）

吹景集十四卷　（明）董斯張撰

董斯張（1587～1628），原名嗣章，字然明，改名後字遐周，號借庵，湖州府烏程人。董份之孫。科舉世家，富冠一郡。十歲時，其祖、父、兄先後亡故，家道中落。斯張少負雋才，為同里吳允兆所許，與吳門王留頗多唱

和。年十五為諸生，後入國子監，再試不舉。拙於生計，獨耽於書，泛覽百家，旁涉佛道。與周永年、閔元衢結盟，復與馮夢龍、湯顯祖交遊。年十六即病肺，頻頻咯血，後又病足，杜門著述，體清羸，自號瘦居士，作《瘦居士傳》以自嘲，可謂「臥疾瘦居士，行歌狂老翁」（白居易詩）。又嘗作《絕命辭》四首，一曰：「十年浪跡五湖涯，歷落蓬門白帢斜。巴蜀杜鵑新帝鳥，洛陽魏紫舊妃花。無情出岫雲成我，到處飄萍雪是家。客夢蕭然關塞遠，西園擲否綠沉瓜。」又曰：「寒風薺栗怒天吳，俠客精魂未便枯。旱母也知東海孝，鉅靈翻惜北山愚。錢塘石上三生句，仙掌臺中六甲符。前度劉郎貧似我，無勞野鬼共揶揄。」又曰：「風雨龍門一敝廬，山心寂寂草元餘。誰人狐假連山易，有客螢爭汲冢書。結夏僧招俱惠遠，悲秋賦早似相如。鴛鴦瓦上霜侵骨，獨夜空樓氣不除。」又曰：「紙上曇花偶自拈，煙青石葉夜爐忝。縠神語合猶成綺，溪到名留未是廉。好客從來龍作畫，獻公何意虎為鹽。可憐眉目皆齊楚，徙倚風前想蜀嚴。」〔註162〕貧病交加，才子薄命，享年不永。崇禎戊辰八月廿四日卒。卒前一日，猶兀兀點筆也。著有《廣博物志》《吳興藝文補》《靜嘯齋存草》《吹景集》諸書，輯《吳興備志》未竟。生平事蹟見錢謙益《列朝詩集》、董樵《退周先生言行略》。

　　崇禎二年（1629）王德元序、凌義渠序、韓昌箕序。義渠序稱其有意立言，沈敏自夙，排潘轢陸，所著《吹景集》者，特剩言耳。昌箕序稱其書繼《繁露》而作。卷一《朝玄閣雜語》四十則，如曰：「我輩與小人作緣，可謂崩山從壑，倒樹纏草。」曰：「群蟻聚槐穴，謀噉鳳皇，亦何損千仞之翼，政費終日妄想。」曰：「深俗情者不可以入俗，執道念者不能以入道。道俗雙澄，融然大覺。」曰：「有江湖之性，方可登魏闕；有黃虞之懷，方可遊叔季。」曰：「綴文不根六經，稱詩不陶《三百篇》，所謂沿瀾迷源，縱字句靡靡可聽，呢喃燕語耳。」曰：「天下無不可為時但袖手，天下無一可為時方出手。聖賢作用，豪傑肝腸。」曰：「俗士萬境，為名所驅，即狹邪之飲，山澤之遊，強半名心，非關本性。天地一大梨園，古則崑山劇，今則弋陽扮也。」萬曆甲寅斯張自跋云：「余秋暮入鄧尉山中，叢桂未闌，鳥涕人寂，空樓高枕，偶有所懷，輒伸紙疾書之，一日夜積四十則。辭多遊戲，殊鹿門之隱書；旨出牢騷，即琦玕之漫語。錄置巾箱中，微知道之士，雖密親不與示也。」於此可窺其旨趣矣。

─────────────

〔註162〕見《古今圖書集成‧明倫彙編‧人事典‧生死部》。

全書八萬言，分十四卷。「博物信是難事」條曰：「余胸中有幾卷書，輒敢生此狂語。年來覺百年一瞬，學古無涯，實見博物是一難事，但願多讀書，晚著書，向蠹魚場中，與諸賢把臂共行，便是極樂國土。」非深知著述甘苦，決不能為此言矣。書中頗講考據，如「古詩多訛字」條能識其小，「《春秋》關華夷氣運」條能識其大。「列子中雜顏」條稱向疑《列子》雜魏晉人筆，其竄南華語者十之三。「星經劍錄」條曰：「《星經傳》漢甘石書，其敘須女四星有台州、婺州之目，與《爾雅》之零陵、長沙何異？《隱居刀劍錄》載唐李章武名，又楊玉夫候織女蒼梧憨態也，而移之昇明帝。隱居嘗以一事不知為深恥，乃居恒目擊者反淆訛若斯哉？或謂隱居特好說劍，《真語》中所稱尸解，蓋劍術也。又云，但畜神劍，與之相隨，十三年自能化形。好事者因傅會之，成《劍錄》一書云。」然「孔明能用《素書》」條竟不知《素書》為偽書。

胡朏明稱其學貪奇炫博，何屺瞻亦稱其引《海錄碎事》《事文類聚》，而不舉本書，微染俗學。〔註163〕然周中孚稱此書惟卷一為《朝玄閣雜語》四十則，皆短章劄記；《靜嘯齋囈》三十二則，皆禪悅緒言；卷二以下皆考證古書，間為補注，且於古音古義亦頗詮釋，援據精覈，足資參考；間有舛誤，周方叔《厄林》已為之申明云云。〔註164〕

此本據山東省圖書館藏明崇禎二年韓昌箕刻本影印。此書又有清抄本二種，一藏國家圖書館，一藏浙江圖書館。

【附錄】

【王德元《吹景集序》】往君厚約余挐舟潯行，效子猷剡溪之訪，坐間，遐周出《吹景錄》以示，竟日寶翫晤對如遽古以上人。未幾，霜蚤梧楸頹興埋玉之感，及韓仲弓以是書壽之梓，且以一本惠余，意微如旦人風未沬，因憶遐周氏之言曰：「我怒時，出我文而喜是文者，我妻、妾也。我沒時，得我文而生是文者，我雲、耳也。」今夫神州耀乎靈景，大地衡乎閶盧，吹氣瑩然，能破眾暗，斯亦飛縹囊之晨曦矣。然而白民之南，建木之下，日中無景，又恐泥牛行處，陽焰翻波也。且遐周於禪那更有精進，如借力行，不在多言，一語為棒，下承當陸憂公四卷不忘，邢子才五行俱下，種種皆替不二衍法也。

〔註163〕《困學紀聞》卷八注。
〔註164〕周中孚：《鄭堂讀書記》卷五十五。

黃庭內外景俱在徑寸中，一言合道，千載不腐。非遐周，誰解烹文火而煉活鼎？噫！遐周邈矣！當今頻頻之交，如鷿斯烏合，誰有掛劍陳席斗南一人，如我仲弓者？斯亦揭日月而霽麗者矣。於是述仲弓金石之意，謾為弁語曰：嗚呼！遐周與其為頑仙長繩繫景，孰若作才鬼輕舉倒景乎？夫吹景物，遐周一斑而芒寒色，正燁如緯麗，然約具遐周面目焉，何必取其文歌之清廟刻之彝器，然後重遐周？仲弓曰：「唯唯。吾識遐周之雲耳，兄以雲耳慰遐周，吾不死遐周也，遐周亦當點首地下矣。」歲在己巳盂蘭日，菰中社弟王德元復之父書於蜚鴻館。

【凌義渠《吹景集敘》】身處剎那影中，一切造適光景，無異槿豔浮漚，那足繫懷？惟讀書一事，引心志於靜悅，寄耳目於幽恬，滋飯蔬之清虛，蹴肉食之頑鄙，庶幾享用於斯，無盡然，而物有所不可期，理有所不可知。一目數行者或不足於情，覃思十年者或受窘於智，兼復殷憂，疾病嬰外攻中，迴環晨暮，迫束寒暑，其為快然靡憾者蓋亦難已。亡友遐周氏，有意立言，沈敏自夙，排潘轢陸，未足云多，已而撷影一榻，情嗜疏寡，朱黃兩管，時躍躍幾格間，凡以勇效怯書，陋今榮古，刊隨力到，無險不經，茲所著《吹景集》者，特剩言耳。同社韓子仲弓愛而存之，余且以為碎而整，侈而裁，其穿插架置之妙，如昔人創物，雖遊戲小道，必造微而後已，深者不能使之淺也。又如瞰層岩邃壑，一拳一勺，人跡罕交，草木禽魚，盡挾靈氣，靜者不能使之喧，精者不能使之雜也。以擬《瑯嬛》《緗柳》諸贗書，相去何止數武？若乃義所不能通者，詮之以微詞，解所不盡了者，騖之以片語，槁能噓之活，淤能導之行，叢能匯之合，正使世人沾其一匕，已自恍惚疑仙，而遐周方以糠粃視之，憮然向余曰：「吾人種慧有限，曼思綺習，牽率未休，既悔之矣，安能復低頭矻矻，共胍望競隻字片紙填空腹乎？」余心旨其言，而終無以奪其嗜之偏也，姑強之成帙，因與仲弓述其讀書本懷如此。（明凌義渠《凌忠介公集》卷五）

【韓昌箕《吹景集序》】蓋自火日外景，推其用以寫象，金水內景，攝萬有以還明。故知景不自有，因光生塵，光非炫能，從見成境。然光塵亦惟因應見境，便招情想，豈若鳥任畫空，竟忘其自駒憑透隙，寧問所之，不有識金銀以驗氣，指河山之在月，陽焰謂應得水尋香，可愬真成者哉？惟此貞觀，足垂端鑒，不藉猛力，直下吻吹，則吾亡友董遐周氏謂：「上遡千古，厥有六經，下迄九流，延該百氏，此宇宙間最大景。」子所稱爻疇伊始，龜馬之跡若新；

雅詰攸陳，驪麟之踵可武。事雖往而往不偕，神鶩情益；來而來還與辯，俱但途惑。繞乎行間，哭千秋而有籍城疑堅於紙上攻百世而無輸，黝如夜晷之常，今青怪流山之不去，反訝之而成疾，畏之而卻走者多矣。遐周乃見徹，書契已前，勇鍥金石之固，箋駁所至，博極緗函，音史所該，韻窮管律，得解如蒸，晡飲故冰之液，推明若玄，夕受貯月之光。昔稱入幻，心思倍添，忖策競推，無前渺論，別下鐫劃，無論舊溺之強，談隨點墨，而色死已灰之辯，頰赴寸笯，而魂生展素，開篇似竹雪松煙掃怢而過，殺青匯卷，覺歸雲逐日，走案而行，此潯水後瀾，足沛廣川絕脈，而吹景名撰，能繼繁露前徵者也。嗟嗟！遐周不死，類景常吹，倘在斯乎？遐周其可以瞑目也矣。崇禎己巳夏仲日，西吳韓昌箕仲弓甫述。

【遐周先生言行略】先生晚病足，杜門著述，體清羸，自為《瘦居士傳》行世。有《廣博物志》《靜嘯齋存草》《吹景集》《吳興藝文補》諸書。輯《吳興備志》，未竟。崇禎戊辰八月廿四日卒。卒前一日，猶兀兀點筆也。先生生於萬曆丙戌十二月廿七日，年僅四十有三。（董樵撰）

【朝玄閣雜語】多識一字是一寶，多靜一刻是一藥，少見一物是一福，少割一生是一瑞。○無典謨誰知虞夏，無陽秋詎識素王。文章經國，豎儒道小伎耶？○措大略知把管，便以傲睨人，如卑田院兒沿路唱楊花，自以為激楚奇唱。○腹中無千卷書，莽應天下事政，如瞎官人漫入人罪，初不曾按律。○世人皆欲殺卿是真才。煙視媚行，乞鄉里人一日之譽，真妾婦羞耳。○群蟻聚槐穴，謀啄鳳皇，亦何損千仞之翼？政費終日妄想。○四海人不肯了一身事，千古人不肯了一時事。明月之夜，遠望不細書，見大無顧小也。○墨兵而誅讒賊，草莽有忠臣書，窟而對英賢，夢寐多知己。○有江湖之性方可登魏闕，有黃虞之懷方可遊叔季。○天下萬事如好色食飲，不可共人作生活。道德文章，眼前讓人多取，略不關意。嗟夫！○燕趙妙色，雊盧豪舉，都是文士鼓吹，定不入錢穀腸也。○善憂則精氣摯斂，當事自無率；善樂則神識開暢，當事自無躁。○臨文不得作好醜心，入境不得作順逆心，對物不得作憎愛心，抱病不得作生死心。○藥因病，淨因垢，無因有，因境不立，道情冥到，不能不遐想於斯人。○居家骨肉未能免鬩牆，乃欲以肝膽二字驕語朋儕，偷兒獲廉名也，吾誰欺？○雞鳴登日觀望，海中層霞擁扶，光如車輪，覺崖羨門，去人不遠，海湧天竺石島耳。我曹胸懷不可一日無此景色。○人倫非立名之所，文業非自畫之地，道學非久假之器，得喪非認真之物。○得鄉人

憐，痛於鄉人毒罵；得豪傑妒，深於豪傑見知。有材者無位，有位者無業，有業者無年，天道最是吝嗇。〇與人仇，殃其身；與己仇，殃其心；與天仇，殃其後人。〇學人問學，不問年壽。〇毆病問市醫必死，稽疑問肆卜必錯，破敵問邊將必怯，學詩問詞客必野。〇若今日悔昨日，是學問一大精進。古云與君子遊如長日，古人亦可稱益友也。〇我怒時出我文，而喜是文者，我妻妾也。我歿時得我文，而生是文者，我云耳也。〇古岩澤有宰相，今市井皆山人；古簪珥有丈夫，今冠裳多婢妾。〇人當不足處必自張，有餘處必自斂。淺人足高氣揚，政使明眼者有隔垣之視。（《吹景集》卷一）

【子瞻前後身】袁伯修云：「蘇子瞻前身為五祖戒，後身為徑山果。」董遐周云：「按子瞻辛巳歲陵，延陵而妙喜實以己巳生，豈先十餘年子瞻已託識他所耶？總是一個大蘇，沙門扯他做妙喜老人，道家又道渠是奎宿。」及閱《長公外紀》云：「在宋為蘇軾，逆數前十三世，在漢為鄒陽，子瞻入壽星寺，語客曰『某前是此寺僧，山下至懺堂，有九十二級。』其薨也，吾郡莫君蒙，復有紫府押衙之夢。」余戲為語曰：「大蘇死去忙不徹，三教九流都扯拽。」縱好事者為之，亦詞場好話柄也。（褚人獲《堅瓠集》九集卷一）

【西施有施】范少伯扁舟五湖，為千古風流談柄。《鴻烈解》云：「湯敗桀於歷山，桀與妹喜同舟，浮江奔南巢。」則是扁舟麗人，少伯已落第二著矣。烏程董遐周斯張戲成一絕云：「湖上桃花豔一枝，黃金鑄後杳何之。君王不比鴟夷子，載得西施笑有施。」按《國語》云：「桀伐有施。有施氏以妹喜女焉。」西子姓施，而妹喜亦施姓，皆扁舟遠遁，古今事之巧合若此。使後之亡國者，若陳、李後主諸公早辨此同舟之策，可無入景陽井與宋宮矣。（褚人獲《堅瓠集》九集卷一）

谷簾先生遺書八卷 （明）黃淵耀撰

黃淵耀（1624～1645），字偉恭，嘉定（今屬上海市）人。年十五，補諸生。幼穎異，甫就傅，即向學。律己嚴恪，與其兄相師友，誦講勿輟。既乃受業於兄，悉得其緒論，平居談道講德，往往啟其所未及。狷介自守，不妄交遊。淳耀登第後，與之書曰：「傳臚時，人見鼎甲先上殿，皆嘖嘖稱羨，以為登仙，吾此時歎息無限。天地間自有為數千年一人、數百年一人者。今人必不肯為數千百年之一人，而必欲為三年之一人，可笑也！」淵耀得書，

益以品節自厲。南都亡，嘉定破，與兄淳耀避之城西僧舍。淳耀問其從者曰：「侯公（峒曾）何若？」淵耀謂曰：「吾與侯公同事，義不獨生。兄為王臣，宜死；然弟亦不願為□□之民也。」乃書壁云：「讀書寡益，學道無成。進不得宣力王朝，退不能潔身遠行。耿耿不沒，此心而已。大明遺臣黃淳耀自裁於城西僧舍。」就縊時，淵耀見兄頭幘墜地，復下拾而冠之，乃引決，時年二十二。其兄弟口血噴壁間，遺跡歷久不滅云。周文禾題《谷簾先生象贊》曰：「名高競爽，運直屯屯。甘節之吉，殺身成仁。年逾弱冠，學養已醇。從容就義，是曰德純。景此先哲，儒立薄敦。」淵耀卒年僅二十二。著有《谷簾學吟》。生平事蹟見侯開國《文學黃先生傳》、黃宗羲《弘光實錄鈔》卷四、《明季南略》卷九、《（光緒）嘉定縣志》卷十七。

　　書前有雍正五年（1727）邑後學秦立序，稱康熙四十四年（1705）仲冬錄於安亭張維垣家。〔註165〕秦立《編輯緒言》稱訪廿餘年，始得其手錄稿本數冊，編成此書，釐為八卷，悉遵各錄小引之意。《薦誠錄》三卷，皆平日讀書窮理，深造自得，及父兄師友互相砥礪之言，隨時劄記者。《自怡草》一卷，為古今體詩，可見其性情之正、學養之純。《鶴鳴集》二卷，皆先生所輯鸞言，發明六經四子之旨，可與宋五子書相會通。《拈花錄》一卷、《玉版錄》一卷，舊附《鶴鳴集》後，依次編列空空於釋部，核元元於道流，各有具詮，同歸正教，統《鶴鳴集》觀之，三教聖人之蘊具在其中。

　　黃氏論曰：「學人讀書，先明其理。不明其理，有甚濟事？」〔註166〕曰：「佛在何處？在人心中。心在何處？在人身中。身在何處？在天地中。中在何處？在無無中。無是何物？廓然洞然。」〔註167〕曰：「三教無二旨，歸根屬一家。佛氏明心見性，即玄門覆命還丹之訣。」〔註168〕於此三條可見其大旨矣。

　　此本據中國科學院圖書館藏清雍正五年刻本影印。

【附錄】

　　【黃淳耀《存誠錄序》】約同志諸子為直言社，凡十四人，每月一敘，敘則各出日記相質，自日用酬酢外，讀書所得及所聞先儒格論、同儕法言，各

〔註165〕《續修四庫全書》第1134冊，上海古籍出版社，2002年版，第133頁。
〔註166〕《續修四庫全書》第1134冊，上海古籍出版社，2002年版，第176頁。
〔註167〕《續修四庫全書》第1134冊，上海古籍出版社，2002年版，第189頁。
〔註168〕《續修四庫全書》第1134冊，上海古籍出版社，2002年版，第202頁。

隨其所自得書之。顯自事為，微之至心術之間，誠偽出入，互相糾繩，不少假，故謂之直言。而淵耀滌蕩湔洗，日益進於光明，諸君子皆以畏友目之。此輯向日日記粹言，錄為一編，取《易》「閑邪存誠」之義，名曰《存誠錄》。復錄其粹者，釐為二卷，一曰《拈花錄》，一曰《玉版錄》，大旨悉與儒家相表裏。學者觀其會通，皆可有得，慎勿以譚空核元歧視之云云。

【存誠錄序】淵少稟庭訓，同伯氏陶庵淬厲修塗，勤思十駕，每見先儒格論及師友緒言足為身心之助者，即札記之，間有所得，輒附數言其中，積久成冊，釐訂存若干條，名曰《存誠錄》，就正伯氏，兼貽同社諸君子，息黥補劓之方，將於是乎在焉。嘉定黃淳耀識。

【死事諸臣傳】黃淳耀，字蘊生，號陶庵。幼好學，性中和湛靜，喜怒不形於色；至談古今忠孝名節，則持論侃侃，不稍假借。登崇禎癸未進士，見天下已亂，而入猶營進不已，賦詩南歸。弘光立，不謁選。大兵圍城，佐侯峒曾調兵食。城破，淳耀與弟淵耀入草庵。庵僧無等，淳耀方外交也，謂曰：「君未受職，可以無死。」淳耀曰：「大明進士宜為國死；今託上人，死此清淨土足矣。」索筆書曰：「進士黃淳耀死於此。嗚呼！進不能宣力王朝，退不能潔身自隱，讀書寡益，學道無成，耿耿不沒，此心而已。」與淵耀分左右就縊。年四十七。暴屍七晝夜，面無改色。淵耀字偉恭，邑諸生；律己嚴恪，與其兄相師友，誦講勿輟。至是，怡然就死。（西亭凌雪《南天痕》卷十七）

政餘筆錄四卷　（清）蔣鳴玉撰

蔣鳴玉（1600～1654），字楚珍，號中完，金壇人。早年食貧，借書抄撮。少時尤長舉業，著聲場屋。崇禎十年（1637）進士。官台州府推官，從巡按歷各郡，諸所釐剔，皆有聲。嘗力抗上官，活平民之被誣執為海盜者十三人。負文名，嘗賦詩曰：「靈江活活自西來，潮白沙明兩岸回。萬木參天渾未曉，鳴榔一響霧中開。」嘗一典浙闈，再聘閩闈，所得多奇士。在郡講明理學，有《霞城問答》一書。嘗刻霞章社文，傳播一時。為台州推官，凡七年，甫行取，而值弘光南渡，為兵科給事中。入清朝，官至山東按察司僉事。為學不名一家，於四書五經皆有講義，自經史外，若諸子百家、神仙浮屠之書無不博覽強記，洞悉其原委。著有《五經圭約》《四書舌存》《霞城問答》《怡曝堂集》等書。汪琬為撰神道碑。事蹟見《台州府志·名宦傳》。

書前有順治乙酉（1645）劉顯績序，稱其文日求所未至，其政去其害。〔註169〕甲申（1644）自序稱其或涉蕩緣臺剡溪曲中、山陰道上，出入嶠嶺，無書卷塞目，澄思往事，有所感悟，有所省惕，條紙錄之。〔註170〕

　　全書兩萬言，分四卷，不標條目，用語錄體，頗有嘉言。如曰：「凡事皆須識大體，如國體、政體、文體皆須務其大者。」曰：「讀書自無百般病痛，所以說義理養心。」曰：「雜書不可不看，微言妙理別有所觸，不獨應事無方，見開廣博。」曰：「言愈切至，人愈多疑，所以知交淺深宜自量也。」曰：「清、慎、勤，居官三字符也，然必以仁為本。仁者無欲，故清。仁者不悔，故慎。仁者博施，濟眾如不及，故勤。又有謂宜增一緩字者，緩所以救上三者之流弊。」曰：「老子云：『人之大患，為吾有身。若其無身，亦復何患。』余引之曰：『身之大患，為吾有官。若其無官，亦復何患？』」曰：「聖賢語句徹上下，隨人見以為淺深，深人見深，淺人見淺，吾人隨見為言，若《大學》之『知止』，《中庸》之『慎獨』，自是三教同源，如水乳合，定作宋儒見解，終非透論。」曰：「多營多費，多費多憂。一有憂貧之念，則苟且財求之術起矣。尋常講究身心性命，何等精析，然說得行不得，試粗粗把色、利、名三字清夜思之，不乾不淨，不透脫處，了了自知。」曰：「其人有奇癖者，天必以奇禍應之。」曰：「凡戒與悔，皆為下根人說也。躓而濟，徐其步，噎而濟，緩其飡，可謂智乎？」曰：「一切事漸趨於澹，俱是好消息。」曰：「道學有能詩者。若以詩為道學，非俗則腐。」曰：「一好一累，若多一好，則多一累。」曰：「蠅之觸窗，力窮知返；蝸之升壁，涎盡枯高。」曰：「耳目既廣，思慮必散，止當以閉戶靜思為主。」曰：「人生不識心性，並不識憂患。諸爻萬象，為此而作。涉世可易言哉！」曰：「自恕最是害事。」曰：「看書證彼一邊事也，妙在以我自證。」曰：「多蓄經史，以眾證證一，則義以相參而備。」曰：「先儒學治《易》必自《中庸》始，學治《書》必自《大學》始，治《春秋》則自《孟子》始，治《詩》及《禮》《樂》必自《論語》始。六經四子寔有配合之妙。《中庸》一書所引皆德福兼全之人，前之逝世，末之明哲，其義可思。」曰：「窮經當與史合。如有上流，必有下流。作文當與經史合，如有眾流，必有一源也。」曰：「不具殺人心，不能劈破古今成案。沾沾兒女，吾以卜其異日會場中全重膽識、驗才具、筮功名也。」

〔註169〕《續修四庫全書》第1134冊，上海古籍出版社，2002年版，第215～216頁。
〔註170〕《續修四庫全書》第1134冊，上海古籍出版社，2002年版，第217頁。

曰：「儒之良知，禪之直指，皆以博地。凡夫立躋聖域，此亦理道之求速化者也。」曰：「用忍宜於己，不宜於人；用恕宜於人，不宜於己。」曰：「中和為道家骨髓。然中為有形之中，和為調攝之和，命宗得之，以壽其身，等於天地。」曰：「名位早達，必有深殃。」曰：「尊生非飽食安居，凡大役、大喪、大橫逆、大風雨、大寒暑時，刻刻提醒，不可輕身、毀性、任意。」曰：「學《春秋》以仁為本，知《綱目》之為刻論，然後可以言史。」鳴玉究心理學，猶不失為平正，故此書應入儒家類。

此本據清華大學圖書館藏清順治間刻本影印。

【附錄】

【名宦傳】蔣鳴玉，字楚珍，金壇人。崇禎十年進士，授台州推官。精明嚴肅，無情者望之消沮。〔康熙志〕嘗力抗上官，活平民之被誣執為海盜者十三人。〔汪琬撰神道碑〕從巡按歷各郡，諸所甄別，皆有聲。鳴玉負文名，嘗一典浙闈，再聘閩闈，所得多奇士。在郡講明理學，有《霞城問答》一書。政暇與諸生課藝論文，指授矩度，選英髦。與其子超共相砥礪。嘗刻霞章社文，傳播一時。又以臺郡解額減植南北兩山木，以培地脈。時臨海令周壽明，其同年生也，天性長厚，亦雅意作人，與鳴玉所識拔者皆後先得雋云。〔康熙志〕鳴玉為台州推官，凡七年，甫行取，而值弘光南渡，為兵科給事中。入國朝，官至山東按察司僉事。〔神道碑〕（《台州府志》卷九十七）

【奉直大夫前山東按察司僉事蔣公神道碑】故奉直大夫前山東按察司僉事蔣公諱鳴玉，字楚珍。其先周公之子伯齡，受封於蔣。蔣為楚所滅，而子孫適他方者，遂以國為氏。自漢兗州刺史詡以不仕新莽，有聞於世。而詡之孫橫復以大將軍征赤眉，封逡道侯。其子婺州刺史澄又封函鄉亭侯，始居陽羨。歷唐、宋，顯者不絕，或分徙丹陽、金壇，故公為金壇人。曾祖某，祖某，父應祿，皆不仕。公舉前明崇禎中進士，為台州推官，七年甫行取，而值弘光帝南渡，是秋為兵科給事中，數上書言兵事，方欲以功名自奮，而明遽亡矣。王師入江寧，公棄其官，間行歸鄉里。久之，經略洪文襄公薦公參湖南軍事。順治三年，錄從征，功遂，擢山東按察司僉事，分巡克東道，駐沂州。公為學不名一家，自經史外，若諸子百家、神仙浮屠之書，無不博覽強記，洞悉其原委。少時尤長舉子業，著聲場屋，而旁及他文章皆工。在湖廣，凡軍中文檄，主者悉以屬公。其為政不務苛察，而精敏有識。在台州，嘗力抗上官，活其平

民之被誣執為海盜者十三人。數攝諸府縣事，所釐革蠹弊不下數十條。及在沂州，則益以平恕得眾心。沂州北接龜蒙鳧繹諸山，而所轄又兼泰安，號為盜藪。群盜踞費縣西山中，聲言受撫，眾惶懼不之測，公單騎冒雪行數十里，抵其營，誠諭之，群盜環跪慴聽，咸泣曰：「蔣使君活我。」遂以次散去。盜魁蔡乃慰等屢為沂患，公先後設策撫之，降其黨數百人，釋脅從四千餘人，而保全士民之註誤者無算。然其治沂也，雖多用從舍，而於馭兵最嚴。兵興以來，諸隸戎籍者多驕悍難制，公獨與之約——毋擅入人廬舍，毋掠子女，毋強市酒食，犯者皆置之法。以是標下肅然，一時士大夫爭頌公政事，以相師法，而深歎其寬嚴調劑之有方也。自公起家，以至為僉事，布衣麥飯，率如諸生時。沂州標兵，例有除曠銀千餘兩，吏循故事獻公，公不可，曰：「奈何以官帑入私橐邪？」竟力卻之。其奉法公廉如此。先是，公之棄其給事中也，既得省太公與母韓太夫人，遂易僧服，為終老計，而會江南盜起，公之族子無賴者因與之通，盡劫取太君家財，而斥公為逃官，將甘心焉。於是太公持公，泣且告之曰：「女縱不欲出，奈女父母何？」公不得已，強往見文襄公於江寧。文襄公素聞公名，為歷敘本朝起兵之故，以感動公，公始應命，然而仕宦故非其志也。至竟東不數月，即屢請歸養，上官執不許，而公長子修撰君適用進士第三人入翰林，公聞而喜曰：「夫今而後可以遂吾志矣。」未幾，坐屬縣累，當侯調而遂致仕以歸，蓋又歸侍兩尊人者凡數年。太公既以壽終，而太夫人訖公之歿，猶康強無恙也。公性篤孝，疾且革，慮太夫人憂之，猶自力往問起居，尤厚於宗族，數買田以贍其貧者。順治十一年某月日卒於家，享年五十有五。所著詩文、雜說，合為《怡曝堂集》若干卷。（汪琬《堯峰文鈔》卷十）

因樹屋書影十卷　（清）周亮工撰

周亮工（1612～1672），本名亮，字元亮，號櫟園，祥符（今河南開封）人。方頤豐下，目光如電，材器揮霍，善經濟，喜議論，性嚴岸。明崇禎十三年（1640）進士，官濰縣知縣、浙江道監察御史。順治四年（1647）任福建按察使，擢本省右布政，剿平邵武、延平諸劇賊。鄭成功據廈門，率眾來攻，亮工繕軍需，鳩民兵固守。前後兩署督學，兼攝兵道海道，並以才能顯。擢戶部右侍郎，終於江南督糧道。有墨癖，嘗蓄墨萬種，歲除以酒澆之，作

《祭墨》詩，王紫崖話其事，吳梅村漫賦二律：「含香詞賦擲金聲，家住玄都對管城。萬笏雅應推正直，一囊聊復貯縱橫。藏雖黯澹終能守，用任欹斜自不平。磨耗年光心力短，祇因觟誤楮先生。」「山齋清翫富琳瑯，似璧如圭萬墨莊。口啜飲同高士癖，頭濡書類酒人狂。但逢知己隨濃澹，若論交情耐久長。不用黃金費裝裹，伴他銅雀近周郎。」嗜飲好客，客日滿坐，坐必設酒，談諧辯難，上下今古，旁及山川草木、方名小物，娓娓不倦，觸政拊陣，迭出新意，務使客極歡而去。坐事繫獄，越五年，脫獄南還，至揚州，廣陵人士識與不識，聞櫟園至，無不大喜，爭持牛酒賀。同時黃虞稷品評其人曰：「周櫟園吏事精能，撫戢殘暴，則如張乖崖；其屢更盤錯，乃別利器，則如虞升卿；其文詞名世，領袖後進，則如歐陽永叔；其博學多聞，窮搜遠覽，則如張茂先；其風流宏長，坐客恒滿，則如孔北海；其心好異書，性樂酒德，則如陶淵明；其敦篤友朋，信心不欺，則如朱文季；其孺慕終身，友愛無間，則如荀景倩、李孟元；至其登朝未久，試用不盡，則如范希文；而遭讒被謗，坎壈挫折，又如蘇長公。」品題甚允，可謂知音。師從孫北海，書中徵引其語曰：「詩文之事，莫妙於《易》，莫難於《老》。」又曰：「吾輩讀書，即不能窮及理奧，決不可事禪悅，以助頹瀾；吾輩作詩文，即不能力追大雅，決不可襲瞍聱，以墮惡道。」王漁陽、陳迦陵亦引之為平生師友。毛奇齡稱「今見櫟下先生見真鳳矣」。著有《印人傳》《讀畫錄》《字觸》《書影》《閩小記》《賴古堂詩文集》，今人彙編而成《周亮工全集》。生平事蹟見《清史列傳‧貳臣傳》《嘉慶重修一統志》卷四二四。

是編亦名《恕老堂書影》，乃其官戶部侍郎緣事逮繫時，追憶平生所學、所見、所聞而作。因獄中無書可供檢閱，故取「老人讀書惟存影子」之語，而以「書影」為名。全書十二萬言，分十卷，不分類，亦不標條目。涉及文史、人物、詩文、掌故，根柢在理學，精義紛呈。論《周易》曰：「《易》之全理，一卦一爻皆見，聖人原就其時之消息，位之當否，而推其事勢所必至，遂有吉凶悔咎之占耳。而況由一卦、一爻而極其變，又有不可窮盡者乎？故人之應事，任舉一卦一爻，無不可懸斷其休咎，決然不爽者。如《乾》之初九，象為潛龍，占為勿用；使欲爭訟時筮得此爻，雖復情真理直，或所處卑弱，難以見伸，亦且暫止，無為輕動也。倘自反果無所枉，而勢又可前，則龍既非潛，何為勿用？如此方為善體「潛龍勿用」義。以此推之，即此一爻，斷盡天下無窮事類。君子居安樂玩，正是此理。但愚人難曉，易生怠玩，非

藉神道，不足以起其敬信。故聖人設為揲蓍之法，若有鬼神告之者，使人鼓舞不倦耳。究竟揲蓍之時，雖值某卦、某爻，亦必筮人為庸眾解譬，但得深陰《易》理，通其變例者而與之言，則抱蓍問《易》之時，固不異君子居安樂玩時也。」其中論及文獻者甚夥，如論建陽版本曰：「羅氏為《水遊傳》一百回，各以妖異語引其首；嘉靖時，郭武定重刻其書，削其致語，獨存本傳。金壇王氏小品中亦云此書每回前各有楔子，今俱不傳。予見建陽書坊中所刻諸書，節縮紙板，求其易售，諸書多被刊落。此書亦建陽書坊翻刻時刪落者。六十年前，白下、吳門、虎林三地書未盛行，世所傳者，獨建陽本耳。即今童子所習經書，亦尚是彼地本子，其中錯訛頗多。近已亥闈中《麟經》題訛，至形之白簡。宋時場屋中，亦因題目字訛，致士子喧爭。皆為建陽書本所誤，古今事相同如此。故予謂建陽諸書。盡可焚也。」論《水滸傳》作者：「《水滸傳》相傳為洪武初越人羅貫中作。又傳為元人施耐庵作，田叔禾《西湖遊覽志》又云此書出宋人筆。近金聖歎自七十回之後，斷為羅所續；因極口詆羅，復偽為施序於前，此書遂為施有矣。予謂世安有為此等書人，當時敢露其姓名者！闕疑可也。定為耐庵作，不知何據。」於文獻散佚引陳士業曰：「唐人之文，散亡而不傳者甚多。其不足傳者無論，乃若卓然見於韓、柳文集，如退之所稱之侯喜，子厚所稱之吳武陵，一以為其文甚古，一以為可追西漢；兩君著作，必有大過於人者，今其集俱無存矣。歐陽公《藝文志》，載有吳武陵詩一卷，而他氏之目，則俱無之。若侯喜所作，則雖歐《志》亦已不睹其名，獨其載於《英華》《文粹》者僅僅未絕耳。二人見推於韓、柳之文，彰明較著如是，而其集俱不免於散亡，其他泯沒者，又何可勝道。」論文獻流傳曰：「世上奇書秘籍，所不傳者何限，而腐爛之文集，無稽之紀錄，濫惡之時文，鄙俚之詞曲，反有傳者，亦可慨也！近人著述，凡博古、賞鑒、飲食、器具之類，皆有成害；獨無言及營造者。宋人李誠之有《營造法式》卅卷，皆徽廟宮室制度，如艮嶽、華陽諸宮法式也。聞海虞毛子晉家有此書，凡六冊，式皆有圖，款識高妙，界畫精工，竟有劉松年等筆法，字畫亦得歐、虞之體，紙板黑白之分明，近世所不能及。子晉翻刻宋人秘本甚多，惜不使此書一流佈也。」其書論學甚推重錢謙益，與乾隆帝之口味不合矣。

首康熙六年（1667）姜承烈序、徐芳序、高阜序、杜浹序、黃虞稷序，雍正三年（1725）周在延重刻序、張遂辰跋、鄧漢儀跋。徐芳序稱識古人事易，

論古難；論古人事易，論今事難。鄧漢儀跋稱其書記載精覈，辯證明悉，上自經史，下逮聞見，凡可以正人心，翼世教，廣學識，弘風雅者，無不筆而記之，洵五經之流別，四部之菁華云云。《四庫撤毀書提要》稱其書大抵記述典贍，議論平允，遺文舊事，頗足為文獻之徵，於清代說部之中固猶為瑕不掩瑜者。又稱其中考證未能精覈，誤信虛談為實事，傳聞不得其實，雜摭浮詞，強為嚴嵩、何心隱辨枉云云，雖中其失，亦不免掩人耳目。周中孚稱其網羅甚博，採擇甚精，文筆又甚高古〔註171〕，未免過於溢美。

四庫館繕寫本今藏北京故宮博物院（有《故宮珍本叢刊》影印本）。此本據北京大學圖書館藏清康熙六年刻本影印。

【附錄】

【周在延《因樹屋書影序》】近日說部書雖多，而四方文人學士獨思慕先君子《書影》，欲期一見而不可得。先君子著述十餘種，是書則於請室中將平生所睹記有關於世道人心、文章政事，以及山川人物、草木蟲魚可助見聞者，皆隨筆記出成帙。是時，歲在己亥。予小子年方七歲，諸兄弟亦皆幼小，棲息白下。朝夕與先君子周旋吟詠無閒者，獨黃山吳君冠五諱宗信，多才思，尚氣節，有古人風，即書所列屯溪螺隱先生是也。辛丑，先君子事白，復職，出為江南督糧大參。丁未之冬，刻是書於金陵。又五年辛亥，一夕，忽取《賴古堂文集》《詩集》《印人傳》《讀畫錄》《閩小記》《字觸》，賴古堂百種藏書，並《書影》板毀之。次年，遂棄不肖等謝世矣。嗚呼痛哉！甲寅之秋，當塗令寇公入會城，訪予兄弟於賴古堂，言幼時讀先君子闈墨，及長，讀詩、古文，思其人而不得見，晤其後人，如見櫟下先生焉。又解囊刻《賴古堂文集》三十卷，言辭真切，義氣動人。先君子知交甚廣，身後如江南汪公舟次嗣君壺天，閩南黎公愧曾嗣君寧先，山左李公渭清、李公鼎延，俱戀戀故人不忘。數君子盡屬世好，故與知己之思。若當塗公則與先君子並無半面交，而倦倦如此！予兄弟茫然不知何以得此於寇君也。後又遇江都文學汪子，刻《賴古堂詩集》十卷，其《閩小記》等書，西田、燕客兩兄弟皆次第剞劂，獨《書影》板毀已六十年，家藏舊本盡為友朋索去，欲再覓一部，收藏者珍重，吝惜不與。辛丑，由汝寧之武昌，道過固始，於祝孝廉□□齋中得數卷。祝君文采風流，輝映一時，其令先祖山公先生，先君子莫逆交也。壬寅，於滁陽金子子位、谷似

〔註171〕周中孚：《鄭堂讀書記》卷五十七。

昆仲，予倩金麗中外孫彝鉉案板得五冊；猶缺卷之第三。渡江訪棲霞高士張瑤星先生令孫敬思於白雲庵。先君子所敬禮者，獨張公一人，凡有著作，必出以請政，憶昔日未有不以是書奉教者，但存亡則未敢必也。敬思兄見予訪求甚苦，欣然曰：「《書影》全部尚在，什襲收藏，宛然如新，其中批閱一過，皆高士君之親筆。」出以授予，予再拜受之，感激泣下，而是書始得完全如初。急欲梓行，苦無其力，甲辰菊月，買舟東下，訪吾家大令念吾君，並其外舅胡公無波、商子□□令兄挈一於雲間，諸君一見，即詢攜有《書影》乎，尚不知其板已化為灰燼久矣。予小子述其始末，俱深為太息。念五公知四方購求者之眾也，慷慨捐俸，命予重梓。嗚呼！先君子生平憐才愛士，不減歐陽，有一技一能者，表揚不遺餘力，惟恐其不傳。所以諸編之外，又有《賴古堂印譜》《賴古堂近代古文選》《尺牘新鈔初集》《藏弆二集》《結鄰三集》《牧靡四集》《名公對聯耦雋》，凡一舉數行之可誦法，必付之梨棗，公諸海內。復刻吾鄉張林宗、王王屋、王半庵，江南邢孟貞、顧與治、林茂之、吳野人之遺詩，西江王於一、蘇武子之文集。尤可異者，西蜀楊升庵、南昌朱鬱儀、湖北應城陳心叔、金陵張瑤星諸先生所著書數十百種，取其書目合刻一冊，意謂世間雖未能見其書，得知其書之名足矣。總欲傳其人於不朽，真仁人之用心也。今生平所自著作，予小子愧不能流傳，乃於無意中得之素未謀面之寇公於其先，又得吾家大令於其後，詩文廣布，《書影》重光，豈非先君子一生憐才愛士之苦心，天不欲磨滅，故陰有以默相之，亦令其託於好事諸君子之手，使得行今而傳後歟！刻既成，謹誌於篇末，以見念吾、商、胡、挈一諸公高誼，周之子孫，不可忘也。憶昔年愛重是書，勸先君子梓行而首序者，為姜君武孫，係越水名家。今念五諸君，亦山陰人，真異事也。不特此也，數年前於武昌晤郡伯章望廬先生、同學胡君梅莊，座間並詢先君子《賴古堂印譜》，亦如訪《書影》之真切，二公俱會稽世族，雖千岩萬壑中，自古多生俊傑，或亦先君子與南鎮鏡湖山川人物有夙緣，未可知也。較正字跡圈點則張子敬思、田子西疇，同予仲子用舉、季子豐舉、六子紹舉，董梓以成則任孫伯度學先之勞焉。時雍正三年三月二日，不肖男在延百拜謹識於金陵之食舊庵。

【杜濬《因樹屋書影序》】夫《齊諧》者，志怪者也；《書影》者，志信者也。志怪者，為存人耳目之所未經；志信者，為存己耳目之所已經，以發人耳目之所未經，則櫟園先生之書可以傳矣。或曰，讀書者務在精熟。貪山涉獵，遂不得為醇儒。至一生聞見，或師友之口義，或父老之傳說，少落影響，則疑

而當闖，「影」之義何居乎？余曰：影者，形之微而神之著者也。月麗於上，山河大地麗於下，影入於月而有象。蓋天澤氣通，而其中之幼渺難名，澹涵莫盡者，形微神著，故相摩而成文，此造物者之善於用虛者也。書以「影」名，此先生之善於用虛而實天下之腹者也。世人胸中有疑難事，便格格而不能忘，及至可忘，則竟忘之矣。誤書爾然，雖博聞強記，或一行作吏，久廢誦習，則向之所存焉者寡矣。及至可忘竟忘之，影也云乎哉？至若一卷未終，恍已迷其姓氏；數行才過，已不辨其偏旁。魯莽而耕之，其實自以魯莽而報之。偶逢問難，則如墜雲霧；苦行思索，則邈若山河，止向人作大家兒笑耳。人能即其影而存之，以至成書每一展觀，如見為兒嬉戲時物，如逢數十年相別友生，未有不躊躇眷戀，以至感而悲，悲而喜且交並者也。抑先生為是書時在請室，尤為人所難。昔蘇文忠公被讒繫獄，神宗使人夜聽之，謂必展轉不寐，及至，則鼻息如雷，知其胸中無事，乃赦之。張無垢晚年謫橫浦，其寢室有短窗，每日抱書立窗下讀。洎北歸，窗下石上雙趺之跡隱然。先生能於患難之際神氣恬然，著書不輟，殆文忠、無垢之儔歟？余受讀之，實余腹矣。意欲時時具少酒脯，以酬此書，率而飲之，斗酒不足多也。康熙六年丁未暢月穀旦，年家治寅眷弟杜濬頓首謹撰，錢唐倪粲書。

【徐芳《因樹屋書影序》】識古人事易，論古難；論古人事易，論今事難。古人往矣，不盡讀其書，不能知也。盡讀其書，而辭有異同，傳有疑信，文有燕郢帝虎之訛雜，奚從而辨之？此不存其學，存其識也。至今人之事，其散軼者，既不能如古人之備有其書，而其異同難信之跡，出於道路之沿襲，與夫門戶意見之私阿互齗者，其請謬視古益甚。吾既取而論斷之，而天下後世之責，將在於吾河聽其荒略失據與以私臆袒而左右之乎！此又不獨存乎其識，存其所學之道，識不足駕古人之上，即不免為古人所欺。道不足以折古今之至當而定其指歸，即學與識皆足佐我之眩亂馳騁，而有以駁益舛之患，欲以成一家之言，難矣！夫以一人之心目，網羅千百世之逸事微言於瑣組雜綴之中，皆不失乎羽經翼傳之意，書若是，可以傳矣。吾求之世，未數數然也。往讀櫟園《同書》，難其連類廣而能裁約，所資於來學不小也。近復得其《恕老堂書影》若干卷，其類益侈而裁益密，其例無所專屬，要於文之瑰奇無不收，理之疑殆無不析，說之荒唐牴牾無不正。至於事繫人心，義關名教，扢揚反覆，意尤摯焉。甚矣，櫟園之書之合乎道也！夫文鼠之異，彭猴之怪，終軍、陸敬叔識之；魯襄之鑄鼎、新莽之威斗，釋道安、何承天辨之。古之洽聞強

識，不謂無人，而成書者少。茂先《博物》之志，景純《山海》之經，成書矣。然《齊諧》志怪之屬，於世無益也。王充著《論衡》十餘萬言，蔡中郎至祕之帳中，辨析雖詳而龐贅不免。劉子玄《史通》一書，可云獨抒所見，然中所援據，多《汲冢》《瑣語》之類。雖非無益於世，所學未醇也。近世淹雅之儒，無如楊升菴、王弇州。升菴癖異聞而義時傷鑿，弇州熟掌故而指閼入偏。其他詹言世說，戔戔瑣瑣，又無識焉。豈非廣摭者病易誣，獨斷者失多僻，論古事既苦其見之不實，論今事又患其見之不虛乎？豈不難哉！豈不難哉！櫟園是書參其殆庶幾也。由其博綜以觀其學，由其精覈以觀其識，由其指歸之醇、折衷之當以觀其道，近代來書之成一家言而可傳者，必於是也。櫟園天才絕世，其詩文皆卓然大家，即以雜著，此其劍首一映耳，而富如此！然又成之請室之因樹屋中，他人之黯慘喪魄者，櫟園遇之皆其筆墨沉酣之助。昔馬遷困蠶室而《史記》成，虞卿棄相印而《春秋》出。古之著書立言者，往往得之憂患。櫟園懼非意而成是書，櫟園之書成而事大白，是書之益乃在天下來世。嗚呼，豈偶然哉？康熙元年壬寅秋日，盱江年社弟徐芳拜手書。

【姜承烈《書影序》】史稱劉穆之決斷如流，目覽、手裁、耳聽、口答，五官並用，靡不瞻舉。予初心疑之，以為世安有若人，徒虛語耳。及梁園先生遊，始信人之才分相越，真非意量所及。蔓婉予猶榆枋之見也，先生言語妙天下，文章風雅冠繼當時，學者尊之若泰山，歸之若百川之赴海。予束髮受書，便已讀先生之文，震先生之名，不啻蘇軾兒時之於韓、范、富、歐陽也，徒以不獲遊其門為恨。今來金陵，始得執贄相與，素心晨夕，而益歎先生之不可及也。江南機務旁午，文書紛亂，几案日盈數尺，強半米鹽凌雜，人格格不能通者，先生觸目洞中機要，剖決若神，風行電掣，倏忽立盡。四方郵問日至，殊苦酬贈，先生應時裁答，靡有倦容。或索詩及古文辭，揮毫輒就，文不加點，而辭采爛然。朝夕一編，手批口哦，窮年矻矻，唯以著述為事。嗚呼，偉矣！今士大夫既登仕版，便謝去藝文，日不暇給，間或寄情風雅，吏事不無廢合，兩者恒不能相兼。先生於簿書鞅掌中，獨能縱橫百家，含英咀華，無吏事之勞，而偏得文事之樂，其才不有大過人者乎？先生所著書甚富，半已懸諸國門，茲復有《書影》之刻。《書影》者，先生請室中所為作也。先生樂天知命，不以得喪攖其心胸，汲汲乎名山是問，與玉門之演《易》、穎川之受《尚書》何以異？顧予竊有感焉。太史公作《史記》，中多憤懟，一篇之中時時見意，論者謂其學道未深。先生當是時，較之太史公，其安危相去徑庭。使

他人當此，必盡寫其牢騷不平之感，先生澹然，絕無幾微之形於筆墨，其勝古人遠矣。今試取其書讀之，凡古今來未聞未見、可法可傳者，靡不博稽而幽討，陸離光怪，莫可端倪。然其大指在乎正人心，維名教，感人之性情，益人之神智，長人之學問，非徒張華《博物》、干寶《搜神》但矜詭異為也。顧先生退然不敢自居，取昔人所云「老年人讀書僅存書影子於胸」之義，故名曰「影」。不知深入其阻，固已取書之神與髓，昭昭乎若揭日月而行矣。集成，先生語予曰：「子盍為我序之。」予烏足以序先生？姑識其景服乎先生者如此。康熙六年歲次丁未季夏，山陰後學姜承烈頓首撰。

【高阜《因樹屋書影序》】阜嘗上下千百年間，見古人卷帙繁浩，頗不以此自困詘。每謂雄奇奧秘，可以抒理解而安性情者，古文中不過數十家，其餘佐人聞見，得從泛覽流觀，盡其勝者，多不過百數十家，廣及數百家而止。而至於雜家瑣碎，往往不耐搜討，雖強為涉目，亦終不及領其旨處，翻未數葉，輒厭置之不少惜。至志林說部之篇，見有雷同傳會，牽拘文義，相為聚訟不止者，則為頭岑岑痛，頷古人請用從火之言為極快。而於櫟園周先生《書影》一集，則不能不撫几歎絕也。櫟園先生目空千古，持論之嚴，於昔人著述不輕許，不翅與予同，而兼採博涉，雖繁蕪之言，不憚從千百中茹其一二，如揚粃糠而得嘉粟，披砂礫而獲良金，間有紕繆，經其抉摘，則亦莫不有精旨可思，適與道妙。歲在庚子，從請室中歷溯生平聞見，加以折衷，詮次成編，一時見者以為可資談助，廣異苑，而阜獨以此非博物之紀，而明道之書也。夫至理之在天地，不名一類而未始遺一跡，故經雅宏訓，恒昭昭婦姑箕帚間，而桐華虹見之微，即深明化事之終始。誠於是書而求之，可以啟人疑情，可以資人冥悟，直使作者當日字字歸於無有，而一以縣解為大通。使古人之著述盡若斯也，予將窮年盡氣以恣探之不暇，又何至有廢卷之歎乎？歷稽古之以述作名家者，王充《論衡》之編、蔡邕《獨斷》之著，皆輯自燕閒，從容鉛槧。而下蠶室而成書，如漢代子長率多寫其憤激不平之概，惟櫟園先生以安閒出之，雜以詼諧；半皆風趣，若不知身在銀鐺響答問者。其神全者其天定，鬼神不得而禍之也。又先生所著《賴古堂詩》，其成自請室者，皆感動人天，一時驚歎未有。跡先生生平，功名多顯於戎馬倥傯時，而文章則盛之乎桁楊禍變之際，蓋其人之自負磊落者，天恒不欲以逸豫稚其材，而磨礪於艱難百折衷者，必有非常之觀，以卓爍古今而不敝也。阜觀先生居官勤敏，綜束吏民無遺慮，簿書之餘偶有暇刻，即手一編不輟，甚至參拜大僚，酬訪賓客，坐

與幙中往來，市肆雜沓，猶以衰然十數卷自隨。歸語同人，輒能舉其詳曲，雖甚久遠，偶晰一字之疑，引據證明必指其出何書，載何卷，以及行墨之次第。簡牘當命，掌記依檢，應手而出；不差累黍。而阜讀書疏略，隨即健忘，偶有所得，止能粗識大意，至有詢其姓名而茫然不復記憶者。人之度量，相越千百倍蓰而無算，固有如是之不爽也。其獲成是書，為一代奇觀，豈偶然也哉？而先生顧顏以「書影」，雖先生自道之詞爾爾，乃其欲讀者因表測日，緣鑒窺形，是書之傳神，固在阿堵中也。雖然，先生所著古文詞起衰救敝，尤為當今第一；以不肯輕出示世，世尚未得睹其全。然觀是書網羅之博，採撢之精，文筆之高古，亦可以想其概矣。於《書影》之告成事也，因書之以為序。康熙丁未孟冬月，治眷晚弟高阜頓首題。

【黃虞稷《因樹屋書影序》】古今四部載籍惟說家獨擅諸部之勝，見於《崇文》諸目者，幾半群籍。予束髮受書，性喜瀏覽，先人遺書數萬卷，為說類者不啻五之一。文酒之餘，從硯北抽架上所藏，如昔人《賓退》《菽園》《餘冬》《筆塵》諸錄，亦未始不彬彬然。開卷無幾，輒思掩去，是蓋有故：作者聞見未廣，則每以陳夙為新妍，記述無章，又嘗以紛紜為博洽，下此而《齊諧》《志怪》《璅語》《蔬談》，上之無當於身心，次亦何關於聞學，即汗牛充棟，亦書肆說鈴耳，於立言之義謂何？此其中求其能翼經詮史，明道垂教，檢束身心，開發神智，標新領異，引人入勝者，蓋未之有也。惟宋王伯厚《困學紀聞》一書，採擷前記，發抒心得，頗有可觀。然猶憾其盰衡往籍而缺略新聞，間亦有標舉之誤者。千慮一失，覽者不免，則信矣著書之難也。櫟翁先生天挺異質，昔人所謂十行俱下，過目不忘者，庶幾近之。故於載籍無所不窺，且文心靈異，筆能鏤空，默識通微，精能抉髓。目之所過，手之所及，方圭員璧，隨遇而成。其所著《書影》一編，予嘗得而讀之，如入武庫之中，五兵縱橫，無所不有。廣而扶輿所磅礡，近而日用所服習，遠而千載之寥渺，邇而聞見之親切，大而經緯世業之理，微而飛潛動植之三情，無不就所睹所記，筆而著之。於事之承訛襲舛者，則正其謬戾；於人之間汶無章者，則發其幽光。以至夫古人深衷苦志，或未白於當時，及不諒於身後者，無不為之抉摘而表彰之，闡揚之，信乎可以翼經，可以詮史，以明道而垂教，使讀之者有置身名檢之思，有恢弘智意之益。手之而惟恐其易盡，盡之而但覺其可思。誠譚苑之醒醐，而說林之瑰寶也。又豈《困學》諸書所可同日而語哉？先生是書之成，方在因樹屋中，正先生貞固蒙難之日，而獨且丹鉛不輟，抽腹笥而成此

編。《易》曰「樂天知命故不憂」，先生惟樂天故能著書，亦惟著書益見其知命。昔吾家次公喻冬從夏侯博士受《尚書》，楊文定溥亦於非所日誦五經，其後登朝執政，功業赫赫，皆彼中所讀書也。先生當雨雪瀌瀌之時，而天慈見晚，復念舊德而柄用之，行且登庸作輔，如次公、文定當年。吾知必盡發抒其生平所學，見之於天下，其所謂明道立教者，將堯舜君民，而以知覺開其先，可垂之為經，載之於史，又不特翼之、詮之而已也。昔人言三不朽，曰立德、立功、立言，先生之不朽備矣，又豈僅一著書立言已哉？康熙丁未季冬望日，門人黃虞稷謹撰。

【張遂辰《跋書影後》】夫考古證今，莫如說部。然稗官家不可勝舉，往往野語瑣錄，謬舛尤甚。至流濫於《齊諧》《虞初》《搜神》志怪，君子不由也。王仲任有言：「造論著說，發胸中之思，剖世俗之事，斯為善耳。」所撰《論衡》，識者且鄙劣之；迨宋、元來，淹通古雋，唯《容齋隨筆》《夢溪筆談》《研北雜志》數書稱焉。今櫟園先生《因樹屋書影》出，采風論世，辨訛正訛，皆足羽翼經史，精確切用，淵雅可傳，洵百家之真珠船、一代之名山業也。先生是編成於請室，時檢閱無書，就腹笥而成之，故有《書影》之目，然猶淹通若此，則其居恒捉麈尾，擊唾壺，慷慨談論之風概，不於是而益可想見也哉！武林晚學張遂辰拜手跋。

【鄧漢儀《書影跋》】《因樹屋書影》者，櫟園先生昔在請室時所撰述也。其書紀載精覈，辯證明悉。上自經史，下逮聞見，凡可以正人心、翼世教、廣學識、弘風雅者，無不筆而記之，洵五經之流別，四部之菁華矣。昔人有《志林》《隨筆》《紀聞》諸書，皆足以備考訂，益神智，豈若是書之博核而正大耶！先生事既白，復官金陵，公子雪客、龍客爰發舊簏，取囊編而剞劂之，以質當世。儀於丁未十月既望，觀公於秦淮。公飲之酒；酒間，因得是書卒讀之。儀披覽再四，不徒歎先生是書之博大，而深服先生之天定而道全也。夫人小有利害，則聰明憒亂，舉動率失其常儀，求其從容如平時也實難。至欲其親篇卷，操鉛槧，著盈尺之書，而死生禍福絲毫不以介於衷者，自非天定而道全，其孰能幾於此！昔先生之獄事，蓋亦急矣，其利害所關，在恒人未有不動於中者；乃坐因樹屋中，泊然守靜，如深山中人，露抄雪纂於桁楊影中，孳孳不輟；未及浹旬，著書早已成帙。衛士睹公，有太息泣下者。聞候讞之日，琅鐺被體，尚搦管作送客詩，翌日而流傳都門。嗟乎，此豈勉強而為之耶！吾有以知先生之天定而道全，故患難不足怵，而確然自持其所。是書之

成，養之厚也。昔坡公為黨人所構，至遭縲綫，徙瘴鄉，而讀書不倦。渡海之儋耳之夜，星月皎然，公於舟中書賦，不錯一字。非其素守，豈能至斯！以方先生，正復如是。故讀是書者，漫以新都之雜著相況，非知先生者也。即是書之博核正大，後學指南，端在於是。而自擬以「老人讀書祇存影子者」，蓋先生之謙而又謙也夫！時康熙丁未陽月既望，吳郡受業鄧漢儀拜撰。

【峰銘鹿《書影跋》】君子欲匯撮宙合一部，以上下古今羅列於寸管之中，而現至廣至大之界，以成一家言，則非學足博古今之書，識足論古今之人，才足斷古今之事，未可以輕言此也。合古今之書、之人、之事，融徹於一人之心胸，而衷以其學、其識、其才，然後可以立言而包含萬象，貫綜百家，闢雲雷而揭日月；所謂廣大悉備者，古今以來，不數數見也。蓋立言者，自經史外，類書說部，種種間出；類家惟取編輯，散在牙籤；說家煩簡不一，而取義各岐：或以徵異，或以志怪，或以拾遺，或以叢談。非無其學，而學不醇正；非無其才其識，而才識不高不卓；雖成一家之言，而無當於廣大悉備之旨也。即如仲長統論說古今及當時行事，著名曰《昌言》，然恒出於發憤歎息，其義廣而不大；文軺以老撰《信書》三卷，本三統五行，多測解之類，其義大而不廣。若晏殊《要略》，於六藝、一史、諸子之書，騷人墨客之文，至於地志、族譜、佛老、方技之眾說，及九州之外，荒忽詭變奇蹟之序錄，皆摭尋抽繹，而終於三才；其義似近於廣大矣，然又不可與吾叔櫟翁所著《書影》齊量而觀者也。《書影》一編，網羅天下放失舊聞，窮天人之際，究事物之變，考數即以證理，搜奇即以辨道，其示勸也隱而彰，其示懲也直而溫，其綜覈也簡而盡、史而文。如問以秘閣四部之書，自甲至丁，各說一事者然。且標其源流，節其文章；在傳留者不沒其舊，淹軼者復闡其新。大約博古今書、論古今人、斷古今事，而其立言之意，出於易簡之善，是先具一天地於胸中，而後得廣大悉備之旨。《易》曰：「以言乎遠則不禦，以言乎邇則靜而正，以言乎天地之間則備矣。」抑聞其書成於請室，非必規規於玉門演《易》，《說難》《孤憤》等類而為之也。以吾叔之學、之識、之才，亦何間於常變；即在請室追述見聞，熊熊炎炎，而胸中之天地出焉。若上下古今，羅列於寸管之中，而現至廣至大之界，以成一家言者。昔楊升庵號稱博物，遠在邊謫，而備志生平所得，不啻左右萬卷；其隨地著述，取諸懷來，無不具足。大與吾叔相類。然櫟翁曰：「吾之為此，不過讀書影子已耳。」是何存乎見少之詞哉！夫讀書之敏捷於影響則有之；究極精微，等於測影之妙則有之；且古之君子之著書也，猶

－423－

木之有枝葉也；木有枝葉，尚能蔭庇人，矧君子之著書乎！影廣則蔭庇亦廣；影大則蔭庇亦大；然則《書影》之廣大悉備，其蔭庇天下後世，又寧有既哉！金沙小侄銘鹿峰氏拜書於讀畫樓。

【四庫撤毀書提要】《書影》十卷，國朝周亮工撰。亮工有《閩小紀》，已著錄。是編乃其官戶部侍郎，緣事逮繫時，追憶平生見聞而作。因圓扉之中無可檢閱，故取「老人讀書祇存影子」之語，以「書影」為名。其中如元祐黨籍本止七十八人，餘者皆出附益，本費袞《梁溪漫志》之說，而引陳玉璪跋。姚祐讀《易》，誤用麻沙刻本，以「釜」為「金」，本方勺《泊宅編》之說，而引朱國禎《湧幢小品》。米元章「無李論」，見所作《畫史》，而引湯垕《畫鑒》。邸報字出孟棨《本事詩》，而稱始於蔡京。皆援引不得原本。又如子貢說社樹事，明載今本《博物志》第八卷，而云今本不載。李賀詩序本杜牧作，而云「風檣陣馬」諸語出自韓愈。溫庭筠詩「玲瓏骰子安紅豆，入骨相思知不知」，而引為「入骨相思知也無」。沈約《四聲》一卷，唐代已佚，其字數無從復考，而云約書一萬一千五百二十字。謝靈運「岱宗秀維岳」一篇本所作樂府，今在集中，乃訛為《登泰山詩》，謂本集不載。以《詩》「簡兮」作「柬兮」，指為伶官之名，乃豐坊偽《詩說》之語，而據為定論。日月交食，本有定限，而力主有物食之之說。皆考證未能精覈。至於韓信之後為韋士官，本明張燧《千百年眼》之盧談，而信為實事。陶宗儀《說郛》僅一百卷，孫作《滄螺集》中有宗儀小傳可考，二人契友，必無舛誤，乃云南曲老寇四家有《說郛》全部，凡四大櫥。皆傳聞不得其實。至揚雄仕於王莽，更無疑義，而雜摭浮詞，曲為之辨。艾南英以鄉曲之私，偏袒嚴嵩，強為辨白，而以惡王世貞之故，特存其說。何心隱鉅奸大猾，誅死本當其罪，而力稱其枉。王柏《詩疑》刪改聖經，至為誕妄，而反以為是。尤為顛倒是非。大抵記述典贍，議論平允，遺聞舊事頗足為文獻之徵。在近代說部之中固猶為瑕不掩瑜者矣。

【續修四庫全書總目提要（稿本）1—155～156】《書影》十卷，雍正刻本，清周亮工撰。周亮工有《閩小傳》，已著錄。考清高宗修《四庫全書》，是書曾收入子部雜家類。乾隆五十三年十月十七日，館臣發覺亮工所撰《讀畫錄》內有「人皆漢魏上，花亦義熙餘」之句，語涉違礙，因將所撰各書一概查毀。案館臣所撰是書提要曾指出援引不得原書者四條，考證未能精覈者二條，傳聞不得其實者二條，顛倒是非者三條。然總論是書，則稱記述典贍，議論平允，在說部中為瑕不掩瑜者，推崇可謂備至。亮工草是編於（清）〔請〕室

之中，無書可供檢閱，故取「老人讀書祇存影子」之語，則小有舛誤，不應深責。今案館臣所指十一條外，尚有顯係舛誤者若干條。如卷八《呂氏春秋》晉文公師咎犯隨會，謂隨會不與文公同時。案：僖二十八年傳，城濮之戰，舟之僑先歸，士會攝右，二人正同時也。卷十周人世碩作《養書》一篇，見《論衡》，謂《養書》今恨不見，世碩今亦不知為誰人，則似竟未讀《漢書·藝文志》矣。又是書版刻，原刻本甚少，通行者惟雍正三年重刊本，校刻不精，每有誤字，然亦或由於亮工出獄之後，有未及檢視原書者。如卷二內鄉李蓑字於田，當為「子田」之誤。宋版許氏《說文》始於子終於亥，子字當是誤記。卷三魏野明處士，當是宋處士。卷八賴榮受報於親炙之人，當作顧榮。榮事見《世說新語·德行篇上》。凡此若干條，則又失於刊正者也。

　　【許廎經籍題跋·因樹屋書影書後】《因樹屋書影》十卷，祥符周亮工撰。亮工有《字觸》，已見前。是編於順治庚子因事繫獄時作，將生平所睹記有關於風俗人心、文章政事及山川人物、草木蟲魚可廣見聞者，隨筆錄出，或自為辯論，或引成說而加以折衷，或即因以見義。雖間傷瑣屑，而遺聞軼事，如記王世貞初不喜蘇文，晚乃嗜之，臨沒時床頭尚有蘇文一部，及蘭陽王王屋恚憤失志而死，雍丘侯汝戩倡海金文社之類，為他書所不見。惟如所載白字僻典頗夥，而劉先主見董卓自稱「白生」，唐營妓雲英嘲羅隱曰「羅秀才尚未脫白」，乃未之及，洪亮吉《玉塵集》已補之，則摀摭猶略。又載南曲老寇四家，有陶宗儀《說郛》全部，凡四鉅櫥，世所行者非完本，而楊維楨《說郛序》、孫作《滄螺集》中《宗儀小傳》，均稱《說郛》一百卷，知亮工所記為妄。《提要·說郛》條亦譏之，則傳聞猶誤。以隨會為非晉文公同時，而僖二十八年傳城濮之戰，舟之僑先歸，士會攝右，是二人同時。以世碩為不知誰人，而《漢書·藝文志》，「《世子》二十一篇」，自注云：「名碩，陳人，七十子之弟子。」《論衡·本性》篇亦云：「周人世碩，以為人性有善有惡，作《養書》一篇。」是世碩亦有明徵。以王柏《詩疑》欲刪《野有死麕》諸篇為所論極正，而按諸《小序》，非皆淫亂之詩，張宗泰《魯巖所學集》糾之。以徐偃王名偃，為「偃」即「窋生」意，而偃王「有筋無骨」，明見《尸子》，於「窋生」意無涉，沈濂《懷小編》正之。以王質為宋末人，而質為紹興三十年進士，《提要》「詩總聞」條又訂之。則考核猶疏。宗泰又譏其辨揚雄仕莽為不必，稱海忠介五歲女絕食為偏見，葉廷琯《鷗波漁話》亦譏其案上無整齊書為非是。此則見仁見智，尚未足為亮工難也。然亮工究

－425－

有學問，非空疏者可比，是書亦王士禎《香祖筆記》之亞。惟羅貫中《水滸傳》、高則誠《琵琶記》亦為之辨別其虛實，未免自穢其書。周中孚《鄭堂讀書記》稱其「網羅甚博，採擇甚精，文筆又甚高古」，亦溢美之論耳。原本久佚，此雍正乙巳其子在延重刊，序稱「黃山吳宗襪字冠五校訂，即書中所列屯溪螺隱先生是也」云云，然即宗信或有所參酌歟？至《元祐黨人碑》饒祖堯、沈暐本，皆有曾布、章惇、黃履、葉祖洽四人，宗泰謂未知所據何書，是以不誤為誤。阮太沖推重傅文兆之《十一翼》，實為太過，故亮工譏太沖並不曾見從前作者之書，故以為從前作者可盡廢，頗見語妙，宗泰謂大言欺人，尤為誤會。武王《几銘》「維口生唘口戕口」，數「口」字固非缺文之方空，但宗泰以為金石文字有方空，經傳不聞有此，其說亦非，《逸周書》方空甚多，將何以解？其他「前輩飛騰」，不必改「前路」，以及李蓑字於田作「子田」、顧榮作賴榮之類，當屬傳寫之失，宗泰以為記憶之疏，無關宏旨，今置之不論云。(《續四庫提要三種》第 657～658 頁)

【戶部右侍郎前福建布政司使櫟園周公墓誌銘】公諱亮工，字元亮，別號櫟園，開封人。先世有諱匡者，仕宋，參江西撫州軍事，因家焉。其後三徙，定居櫟下。至公祖鴻臚寺序班庭槐，遊大梁，而樂之，復占籍開封。鴻臚生子文煒，即公父，國子監生，任諸暨簿，公中明崇禎十三年進士，授濰令，是時濰被敵圍久，公以一書生乘障親，集鏃其身，城以不陷，事聞，行取授浙江道監察御史。未幾，京師破。順治二年，詔起公以御史，招撫兩淮，尋改兩淮鹽法道，升海防兵備道，遷福建按察使。逾年，升布政司右布政，尋轉左，首尾在閩八年，其以按察駐節邵武也。邵武在萬山中，嘯聚彌山谷，城外烽火燭天，公權宜治軍事，募敢死士，日開門，轉戰溪谷間，多所擒獲，夜則獨坐譙樓上，仰天長嘯，賦詩高詠，衛士擊刁斗聲中夜與相聞。事少閒，建詩話樓，祀宋嚴滄浪其上，召邑諸生能詩者日與倡和，境內益安。為右藩時，屢奉檄，歷署建南、汀南、漳、泉諸道，皆數反側地人所顧，卻不敢就，獨單車往來鋒鏑中，百方經略，所至輒見紀，故自內臺出境，及被劾還質，質竟，轉逮，復入都，百姓皆扶老攜幼，頂香迎道左，爭奉酒食，勸盡觴，號哭聲竟數百里。閩詩人高兆作《四泣詩》紀其事。初，公以左副都御史徵上章言閩事，報可，又密有所建白，頗摘抉用事者，驟擢戶部右侍郎，而聞者咋舌，曰：「禍始此矣。」未幾，督臣果飛章劾，奏詔赴閩，勘比到前督已罷去，按察使與五司理會鞫得其冤狀，列狀上中丞，時久旱，牘具，雨大

澍，民為作歌曰：「束卷雨雲。」復逮下刑部，訊秋朝審可疑。故事，獄上可疑者，報聞即釋，而是時適傳恩赦，凡已論囚，概減等，公反以赦例當隨輦徙塞外，待春發遣。緣世祖遺詔免，尋以僉事出青州海防道。公生平喜為詩，凡按部所過山川風俗，及臨陣對敵，呼吸生死，居閒，召客燕飲，詼調吹彈，六博揄袂歔笑，無不以詩為遊戲，心營口授，吏不給書，而訟繫前後數年，所得詩尤多。方坐獄堂下，健卒猙獰，立銀鐺累累，呼詈聲如沸，手拳據地，顧伍伯乞紙筆，作送客遊大梁詩二十絕句，投筆起對簿詩語皆驚人。素與黃山吳生善，吳從公獄中久，其為北雪詩序，略曰：「記初冬，余與生夜坐為詩，漏下數十刻，嗚嗚吟不止，或至心傷，則相對泣，嘗對臥薄板上，忽聯句，或兩人擁敗絮，從口吻中濕不律，露臂爭書，薄板躍起，短燭撲滅，一笑而止。」其高致如此。按眚逾年，遷參議江南督糧道，復遭劾解職，聽勘事解，尋卒。公才器揮霍，善經濟，喜議論，疾握齪，拘文吏，當大疑難，剸斷生殺，神氣安閒，無不迎刃解者。自筮仕，即在兵間，尋擢臺職，益欲以意氣自奮。不幸遭亂歸，才為時需十年之間，晉歷卿貳，然時時與世牴牾。庚戌再被論，忽夜起徬徨取火盡，燒其生平所著述百餘卷，曰：「使吾終身顛踣而不偶者，此物也。」辛亥冬，某遇公西陵佛寺，留飲，拊几太息謂余曰：「吾與子相見，今無幾。今我年六十，子歸，為我作《恕老堂酌酒歌》而已。」恕老堂者，公所居著書處也。余渡江，詩不果作，然竊歎公之才，其轗坷歷落，而老且衰於此，視其中默默，如不自聊，將遂已也。循公之跡，考公之志，則古之大人君子其身尊名立，人望之者不可及，而當其壯年逾邁，俛仰身世出處盛衰之故，其皆不自得者乎？則夫世之辭富貴而就貧賤，寧獨善其身，以置生民之休戚理亂於不顧，至於老死而不悔者，彼亦誠有所激也。嗚呼，可以知公矣！公好獎與後進，嘗置一簿坐上，與客言海內人才某某，輒疏記之，諸所嘗經過，雖深山穴處中，物色無不到，見少年能文士，觭辭隻韻，立為延譽，或數屏車騎過之，出其名字，老生貧交，相依如兄弟。其為文及詩，機杼必自己出，語矜創獲，不蹈襲前人一字。劇鉥淜濯，而歸之大雅。尤嗜繪事及古篆籀法，每天明，盥漱出外舍，從容談說，古今圖史、書畫、方名、彝器，皆條分節解，盡其指趣。客退，則手一卷，燈熒熒然，至夜分歸寢，以為常。元配馮淑人，生子五。在潯，國學生。孫男女四人。卒年六十有一。將以某月日葬於某原。銘曰：謂莫知耶？為大司農。謂逢其時，胡蹶而終。詭譎偭規，滑稽乃容。余不忍為，奚辭固窮。烏石巍巍，滔

滔大江。文蒸武施，唯公予功。公之德威，汔於數邦。肆我文辭，砭針瞽聾。萬派千支，於海朝宗。如貴待提，如懸待撞。晚歷嶔崎，益放而洪。誰其司之，命彼祝融。悠悠我思，蒼蒼彼穹。北山之崖，嗟櫟園公。（姜宸英《湛園集》卷五）

【萬曆五十年無詩】新建徐世溥曰：「癸酉以後，天下文治向盛。若趙高邑、顧無錫、鄒吉水、海瓊州之道德豐節，袁嘉興之窮理，焦秣陵之博物，董華亭之書畫，徐上海、利西士之曆法，湯臨川之詞曲，李奉祀之本草，趙隱君之字學，下而時氏之陶，顧氏之冶，方氏、程氏之墨，陸氏攻玉，何氏刻印，皆可與古作者同敞天壤。而萬曆五十年無詩：濫於王、李，佻於袁、徐，纖於鍾、譚。」（《書影》卷一）

【晚明帖括剽竊之陋】南昌陳弘緒曰：「嘉隆以來，帖括剽竊之陋，流入古文。一二負名之士，好以秦、漢相欺，字裁句掇，蕩然不復知所謂真古文。」吾黨憂之，乃以唐、宋諸大家力挽頹瀾，毋亦謂摹秦、漢之失，或至捨體氣而專字句，而唐、宋諸大家，無從置力於字句之間也。齊人先配林而後泰山，晉人先乎池而後河，若韓、歐者，固所由以適秦、漢之路矣。（《書影》卷一）

【鉅源卓識】徐鉅源常言：「今天下文章聲氣，可謂盛矣。雖然，日午月望，有道者所不居，異日必有以刻文得罪功令，數十里不敢通尺書者。」已而婁東復社，果有違言。識者謂鉅源卓識。（《書影》卷一）

【無讀唐以後書】艾千子曰：「弘治之世，邪說興，勸天下士無讀唐以後書，驕心盛氣，不復考韓、歐大家立言之旨。」又以所持既狹，中無實學，相率取司馬遷、班固之言，摘其字句，分門纂類，因仍附和。太倉、歷下兩生，持北地之說而又過之，持之愈堅，流弊愈廣；後生相習為腐剿，至今未已。南城圭峰羅文蕭公，當邪說始興之日，矯俗自正，力追古大家體裁，當時以為直逼柳州。天下後進讀公之集，始知刻勵為文，不襲陳言，不厭薄韓、柳以為可師者，皆公之力也。（《書影》卷一）

【悔其少作】袁石公（袁宏道）典試秦中後，頗自悔其少作，詩文皆粹然一出於正。死時年僅四十有四。防風茅止生（茅元儀）為刻其遺稿於秣陵，此稿實勝於公舊刻。止生一序，亦極確當，略無諱於石公。予舊藏一冊，沒於大梁；今再覓之，既不可得，而止生原序，《石民集》中又不載，不知何故？近見石公全集，間有收入者，然終不能備，亦不如單行之為愈。（《書

影》卷一）

【葉晝造偽】葉文通，名晝，無錫人，多讀書，有才情。留心二氏學，故
為詭異之行，跡其生平，多似何心隱。或自稱錦翁，或自稱葉五葉，或稱葉不
夜；最後名梁無知，謂梁谿無人知之也。當溫陵《焚》《藏書》盛行時，坊間
種種借溫陵之名以行者，如《四書第一評》《第二評》《水滸傳》《琵琶》《拜
月》諸評，皆出文通手。文通自有《中庸頌》《法海雪》《悅容編》諸集；今所
傳者，獨《悅容編》耳。文通甲子、乙丑間遊吾梁，與雍丘侯五汝戩倡為海金
社，合八郡知名之士，人鐫一集以行。中州文社之盛，自海金社始。後誤納一
麗質，為其夫毆死。文通氣息僅屬，猶鳴冤邑令前，惜乎無有白其事者。侯汝
戩言，其遺骸至今旅泊雍丘郭外。（《書影》卷一）

【盒子會】南京舊院有色藝俱優者，或二十三十姓，結為手帕姊妹；每
上元節，以春擎具殽核相賽，名「盒子會」。凡得奇品為勝，輸者罰酒酹勝者。
中有所私，亦來挾金助會，厭厭夜飲，彌月而止。沈石田有《盒子會詞》。予
二十年前，常見金陵為勝會者，略有此風。今舊院鞠為茂草，風流雲散，菁華
歌絕；稍負色藝者，皆為武人挾之去，此會不可復睹矣。（《書影》卷一）

【明代摹擬之弊】商丘徐爾黃鄰唐曰：「有明三百年之文，擬馬遷，擬班
固，進而擬《莊》，《列》，擬《管》《韓》，擬《左》《國》《公》《穀》，擬《石
鼓文》《穆天子傳》似矣，卒以為唐、宋無文，則可謂溺於李夢陽、何景明之
說，而中無確然自信者也。」夫孔子之時，去開闢之時已數千年，孔子刪《書》
起於唐，敘《詩》綴以商，以明世遠言湮，滅沒莫考，但舉二千年以內之言，
擇其雅者，為人誦習之，法古者，法其近古而已矣，蓋古文如漢，如《莊》
《列》，如《管》《韓》，如《左》《國》《公》《穀》，如《石鼓文》《穆天子傳》，
法莫具於馬遷。前此之文，馬遷不遺；後此之文，不能移馬遷。然而馬遷之
文，法具矣，體裁有未備也。備之者，其昌黎、柳州、廬陵、眉山諸子乎！諸
子之於馬遷，猶顏、曾、思、孟之於孔子也。道必學孔子，然善學者，學顏、
曾、思、孟而已矣；文必學馬遷，然善學者，學昌黎、柳州、廬陵、眉山而已
矣。蓋進而上之如《莊》《列》，如《管》《韓》，如《左》《國》，如《公》《穀》，
如《石鼓文》《穆天子傳》，猶羲、農之製作，皇、娥之歌謠，高而不可為儀者
也。夢陽、景陰，謂為文本於馬遷是矣，乃所為誌銘、書記諸作，景陰猶稍稍
自好，而夢陽則支蔓無章；降而弇州、白雪諸子，尤而傚之，有明三百年文之
所以支蔓無章者，夢陽、景明之過也，而世猶莫之寤也。（《書影》卷三）

【朱陸同異】吾鄉呂叔簡先生常言：「而今講學，不為明道，只為角勝；字面詞語間住一點半點錯，便要連篇累牘，辯個是。這是甚麼心腸！講甚學問！」先生此論，似為世之辯朱、陸同異者而語。予同年孫道相亦云：「九淵與考亭同理異持，門人各傳師說，遂起朱、陸之爭。乃考之上世，理學不名，同異不攻；有巢似匠，神農似醫，軒轅似博士。此在後世，定不列儒流，而古聖乃僕僕事之。蓋理足者，不辭餘也。道至老聃而後名，說至莊生、列禦寇、孟子然後攻，性學至陸、朱然後窮。何也？其說好盡，故窮也。荀況談仁義，而李斯得其道以殺人；此在異端猶不可，儒林乃自異哉！」閩曾弗人《送劉漢中敬授廣信序》云：「自孔子之世，教學甚明，而及門不免有本末之訟；是以或支或簡，雖大儒亦互諍其所是。朱、陸固訟於道中，所謂不失和氣，而相爭如虎者。其角立起於門士，篤信其師說，深溝高壘，不肯相下；而流至於尋聲之徒，目不辨朱、陸何人，哄然而佐鬥。而腐儒里師徇傳注而反之者，執而問之，亦不知何語；無自衛之力，而適足以招侮。」蓋自弘、正以前，則朱勝；隆、萬以後，則陸勝；嘉、隆之間，朱、陸爭而勝負半。然其下流，莫甚於萬曆之季。至於今日之後生小子，發蒙於傳注，齎之糧而倒戈；實則非有所深然於陸，並未有所疑於朱也。第以為世既群然而排朱氏，吾亦從眾而排之、擊之，不如是，則無以悅聚從俗焉耳。蓋昔之爭者，起於過信其師學；而今之附和而詬先儒者，求一能疑之士，且不可得，所為愈爭而愈下者也。（《書影》卷五）

【老先生】陳止齋《題司馬溫公遺玉壘聘君詩後》：「熙寧、元豐間，天下學士大人，稱溫公必曰『老先生』。今見公所遺《玉壘聘君》詩，方以是稱之；則聘君之為人可知也。『老先生』三字，昔人意非公不足當之者；至公以此稱人，而後之見者，遂緣此而定其人之生平，則稱謂所關，詎不重哉！世風日下，詔諛交承，平交等輩，無不互作此稱矣。余常以丈丈書人籤，致其人終身切齒。吁，可慨也夫！」（《書影》卷六）

【宋大家之文】余極推宋大家之文，以其有法；而其稍病宋大家之文，亦因其過於尺寸銖兩，毫釐不失乎法。視《史》《漢》風神，如天衣無縫，為稍差者，以其法太嚴耳。宋之文由乎法，而不至於有跡而太嚴者，歐陽子也。故嘗推為宋之第一人。予方以法太嚴稍病宋人，而今人謂其無法，不亦可笑乎！若乃王、李之文，徒見夫漢以前之文似於無法也，竊而傚之，決裂以為體，餖飣以為詞，盡去自宋以來開合首尾、經緯錯綜之法，而別為一種臃腫、

窘澀、浮蕩之文；其氣離而不屬，其意卑，其語澀，乃真無法之至者。而今人以為有法，可乎！（《書影》卷六）

【其人何心】楊用修先生《丹鉛》諸錄出，而陳晦伯《正楊》繼之，胡元瑞《筆叢》又繼之。時人顏曰《正正楊》。當時如周方叔、謝在杭、畢湖目諸君子集中，與用修為難者，不止一人；然其中雖極辨難，有究竟是一義者，亦有互相發明者。予已匯為一書，顏曰《翼楊》。書已成，尚未之鐫耳。薛千仞云：「用修過目成誦，故實皆在其胸中，下筆不考，誤亦有之；然無傷於用修。好事者尋章摘句，作意辯駁，得其一誤，如得一盜贓，沾沾自喜。此其人何心！良可笑也。」（《書影》卷八）

【笳聲十八拍】蔡琰《笳聲十八拍》，昔人謂唐人偽撰；《木蘭詞》《英華》以為唐韋元甫作。予謂《十八拍》俱用沈約韻，《木蘭詞》首章亦用沈韻，愈證為唐。蓋此等詩原是昔人設身處地，代為悲歡而作，初非偽撰，後人誤作本人耳。使當日有心偽誤，何不稍出入其韻，乃留此破綻，使後人一眼覷破耶！今人動作《明妃怨》，中間頗有似明妃自道者，亦將謂皆明妃自作，亦將謂後人偽撰耶！不辨明矣。（《書影》卷十）

【黃俞邰評騭周亮工】周侍郎亮工，文章政績，斐然可觀。晉江黃俞邰謂：「周櫟園吏事精能，撫戢殘暴，則如張乖崖；其屢更盤錯，乃別利器，則如虞升卿；其文詞名世，領袖後進，則如歐陽永叔；其博學多聞，窮搜遠覽，則如張茂先；其風流宏長，坐客恒滿，則如孔北海；其心好異書，性樂酒德，則如陶淵明；其敦篤友朋，信心不欺，則如朱文季；其孺慕終身，友愛無間，則如荀景倩、李孟元；至其登朝未久，試用不盡，則如范希文；而遭讒被謗，坎壈挫折，又如蘇長公。」祺按：櫟園侍郎入國朝後，揚歷中外，激揚雅道，樹立邊功，自不愧循良林苑中人物。俞邰評騭，未為失倫。至貞介若陶處士，古人與之伯仲者，前一管幼安，後一司空圖耳。即論樂酒著書，亦豈侍郎所能比似。（陳康祺《郎潛紀聞初筆》卷十三）

【周亮工自毀撰述板】古人自毀其詩文稿者有之，若已刊有成書，仍復毀之者，實為千古所罕有。國朝閩縣周櫟園侍郎亮工，生平撰述宏富，久已陸續刊行。忽於卒之前一年，歲逢辛亥，一夕盡取《賴古堂文集》《詩集》《印人傳》《讀畫錄》《閩小記》《字觸》《尺牘》《書影》等百餘種自撰書板，悉行自毀。此見於雍正三年重刊《書影》其子在延序中，可稱怪事。若以為可傳耶，則不當毀，若以為不可傳耶，則不當刊。豈撰述百餘種中，竟無一二可以

傳世之書，必盡毀之而後快，此何意也？厥後《賴古堂文集》三十卷，當塗令寇公有重刊本，《詩集》十卷，江都文學汪子有重刊本，《閩小記》等書，其子西田燕客有重刊本，《書影》十卷，張敬思有重刊本。於是侍郎生平撰述，其犖犖之大者，皆有重刊本。其他撰述，存而不論可矣。（劉聲木《萇楚齋續筆》卷七）